HEYNE BÜCHER
SPHINX

Mit einem Gebet und einer Affirmation, daß eines Tages aus
der göttlichen Ordnung aller Dinge die Evolution der
Menschheit
gesegnet werden möge und zu einem Punkt sich entwickelt,
wo jeder Mann, jede Frau und jedes Kind schließlich frei
wird,
widme ich all unseren Brüdern und Schwestern
auf diesem Planeten dieses Buch.
Unsere Zeit wird kommen.

Stuart Wilde

Wind des Wandels

Auf der Spur einer neuen Welt

WILHELM HEYNE VERLAG
MÜNCHEN

SPHINX BEI HEYNE
Herausgegeben von Michael Görden
Nr. 08/3016

Aus dem Amerikanischen
von Manuela Pervez

Umwelthinweis:
Dieses Buch wurde auf
chlor- und säurefreiem Papier gedruckt.

Die Originalausgabe erschien unter dem Titel
WHISPERING WINDS OF CHANGE
im Verlag White Dove International, Taos, New Mexico, USA
Die deutschsprachige Ausgabe erschien zuerst 1995
im Sphinx Verlag, Basel/Switzerland

Genehmigte Taschenbuchlizenzausgabe 1997
im Wilhelm Heyne Verlag GmbH & Co. KG, München
Printed in Germany 1997
Umschlaggestaltung: Atelier Adolf Bachmann, Reischach
Umschlagabbildung: The Stockmarket/Ron Lowery
Satz: Pinkuin Satz- und Datentechnik, Berlin
Druck und Bindung: Elsnerdruck, Berlin

ISBN 3-453-12604-1

Inhaltsverzeichnis

1. Kapitel

Der Tod des Weltegos

Wir leben in einer aufregenden Zeit. In den nächsten 20 Jahren werden wir die größte Veränderung der westlichen Zivilisation seit der industriellen Revolution erleben.

Wenn man wie ich viel um die Welt reist und jedes Jahr mit Tausenden von Menschen spricht, gelangt man zu der Überzeugung, daß nur ein kleiner Prozentsatz der Menschen einen umfassenden Überblick über das Weltgeschehen hat.

Ich habe mich im Leben der Aufgabe verschrieben, zu zeigen, wie Menschen ihre innere Kraft und persönliche Freiheit entwickeln können. Es beunruhigt mich, daß die Menschen vom Leben so überwältigt und von ihren unmittelbaren Lebensumständen so eingenommen werden, daß sie die umfassenden energetischen Veränderungen aus den Augen verlieren, die um sie herum vor sich gehen. Wenn Sie an sich arbeiten und aus sich einen wunderbar spirituellen und psychologisch ganzheitlichen Menschen mit einem großen Charisma und Potential machen: was haben Sie davon, wenn Sie sich aufgrund von eingeschränkten Wahrnehmungen in der Innenstadt von Sarajevo wiederfinden, wo die Serben mit ihren Bomben gerade die Nachbarschaft in Schutt und Asche legen?

Information, Wissen und Wahrnehmung sind heutzutage Trumpf. Es ist zwar wichtig, persönliche Kraft und Ausgeglichenheit zu entwickeln, doch in unserer Zeit ist es genauso wichtig, einen globalen Überblick zu haben. Die Welt verändert sich rasch. Es ist zwar lebensnotwendig, über eine angemessene Energie zu verfügen, doch müssen Sie auch zur richtigen Zeit am richtigen Ort sein.

Dieses Buch enthält eine Reihe schriftlicher Abhandlungen und Ideen, die sich mit der inneren Energie der wichtigsten Ereignisse und Probleme unserer Zeit befassen. Sie werden meinen Ansichten notwendigerweise nicht immer beipflichten, doch sind die grundlegenden Aussagen klar und schwer zu leugnen. Wenn Sie nach den verborgenen Strömungen des Lebens Ausschau halten, können Sie die Welt beobachten und wissen, wohin sie sich entwickeln wird. Diese Fähigkeit ermöglicht es Ihnen, Ihre Ziele im Leben zu erreichen und Verzögerungen, Sackgassen und Ärger zu vermeiden. Alle inneren Empfindungen der Menschheit manifestieren sich mit der Zeit als äußere Realität. Das gilt sowohl für die Entwicklung von Städten, Nationen und Kontinenten, als auch für Individuen. Sie müssen nicht erst ein großer Hellseher werden – achten Sie einfach auf den inneren Fluß und Sie werden wissen, was als nächstes passieren wird.

Um das sich entfaltende Schicksal der Welt zu verstehen, muß man sich zunächst das Wesen der Macht anschauen, ihre Konzentration und ihren Fluß, wie Menschen mit Macht umgehen und warum sie Macht anstreben. Macht läßt sich in zwei wesentliche Kategorien unterteilen: innere und äußere Macht. Innere Macht ist persönlicher Mut, Charakterstärke, Disziplin, eine integrierte Persönlichkeit und spirituelle Gelassenheit. Der größte Teil der Macht in unserer Welt besteht aus äußerer Macht, die im wesentlichen die Macht des Egos ist. Sie besteht aus militärischer Stärke – einschließlich der Polizei und der Geheimdienste –, politischer Macht und politischem Einfluß sowie aus körperschaftlicher und privater Kapitalzentrierung. Äußere Macht entspringt auch einer gesellschaftlichen Position. Gelegentlich wird Macht auch körperlich, durch sexuelle Macht über andere oder einfach durch rohe Gewalt zum Ausdruck gebracht.

Warum trachten Menschen nach äußerlicher Macht? Was haben sie davon? Einige streben Macht an, weil sie größenwahnsinnig sind und es ihnen Freude bereitet, andere zu beherrschen. Andere wollen Macht, weil sie ihnen zu einer elitären Position verhilft, aus der sich gesellschaftliche Vorteile,

Privilegien, finanzieller Gewinn und die Fähigkeit ergibt, Ereignisse geschickt zum eigenen Vorteil zu wenden.

Über die offensichtlichen Beweggründe hinaus, aus denen Menschen Macht anstreben, gibt es noch einen verborgenen Grund, der die Struktur und die Grundlage dieses psychologischen Bedürfnisses erklärt. Wem es gelingt, sich geschickt in eine Machtposition zu manövrieren, wird von ihr automatisch nach oben und über den normalen Menschen hinausgetragen. Man wird von der Macht, die man ausübt, und der elitären Position, die man innehat, emporgehoben und wird etwas Besonderes. Macht öffnet der Illusion Tür und Tor, daß man wichtiger ist als andere. Und in dieser erhabenen Position ist man sicherer, hat das eigene Schicksal mehr im Griff – mit Sicherheit mehr als gewöhnliche Menschen, die ziemlich machtlos sind, was äußere Macht anbelangt.

Für das Ego ist es erstrebenswert, sich eine Position über den anderen zu sichern, denn sie ermöglicht dem Ego zu glauben, daß es gegen das Schicksal des Menschen gefeit ist. Das Schicksal des Menschen ist es, zu sterben. Wenn das Ego mächtig genug wird, könnte es sich ja über den Tod erheben und unsterblich werden. Zumindest kann das Ego durch die Erfahrung und beim Ausüben von Macht zeitweise den Tod vergessen.

Die elitäre Illusion der Unsterblichkeit ist es, die die Menschen antreibt. Der dahinterstehende Glaubenssatz ist, daß besondere Menschen vom Schicksal oder von Gott nicht aus dem Leben genommen werden. Manche zahlen große Summen, um erster Klasse zu fliegen: zum Teil, weil die Sitze bequemer und das Essen besser ist. Der Hauptgrund ist jedoch elitäres Denken. Erster Klasse zu fliegen gibt größere Sicherheit. Passagiere der ersten Klasse sind besonders und wichtig und gottähnlich. Passagiere der ersten Klasse können unmöglich abstürzen, verbrennen und sterben. Nur Passagiere der Touristenklasse kann dieses Schicksal ereilen.

Haben Sie sich einmal über die Massen erhoben und herrschen vielleicht sogar über sie, werden Sie ein gottähnliches Wesen. Sie treffen die Entscheidungen und haben das Schicksal der Menschen in der Hand. Den Menschen gegenüber fungieren Sie als Gott. Vielleicht haben Sie sogar

Macht über Leben und Tod der Menschen. Oder Sie sind der Boß einer großen Firma, der Leute einstellt und entläßt. Sie entscheiden, wer die gutdotierten Stellen bekommt und wer nicht.

Wenn das Ego sich erst einmal eine gottähnliche Position über andere gesichert hat, läßt die schreckliche Unsicherheit, die es in bezug auf sein eventuelles Dahinscheiden empfindet, langsam nach. Haben Sie sich jemals gefragt, warum unsere Regierungen davon besessen sind, jedes Detail im Leben der Menschen zu kontrollieren? Welche Befriedigung oder Freude empfinden sie bei einer solchen Kontrolle? Daß es sie gottähnlicher macht und sie sich dadurch sicherer fühlen, ist ein wesentlicher Teilaspekt.

Die Fähigkeit, andere kontrollieren und beeinflussen zu können, ist die tragende Säule im Überlebenskampf des Egos. Je mehr Kontrolle es ausübt, um so mehr kann es sich über die Herde erheben und um so wahrscheinlicher wird sein Überleben.

Sie könnten sich nun fragen, ob diese Regierungen – angesichts der Tatsache, daß die Welt immer unsicherer wird und die Kontrolle und Einmischung der Regierungen die Nationen in die Knie gezwungen hat – einsehen werden, daß Kontrolle Unsinn ist? Werden sie bereit sein, auf einen Teil ihrer Kontrolle zu verzichten und die Menschen befreien? Die Antwort lautet: freiwillig werden sie das nicht tun. Je mehr Verwirrung herrscht, desto unsicherer werden sich die Machthaber fühlen und sich verstärkt um eine absolute Kontrolle bemühen.

Macht hat noch einen zweiten Aspekt, durch den das Ego eine gottähnliche Erfahrung machen kann. Eine der Hauptlektionen, die wir auf der Erde zu lernen haben, ist, Gedanken in die Wirklichkeit umzusetzen. Ihrer Vorstellungskraft entspringt eine Idee, Sie werden in Übereinstimmung damit aktiv und fleißig und machen anschließend hoffentlich die Erfahrung Ihres Wunsches in Form eines Nutzens, der sich in Ihrem Leben manifestiert. Bei diesem Prozeß lernen Sie als erstes, daß Ihre Gedanken, Gefühle und Handlungen – nicht das Glück – Ihre Wirklichkeit erschaffen. Im zweiten Teil der Lektion lernen Sie anschließend durch Versuch und

Irrtum, das Umsetzen von Ideen in die Wirklichkeit so effektiv wie möglich zu gestalten. Wenn Sie Verantwortung übernehmen und ein Experte in diesem gedanklichen Verfahren werden, lernen Sie, Ihr Schicksal zu kontrollieren. Haben Sie das einmal geschafft, haben Sie die Prüfungen der irdischen Ebene bestanden.

Durch Macht ist es einzelnen Menschen möglich, den normalen Lernprozeß zu umgehen, da sie ihnen einiges erleichtert. Macht auszuüben ist eine Möglichkeit, das System kurzzuschließen. Das gestattet dem Ego, zu glauben, daß es sich jenseits der Ebene menschlicher Belange befindet, auf der weltliche Bemühungen und Fleiß erforderlich sind. Macht versetzt Menschen oft in die Lage, ihre Wünsche mit minimalem Aufwand zu manifestieren. Muß man – aufgrund externer Macht – zur Erfüllung eigener Wünsche nicht mehr durch den normalen Prozeß des Bewußtseins und des Handelns gehen, lautet die Schlußfolgerung des illusionären Egos, daß man außergewöhnlich, erhaben und daher gottähnlich sein muß. Götter sind dem gewöhnlichen Volk offensichtlich überlegen und sicherer.

Würde zum Beispiel der Polizeichef einer Kleinstadt in der dritten Welt seinen Traum vom Eigenheim erfüllen, indem er es sich mühsam zusammenspart und in seiner Freizeit auf seinem Bauplatz arbeiten, bis sein Traum Wirklichkeit geworden ist? Oder wäre es wahrscheinlicher, daß er seine Macht über die Gemeinde nutzen würde, um zu gewährleisten, ausreichend Schmier- und Bestechungsgelder einzunehmen, um sein Traumhaus im Handumdrehen zu realisieren?

Wenn jemand einem Polizeichef 10 000 DM zusteckt, damit der die Augen verschließt, ist das für den Polizeichef nicht Bestätigung genug, einen besonderen Status als menschlicher Gott zu genießen? Hat er nicht durch seine Macht, die einen gefangenzunehmen und andere freizulassen, tatsächlich das Schicksal dieser Menschen in der Hand? Und wenn ihr Schicksal in seiner Hand liegt, muß er ergo ein Gott oder zumindest eine extrem wichtige Person sein, der man Tribut zollt. (Was gibt es Wertvolleres für einen Menschen als seine Freiheit?)

Nun verwandelt sich die Macht des Polizeichefs auf magische Weise von etwas Bösem, das seinem Volk fortwährend angetan wird, in etwas »Gutes«, das zum Wohle des Bürgers geschieht. Gegen eine bestimmte Summe wird der Polizeichef sie nämlich vor den schlimmen Exzessen seiner Organisation bewahren. Der zusätzliche Nutzen der Macht ist also, daß der Machthaber dem lästigen Manifestationsprozeß – der Lernaufgabe auf der physischen Ebene und das Los des gemeinen Volkes – enthoben ist. Somit muß die Regierung keine Anstrengungen unternehmen, ihre Wünsche zu realisieren. Sie muß nur öffentlich bekanntgeben, daß ihre Wünsche ab sofort Gesetz sind. Sie kann verfügen, daß der Verwaltungsapparat die Einhaltung der Gesetze gewährleistet und die Bürger zwingt, ihre Wünsche zu finanzieren.

Immer, wenn man mit seiner Macht die Freiheit anderer verletzt, Menschen durch Angst oder Strafandrohungen zu irgendeiner Übereinstimmung oder Abmachung zwingt, die sie normalerweise nicht eingegangen wären, verstößt man gegen die eigene spirituelle Integrität wie gegen die der anderen. Man entfernt sich dadurch von der eigenen angeborenen göttlichen Natur, dem göttlichen Funken im Inneren und nimmt gottlose, egoistische und selbstverherrlichende Wesenszüge an. Eine der vorherrschenden energetischen Veränderungen der heutigen Welt bewirkt, daß sich ein Teil der Menschheit allmählich, durch eine erneute Ausrichtung des Bewußtseins, vom Ego weg zum Göttlichen bewegt, während sich der andere Teil durch Veränderungen bedroht fühlt und sich zunehmend in die andere Richtung, hin zum Ego, bewegt. Letztere Gruppe möchte mehr Menschen manipulieren und mehr Sicherheit und größere Kontrolle über menschliche Angelegenheiten anstreben.

Aus diesem Grunde sind unsere Ego-orientierten Regierungen ideologisch gesehen so weit von den spirituell orientierten Menschen entfernt. Aus gleichem Grund gibt es auch 1001 Bewegungen, die sich für die Rechte verschiedener Gruppen einsetzen. Dabei handelt es sich um verschiedene einheimische Völker und soziale sowie kommerzielle Gruppen, die versuchen, ihre Freiheit zu verwirklichen. Dahin strebt die Seele der Welt – ein Prozeß, der sich in der spirituellen Sehnsucht der Menschen nach Befreiung spiegelt. Diejenigen, die sich auf das Ego hinbewegen und die ein der inneren Evolution entgegengesetztes Muster verfolgen, werden mit der Zeit allein dastehen. Betrachtet man größere Zeitspannen, ist es eine bewiesene Tatsache, daß diejenigen Lebensenergie ansammeln, gestärkt werden und fortbestehen, die sich auf das Göttliche und Freiheitliche zubewegen. Diejenigen, die die Menschheit unfrei machen, zerstören und vergewaltigen und dabei die niederen Instinkte des Menschen verkörpern, gehen mit der Zeit zu Grunde. Darum existieren die großen Weltreiche auch nicht mehr – sie gingen in ihrem eigenen Morast ein. Das Ego, das sich von Gott entfernt, erstirbt mit der Zeit mangels Energie. Und das ist der Grund, warum sich die Welt in Aufruhr befindet: Sie sind Zeuge, wie sich das Ego selbst verschlingt – kein besonders schöner Anblick, aber ein sehr interessanter.

Wie Sie über das Dahinscheiden des Egos fühlen, hängt von Ihrem Standpunkt ab. Wenn Sie ein spirituelles Wesen sind, wird es Ihnen ziemlich egal sein, ob sich das Weltego selbst zerstört oder nicht. Sie werden erkennen, daß seine Zerstörung letztendlich uns allen nützt. Vertreten Sie jedoch die egoistische Seite der Macht, wird Sie die Vorstellung, daß das System zerstört wird, in Panik versetzen. Jeder Verlust von Macht und Einfluß wird Sie sehr unsicher machen. Sie werden intuitiv versuchen, Ihre Position zu retten und noch mehr Kontrolle ausüben oder von der Position Ihres Nachbars Besitz ergreifen. Auf diese Weise werden Sie zumindest mehr als genug besitzen, um Ihr unmittelbares Überleben zu sichern.

Der Prozeß, durch den das Ego geht und durch den sich externe Macht manifestiert, erweist sich historisch betrachtet als so unglaublich vorhersagbar, daß man sogar ziemlich genau vorhersagen kann, was als nächstes passieren wird. Schenken Sie mir für eine Weile Ihre Aufmerksamkeit, und ich werde Ihnen zeigen, daß die Geschichte bestimmte Strukturen aufweist und daß das Ego im Augenblick in einer Falle sitzt. Wir selbst befinden uns in einem Schwebezustand, einen Bruchteil einer Sekunde bevor der klapprige Stuhl, auf dem diese ganze Illusion beruht, von der Wucht der Realität, vor Aufrichtigkeit und Wahrheit zusammenbricht. Haben Sie auch manchmal etwas spitzbübisches an sich, könnte Ihnen das Ganze eine Menge Spaß bereiten.

Nun folgt eine Beschreibung dessen, was in der Vergangenheit geschehen ist und was mit großer Wahrscheinlichkeit in der Zukunft geschehen wird.

Die Bauern wurden im Zuge der industriellen Revolution von den Feldern geholt und in eine Geldwirtschaft hineinversetzt. Ein bißchen Geld bringt den entsprechenden Status mit sich. Durch Geld verwandelt man sich vom hilflosen Opfer des Schicksals in einen Menschen, der die Möglichkeit hat, sein Leben selbst zu bestimmen. Als die Bauern in die Städte gezogen waren, lebten sie nahe beieinander und konnten sich organisieren. Die Gewerkschaftsbewegung wurde ins Leben gerufen, vorangetrieben, und für die Arbeiter wurden bessere Bedingungen ausgehandelt. Plötzlich waren Menschen nicht mehr austauschbar. Jetzt waren sie wer und hatten ein Sprachrohr. Sie genossen begrenztes Ansehen. Da sie jedoch gerade erst die Felder verlassen hatten, waren ihre Träume eher bescheiden. Aus diesen bescheidenen Träumen erwuchs der Gedanke von der Gleichheit zwischen Mann und Frau – die Saat des Sozialismus. Ursprünglich ist der Sozialismus eine spirituelle Idee, die sich organisch aus unserem Menschsein ergibt. Sie ist quasi Mitgefühl in Reinkultur und für diesen Geschichtsabschnitt angemessen und richtig. Wer will behaupten, daß die Arbeiter nicht durch ein kollektives Verantwortungsgefühl verbunden waren, wenn sie Schulter an Schulter in den Fabriken am Fließband standen und gegenseitige Energien, Emotionen und Gefühle füreinander empfanden? Der Sozialismus ist jedoch nur eine Stufe auf dem Weg zu einer mächtigen Gemeinschaft. Er ist nicht, wie viele uns glauben machen möchten, die endgültige Befreiung oder das Wunderheilmittel allen Übels. Während die Arbeiterklasse neue Möglichkeiten entdeckte, wurden viele Menschen durch die industrielle Revolution reich. Bis zu diesem Zeitpunkt hatte die Aristokratie ihre Imperien errichtet, indem sie den unterentwickelten Schichten Land und Ressourcen nahmen. Jetzt konnten sie durch Geldgeschäfte und Handel noch größere

Imperien errichten, mit denen sie Regierungen unter ihre Kontrolle brachten und ganze Nationen beherrschten.

Selbst die Handwerker und die Mittelschicht, zum Zeitpunkt der industriellen Revolution eher eine Minderheit, wurden plötzlich wohlhabend. Der Adel hatte mit der Industrie nur am Rande zu tun. Er zog es vor, Land und Ressourcen zu besitzen oder sich auf Geldgeschäfte zu konzentrieren. Die Handwerker und Menschen der Mittelschicht waren es, die Fabriken errichteten, die heute noch Bedeutung haben. Die *nouveaux riches* eroberten ihren Platz in der gesellschaftlichen Elite. Monopole und Kartelle wurden gegründet, damit die Diebesbeute unter den Hauptakteuren verteilt werden konnte. Derweil genossen Sozialismus und Demokratie beim »gewöhnlichen Volk« hohes Ansehen.

Mit der Zeit wurden die Bewahrer des Status quos durch das Aufgebot der Verfechter von Freiheit und Demokratie gezwungen, einen Teil ihrer politischen Macht an die Gewerkschaften abzutreten und den Arbeitern einige Grundrechte zuzugestehen. Das allgemeine Wahlrecht wurde eingeführt. Theoretisch konnten die Menschen über die Regierungsform selbst entscheiden und gegebenenfalls sogar die Tagesordnung für die Gesetzgebung im Lande festlegen.

Obwohl Sozialismus und Demokratie als Norm akzeptiert wurden, stellte die herrschende Elite (die nun auch die *nouveaux riches* einbezog) sicher, daß die Demokratie nicht ihre Ziele vereitelt. Schauen Sie sich doch unsere Abgeordneten an. Sind sie aus unseren Reihen? Sprechen sie für uns? Oder haben sie sich wie Könige und Königinnen in Marmorpalästen niedergelassen? Genießen sie die Privilegien eines elitären Daseins oder sind sie gezwungen, genauso zu operieren wie wir? Natürlich nicht! 25 Millionen Dollar an Steuergeldern hat Präsident Clinton für seine Amtseinführungsparties ausgegeben. Scheiß auf die Staatsverschuldung, Kumpel – laß uns feiern! Demokratie ist nichts weiter als ein Deckmantel, ein Werkzeug, das eingesetzt wird, einen alternativen König an die Macht zu bringen. Wäre Demokratie mehr als das, müßten die Machthaber dem Willen des Volkes entsprechend regieren. Aus den letzten 150 Jahren fällt mir kein einziges Beispiel ein, bei dem eine Regierung gemäß dem

Willen seines Volkes oder zum Wohle des Volkes regiert hätte. Regierungen herrschen zum Wohle der Könige, der Elite und des Status quos.

Nach der industriellen Revolution wandelte sich die Macht des Adels und der Kapitalisten an der Basis, denn sie hatten mit den Gewerkschaften eine Gewaltenteilung vereinbart. Dieselben Gewerkschaften gebärdeten sich bald sehr wichtigtuerisch, und es entstand ein linker Status quo. Letztlich wurde der Kuchen lediglich etwas anders aufgeteilt – die linken Gewerkschaftsführer saßen nun mit den Aristokraten und der Elite zusammen am Tisch. Es dauerte nicht lange, bis die Gewerkschaftsführer Gefallen an dem fanden, was sie sahen und sie einfach ein weiterer Bestandteil der Struktur wurden, die uns alle kontrolliert. Ein Großteil der Güter und des Nährwertes, den der nationale Kuchen bereithält, gelangte nie in die Hände des gewöhnlichen Volkes, was bis heute so geblieben ist. Nur ein sehr geringer Prozentsatz des Staatsvermögens befindet sich in privater Hand. Die meisten Ressourcen und ein Großteil des Wohlstandes teilen Regierungen, Körperschaften, Kirchen und verschiedene Institutionen untereinander auf. Normale Menschen haben wenig oder keine Macht.

Wenn man die spirituelle Evolution der Erde verstehen will, schaut man am besten darauf, wie Macht- und Geldpolitik diese Evolution beeinflussen. Das hört sich wahrscheinlich komisch an. Kann der Fluß von Macht und Geld überhaupt mit Spiritualität verknüpft sein? Doch es ist so. Sie sind gezwungen, innerhalb der Machtstrukturen, in die Sie hineingeboren wurden, zu leben und Ihr Menschsein und spirituelles Wesen darin zum Ausdruck zu bringen. Diese Strukturen sind die Spielwiese, auf der Sie Ihre Ideen umsetzen und auf der Ihre Seele hoffentlich blüht und gedeiht. Haben jedoch andere Macht über Sie, schränkt dies natürlich Ihre spirituelle Entwicklung und Ihr kreatives Potential ein. Um sich als menschliches Wesen voll entwickeln zu können, müssen Sie Mobilität und genügend Geld besitzen, um die Erfahrungen des Lebens zu kaufen, sonst würde Ihr Besuch auf diesem Planeten seinen Sinn verfehlen. Geld ist der Schlüssel zu Mobilität, persönlichem Ausdruck und Kreativität. Geld wirkt entweder als Bremse oder Beschleuniger für die Evolution unseres kollektiven spirituellen Traums.

Diejenigen, die Geld besitzen, können das volle Potential ihres Lebens erfahren; diejenigen, die kein Geld haben, erfahren den gleichen Mangel an Freiheit wie mittelalterliche Leibeigene.

Diejenigen, die sich ganz oben in der Hierarchie befanden, übten nicht nur Macht aus und hatten die Möglichkeit, den evolutionären Lernprozeß abzukürzen, sondern wußten nur zu gut, daß sie das Staatsvermögen unter ihre Kontrolle bringen müßten, wenn sie für sich und ihre Familien Unsterblichkeit sichern wollten. Bis zu diesem Zeitpunkt bestand die Landeswährung aus Gold und Silbermünzen, und der Wert von etwas wurde mit dem Gegenwert in Münzen zum Ausdruck gebracht. Das neue Spiel sah vor, die Menschen zu überzeugen, daß ein Beleg über das Gold ebenso wertvoll war wie das Gold selbst. Nachdem man den Menschen diese Idee erfolgreich aufgezwungen hatte, war der nächste Schritt, ihnen weiszumachen, daß der Beleg selbst einen Wert besaß und man das Gold gar nicht wirklich brauchte. Damit hatten die Alleinherrscher an der Spitze der Hierarchie den gesamten monopolistischen Wohlstand erbeutet. Sie kontrollierten die Regierungen, besaßen ein Großteil des Grund und Bodens und fast alle Ressourcen. Sowohl die Fabriken, die Banken als auch die finanziellen Institutionen gehörten ihnen, und nun hatten sie auch noch das Gold erbeutet, indem sie es einfach gegen Papier ausgetauscht hatten. Viele Länder erließen Gesetze, die dem Normalbürger untersagten, Gold zu besitzen.

Jetzt hatten die Mächtigen an der Spitze der Hierarchie zusammen mit ihren Familien und ihren freundlichen Regierungen das ganze System im Griff. Sie besaßen alles. Sie kontrollierten den Geldfluß, die Zinssätze und das Kapital. Sie bewegten sich zum größten Teil außerhalb der Gesetze und hatten durch ihre Kontrolle des Geldes die Aktivitäten und die Mobilität der Menschen in ihrer Gewalt. Ohne ihre Anordnungen konnte nichts Wesentliches geschehen. Landete man also an seinem Geburtstag in dem Glauben hier auf dem Planeten, daß es das eigene spirituelle Erbe sei, sich als

Mensch zum Ausdruck zu bringen, stellte man unter Umständen überrascht fest, daß all die Ausdrucksmöglichkeiten, die man für sich eventuell gewählt hatte, bereits von jemandem anders blockiert oder kontrolliert wurden.

Hatte man das Glück, in den Reihen der herrschenden Elite geboren zu sein, konnte man sich durch Macht zum Ausdruck bringen. Alle anderen konnten ihr Menschsein nur mit Erlaubnis dieser herrschenden Elite ausdrücken. Es ist wichtig, diesen Punkt zu verstehen, denn er erklärt alles weitere.

So wie jeder Mensch eine Persönlichkeit hat, die seine oder ihre Seele formt, glaube ich, daß unser kollektives Bewußtsein auch eine planetarische Gruppenseele hat, zu der wir alle etwas beitragen. Wenn wir uns weiterentwickeln, entwickelt auch sie sich weiter, und zwar durch die kollektiven Gedanken, Gefühle und Handlungen der Menschheit. Vor der industriellen Revolution ruhte die planetarische Gruppenseele noch in ihrem embryonalen Stammeszustand, in dem sie sich auf einfache, unreife und bescheidene Art zum Ausdruck brachte. Da die Vorstellungskraft der planetarischen Gruppenseele noch unterentwickelt war, hatte sie nur wenige Bedürfnisse. Ihre Träume hatten etwas Ursprüngliches, sie ruhte in der spirituellen Reinheit des Landes und der wechselnden Jahreszeiten. Als uns die industrielle Revolution den motorisierten Transport, mechanisierte Produktion und den Gehaltsscheck bescherte, wuchs die Gruppenseele der Menschheit rasch heran. Für sie war nun die Zeit gekommen, davon zu träumen, sich auf vollkommenere und unabhängigere Weise auszudrücken.

Die industrielle Revolution zeigte den Bauern, die jetzt in den Fabriken arbeiteten, daß jeder von ihnen das Potential besaß, Wohlstand zu erwerben, vorausgesetzt, sie konnten etwas herstellen und Handel treiben. Nie zuvor hatten normale Menschen die Gelegenheit gehabt, sich zu verbessern, zu entwickeln und aufzusteigen. Bislang hatten die Landarbeiter nur eine vage Idee davon, wie man zu Wohlstand kommt. Unter dem Feudalsystem waren ihnen diese Mechanismen nicht zugänglich gewesen. Der Gedanke eines »göttlichen Rechts der Könige« war aufgetaucht, denn das Volk war arm, da das ganze Land dem König gehörte. Die Nahrungsmittel kamen vom Land und somit von der Gnade seiner oder ihrer Majestät. Die wenigsten bekamen den König oder die Königin jemals zu Gesicht; in bezug auf das gewöhnliche Volk lebte die königliche Familie in einer anderen Dimension. Es war ganz natürlich für die Landarbeiter zu glauben, daß ihre Könige und Königinnen Götter oder zumindest die Personifikation Gottes auf Erden waren.

Das göttliche Recht der Könige verlor in dem Augenblick seine Wirkung, als es dem einfachen Volk gelang, die spirituelle und psychologische Kluft zwischen ihnen und der Monarchie zu überbrücken. Nach der industriellen Revolution war der evolutionäre Prozeß zur Erlangung größerer Freiheit nicht allein auf die Götter beschränkt. Er tat sich mit der Zeit jedem auf, der über entsprechenden Antrieb und Talent verfügte. Deswegen führte Amerika Krieg gegen den englischen König. Die Gründungsväter konnten trotz ihrer großen Weisheit nicht akzeptieren, daß der König oder die englische Aristokratie über das neue Land herrschen und Menschen regieren sollten, die auf der anderen Seite des Ozeans und in anderen Dimensionen lebten. Sie wollten ein System, in dem jeder das Recht hat, seine spirituelle, finanzielle und religiöse Freiheit zu verwirklichen.

Die planetarische Gruppenseele rückte während der industriellen Revolution und des beginnenden 19. Jahrhunderts immer mehr ins Bewußtsein. Sie entwickelte Selbstvertrauen und infolgedessen den Drang, sich selbst auszudrücken. Allmählich erkannte die Gruppenseele, daß es möglich war, ein Großteil ihrer selbst zu befreien (die einfachen Menschen), indem sie sich von der Kontrolle durch einen kleineren Teil ihrer selbst (der Elite) freimachte. In Wirklichkeit ist die hierarchische Elite, die schon immer Informationen und Wissen kontrollierte und Macht ausübte, das Weltego der planetarischen Gruppenseele. Es kontrolliert und dominiert das globale Spielfeld (und damit auch die planetarische Seele), genau wie das Ego eines Individuums normalerweise sein oder ihr Leben kontrolliert. Die einfachen Menschen sind das spirituelle Selbst der planetarischen Gruppenseele, welches bescheiden die Hoffnungen der Menschheit zum Ausdruck bringt. Bis die Macht des Egos gezügelt worden ist, muß das spirituelle Selbst der Gruppenseele jedoch still und passiv bleiben.

Die Anarchisten waren die ersten, die sich des Bedürfnisses der Menschen annahmen, sich von der Herrschaft des Weltegos zu befreien. Das Wort »Anarchie« wird heute mehr als nationales Chaos und Terrorismus verstanden, dabei waren die grundlegenden Ideen der Anarchie sehr spirituell. Sie stammen ursprünglich von zwei Engländern, Gerrard Winstanley, einem Agrarreformer, der den Grundbesitz wieder in die Hände des Volkes bringen wollte, und William Godwin, der das Buch »Political Justice« (1793) geschrieben hat. Er argumentierte für eine Abschaffung der Regierung, weil er fand, daß Autorität immer etwas Unnatürliches sei und Menschen die Freiheit haben sollten, ihr Leben nach den Geboten der Vernunft zu leben. Allerdings gilt Pierre-Joseph Proudhon, 1809 in Frankreich geboren, als der eigentliche Vater der Anarchie. Sein Buch *Was ist Eigentum?* (1840) inspirierte eine locker organisierte politische Bewegung, deren Mitglieder glaubten, daß die Menschen in natürlicher Harmonie miteinander leben würden, wenn Regierung und Status quo abgeschafft würden. Ursprünglich brachten die Anarchisten ein mitfühlendes und spirituelles Ideal zum Ausdruck. Erst später wurden ihre Ideen von den radikaleren Revolutionären wie Mikhail Bakunin und Errico Malatesta aufgegriffen, die den Status quo unter Druck setzten und seine Sicherheit mit Terrorakten bedrohten. Diese revolutionären Anarchisten trugen dazu bei, den I. Weltkrieg auszulösen, als der serbische Terrorist, Gavrilo Princip, 1914 den Erzherzog Franz Ferdinand von Österreich-Ungarn in Sarajevo ermordete.

Und das, obwohl die Anarchisten seltsamerweise keinen wirklichen Einfluß auf die Machtstrukturen jener Zeit hatten. Der I. Weltkrieg brachte uns Proudhons Vision näher. Er war ein Wendepunkt in der spirituellen Evolution der westlichen Nationen und ein unvermeidlicher Ausdruck des europäischen und des Weltegos, das außer Kontrolle war und sich bedroht fühlte. Vom menschlichen Standpunkt aus betrachtet war der Krieg eine Tragödie, doch auf metaphysischer Ebene war er eine große Befreiung für die Menschheit. Der Konflikt war für die Massen eine schmerzhafte Erfahrung, denn 8 Millionen Menschen hatten sich für die planetarische Gruppenseele geopfert. Doch war es eine gleichermaßen schmerzhafte Erfahrung für das Ego der Herrschenden. Der Adel auf dem europäischen Festland wurde ausgerottet, und auch die englische Aristokratie erlitt große Verluste. Der Krieg hatte Europa derart verwüstet, daß das Ego des Status quos zurückweichen mußte. Viele Dinge veränderten sich nach dem Krieg. Die Vorherrschaft der europäischen Elite hatte zum großen Vorteil der Überlebenden des Krieges und ihrer Nachkommen abgenommen. Das spirituelle Selbst der Menschen war frei, aufwärts zu streben.

Man darf nicht unterschätzen, was beide Weltkriege für die spirituelle Evolution der Menschen bewirkt haben. Jedesmal, wenn das Ego einen Schlag ins Gesicht bekommt, erhält das spirituelle Selbst mehr Bewegungsfreiheit. Der erste große Krieg (1914–1918) beendete die Viktorianische Ära und brachte die Menschen auf den Weg zur Freiheit. Die wilden zwanziger Jahre waren ein Ausdruck dieser neuentdeckten Freiheit. Die Frauen in England bekamen das Recht zu wählen. Die Aufwärtsmobilität des Bewußtseins wurde jedoch durch gesellschaftliche Faktoren und ökonomische Sorgen eingeschränkt. Dies führte dazu, daß die Nazis der Menschheit einen weiteren großen Aderlaß bereiteten. Jedesmal, wenn das Weltego eine Niederlage erleidet, wie es während der beiden großen Weltkriege der Fall war, lockert sich der eiserne Griff der Angst, der die einfachen Menschen auf mentaler Ebene gefangenhält und beherrscht. Plötzlich akzeptieren die Menschen die alte Ordnung nicht mehr – sie erkennen, wie wenig sie ihnen gebracht hat. Und die planetarische Gruppenseele hat einen großen Sieg errungen.

Der II. Weltkrieg hatte fast den gesamten Adel in Europa ausgerottet, und wieder einmal mußte der Status quo einen Teil seiner Kontrolle aufgeben. In den fünfziger Jahren bekam die Freiheitsbewegung mächtigen Auftrieb. Plötzlich konnten wir träumen. Wir träumten einen größeren Traum, den Traum einer Gesellschaft, die auf eigene Leistungen aufbaute – nicht auf Geburtsrechten – mit gleichen Chancen für alle. Die Verwirklichung dieses größeren Traums schien im Bereich des Möglichen zu liegen. Doch in jedem Erfolg steckt bereits der Keim des Mißerfolgs. Die Nachkriegsjahre brachten Wohlstand, und den Arbeitern begann es recht gut zu gehen. Sie kauften sich Häuser, zogen in die Vororte und erweiterten ihre Möglichkeiten. Der Sozialismus nahm sich der weniger Erfolgreichen an, und man machte es sich gemütlich, so gut es ging. Dennoch kontrollierte und beherrschte die Hierarchie fast alles. In der Tat hatten sie das sich erweiternde Bewußtsein der Arbeiterklasse »erkauft«, indem sie diesen Individuen erlaubten, ein oder zwei Stufen vorzurücken. Viele bewegten sich aus der Arbeiterklasse in die Mittelklasse, und dem Rest ging es durch den Sozialismus besser als zuvor, obwohl sie dort bleiben mußten, wo sie waren. Für eine Weile dachte niemand mehr über Freiheit nach, und man ignorierte die Tatsache, daß die Elite noch immer an der Macht war. Die normalen Menschen erlagen der Illusion, durch die Aufwärtsbewegung bereits auf dem Weg in die gesellschaftliche Elite zu sein. Sie waren bereits glücklich darüber, sich in die richtige Richtung zu bewegen.

Als aber der erste Konsumrausch vorüber war, begannen die Leute wieder Fragen zu stellen. Die planetarische Gruppenseele, die sich auf einer bequemen Ebene ausgeruht hatte, war jetzt bereit, weiter aufzusteigen. Sie weiß, daß ihr Herz und ihr spirituelles Selbst in der Gesamtheit der Menschen ruht. Wenn sie spirituell wachsen möchte, muß sie sich selbst von der Herrschaft ihres eigenen Egos befreien. Diese Loslösung ist eine natürliche Phase der Weiterentwicklung der planetarischen Gruppenseele. Auf makrokosmischer Ebene handelt es sich um den gleichen Prozeß, während ihre spirituelle Entwicklung in ihrem Inneren abläuft. Indem sie nach innen schauten und über ihr Leben meditierten, nahmen sie spirituelle Angewohnheiten an. Sie erkannten sehr bald, daß sie ihr Ego beherrschen und ihrem Herzen und ihrem spirituellen Selbst erlauben mußten, wieder Einfluß auf ihr Leben zu gewinnen, wenn sie als bewußtes Wesen Fortschritte machen wollten.

Die Loslösung der planetarischen Gruppenseele aus der Gewalt der Spitze der Hierarchie ist noch immer nicht mehr als eine Gedankenform in der Traumzeit der Menschheit. Doch weil sie präsent ist und die Menschen darüber nachdenken, entstand eine Kluft zwischen den Menschen und dem System. Millionen von Menschen sind desillusioniert und entrückt, auch wenn die Realität sie zwingt, das Spiel mitzuspielen. In den nächsten Jahren werden sie Zeuge des großartigen und eindrucksvollen Vorgangs, bei dem sich das spirituelle Selbst der planetarischen Gruppenseele aus der Herrschaft seines Egos befreit.

Die Gruppenseele unseres Planeten erwacht gerade erst zu dieser großartigen neuen Idee. Wie ein riesiges urzeitliches Geschöpf, das sich aus seinem Urzustand erhebt, ist sie ihrer selbst bewußt geworden und zur Erkenntnis gelangt, daß es ihr Schicksal ist, sich auf immer höhere Bewußtseinsebenen hinzuentwickeln. Ihre Augen sind jetzt geöffnet – sie kann sich selbst wahrnehmen. Sie weiß, daß sie in Wirklichkeit gleichzeitig sowohl Seele ist, als auch aus 5 Milliarden einzelner Partikel besteht. Endlich wurde die Brüder- und Schwesternschaft aller Menschen wahrgenommen; nun wird sie ins Leben gerufen und umgesetzt werden. Die Verwirklichung dieser Idee kam nach Kriegsende mit der Gründung der Vereinten Nationen zum Ausdruck.

Dann kamen Martin Luther King und die Bürgerrechtsbewegung. Obwohl Martin Luther King zunächst nur für sein Volk sprach – und auf Gleichstellung der Afro-Amerikaner mit den aus Europa stammenden weißen Amerikanern bestand – engagierte er sich später auch für die Brüder- und Schwesternschaft der gesamten Menschheit. Er sprach ebenso wie er handelte, denn die Gruppenseele hatte durch die Verwirklichung ihrer selbst eine Vision geschaffen, in der es Wahrheit und Gerechtigkeit gab, und irgendwie muß Martin Luther King die Inhalte der Traumzeit gekannt haben, in der sich die unbewußten Gedanken der Menschheit befinden. Vor King und der Zeit, da die Gruppenseele darüber nachdachte, sich von ihrem Ego zu befreien, hatte noch niemand eine klar umrissene Vorstellung von der inneren Richtung oder dem Traum der Gruppenseele. Die Menschen müssen aber etwas geahnt haben; seltsame und ungewöhnliche Gedanken, die sich um Freiheit drehten, waren seit über hundert Jahren in ihr Wachbewußtsein vorgedrungen – doch nun war die Zeit reif. Davor hatten sich die Menschen noch auf diesen Punkt hinentwickelt. Sie waren viel zu sehr damit beschäftigt, sich zu bekriegen und sich von Kriegen zu erholen, um zu merken, welche Richtung die Gruppenseele eingeschlagen hatte. Denn vor Martin Luther King hatte sehr lange niemand mehr für die Gruppenseele gesprochen.

Dann kam dieser sehr bescheidene schwarze Mann, der eine enge Beziehung zum Stammeserbe der Menschheit hatte und die Bedeutung der Traumzeit der Gruppenseele kannte. Autorisiert von jener Vision stand er da und forderte uns auf, uns an den Traum zu erinnern. King hatte die Traumzeit besucht – er sagte uns, was er gesehen hatte, weil er wußte, was die Gruppenseele der Menschheit brauchte. Also trat er stolz und furchtlos hervor und begann die kraftvollsten und unvergessenen Worte dieses Jahrhunderts zu verkünden: »Ich habe einen Traum ...« Als er mit dieser denkwürdigen Rede begann, brachen seine Worte wie ein Vulkan hervor und berührten die Herzen und Seelen von Millionen von Männern und Frauen. Er war die Stimme, die für uns alle sprach. Seine Vorstellungen drangen in das Bewußtsein seiner Zuhörer jenseits von Ego, Rasse und Macht und berührten das spirituelle Selbst im Inneren eines jeden. Er sprach direkt zum Kern des kollektiven Unbewußten Amerikas und darüber hinaus – zur gesamten Menschheit. Für einen kurzen Augenblick war Martin Luther King die Manifestation des kollektiven Unbewußten. Er verkündete, daß das spirituelle Selbst der Menschheit von diesem Tag an darauf bestehen würde, daß jeder Teil seines Selbst dem anderen ebenbürtig sei. Er sagte, der Traum fordere, daß wir alle frei sein müßten. Als er sich gegen den Vietnamkrieg äußerte, geriet das Ego in Panik und erschoß ihn.

Auch Jesus hatte für die Gruppenseele gesprochen, als er seinem Volk sagte, daß sie die religiöse Hierarchie der Juden nicht bräuchten, um Gott zu verehren, da Gott in uns allen sei. Doch kann die Energie der Urchristen nicht aufnahmefähig genug gewesen sein, denn sie konnten die Botschaft nicht völlig annehmen. Die planetarische Gruppenseele war nicht bereit – sie konnte mit der Idee noch nicht umgehen. Grenzenlose Freiheit machte ihr zuviel Angst. Also deuteten die Menschen die wundervoll befreiende Botschaft Jesus derart, daß sie anstelle der jüdischen Gesetze eine andere Hierarchie bräuchten. Die christliche Kirche entwickelte sich also auf gleiche Weise wie später die linken Gewerkschaften als ein Bestandteil des Status quos.

Kennedy begann in seiner berühmten Rede »Frage nicht danach ...« zur Gruppenseele seines Volkes zu sprechen. Er sagte, die Amerikaner sollten den Gesichtspunkt des Egos, bei dem die zentrale Frage die ist: »Was bringt es mir?« gegen den größeren Gesichtspunkt austauschen, der danach fragt: »Was kann ich beitragen?«. Doch obwohl Kennedy ein großer Mann war, sprach er nie wirklich für die Vision der Welt. Ganz anders als King gehörte Präsident Kennedy zur Elite, und da sein Bruder ihn negativ beeinflußte, verfiel er der Korruption durch Macht. Er war für Übergriffe auf die südamerikanischen Völker verantwortlich und stand der Ermordung Castros aufgeschlossen gegenüber. Ich glaube, die Gruppenseele hatte ihn verlassen. Er wurde ausgestoßen. Die Spitze der Hierarchie nahm Anstoß an seiner Politik und fürchtete einen Machtverlust, und Kennedy wurde in die nächste Dimension befördert.

In der Zwischenzeit entwickelte sich die Gruppenseele der Menschheit weiter und lernte sich selbst besser kennen. Heutzutage leben wir in weiten Teilen der westlichen Welt im sich an die industrielle Revolution anschließenden Informations- und Technologiezeitalter. Die asiatische Welt hat sich von der stammesorientierten Phase auf die industrielle Phase hinentwickelt, und Afrika, die pazifischen Inseln sowie entferntere Teile unseres Planeten halten sich zum Ausgleich an den Geist von Mutter Natur.

Mit Hilfe der Technologie konnten die alles beherrschenden Hierarchien ihre Fähigkeit erweitern, wertloses Geld zu schaffen, indem sie die Schulden um ein paar Ziffern in einem Computer vergrößerten. Aus dem Geld, das ursprünglich einen wirklichen Wert besaß, wurde nun ein Beleg, der gegen einen wirklichen Wert austauschbar war. Aus dem Beleg, der einen Gegenwert darstellte, wurde schließlich eine Gedankenform, die von einem Computerterminal ausgewiesen wird, der brandneues Geld auf dem Konto von jemandem gutschreibt. Da man sich des Papiers entledigt hatte, das zu langsam und schwerfällig gewesen war, war der Geldfluß nun nicht länger von der Geschwindigkeit einer Druckerpresse abhängig. Nun konnte sich Geld mit Lichtgeschwindigkeit fortbewegen. Doch war es immer noch in den Händen des Status quos oder derjenigen, die dem Status quo durch ihre kommerziellen Bemühungen beigetreten waren. Als die Menschen begannen, gegen das entstandene Macht- und Wohlstandsmonopol zu protestieren, schickte die Regierung ihre Sprecher vor, um den Leuten eine neue Idee zu verkaufen – die der »Krümel-Ökonomie«. Der Theorie nach sollten die von der Bankett-Tafel herabfallenden Krümel mit der Zeit beim Volk landen, so daß es jedem besser ging.

Die Leute schmatzten genüßlich beim Verzehr der Krümel, doch gaben sie ihnen keine wirkliche Macht. Sie konnten diejenigen an der Spitze der Hierarchie sehen und hören, die weit über ihnen ein Bankett feierten, und die Leute fragten sich natürlich, ob das Krümel-Menü auch einen zweiten Gang bereithielt. Unglücklicherweise kostete das Bankett so viel, daß die Spitze der Hierarchie begann, sich an dem, was sie hatten, festzuklammern, und die Krümel blieben aus.

Mittlerweile bringt die Bewußtseinsbewegung Millionen von Menschen mit ihrem inneren Selbst in Kontakt. Dadurch wird die Gruppenseele der Menschen mit der Zeit an Einfluß gewinnen. Es ist gerade so, als ob die Myriaden von Teilen, aus denen die Gruppenseele besteht, jetzt nach innen schauen und darüber sprechen, was sie in den tiefsten und geheimsten Winkeln der Seele und ihrer Traumzeit wahrnehmen. Bald werden die Menschen die Vision sehen, sich an die Bilder erinnern und von den Inhalten jenes Traumes erzählen. Dann wird jeder die Wahrheit kennen und wissen, wie die Menschen dieses Planeten nach und nach wachsen und sich weiterentwickeln werden.

An diesem Punkt stehen wir jetzt, in der Mitte der neunziger Jahre. Nun werde ich erläutern, wie sich die Machtstrukturen, das finanzielle System und die Evolution der planetarischen Gruppenseele zu gegebener Zeit entfalten werden.

Oberflächlich betrachtet scheint es keine Möglichkeit zu

geben, die Macht der megapolitischen Monopole zu brechen oder die Kontrolle des Geldes und der Informationen seitens der Regierungen und des Status quos zu beseitigen. Es sieht so aus, als ob die planetarische Gruppenseele dazu verdammt ist, in der Umklammerung des einen kleinen Teils zu bleiben, der seinen Willen dem größeren Ganzen aufzwingt.

Alle Extremformen von Macht, die das Ego zum Ausdruck bringt, zerstören sich jedoch mit der Zeit selbst. Wenn ein politisches oder gesellschaftliches System grenzenlose Macht besitzt, gibt es keine sachliche Kontrolle mehr, die die Macht in ihre Schranken verweisen könnte. Das Ego muß seinen Einflußbereich zwangsläufig erweitern. Es muß ständig versuchen, eine für das Ego unerreichbare Unsterblichkeit zu erlangen. Es kann nicht aufhören, weil es nicht klar wahrnehmen kann, was außerhalb seines Selbst vor sich geht. In seiner Blindheit hat es keinen richtigen Bezugspunkt. Das ist ein ähnlicher Zustand, als wenn man nachts im Zug mit zugezogenen Vorhängen reist – man kann weder erkennen, wo man sich befindet, noch wie schnell man sich bewegt. In dem Maße, in dem das Ego seine eigenen Grenzen überschreitet, beginnt es, die Kontrolle zu verlieren.

Wenn Hitler den Krieg 1940 beendet hätte, hätte der Faschismus das ganze Festland Europas unter Kontrolle gehabt. Er hätte mit England Frieden schließen, es isolieren und die Russen einfach in Ruhe lassen können. Er hätte ein Handelsabkommen mit der amerikanischen Regierung schließen können – normalerweise folgen sie der Fährte des Geldes. Ich glaube nicht, daß Amerika versucht hätte, Europa zu befreien, wenn die wirtschaftlichen Beziehungen und ein kleines Maß an Freiheit wiederhergestellt worden wären. Vielleicht würde Europa heute immer noch faschistisch regiert. Da das Ego sein Bedürfnis nach Wichtigkeit und Unsterblichkeit jedoch nicht in Grenzen halten kann, setzen sich auch Machthaber nicht freiwillig Grenzen. Ironischerweise war es der Marsch durch den Schneesturm nach Moskau, der zuerst Napoleon und später Hitler zu Fall brachte, denn bildlich gesprochen ist es der gleiche Marsch durch den kalten Wind der Wirklichkeit, der auch die modernen Echelons der Macht stürzen wird. Der riesige vom Sozialstaat und den Regierungsausgaben verursachte Schuldenberg frißt enorme Mengen des Geldes auf, das die Regierung aus den Menschen herausquetscht. Augenblicklich geben einige Regierungen bis zu 40 Prozent des Nationaleinkommens für die Schuldentilgung des Landes aus. Jede Einheit der Landeswährung, die sie für Zinszahlungen ausgeben, ist eine Einheit, über die sie keine Kontrolle haben. So löst sich allmählich durch diese Schulden der Griff des Status quos und mindert seine Fähigkeit, Ereignisse zu manipulieren.

Wenn Sie in der Zeitung lesen, daß die Regierung gerade 20 oder 30 Milliarden Dollar, Pfund oder was auch immer ausgegeben hat, die sie gar nicht hat, sollten Sie jubeln, statt deprimiert zu sein oder sich zu wundern, was aus Ihrem Land noch werden soll. Nehmen Sie sich Papier und Schreiber zur Hand, schreiben Sie Ihrem Abgeordneten, beglückwünschen Sie ihn zu seiner weisen Voraussicht und ermutigen Sie ihn oder sie, noch mehr Geld auszugeben. Bestehen Sie darauf, daß er es tut – Sie werden uns allen einen Gefallen tun. Je mehr Geld die Regierung ausgibt, das sie gar nicht hat, desto besser ist es auf lange Sicht für uns alle, auch wenn sich daraus kurzfristig betrachtet Schwierigkeiten ergeben könnten. Wir sollten immer daran denken, daß wir ein ständiges Problem haben, solange diese Leute an der Macht sind – kurzfristig und langfristig gesehen!

Macht beruht unter anderem auf der Fähigkeit, Gesetze zu erlassen, doch ohne Geld ist das Erlassen von Gesetzen sinnlos. Geld ist es, was die Länder zusammenhält. Versiegt der Geldfluß, lösen sich die separaten Einheiten, aus denen ein Land besteht, aus dem Einfluß der zentralen Kontrolle. Nehmen wir als Beispiel die Vereinigten Staaten. Dort hat die Regierung bereits damit begonnen, den einzelnen Staaten Macht zurückzugeben, da sie nicht mehr das Geld besitzt, um weiterhin die Kontrolle auszuüben, die sie früher einmal hatte.

Geht man von der gegenwärtigen Differenz zwischen den Einnahmen und Ausgaben der US Regierung aus, wird sie im Jahre 2118 100 Prozent ihrer Einnahmen dafür aufwenden müssen, die Schulden des Landes zurückzuzahlen. Daraus folgt, daß die Spitze der politischen Hierarchie dazu verurteilt ist, die Kontrolle über Amerika zu verlieren. Ändern sie ihr Verhalten nicht, sitzen sie in der Falle. Sie können nicht aufhören, Geld auszugeben, denn dann verlieren sie an Einfluß und politischer Macht – wenn sie jedoch Geld ausgeben, verlieren sie ebenfalls Macht, weil sie mehr Schulden machen, die zurückbezahlt werden müssen. Sie haben wirklich keine andere Wahl, als weiterhin Geld auszugeben, bis nichts mehr übrig ist. Das entspricht der Natur des Egos; es kann keine freiwillige Einschränkung seines gottähnlichen Einflusses akzeptieren. Würden diejenigen an der Spitze der Hierarchie ihre Macht abgeben, müßten sie in eine sterbliche Welt zurückkehren. Sie würden in die höllische Dimension der Realität zurückgeworfen werden – die das Los des normalen Menschen ist. Die Vereinigten Staaten von Amerika werden spätestens bis zum Jahre 2118 große Veränderungen durchmachen müssen. Es liegt durchaus im Bereich des Möglichen, daß sich die Vereinigten Staaten von Amerika auflösen, wenn sich bis dahin nicht einiges ändert. Die einzelnen Bundesstaaten werden ihre Macht zurückfordern und sich wahrscheinlich dafür entscheiden, den Staatenbund zu verlassen. Mehrere kleine Gruppen von einzelnen Staaten könnten zwar Föderationen bilden, die an die Stelle der Vereinigten Staaten von Amerika treten, das Land jedoch, wie wir es heute kennen, wird möglicherweise als politische Einheit aufhören zu existieren. Die herrschende Machtstruktur wird auf ein gewisses Maß zurechtgestutzt worden sein.

In amerikanischen Geschichtsbüchern kann man lesen, daß die Vereinigung der amerikanischen Staaten ein natürlicher und freiwilliger Vorgang war, bei dem die Staaten freudig dafür stimmten, sich unter die Herrschaft der Regierung in Philadelphia zu stellen – in Wirklichkeit jedoch wurde der Zusammenschluß durch Gewalt erreicht. Jeder, der den Wunsch hatte, die Vereinigten Staaten zu verlassen, wurde erschossen. Als South Carolina und andere Südstaaten sich von der unabhängigen Konföderation lossagten (1861), begann der Bürgerkrieg. Die Vereinigung war keine natürliche Ausrichtung, sondern wurde durch einen Krieg erreicht, genau wie die Sowjetunion ein unnatürliches Staatenbündnis erschuf, das mittels Gewalt unter die Herrschaft Moskaus gebracht wurde. Die Staaten im Osten Amerikas eroberten die Südstaaten, erweiterten anschließend ihre Machtbasis, indem sie sich unbesetzte indianische oder spanische Gebiete einverleibten und diese Gebiete zu den Weststaaten erklärten. Nichts an diesem Vorgang war freiwillig. Die Herrschaft Washingtons über das amerikanische Volk wird nur durch Gewalt und Geld aufrechterhalten. Außer der Autorität, die normale Menschen selbsternannten Herrschern zugestehen, daß sie am Leben bleiben dürfen, besitzt Washington keine Autorität. Wir runzeln angesichts der entwürdigenden Militärdiktaturen in der Dritten Welt die Stirn. Doch gibt es fast kein westliches Land, das nicht ursprünglich auch durch eine Militärdiktatur entstanden ist. Der einzige Unterschied besteht darin, daß unsere Diktaturen schon etwas älter sind, während die Militärdiktaturen in Afrika oder Südamerika relativ neu sind. Sonst ist es genau dasselbe.

Manche mögen einwenden, daß unsere Herrscher – angesichts der Tatsache, daß wir ihnen durch eine Wahl Macht eingeräumt haben –, mit Recht über uns bestimmen. »Per Gesetz« ist jedoch nur eine Bezeichnung für den Vorgang, durch den das Ego des Status quo seinem Willen Gesetzeskraft verleiht. Meiner Meinung nach gibt es keine Grundlage dafür. Demokratie ist nichts weiter als Blendwerk für die Wählerschaft. Die Menschen haben nicht wirklich die Möglichkeit, Entscheidungen zu treffen, denn es gibt keine Alternativen. Was ist das für eine Demokratie, wenn Sie höchstens mitentscheiden können, welche der zwei oder drei Parteien sich für die nächsten zwei, vier oder sechs Jahre von Ihnen und dem Land ernähren wird? Wenn es ein kleines Kästchen auf dem Stimmzettel gäbe, auf dem »keine von den oben aufgeführten« angekreuzt werden könnte und dies eine Machtauflösung bedeuten würde, könnte man von einer Demokratie sprechen. Das System hat jedoch dafür gesorgt, daß wir uns seiner nicht entledigen können, denn Macht und Entscheidungsbefugnis bleiben den Machthabern vorbehalten. Der Vorgang des Wählens – auf den wir alle so stolz sind – ist nichts weiter als ein Vorgang, bei dem wir entscheiden, welcher Teil des vorwiegend männlichen Egos uns seinen Willen aufdrängen wird. Wir wählen Gefängniswächter. Wir können nicht dafür stimmen, daß die Gefängnistore geöffnet werden.

Heutzutage erkennen die Menschen langsam, daß sie nicht länger Opfer des Systems sein müssen. Dafür gibt es keinen Grund. Steuern sind zum größten Teil Diebstahl und Gesetze eine Form von Manipulation. Beide müssen nicht sein und beiden mangelt es völlig an wirklichem spirituellen Wert. Die Gesetzgebung zwingt die Realität und die ganze Evolution der Menschen in einen unnatürlichen Zustand. Während diejenigen, die den gegenwärtigen Zustand aufrechterhalten (der Status quo), das Geld der Leute stehlen, bringen sie sich selbst in Sicherheit. Viele der normalen Menschen werden dadurch in eine Zone wirtschaftlicher Inaktivität manövriert, in der das Überleben unsicher ist. Während sich also zwei bis drei Prozent der Bevölkerung mit wenig Aufwand ihre Sorgenfreiheit erhalten, wird der Rest der Bevölkerung entmachtet und durch die Anfälligkeit gegenüber wirklichen Gefahren und finanziellem Zusammenbruch unter Druck gesetzt. Deswegen sieht man so viel gesellschaftliches Chaos.

Bis zum gegenwärtigen Zeitpunkt war es den meisten Menschen durch finanzielle Unterstützung der Regierung möglich, am Existenzminimum zu leben. Es ist jedoch ungemütlich, unnötig und gefährlich, so zu leben, daß die Menschen es früher oder später nicht mehr hinnehmen werden. Bislang gab es lediglich ein paar kleine Volksaufstände, wie zum Beispiel eine Bewegung in Kalifornien, die in den siebziger Jahren die Grundsteuer zurückforderte und der Kopfsteuer-Aufstand in England – bei dem die Menschen den Mut hatten, dem Feind ins Auge zu sehen und die Regierung in ihre Schranken verwies.

Wenn den Regierungen aber das Geld ausgeht, werden die Menschen aus den unteren Schichten wegen ökonomischer Unsicherheit bald auf die Straße getrieben werden. Sie werden begreifen, daß das Recht auf streßfreies Dasein kein exklusives Vorrecht des weißen, männlichen Status quos ist, und daß dieses Recht nicht »von oben« gewährt wird. Wir alle haben dieses Recht aufgrund unserer Fähigkeiten. Wenn ein Mensch 20 Stunden in der Woche fleißig arbeitet, um sich den Lebensunterhalt zu sichern, sollte das ausreichen, sofern er nicht mehr tun will. Doch die Arbeiter werden durch Betrug, Manipulation und Terror seitens der Regierung dazu gezwungen, 40 oder mehr Stunden pro Woche zu arbeiten, um überhaupt ein Mindestmaß an wirtschaftlicher Sicherheit zu erreichen. Abzüge und Steuern sind von der Regierung so geschickt kalkuliert, daß es nahezu ausgeschlossen ist, wirklich voranzukommen. Die Arbeiter sind jede Woche in der gleichen bedenklichen Situation wie in der Woche zuvor. Sie müssen rausgehen, 40 und mehr Stunden pro Woche arbeiten und treten doch nur auf der Stelle. Regierung und die Industrie können auf diese Weise das Land beherrschen, die Versorgung mit Arbeit steuern und die Handlungen der Menschen kontrollieren. Würden sich die Menschen das bewußt machen, würden sie es kaum hinnehmen, Woche für Woche nur so über die Runden zu kommen. Menschen brauchen Geld, um spirituelle Stärke aufzubauen. Es ist sehr schwer, spirituell zu wachsen, wenn man gezwungen wird, des bloßen Überlebens wegen die Woche überwiegend im tick-tock zu verbringen. Dann fehlt das nötige Geld für außergewöhnliche Lebenserfahrungen oder um Ideen zu verwirklichen. Früher reichte es aus, den Leibeigenen ein paar Pennies hinzuwerfen, damit sie nicht verhungerten. Ihre Überlebensprobleme kamen ihnen dann nicht mehr so krass vor. Für viele Menschen, die von ihrem Leben nicht mehr erwarten, als gerade über die Runden zu kommen und ein paar Bier am Wochenende zu trinken, gilt das auch heute noch. In dem Maße, wie die Menschheit ihr Bewußtsein erweitert und Millionen von Menschen sich von ihrem Ego ab- und ihrem spirituellen Selbst zuwenden, reicht finanzielle Sicherheit nicht mehr aus. Genauso wichtig wird es, den eigenen Weg kraftvoll zu gehen und Handlungsfreiheit zu besitzen.

Ist die Bevölkerung der Erde einmal über ihre reinen Überlebensprobleme hinausgewachsen und beginnt sie, darauf zu schauen, was sie wirklich für ihren spirituellen Fortschritt benötigt, wird sie erkennen, daß das Ego der Welt diesen Fortschritt verhindert oder gar unmöglich macht. Man kann Menschen durch Einschüchterung und die Einengung der ökonomischen Möglichkeiten nur bis zu einem gewissen Grad unter Kontrolle halten. Versucht man, sich dem spirituellen Glauben und der persönlichen Entwicklung der Menschen entgegenzustellen, werden sie sich erheben und das Hindernis furchtlos beseitigen. Die Geschichte ist voll mit Beispielen von heiligen Kriegen.

In unserer Zeit gibt es sehr große, oft einseitige nationale Bündnisse, durch die unser Planet politisch geteilt wird. Unzählige Stämme wurden gewaltsam oder durch den Einfluß von Geld zusammengeschlossen. Es gab Zeiten, in denen sie sich aus der Notwendigkeit einer gemeinsamen Verteidigung zusammengeschlossen haben, aber als der kalte Krieg zu Ende war, war diese Notwendigkeit nicht mehr gegeben. Viele nationale Bündnisse sind veraltet und unnötig. Lockert sich der zentrale Griff eines Tages, werden sich die verschiedenen Stämme lossagen. Nationen werden auseinanderbrechen und sich in immer kleinere Gebiete auflösen. Das ist die einzige Art und Weise, neue Möglichkeiten zu schaffen – und die einzige Art und Weise, wie Macht wieder an die Menschen zurückfällt.

Dieser Prozeß hat bereits eingesetzt. Die Menschen verstehen nicht ganz, was das alles zu bedeuten hat. Sie glauben, ethnische Kriege seien ein europäisches Problem, was zum Teil auch stimmt. Doch vor allem ist es ein Vorgang, durch den Gruppen versuchen, die unnatürlichen Grenzen aufzulösen, die ihnen durch Verträge und Vereinbarungen aufgezwungen wurden, ohne daß sie ein Mitspracherecht haben. Schuldig sind die Manipulanten, die die Einwohner bestimmter Gebiete zu ihrem Vorteil aufgeteilt haben. In der ganzen Welt beginnen sich Gruppen von der Regierungsgewalt loszusagen, um ihre Angelegenheiten autonom zu regeln. Schotten und Iren versuchen, sich von den Engländern abzugrenzen. Die Basken bereiten der spanischen Regierung eine schwere Zeit. Tschechen und Slowaken haben sich bereits getrennt. Die Norditaliener, die es satt haben, von der korrupten Regierung in Rom gemolken zu werden, versuchen sich von Süditalien zu lösen. Rußland und Jugoslawien sind bereits in viele kleinere Gebiete zerfallen. Der Prozeß ist noch nicht abgeschlossen. Die Menschen erkennen, daß sie nie frei sein werden, solange ihnen zentralistische Regierungen und nationale Bündnisse aufgezwungen werden. Sogar Europa könnte im Laufe der Zeit in eine Vielzahl autonomer Staaten zerfallen.

Das Maastrichter Abkommen, das aus Europa eine homogene Masse machen soll, ist von vornherein zum Scheitern verurteilt. Es widerspricht dem Wunsch der Gruppenseele. Die Regierungen haben die Europäer manipuliert und belogen. Das Abkommen ist ihnen als Manifestation europäischer Bruderschaft verkauft worden; es sieht eine gemeinsame Währung vor, einen überall gültigen Paß, eine gemeinsame Verteidigung und gemeinsame Ziele. Die Leute haben ihnen das abgenommen, dem Abkommen vertraut und geglaubt, es sei ein Teil einer umfassenderen Vision.

Aber das Abkommen ist keine spirituelle Idee aus der kollektiven Traumzeit der Menschen. Es handelt sich vielmehr um ein Konglomerat von Gesetzen, die von oben diktiert und die Europäer unbegrenzter Kontrolle und Manipulation aussetzen würden. Die Brüder- und Schwesternschaft der Menschen kann unmöglich aus einem politischen Bündnis bestehen, das durch Macht erzwungen wurde. Sie muß sich viel eher als kollektive spirituelle Identität entwickeln, die aus der Liebe und dem Menschsein als Bindeglied geboren wird. Das wird nur geschehen, wenn jeder versteht und akzeptiert, daß wir alle Teil einer spirituellen Seele sind.

Politiker werden immer versuchen, eine spirituelle Abkürzung zu nehmen, durch die sie alles unter Kontrolle haben. John Major, der britische Premierminister, verweigerte seinen Landsleuten einen Volksentscheid über das Maastrichter Abkommen, aus Angst, er könnte seine politische Zukunft aufs Spiel setzen und sich zum Hampelmann der britischen Nation machen. Er sagte, wenn er in der Maastricht Sache verlieren würde, wäre es aus für ihn. 70 Prozent der Briten waren gegen das Abkommen und fanden nichts Gutes daran, doch wurde ihnen das Wahlrecht verweigert. Wieder hatte das Ego eines Landes die Oberhand über das Herz des Landes. Als der Gesetzesantrag zur Ratifizierung des Abkommens vor das Parlament kam, wurde die Sache heiß debattiert, und es sah so aus, als würde es bei der Abstimmung des Parlamentes sehr knapp werden. Abtrünnigen Parlamentsmitgliedern, die sich nicht der Parteilinie unterwerfen und gemäß ihrem Vorsitzenden stimmen wollten, wurden Strafen und der Ausschluß aus der Partei angedroht. Das Gesetz wurde mit einer minimalen Mehrheit verabschiedet. Das Maastrichter Abkommen ist ein Paradebeispiel dunkler Machenschaften und politischer Machtschieberei und den Europäern in einem Sack voller Lügen verkauft worden. Europa hat zwar ein Parlament, das die Leute wählen können, doch kontrolliert nicht das Parlament die Wirtschaftsgemeinschaft, sondern die EWU-Beauftragten. Die EWU-Beauftragten wiederum müssen sich nicht wählen lassen, sondern werden von den zur Gemeinschaft gehörenden Regierungen ernannt. Die Macht in Europa liegt jetzt nicht mehr in der Hand einzelner totalitärer Demokratien, mit ihren eigenen gewählten Parlamenten, sondern in der Hand einer totalitären gesamteuropäischen Demokratie, die vom Europäischen Parlament vertreten wird. Und man ist sogar noch einen Schritt weiter in Richtung auf eine absolute Diktatur gegangen: nun herrschen verschiedene elitäre Hierarchien über die europäischen Völker und ernennen auch deren EWU-Beauftragte.

Ich bin mir sicher, daß die meisten Europäer mit einem ökonomischen Bündnis und der Idee eines vereinten Europas einverstanden wären, wenn es vom Geist der Freundschaft und der Kooperation getragen würde. Doch der kaum merkliche, oft im Geheimen abgewickelte Transfer politischer Macht unter dem Deckmantel dieser Ideale, bedroht ihre Freiheit. Während der Hälfte der Zeit kann man einfach nicht herausfinden, was da eigentlich vor sich geht. Die meisten Europäer haben das Maastrichter Abkommen noch nicht einmal zu Gesicht bekommen. Als die dänischen Wähler das Abkommen sahen, lehnten sie es natürlich ab. Gott segne Dänemark. Unglücklicherweise war die dänische Regierung mit dem negativen Abstimmungsergebnis nicht zufrieden, so wurde für das nächste Jahr ein weiterer Volksentscheid über das Abkommen angeordnet. Die dänischen Medien mußten Überstunden machen, und bereits Monate vor der Abstimmung strahlte das Fernsehen Beiträge aus, die die

Dänen einschüchtern sollten. Schließlich brachte man eine Abstimmung zustande, in der eine deutliche Mehrheit mit »Ja«, abstimmte. Das beweist wieder einmal, daß die Herrschenden es nicht zulassen, daß sich ihnen eine Demokratie in den Weg stellt. Wenn die Wähler von Dänemark und dem Rest von Europa jedoch erst einmal einen wirklichen Eindruck von der unilateralen Utopie aus Brüssel und Straßburg bekommen haben, werden sie ganz schnell die Nase voll haben. Köpfe werden rollen. Der Betrug wird herauskommen und dem Abkommen jegliche Grundlage entziehen.

Die Weiterentwicklung der Gruppenseele hat zur Folge, daß die Menschen beginnen zu erkennen, daß es nicht wirklich funktioniert, wenn man seine Freiheit und die eigenen Geburtsrechte in Hoffnung auf bessere Zustände oder eines großzügigeren Gnadenbrotes abtritt. Es ist nicht spirituell. Der Sozialismus hat den Menschen zwar am Anfang weitergeholfen, doch in seiner Extremform – wenn man seine Seele an den Staat verkauft, der einen dann ein Leben lang beherrscht und versorgt, egal, welche Leistung man erbringt – ist der Sozialismus eine völlig überholte Idee. Er war ein geistiges Kind der industriellen Revolution und gehört nicht in diese Zeit, denn er weist in eine ganz andere Richtung als die Gruppenseele. Auch der moderne Sozialstaat ist nicht überlebensfähig. Er erlaubt einem Individuum, die spirituelle Lektion zu umgehen, Gedanken in Handlungen zu transformieren, um den eigenen Traum zu verwirklichen. Unter dem Sozialstaat werden der Lebensunterhalt und kreative Möglichkeiten von anderen gewährt. Einen Menschen von hinten und vorne zu bedienen, bedeutet aber, seinen Geist zu töten und ihn zu entmachten. Solche Menschen sind mit staatlichem Bestechungsgeld gekaufte Sklaven. Man hat sie der Eigenmotivation beraubt und in ihrer Integrität beeinträchtigt. Daher schafft er die gleiche Art von Abkürzung bezüglich der evolutionären Lektionen dieser Ebene wie die Hierarchien, die an der Macht sind.

Die Gruppenseele kann sich nicht richtig entwickeln, so lange der Sozialstaat Millionen von Menschen in einem permanenten Zustand von Machtlosigkeit hält. Mit der Zeit muß jeder von ihnen wirtschaftlich unabhängig werden, denn zum einen ist dies spirituell gesehen richtig, und zum zweiten müssen diejenigen, die Energie produzieren, die Last des extremen Sozialstaates mittragen. Er zieht sie runter, und das verhindert das Wachstum, das umfassende Wohlergehen und den Fortschritt der planetarischen Gruppenseele. Außerdem liefert der Sozialstaat unseren Regierungen eine weitere Entschuldigung dafür, sich unter dem Deckmantel der Wohlfahrt in das Leben der Menschen einzumischen. Das wird sich ändern. Teils durch den Druck der steigenden Verschuldung, teils weil die Mehrheit der Menschen nicht mehr damit übereinstimmt.

Sowie die Menschen wachsen und mutiger werden, werden sie sich von der Regierung entfernen, die sie beherrscht. Sie werden auf das spirituelle Selbst hören, das sie aus ihrem Inneren ruft. Sie werden ihre Freiheit und ihr spirituelles Erbe lieber wollen als irgendeinen Hungerlohn, der ihnen für ihren Gehorsam von den Herrschern der Animal Farm geboten wird. Die Menschen werden vor Verlangen brennen, sich selbst zu verwirklichen.

Würde die Regierung nicht ständig bei den Leuten absahnen, bräuchte man natürlich auch den Sozialstaat nicht – man hätte statt dessen persönliche Ersparnisse. Doch haben die Steuern enorme Auswirkungen. Sie machen die Leute arm, verlangsamen ihre Evolution und zwingen die Menschen dazu, bis zu 2 ½ Tage in der Woche für den Staat zu arbeiten. Wenn Sie zum Beispiel mit 18 Jahren anfangen zu arbeiten und im ersten Jahr Ihrer Berufstätigkeit DM 5.100 für die verschiedensten Steuern zahlen müssen, bedeutet dies, daß Ihnen dieses Geld Ihr Leben lang vorenthalten wird. Könnten Sie es statt dessen bei 8 Prozent Verzinsung im Jahr steuerfrei anlegen, bis Sie 65 Jahre alt wären, besäßen Sie zu diesem Zeitpunkt DM 187.000. Wenn Sie im nächsten Jahr die gleiche Summe anlegen würden, hätten Sie zusätzliche DM 175.000. Im Alter von 21 Jahren hat Ihnen das Finanzamt für die Steuern, die Sie in den ersten drei Arbeitsjahren gezahlt haben, bereits die stattliche Summe von DM 527.000 vorenthalten, die Sie sonst im Alter von 65 Jahre hätten Ihr eigen nennen können.

Das Geld, das den Leuten während ihres Arbeitslebens

aus der Tasche gezogen wird, würde ausreichen, aus jedem vor seiner Pensionierung einen Millionär zu machen. Dann bräuchte man den vom Staat angebotenen Hungerlohn nicht – unsere älteren Mitbürger wären reich. Der Anteil dieser Vermögen, den sie nicht selbst ausgeben, würde ihren Erben übertragen werden, die dann noch reicher werden würden. Die Macht würde langsam von der Spitze der Hierarchie auf die Menschen übergehen. In Wirklichkeit stirbt die große Mehrheit der Menschen mit geringfügigen oder unwesentlichen Vermögenswerten. Natürlich verkauft man uns die Idee, daß die Regierung ein Land nicht regieren könnte, wenn es keine Einkommenssteuer gäbe. Aber genau darauf will ich hinaus. Es gibt die Einkommenssteuer nur, weil die Spitze der Hierarchie das Land regieren will. Wir brauchen in Wirklichkeit weder eine Einkommenssteuer noch eine Regierung. Man könnte den Sozialstaat auflösen, die staatliche Kontrolle reduzieren, die Mehrzahl der Funktionen der Regierung privatisieren und das Land mit einer kleinen aber effektiven Zivilverwaltung und einer Mehrwertsteuer auf Güter und Dienstleistungen regieren. Eine Gruppe von Repräsentanten und weiser Menschen könnte verschiedene Bereiche der Bürokratie beaufsichtigen, um sicherzustellen, daß sie das tut, was die Leute wollen. Doch hätten sie eine überwachende und keine gesetzgebende Funktion.

Die planetarische Gruppenseele ist noch nicht aufgeklärt genug, um völlig auf eine Regierung zu verzichten, doch wird es letztlich darauf hinauslaufen. Die Strukturen werden sich mit der Zeit auflösen – das ist unvermeidlich. Ich bin mir deshalb so sicher, weil sich ein Großteil der Bevölkerung durch Einsicht und Disziplin bereits über ihre Führer hinausentwickelt hat. Obwohl normale Menschen sehr wenig externe Macht ausüben, ist ihre innere Macht rasch angewachsen. Unsere Machthaber, die sich fast ausschließlich auf externe Macht konzentrieren, werden auf einer inneren Ebene vom spirituellen Fortschritt der Nation überholt. Wenn die Kluft einmal groß genug geworden ist, wird die Macht der Regierung über das Volk scheitern. Der Tag, an dem die Schecks vom Sozialamt platzen, wird diesen Bruch auslösen. Die Herrschaft wird im Augenblick sowieso nur durch die fügsame Ergebenheit der Menschen aufrechterhalten. Wenn die Schecks weniger werden – oder gar nicht mehr ausgestellt werden – werden die Menschen plötzlich die Wahrheit erkennen und die Rechtmäßigkeit der Autoritäten in Frage stellen.

Sie sind ein unsterbliches spirituelles Wesen. Sie waren frei, bevor Sie hierher kamen, und Sie werden frei sein, wenn Sie diesen Ort verlassen. Es wird in den himmlischen Welten keine Regierungen über Ihnen geben. In der Zwischenzeit haben Sie diesen dichten Zustand des spirituellen Daseins in einem physischen Körper für sich akzeptiert, damit sich Ihr spirituelles Selbst durch die verstärkte Gravitation des verdichteten physischen Zustandes stärken, besser verstehen und wahrnehmen kann. Wenn Sie sich nach Innen wenden und Stille und Gelassenheit entwickeln, werden Sie das spirituelle Selbst erfahren und den Traum wahrnehmen. Sie werden keine externe Macht anstreben, denn Sie werden wirkliche Unsterblichkeit besitzen, die durch Kontrolle des Egos und mittels Disziplin entsteht. Sie werden sich wieder mit Ihrem spirituellen Selbst verbinden. Bringen Sie das anderen bei, und die Idee wird bald eine kritische Masse erreichen. Dann wird das gegenwärtige System seinen letzten Tag gesehen haben.

Danach werden wir, die Sanftmütigen, die überwiegend eine Menge Gutes in uns tragen, in der Lage sein, unser spirituelles Verständnis weiterzuentwickeln. Wenn uns allen erst einmal die Traumzeit der planetarischen Gruppenseele zugänglich ist, wird sich jede Idee, die im Widerspruch zum spirituellen Inhalt der Traumzeit steht, so abstoßend anhören, daß sie unmöglich eine Basis finden kann, sich durchzusetzen. Das himmlische Königreich wird endlich auf Erden verwirklicht werden. Der Gedanke, daß man kämpfen muß, um sich vom abscheulichen Ego des Staates zu befreien, ist schwachsinnig. Das ist das gleiche wie ein Polizeichef, der seine Güte dadurch zum Ausdruck bringt, daß er Sie nicht ins Gefängnis steckt. Das ist kriminell und entspricht nicht der Wahrheit. Sie müssen sich Ihre Freiheit nicht verdienen – Sie sind frei. Man kann die göttliche Kraft nicht auf ewig einsperren.

Unglücklicherweise muß immer ein Zusammenbruch stattfinden, damit das Ego die Kontrolle an das spirituelle Selbst abgibt. Es ist dem Ego fast unmöglich, seinen Griff freiwillig zu lockern, genau wie die meisten Menschen ihren spirituellen Weg erst dann beginnen, wenn sich in ihrem Leben eine Katastrophe ereignet hat – sei es eine Krankheit, ein finanzieller Zusammenbruch, mentaler Streß oder eine zerbrochene Ehe. Es wird eine Krise nötig sein, damit das Weltego bis zu einem Punkt zusammenschrumpft, an dem das spirituelle Selbst wieder anfangen kann, die Herrschaft zu übernehmen.

Zunächst wird das System noch mehr unterdrücken. Es wird große gesellschaftliche Umwälzungen geben, und Überwachung und Polizeistaat werden intensiviert werden. Doch mit der Zeit wird alles hinwegschmelzen. Das Ego ist feige; es kann dem Licht Gottes nicht ins Gesicht schauen, denn wenn es das tut, wird es sein eigenes Spiegelbild erkennen – und es nicht unbedingt näher betrachten wollen. Wenn unsere Brüder und Schwestern überall auf dem Planeten genügend spirituelles Licht ausstrahlen, wird sich der Wandel vollziehen. Warum? Weil es Naturgesetze gibt, die das garantieren. Dr. Wayne Dyer schreibt in seinem Buch »Real Magic«: »Wenn sich auf eine bestimmte Art genügend Elektronen in einem Atom anordnen, ordnen sich den Gesetzen der Physik gemäß auch alle anderen auf ähnliche Weise an. Dies nennt man einen »Phasenübergang«. Einen solchen Phasenübergang macht unsere Welt gerade durch. Die unsichtbare Kraft, die die Elektronen in einem Atom ausrichtet, jene spirituelle Intelligenz, die durch alles Seiende fließt, erreicht gerade eine kritische Masse (eine Anzahl von Menschen, die groß genug ist), und die Folgen werden sich in unserer Welt manifestieren. Es ist unmöglich, diese Kraft aufzuhalten. Einige werden es versuchen, doch werden sie von der Kraft hinweggefegt werden ...« Der Kampf zwischen dem Weltego und dem spirituellen Selbst der Gruppenseele der Menschheit wird in den nächsten 20 Jahren große politische und spirituelle Entwicklungen verursachen.

Hier in diesem ersten Band von *Wind des Wandels* können wir uns viele der zentralen Fragen anschauen, um die es auf einer persönlichen, nationalen und internationalen Ebene im geistigen Kampf zwischen dem Ego und dem spirituellen Selbst gehen wird. Hoffentlich kann ich mit ein paar Ideen dazu beitragen, daß Sie den Prozeß genießen können. Aus Nationen werden Bundesländer, aus denen wiederum kleine Selbstverwaltungen hervorgehen werden. Mit der Zeit wird dann, wenn wir alle ein bißchen gewachsen sind und die volle Verantwortung übernehmen, jeder ein Land für sich selbst. Wenn jedes menschliche Wesen mit seinem oder ihrem individuellen Licht in Berührung kommt und es zum Ausdruck bringt, wird die Kraft und die Freude der planetarischen Gruppenseele unermeßlich sein.

Es gibt für uns keinen Grund mehr, unter der uns aufgezwungenen Entwicklung zu leiden. Wir können unseren eigenen Weg gehen. Wir sind jetzt gewachsen. Da die Mächtigen das immer noch nicht begriffen haben, werden wir es ihnen sagen müssen – meiner Meinung nach auf friedvolle Art und Weise. Allerdings glaube ich, daß wir sehr bestimmt an die Sache herangehen sollten. Unsere Herangehensweise muß spirituell, höflich und liebevoll sein, und wir müssen immer daran denken, daß die Hierarchie das Ego ist. Wir können das Ego der planetarischen Gruppenseele noch nicht vollständig beseitigen, sondern müssen es dazu bewegen, uns aus dem Weg zu gehen.

Jedes bewußte Wesen kann unendlich viel zu diesem Prozeß beitragen. Lassen Sie uns unsere Unterschiede aufheben und statt dessen von der Basis der spirituellen Verbundenheit operieren, die die planetarische Gruppenseele uns bietet. Geben Sie ihr Ausdruck. Stehen Sie furchtlos auf, und rufen Sie den anderen zu: »Auch ich habe den Traum wahrgenommen, und auch meine Worte sind von dieser Vision autorisiert. Und ich sage Ihnen: Verehrte Dame, verehrter Herr, ich wünsche Ihnen alles Gute und Frieden. Wir möchten unsere Brüder und Schwestern zurückhaben – jeden Mann, jede Frau und jedes Kind. Wir wollen sie zurückhaben, und wir wollen sie jetzt!«

Aus dem Munde kleiner Kinder …

2. Kapitel

Die Volksseele des Stammes

Um zu verstehen, wie der spirituelle Aspekt der planetarischen Gruppenseele mit der Zeit das Weltego überfluten wird, müssen wir für einen Augenblick innehalten, um uns die Bestandteile der planetarischen Seele anzuschauen und wie jeder von uns sich in ihr weiterentwickelt.

Die Gruppenseele der Menschheit besteht aus dem kollektiven Bewußtsein und der spirituellen Identität eines jeden Individuums, das jemals gelebt hat oder heutzutage am Leben ist. Ich glaube, daß sie das ihm eigene, unsterbliche Gedächtnis unseres Planeten sowie das kollektive Unbewußte ist. Für mich ist die Gruppenseele eine Entität, die sich genauso entwickelt wie Sie, nur über größere Zeiträume hinweg.

Obwohl Menschen Individuen sind, neigen sie dazu, sich zu Gruppen zusammenzuschließen. Das trifft besonders auf alte Zeiten zu, als die Menschen noch abhängiger waren. Die alten Stammesverbände erzeugten alle ein bestimmtes Energiequant, das eine für diesen Stammesverband spezielle Eigenart besaß. Die spirituelle Identität eines Stammesverbandes nannte man in den alten Lehren die »Volksseele« des Stammes. Man sagt, daß die Volksseele jedes Klans das jeweilige Stammesgedächtnis enthält. Die australischen Aborigines bezeichnen das als ihre »Traumzeit«. Mehrere zehntausend Jahre lang hat sich die Bevölkerung unseres Planeten – waren es nun Prinzen oder Almosenempfänger – innerhalb der geistigen Strukturen dieser beschränkten Stammeseinheiten entwickelt. Sicherlich sind einzelne Individuen abgewandert und auf Reisen gegangen, doch trugen sie dabei ihre Stammeskultur und ihr Stammeserbe mit sich. Und obwohl Marco Polo bis nach China reiste, hörte sogar er nie auf, ein Venezianer zu sein.

Trotz der Tatsache, daß Stammesmitglieder voneinander losgelöste Persönlichkeiten sind und jeder von ihnen innerhalb der Stammesstruktur sein individuelles Potential entfaltet, sind sie doch nicht fähig, ihre Individualität voll zum Ausdruck zu bringen. Sie kleiden sich gleich und sprechen die gleiche Sprache. Sie essen die gleichen Nahrungsmittel. Sie teilen gemeinsame Gedanken, üben die gleiche Religion und gleiche Bräuche aus. Sie ahmen gegenseitig ihr Verhalten nach. Auf einer spirituellen Ebene ist es schwer, sie auseinanderzuhalten.

Stellen Sie sich einen Stamm aus dem Amazonasgebiet vor, der keinen Kontakt zur Außenwelt hat – die Menschen dort entwickeln sich einheitlich. Der Stamm hat eine spezielle Art, sein kollektives Unbewußtes, sein Erbe und seine Gebräuche – die Ideen, an die der Stamm glaubt – zum Ausdruck zu bringen. Dieses Stammesquant, oder seine Identität, ruht im Inneren und formt gleichzeitig einen Teil der kollektiven Identität der planetarischen Gruppenseele. Stellen Sie sich die planetarische Gruppenseele wie ein großes Fischnetz vor. Und daß sich in diesem Netz eine Million Tennisbälle befinden – wobei jeder Ball einen Stamm der Erde repräsentiert. Bis zum Mittelalter bestand die planetarische Gruppenseele fast ausschließlich aus solchen Stammesquanten. Jeder Klan lieferte ein Wort in den kosmischen Sätzen, das die planetarische Gruppenseele bei dem Versuch, sich selbst zu beschreiben, gesagt hätte. Stellen Sie sich nun vor, daß ein Mann den Stamm im Amazonasgebiet verläßt, um Arbeit zu finden und ein portugiesisches Mädchen heiratet. Zuvor war er in seiner Traumzeit – seiner unterbewußten Erinnerung – ein Teil der Volksseele seines Volkes. Er befand sich innerhalb ihres »Tennisballs«. Da er nun eine von ihnen losgelöste Existenz besitzt, verblaßt seine Stammeserinnerung immer mehr und wird von neuen Erinnerungen ersetzt, die seine neuen Umstände und Einstellungen reflektieren. Die Kinder dieses Mannes würden außerhalb der Volksseele des Amazonas-Stammes geboren werden. Sie würden sich innerhalb der neuen Identität ihrer Eltern entwickeln. Weitere Nachkommen würden sich noch mehr davon entfernen, auch wenn vielleicht einige der Bräuche und Traditionen von Generation zu Generation weitergegeben werden.

In unserem Beispiel beinhaltet die Gruppenseele unseres Planeten also noch immer all die Tennisbälle, die auch zuvor in ihr waren – einschließlich des einen mit der Aufschrift »Stamm am Amazonas«. Hinzugekommen ist jedoch ein brandneuer spiritueller Inhalt, verkörpert durch den Mann, der ging, um seinen eigenen Stamm zu gründen. Es ist, als ob das ursprüngliche Stammesquant ein einzelnes Elektron ausgestrahlt hätte, wodurch sich zwei voneinander getrennte Einheiten gebildet haben und somit auch mehr Energie entstanden ist.

Zwar setzte dieser Prozeß der Individuation schon im Mittelalter ein, doch begannen die Menschen sich erst mit der industriellen Revolution im 19. Jahrhundert ernsthaft aus der festen Umklammerung des Stammesdenkens zu befreien. Die europäische Diaspora begann mit Schwierigkeiten in Rußland und ethnischem Druck in Österreich-Ungarn. Hinzu kam ökonomischer Druck, zum Beispiel die Hungersnot in Irland um 1845. Diese Umstände riefen eine Massenabwanderung von Menschen aus ihren Heimatländern in andere Gebiete, einschließlich Amerika, hervor. Die geografische Trennung der Menschen vom Land ihrer Traumzeit führte dazu, daß die Volksseelen der Stämme flexibler wurden. Die Volksseele begann sich auszudehnen und ihre Umklammerung zu lösen. Vor dem 19. Jahrhundert tauchte der Gedanke, daß der Mensch ein losgelöstes Schicksal – eine individuelle Evolution außerhalb seines Klans – haben könnte, nur äußerst selten auf. Das Feudalsystem sowie der Mangel an physischer und ökonomischer Mobilität zwang die Menschen, innerhalb ihrer sozialen und stammesbezogenen Einheiten zu bleiben. Der Ort, an dem man geboren wurde, war meist der Ort, an dem man sein ganzes Leben verbrachte.

Das waren jedoch nicht die einzigen Einschränkungen. Die meisten Menschen konnten nicht lesen, Informationen verbreiteten sich nur in geringem Ausmaß, und es gab kaum

Einflüsse von außen. Was immer sein Stamm wußte und woran er glaubte, prägte die vorherrschende Denkstruktur und Persönlichkeit eines Menschen. Es gab sehr wenig freies Denken. Gewiß gab es Philosophen, Wissenschaftler und ein paar Bücher, die das Denken revolutionierten, doch ein Großteil dieses »neuen Denkens« war lediglich eine verfeinerte Variante des religiösen oder stammesüblichen Denkens. Die Masse der Menschen beeinflußte es überhaupt nicht, da die meisten von ihnen sowieso nicht lesen konnten. Neue Ideen und wissenschaftliche Entdeckungen kamen ausschließlich von der Intelligenzija, zu der nicht viele Menschen gehörten. Während Isaac Newton seine Gravitationsgesetze formulierte, gingen die Bauern auf dem Lande unverändert ihren Angelegenheiten nach. Erst während der industriellen Revolution wurden wissenschaftliche Erkenntnisse in die Praxis umgesetzt, was Auswirkungen auf die Menschen und ihr Bewußtsein hatte. Bis zu diesem Zeitpunkt war die Masse der Menschen nie Dingen ausgesetzt, die neu oder anders waren. Die Menschen wollten solchen Dingen auch nicht ausgesetzt sein, da sie noch nicht bereit waren. Das Stammesdenken fühlte sich durch ungewöhnliche Gedanken sehr gestört. Mißtrauen und Unwissenheit herrschten vor. Aus diesem Grunde wurden Einzelgänger, Exzentriker und Außenseiter als Bedrohung empfunden. Stämme sind normalerweise fremdenfeindlich. Fremde Menschen und seltsame Ideen werden als Gefährdung der seelischen Integrität des Stammes und als Bedrohung seiner Sicherheit betrachtet.

Alles blieb, wie es war, bis Anfang des letzten Jahrhunderts die planetarische Gruppenseele einen »Urknall« erlebte, der dem ähnelte, der sich zu Beginn der Zeitrechnung im Universum ereignete. Aufgrund der Industrialisation und der Massenabwanderung lösten sich die Stammeseinheiten in immer mehr Einzelteile auf. Einzelne Menschen begaben sich auf die Suche nach Arbeit. Als sich die Menschen en masse dem unmittelbaren Zugriff auf die Volksseele ihres Stammes entzogen, waren sie teilweise befreit. Sie konnten Fantasien entwickeln und träumen. Sie begannen, selbständig zu denken und sich selbst freier zum Ausdruck zu bringen. Mit großer Geschwindigkeit wurden Philosophien, Erfindungen und Ideen hervorgebracht. Langsam aber sicher wurde das menschliche Denken freier. Jetzt waren in der planetarischen Gruppenseele neben all den ursprünglichen Stämmen auch Millionen von teilweise unabhängigen Elektronen enthalten. Das verlieh der planetarischen Gruppenseele eine zuvor unbekannte Geschwindigkeit.

Toleranz war jedoch noch eine neue Idee. Toleranz entwickelte sich nur dort, wo die Menschen ihre Heimatstämme verließen und anfingen, eine wirkliche Individualität zu entwickeln. So lange die Welt sich in einem stammesorientierten Zustand befand, war die Idee eines Planeten, eines Volkes nicht denkbar. Die Stämme und die verschiedenen, sich entwickelnden Nationen waren zu unsicher und zu sehr in ihren eigenen Ansichten gefangen, um andere akzeptieren zu können. Erst in der modernen Zeit, als die Geschäfte multinational wurden und gewöhnliche Menschen durch Kommunikation einem globalen Szenario ausgesetzt waren, wurde Toleranz wirklich wichtig.

Das alles geht sehr langsam vor sich. Der Prozeß ist seit 150 Jahren im Gange und noch lange nicht abgeschlossen. Sogar heutzutage ist es noch so, daß nur ca. 20 Prozent der Amerikaner Ausweise besitzen. Die meisten Amerikaner leben innerhalb amerikanischer Denkstrukturen. Sie wissen wenig oder gar nichts darüber, was sich in der Welt um sie herum abspielt und sind auch nicht daran interessiert. Über globale Ereignisse redet man nur, wenn sie auf irgendeine Weise mit Amerika zusammenhängen. Allmählich lösen sich die Menschen jedoch aus der vorherrschenden Struktur ihrer kulturellen Programmierung. Die fortgesetzte Massenabwanderung von Menschen seit dem II. Weltkrieg (nachdem viele Einwanderungsbeschränkungen gelockert wurden) hat allmählich zur Bildung multikultureller Gesellschaften geführt. So wie die europäische Diaspora Menschen zum Auswandern gezwungen hat, um auf diese Weise ihre psychologischen und intellektuellen Grenzen zu erweitern, haben Ehen zwischen Menschen verschiedener Kulturen einen »Urknall« im Genpool des Stammes erzeugt (der den genetischen Anteil des Stammesgedächtnisses enthält). Zuvor stützte sich der

Genpool fast ausschließlich auf den Stamm selbst, da Ehen mit Nichtstammesangehörigen ungern gesehen oder strikt verboten wurden. Die Kreuzung der Gene verschiedener Stämme hat eine weitere kaum merkliche, aber wichtige Erweiterung der Volksseele bewirkt. Sie hat die Idee der einen Welt, des einen Volkes unterstützt. Ausbildung und Informationen tun ein übriges, die kulturelle Umklammerung zu lokkern. Und während das geschieht, finden mehr und mehr Menschen den Mut zur Freiheit. Dadurch, daß viele Menschen der Volksseele den Rücken kehren, wird die Bevölkerung dieses Planeten mit der Zeit spirituell frei werden.

Man muß es so verstehen: Jeder Mensch besitzt eine unsterbliche Seele in seinem Inneren. Als sich die Menschen ausschließlich innerhalb ihrer Stämme bewegten, hatte jene unsterbliche Seele keine Möglichkeit, sich zu verwirklichen. Sie konnte ihre völlige Unabhängigkeit nicht zum Ausdruck bringen. Sie konnte nur einen passiven Beitrag zur Volksseele des Stammes leisten. Die meisten Individuen sind noch nicht stark genug, um wegzugehen – sie brauchen den Stamm und die kulturelle Vertrautheit, um sich sicher zu fühlen.

Der Prozeß der Individualisation ist aber ein wesentlicher Schritt für die Menschheit. Bis sie sich von Ihrem Stammeserbe freigemacht haben, können sie sich selbst nicht klar sehen. Sie haben nicht genug Raum zwischen sich und der Volksseele des Stammes, um sich selbst wahrnehmen zu können. Zu Anfang könnte der von Ihnen geschaffene Abstand ein geografischer sein, mit der Zeit muß daraus ein klar definierter psychologischer und spiritueller Abstand werden. Vielleicht haben Sie sich schon zum äußeren Rand Ihrer Volksseele hinbewegt, doch ein wirklich unabhängiges spirituelles Wesen mit einem vom Stamm unabhängigen Schicksal können Sie nur werden, wenn Sie sich völlig von ihr gelöst haben. Sonst befinden Sie sich noch immer teilweise im Bereich des Stammesdenkens.

Stellen Sie sich das so vor: Sie haben zwar persönliche Gedanken, doch sind diese nicht sehr verschieden von den Gedanken anderer Menschen aus Ihrer Kultur. Jeden Morgen stehen Millionen Stammesmitglieder auf und denken:

»Frühstück.« Wenn Sie ein Franzose sind, werden Sie das, was Sie als Ihre Individualität betrachten, in der Sprache und im Kontext mit der französischen Kultur zum Ausdruck bringen. Sie werden sich die charakteristischen Eigenarten und Nuancen des französischen Denkens zu eigen machen. Sie werden die französische Lebensart emotional in sich aufnehmen und Freude an Dingen empfinden, an denen sich auch andere Franzosen erfreuen. Sehr wahrscheinlich werden Sie der Meinung sein, daß die französische Lebensart den anderer Kulturen überlegen ist. Sie werden andere Franzosen kennen, usw. Ihre Individualität wird durch französisches Stammesdenken und französische Dinge zum Ausdruck gebracht. Die gleichen Regeln gelten für jede andere kulturelle Gruppe. So lange Sie sich noch emotional, intellektuell und gesellschaftlich mit der eigenen Kulturzugehörigkeit verbunden fühlen, schränkt genau diese Kultur den Ausdruck der eigenen Individualität ein. Natürlich können Sie sich eine goldene Heftklammer durch die Nase stecken und sich den Anstrich eines radikalen, coolen Modefreaks geben. Doch letztlich steckt die goldene Heftklammer in einer französischen Nase, in einem französischen Gesicht, hinter dem ein französischer Geist waltet. Eine absolute spirituelle Individualität haben Sie dadurch noch nicht erreicht.

Meiner Meinung nach entspricht der spirituelle Prozeß den Gesetzen der Quantenphysik, in denen atomare und subatomare Teilchen als energetische Schwingungen (Wellen) auftreten. Erst wenn Sie bewußt entscheiden, daß Sie genau wissen möchten, in welcher Position sich ein Teilchen befindet, durchläuft das Teilchen in der Welle einen Individuationsprozeß und wird fest und unabhängig, wobei es eine eindeutige Position und eine losgelöste Identität annimmt.

Es kommt mir so vor, als ob es eine Wechselwirkung zwischen unserem Weg aus der Volksseele heraus zur Individualität und dem Verhalten von atomarer und subatomarer Materie gibt. Oszillieren die Atome miteinander in unscharfen, schlecht definierten Schwingungsmustern, könnte man sagen, daß sie sich in ihrem stammesbezogenen Zustand befinden. In diesem Zustand haben sie weder eine Masse noch eine absolute Position. Die Welle besteht nicht aus fester Materie, und natürlich ist es auch nicht das Atom selbst, welches sich wellenförmig bewegt, sondern eine amorphe, diffuse Information. Das Teilchen wird erst durch den bewußten Willen des Beobachters fest und unabhängig. Durch und aufgrund dieser Beobachtung verläßt das Teilchen seine Evolution in einem Wellen-Bewegungszustand und verwandelt sich in eine losgelöste Individualität mit Masse und einer klar definierten Position in der Unendlichkeit der Dinge. Man könnte sagen, daß das Teilchen eine eigene Persönlichkeit hat und sich vom Einfluß der Welle befreit hat, der es zuvor angehörte.

Daraus folgt, daß der Abstand oder der Raum zwischen einem Teilchen und seinem Beobachter ein lebenswichtiger Faktor in dem Prozeß der Individualisierung dieses Teilchens ist. Denn befände sich der Beobachter, beim Versuch es zu beobachten, innerhalb des Teilchens, könnte er zwischen sich und dem Teilchen keinen Abstand oder Raum herstellen – und das Teilchen könnte nie fest werden. Stellen Sie sich die Volksseele des Stammes und seine Kultur als eine subatomare Welle vor. Befänden Sie sich innerhalb der Welle, könnten Sie sich unmöglich so wahrnehmen, wie Sie eigentlich sind, denn das, was Sie sind – Ihre ganze Energie – oszilliert als Bestandteil jener volkseigenen Schwingung. Es fehlt der Abstand dazu! Ihr spirituelles Selbst und die Volksseele wären miteinander verwoben. Sie befänden sich in der Schwingung und die Schwingung wäre in Ihnen. Ihre spirituelle Identität befände sich in einem nebulösen Wahrscheinlichkeitsmuster, in der Wellen-Bewegung der kulturellen Identität und der Volksseele Ihres Stammes. Unter diesen Umständen können Sie niemals ein losgelöstes Teilchen werden. Um also selbst ein Individuum zu werden, müssen Sie einen Schritt zurücktreten und sich vom Einfluß des Stammes befreien, das heißt von den Schwingungsinterferenzen, die Ihre Identität vernebeln, und einen psychologischen und spirituellen Abstand zwischen sich und dem Stamm herstellen. Ohne diese Distanz kann keine Beobachtung stattfinden. Ohne Beobachtung können Sie sich spirituell nie selbst definieren, und damit auch keine präzise Position oder ein unabhängiges Schicksal haben.

Treffen subatomare Wellen aufeinander, entstehen Interferenzmuster; auf emotionaler Ebene könnte man sagen, daß sie sich gegenseitig irritieren. Tatsächlich kann man diese Wellen mit wissenschaftlichen Geräten nur aufgrund dieser Interferenzen ausfindig machen. Daher müssen die Menschen innerhalb der Stammeswelle Unruhe stiften, damit andere auf sie aufmerksam werden. Das ist auch der Grund dafür, warum Jammern ein nationaler Zeitvertreib ist. Teilchen jammern nicht viel, sie gehen einfach los und bringen ihr Leben in Ordnung. Die Energie in der Welle braucht andere, um Dinge für sie in Ordnung zu bringen. So lange sich die Masse der Menschen im Wellenzustand der Volksseele befindet, ist ein Weltfrieden sehr unwahrscheinlich. Aufgrund der subatomaren Natur der Interferenzmuster, die von den Wellen erzeugt werden, ist es sogar ziemlich ausgeschlossen, daß ein Weltfrieden eintritt. Kulturen, deren Schwingungsmuster denen anderer Kulturen sehr ähnlich sind, werden einander mit Sicherheit irritieren, was mit der Zeit zu Schwierigkeiten führen wird.

Wenn jedoch genügend Menschen den Prozeß der Individualisation durchlaufen, um losgelöste, spirituelle Teilchen zu werden, können die Menschen in diesem Zustand friedvoll miteinander leben. Teilchen sind weniger angehaftet, da sie sich in einem festen Zustand befinden, eine bestimmte Masse und eine klar umrissene Position haben. Zwischen ihnen existiert ein absoluter Abstand, so daß sie andere nicht irritieren. In der Regel existieren sie, ohne überhaupt andere Teilchen zu berühren. Sicherlich stoßen einige subatomare Teilchen gelegentlich mit anderen zusammen, doch wenn dies geschieht, ruft die Explosion eher einen plötzlichen Energieausbruch hervor, als eine sich überlagernde, sich oftmals gegenseitig abschwächende Energie, wie es im Wellenzustand der Fall ist.

Nur durch den Teilchenzustand können wir einen Weltfrieden erreichen, denn nicht-anhaftende Harmonie existiert nur im festen Zustand. Aus diesem Grunde lag die Betonung in meiner Philosophie immer auf Introspektion, wodurch Beobachtung stattfindet, und auf emotionaler Nichtanhaftung, durch die ein Abstand hergestellt wird. Dann kann man sich, indem man sich darin übt, andere nicht zu beeinträchtigen, von der Welle und den damit einhergehenden Turbulenzen lösen. Die Welle wird ihrerseits ebenfalls von den Turbulenzen befreit, die man selbst in ihr hervorruft.

Das Ego wähnt sich unabhängig, doch ist dies nur ein höheres Ziel, bestenfalls eine Illusion. Es handelt sich dabei nicht um wahre spirituelle Unabhängigkeit, die durch die Erlangung des inneren, festen Teilchenzustands durch Beobachtung und Kontemplation entstanden ist. Das Ego im Wellenzustand hat keine festgelegte Identität. Es ist dazu verdammt, die Unsicherheiten und Widersprüche des nebulösen Zustandes, in dem es schwingt, zu empfinden. Das ist jedoch genau das Gegenteil dessen, was das Ego sich erträumt. Also projiziert das Ego entlang der Wellenlinien nach draußen und sucht die Bestätigung durch andere. Sag mir, daß ich in Ordnung bin. Sag mir, daß ich Recht habe. Sag mir, daß ich etwas Besonderes bin. Definiere mich, indem Du mich beobachtest.

So versucht das Ego, ein Teilchen zu werden, in der Hoffnung, auf diese Weise eine stabile Unabhängigkeit erreichen zu können. Wenn das nicht funktioniert, versucht es sich durch versteckte Strategien als etwas Besonders zu erweisen – normalerweise durch Status und Stellung. In seiner Bemühung, sich von anderen zu unterscheiden, steckt sich das Ego die goldene Heftklammer in die Nase, tritt einem exklusiven Klub oder vielleicht einer elitären Religionsgemeinschaft bei.

Darum sind Religionen trotz ihrer oftmals kindlichen Lehren so erfolgreich. Sie bieten dem in der Welle gefangenen Ego eine spirituelle Transzendenz an, indem sie ihm etwas geben, wodurch es sich von anderen unterscheidet. »Wir von dieser Religion haben uns vom Rest der Menschheit (der Welle) losgelöst, deren Schicksal es ist, in den Flammen der Hölle zu Grunde zu gehen« (das heißt in der Vergessenheit der undefinierten Energie, durch die sich die Schwingung der Wellenbewegung auszeichnet).

Das ganze elitäre Gebaren und der ganze Status zielt nur darauf ab, daß andere, die nicht so sind, es wahrnehmen. Sonst haben sie für das Ego keinen Nutzen. Darum wird es als wichtig erachtet, daß sich die Mitglieder einer Kirche regelmäßig treffen – so können sie ihr Ausgewähltsein zur Schau stellen und was noch wichtiger ist, sich gegenseitig dabei beobachten. Dadurch entsteht die Illusion, daß jedes Mitglied einen festen Zustand erreicht hat. Doch wird mit dieser gängigen Praxis wenig erreicht, da man innerhalb eines Wellenmusters keinen festen Zustand erreichen kann – sei es in einem Stamm, einer Religion oder auf einer subatomaren Ebene.

Das hält das Ego nicht davon ab, es zu versuchen. Durch die Zugehörigkeit zu einer elitären Gemeinschaft hofft das Ego, sich von anderen zu unterscheiden und die Aufmerksamkeit von Beobachtern zu erlangen, die diesen Unterschied wahrnehmen. Darum werden Ruhm und äußerliche Schönheit heutzutage so wichtig genommen. Das Prinzip ist richtig – es wird nur falsch angewendet. Das Ego gibt also DM 130 000 aus, um einem exklusiven Landhausklub beizutreten und hofft, es auf diese Weise zu schaffen. Unglücklicherweise muß das Ego statt eines sozialen, externen Abstandes zwischen sich und anderen, einen innerlichen Abstand schaffen.

Selbstbeobachtung ist die einzige Möglichkeit, um wirklich Abstand zu gewinnen. Durch Selbstbeobachtung lernt man den Verstand zu kontrollieren, und das Ego wird davon abgehalten, ständig nach außen zu projizieren. Das Ego verliert nicht gern an Einfluß, denn es fühlt sich dadurch verunsichert. Und es kann sich schon gar nicht freiwillig aus dem Weg räumen lassen, also wird es sich bis zum Schluß wehren. Manchmal gewinnt es, manchmal muß es zurückweichen, nur um sich anschließend erneut zu verteidigen. Ironischerweise muß das Ego die Schlacht verlieren, damit es seinen Traum einer losgelösten Identität verwirklichen kann. Armes Ego. Es hat es nicht leicht.

Im Gegensatz zu einem subatomaren Teilchen kann sich die menschliche Seele – in der das Ego beheimatet ist – selbst beobachten. Daher braucht sie die Liebe (Konzentration) eines Wissenschaftlers nicht, um fest und real zu werden. Sie kann sich von der Stammeswelle lösen und sich selbst statt die externe Welt lieben (sich auf sie konzentrieren) und somit diese Realität festigen. Durch Beobachtung kann die Seele eine unabhängige Identität in der inneren spirituellen Welt aufbauen. Indem Sie Ihre Gedanken und Emotionen veredeln, können Sie sich selbst von der Seelenqual befreien, die Sie von der Stammeswelle geerbt haben. Dies bezeichnen die Psychologen und spirituellen Lehrer als Releasing. Mit zunehmenden Fortschritten in dieser psychologischen und spirituellen Disziplin schaffen Sie mit ihrer Hilfe einen absoluten Abstand zwischen sich und den wellenähnlichen Interferenzmustern der Volksseele Ihres Stammes. Nicht-Anhaftung unterstützt den Prozeß, da Sie dadurch einen absoluten Abstand zwischen sich und den von anderen aufgenommenen Emotionen schaffen und den Abstand zu Ihren eigenen Emotionen vergrößern. Sie lösen sich, um ein Teilchen zu werden. Sie sind ein spirituelles Individuum und können – den Kinderschuhen des Wellenzustandes entwachsen – Ihrer eigenen Entwicklung nachgehen.

Interessanterweise hat die menschliche Entwicklung von der Welle zum Teilchen Parallelen in der Evolution des Tanzes. Die heiligen Stammestänze sind Gruppenereignisse. Die Teilnehmer hüpfen in einer wellenähnlichen Bewegung auf und ab, meist im Kreis herum, wobei der Kreis ein externalisiertes Symbol für ihre miteinander verbundenen Seelen ist. Alle Beteiligten machen die gleichen Bewegungen. Sicherlich könnte es passieren, daß das Stammesoberhaupt aufgrund seines oder ihres speziellen Status ein Solo einlegt, doch im großen und ganzen besteht der Stammestanz aus Wellenbewegungen. Im Anschluß an die Stammestänze haben die Menschen die sogenannten alten Tänze entwickelt, zum Beispiel den »Scottish Reel«. Wieder handelt es sich um einen Gruppentanz, bei dem die Teilnehmer festgelegten Regeln folgen – es gibt keinen Raum für freien Selbstausdruck. Ballett ist eine verfeinerte und freiere Form des Gruppentanzes. Der »corps de ballet« ist der Stamm; die Solisten sind der König und die Königin. Dann entstanden die Gesellschaftstänze, bei denen die Gruppe nur noch aus zwei Personen besteht. Die Frau, die vom Mann beherrscht und geführt wird, besitzt kaum Freiheit. Als sich die beiden Tänzer endlich bei Tänzen wie Charleston oder Twist trennen, bewegen sich beide fast auf die gleiche Art und Weise. Jetzt kann die

Frau losgelöst von der Führung des Mannes ihrer eigenen Vision folgen. Schließlich entwickelte sich das moderne Discodancing, bei dem sich beide Beteiligten völlig frei bewegen, so wie sie wollen. Aus meiner Sicht gibt es auf dem Gebiet des Tanzens Übergänge, die denen von der Wellenbewegung hin zum individuellen Teilchenzustand entsprechen.

Wenn alles nur so leicht wäre wie das Erlernen eines Tanzes! Tatsächlich ist es für Menschen schwer, den Übergang zu völliger persönlicher Freiheit zu verwirklichen. Ihr Klan bietet ihnen Sicherheit und Stabilität, was von Vertrautheit und enger Freundschaft herrührt. Das Leben in der Welle verlangt nicht so viel von den Menschen. Seine nebulöse Natur kalkuliert gemeinsam getragene Verantwortung mit ein. Das Leben eines Teilchens ist unmittelbar und klar abgegrenzt. Es kann seine persönliche Verantwortung nicht wirklich abgeben, da es keine nebulösen Wellenlinien gibt, durch die es mit anderen verbunden ist und entlang derer es seine Verantwortung abgeben könnte. Deshalb ist der Weg zur völligen Entfaltung der eigenen Individualität eher ein einsamer Weg. Man wird zu Autarkie gezwungen. Augenblicklich geht in der subatomaren Welt der Übergang vom Wellen- in den Teilchenzustand vor sich. In der Zeit-Welt, in der wir leben, geht er langsamer und nur allmählich vor sich. Und da der Übergang so schwierig ist, haben die Menschen nach Zwischenstufen gesucht, die zwischen der Sicherheit der Stammeswelle und dem völlig freien Teilchenzustand liegen, der gleichzeitig absoluter Individualismus bedeutet.

Der Mann aus dem Amazonas (aus unserem vorangegangenen Beispiel), der den Dschungel verließ, um ein portugiesisches Mädchen zu heiraten, wird nicht mehr von der Sicherheit und der Evolution seines Stammes getragen. Er hat eine Subkultur geschaffen. Da seine Subkultur klein und neu ist und es ihr an Selbstsicherheit mangelt, wäre es überraschend, wenn der Mann aus dem Amazonas und seine Familie die Kraft hätten, psychologisch unabhängig zu leben. Darum sucht unser männlicher Stammesangehörige natürlich nach einer neuen Richtung, der er und seine Familie sich anschließen können. Mit großer Wahrscheinlichkeit findet er eine solche Richtung innerhalb einer größeren nationalen

Identität – in diesem Fall Brasilien –, die ihm das Gefühl der Sicherheit vermittelt. Mit der Zeit beginnt er sich nun eher als Brasilianer denn als Indianer zu betrachten. Seine Frau, die vielleicht Angehörige eines portugiesischen Stammesverbandes war, hat sich durch die Heirat von diesem Molekül entfernt, also wird auch sie mit der Zeit eine brasilianische Identität annehmen. Der Stamm, aus dem der Mann einst kam und der innerhalb der Volksseele seines Volkes ruht, würde sich immer noch als indianisch betrachten.

Genauso haben die Menschen aus dem Westen Englands, die sich tausend Jahre lang als Cornishmen betrachtet haben, erst langsam begonnen, sich zuerst als Engländer und erst dann als Cornishmen zu verstehen. Im Verlauf der Völkerwanderungen in den letzten 150 Jahren sind durch die Vereinigung der Stämme neue nationale Seelen entstanden. Die meisten Menschen richten sich mehr und mehr nach diesen neuen nationalen Identitäten aus. Ein Teil des Stammesgedächtnisses wurde von denen erhalten, die im Land der Vorfahren blieben, und die ethnischen Kulturen hielten auch als Stammesverbände durch ihre Wohnsituation in gewissen Stadtteilen der Großstädte zusammen. Im großen und ganzen ist jedoch viel vom Stammeszusammenhang in unseren Gesellschaften zugunsten eines nationalen Charakters weggefallen.

Die Verschiebung der Ausrichtung am Stamm hin zu einer nationalen Identität schuf die Möglichkeit, daß sich unsere modernen Nationen entwickeln konnten. Der Prozeß war zum Teil sozial, aber auch politisch und militärisch geprägt. Die Bildung eines nationalen Staates war der erste Schritt, den die planetarische Gruppenseele in Tausenden von Jahren gemacht hatte. Doch da die Stammesführer nur durch moderne Regierungen ersetzt wurden, existiert auch innerhalb der Nationalstaaten keine völlige Ausdrucksfreiheit. Die nationale Kultur ist zwar nicht so tonangebend wie die Stammeskultur, doch beherrscht sie nach wie vor das Denken der Masse. Zwar sind wir in Richtung Autonomie einen Schritt voran gekommen, doch wie sehr man seine Vorstellungskraft auch dehnt, man kann kaum von Freiheit sprechen. In Wirklichkeit haben wir uns aus der Stammeswelle in eine größere, energetischere nationale Welle hineinbewegt.

Die beiden Weltkriege haben viele ethnische Gruppen zahlenmäßig reduziert und in alle Windrichtungen zerstreut. Der Prozeß setzte mit dem I. Weltkrieg ein und ging nach dem II. Weltkrieg, durch den viele nationale Einheiten in klar abgegrenzten Ländern zusammenkamen, weiter. Viele unserer nationalen Grenzen sind noch relativ neu – die meisten von ihnen entstanden durch Eroberungen in diesem Jahrhundert. Nach den beiden Kriegen ging unglücklicherweise ein Großteil der Macht von den Königshäusern und der Oberschicht auf die Regierung, statt auf die Menschen über. Übrig bleiben Regierungen, die mit der industriellen, kommerziellen Hierarchie zusammenarbeiteten. In England hatte ein Teil der Aristokratie den Krieg überlebt – besonders Familien mit großen wirtschaftlichen Beteiligungen. Während der fünfziger und sechziger Jahre veränderte sich das Bewußtsein der Menschen, da das Gleichheitsprinzip in England immer größere Kreise zog und verschiedene Labour-Regierungen den vererbten Wohlstand durch horrende Erbschaftssteuern vereitelten. Übrig blieben Regierung und Großindustrie.

Wir sind noch weit von einem planetaren Bewußtsein entfernt. Die Menschen sprechen zwar immerzu davon, doch in Wahrheit bewegt sich die Mehrheit zwischen einem Stammes- und einem nationalen Bewußtsein, auch wenn sich bereits Millionen von Menschen davon zu lösen versuchen. Diejenigen, die einen planetarischen Standpunkt vertreten, sind noch immer in der Minderheit.

Die Bildung von Stämmen oder Nationen ist chauvinistisch und diskriminierend. Es versteht sich von selbst, daß Menschen, die ganz oder teilweise innerhalb der Wellenbewegung ihrer nationalen Seele leben, nicht genug Abstand haben, eine angemessene Spiritualität zu entwickeln – sondern höchstens das Potential oder die Möglichkeit. Da sie sich noch nicht losgelöst haben und ein Teilchen geworden sind, sind sie nicht in der Lage, die Individualität von anderen zu respektieren oder anzuerkennen.

Obwohl das Fernsehen das Bewußtsein der Menschen erweitert hat, wird der Globalisierungsprozeß noch einige Zeit brauchen. Es ist schön und gut, andere auf einem farbigen Bildschirm zu sehen. Um jedoch das Konzept der globalen Familie zu verstehen, muß man die eigene Energie vergrößern, reisen und eigenen Brüdern und Schwestern begegnen. Man muß die Welt erfahren. Darum reisen Menschen, die auf einem spirituellen Pfad sind. Leider können es sich die meisten Menschen jedoch nicht leisten, ausgedehnt zu reisen. Obwohl jede Generation weniger diskriminierend ist als die nächste, tragen wir die Überreste der seelischen Unsicherheit des Stammesdenkens noch immer in uns.

Es unterstützt den Prozeß auch nicht, wenn die Regierungen versuchen, ihre Bevölkerungen mittels Medien zusammenzuhalten und damit an den Nationalstolz appellieren. Sie wollen dadurch vielmehr eine nationale Loyalität sowie die Ergebenheit gegenüber der Regierung fördern. Das ist, was die Menschen in der nationalen Welle gefangenhält. Der Trick ist, Regierung und nationale Identität gleichzuschalten. Dadurch entsteht in den Köpfen der Leute eine verschwommene Verbindungslinie zwischen zwei sehr unterschiedlichen Dingen – der Regierung einer Nation und der Nation selbst. Es wird zu verstehen gegeben, daß die Ergebenheit (oder zumindest passive Fügsamkeit) gegenüber der Regierung ein notwendiger Bestandteil der Ergebenheit gegenüber der Nation ist. Es wird unterstellt, man sei ein Landesverräter, wenn man die Institutionen der Nation nicht unterstützt. Diese Lüge wird auf sehr subtile Weise verbreitet. Sie setzt den Hebel beim Stammes- beziehungsweise nationalen Denken an und setzt die Menschen unter Druck, weder Unruhe zu stiften oder die Integrität der nationalen Welle zu destabilisieren.

Ein ganzer Zweig der Propagandaindustrie ist ausschließlich damit beschäftigt, den Nationalstolz anzusprechen und das nationale Ego aufzublähen. Sportereignisse, an denen die eigene Nation teilnimmt, werden ausgiebig von den Medien übertragen. Jeder soll dazu gebracht werden, zu glauben, daß die Verrenkungen eines Mannes oder einer Frau auf einer Rennbahn die Größe der Nation symbolisieren – das heißt ein Spiegelbild des eigenen individuellen Wertes und das Nebenprodukt der Großtaten und Gesetze der Regierung. Deshalb wird der Sport auch so stark gefördert. Man gebe den Menschen einen kleinen hüpfenden Ball, den sie aufmerksam verfolgen können, und sie vergessen jenen großen Ball, der die Ereignisse in ihrem Leben darstellt. Das nationale Ego hervorzuheben, ist eine sichere Art, die Leute von den wirklichen Fragen abzulenken. Warum werden Millionen von Menschen auf der ganzen Welt, die normalerweise vielleicht gar nicht an Sport interessiert sind, von den Olympischen Spielen derart in Bann gezogen? Das liegt daran, daß die Überreste des alten Stammesdenkens, aus denen in der Zwischenzeit ein nationales Denken geworden ist, von jedem noch so geringen Erfolg aufgebaut werden. Eine Bronzemedaille im Ping-Pong macht daher aus demjenigen, der sie gewonnen hat, in einigen Gebieten einen Nationalhelden und bewirkt, daß sich die Menschen dieses Gebietes wohler fühlen. Die Überreste des Stammesdenkens sind noch immer sehr gegenwärtig. Wenn Sie global denken, können Sie einem Tischtennis-Wettbewerb aus Freude an der Sache zusehen, doch wäre es Ihnen ziemlich egal, wer gewinnt. Sicherlich wären Sie nicht völlig aus dem Häuschen, wenn jemand, dem Sie noch nie begegnet sind – der jedoch zufällig die gleiche Nationalität hat wie Sie – gut abschneidet. Der Erfolg dieses Menschen würde Ihnen nichts bedeuten, da Sie nicht so programmiert wären wie der Rest im nationalen Molekül. In den meisten Menschen herrscht das nationale Denken jedoch vor. Es wird mit großer Sorgfalt darauf geachtet, daß unsere Politiker zusammen mit Sporthelden auf Fotos zu sehen sind – das Basketball-Team wird auf dem Rasen des Weißen Hauses abgelichtet, das Cricket-Team vor der Downing Street Nr. 10, usw. Ein alter Propagandatrick, der versucht, einen politischen Führer mit dem nationalen Triumph in Verbindung zu bringen, wodurch angedeutet werden soll, daß der Führer auf irgendeine Weise für den Erfolg verantwortlich war. Der internationale Feuereifer bei Sportereignissen stärkt das nationale Ego und nährt die Illusion, die Menschen eines Landes seien etwas Besonderes und existierten losgelöst von anderen. Wir haben gewonnen. Die Fremden haben verloren. Wir sind besser.

Diese etwas starren und infantilen Werte bröckeln langsam ab. Außerdem lernen die Menschen durch die Entstehung einer rund um die Uhr aktiven globalen Ökonomie, daß sie nicht in einer nationalen Isolation existieren können. Wir müssen raus und auf andere zugehen. Dabei müssen wir etwas über andere Menschen lernen und sie respektieren, um in der Lage zu sein, mit ihnen zu verhandeln. Durch wirtschaftliche Beziehungen entstehen Freundschaft und Vertrauen, wodurch sich mit der Zeit der Griff der nationalen Denkstrukturen lockern wird. Individuen können so lange nicht frei sein, bis sich die nationalen Denkstrukturen dahingehend erweitert haben, daß wir uns gegenseitig als Menschen akzeptieren können. Die Mächtigen werden sich immer auf die kleinkarierten Menschen und auf das nationale Ego verlassen können, die ihrer Machtposition und ihren Handlungen beipflichten. Die Regierung versucht, durch das Aufbauen des Nationalstolzes Menschen innerhalb der nationalen Denkstrukturen gefangenzuhalten, denn so kann sie ihnen die Idee verkaufen, daß alles, was die Regierung sagt, gut für das Land und auch für das Individuum ist. In der Stammeswelle kann man den Menschen diese Idee verkaufen, da sie mit den anderen in ihrem Wellendasein auf nebulöse Weise verbunden sind. Natürlich haben nur sehr wenige Menschen eine genaue Vorstellung, was für das Land gut ist und was nicht. Sie haben wenig oder keine unabhängige Informationen. Die Leute neigen dazu, der Regierung oder den Medien zu glauben. Obwohl sie von einem vorgeschlagenen Gesetz überhaupt keinen persönlichen Vorteil haben, unterwerfen sie sich, weil sie glauben, daß das, was der Allgemeinheit nützt, auch zu ihrem Vorteil sein muß. So beherrschen und manipulieren die Führer ihr Volk: sie stärken die Idee des kollektiven nationalen Denkens mit dem scheinbar Guten, das es bewirkt, und nutzen den entstehenden Nationalismus geschickt aus. Auf die gleiche Art bekommt die Regierung Sie dazu, in den Krieg zu ziehen, um ihre politische Linie durchzusetzen.

Genauso, wie wir unsere Stammesidentitäten zugunsten der Weiterentwicklung überwinden mußten, werden wir eines Tages auch unsere nationalen Identitäten überwinden, um frei zu werden. Die politische Explosion Osteuropas und die bevorstehende Dezentralisierung vieler Nationen ist ein lebensnotwendiger Bestandteil dieses umfassenden Prozesses. Dadurch, daß wir zu kleineren politischen Einheiten zurückkehren, bekommen wir unsere Angelegenheiten wieder selbst unter Kontrolle. Obwohl kleinere politische Einheiten uns anfänglich ökonomisch beeinträchtigen könnten, sind sie letzten Endes die einzige Möglichkeit, unser Schicksal wieder selbst in die Hand zu nehmen.

Paradoxerweise müssen wir globales Denken und lokales Handeln lernen, wenn die planetarische Gruppenseele wachsen soll. Die Bewußtseinserweiterungsbewegung ist bereits dabei, globales Denken hervorzurufen. Politische und ökonomische Unruhen werden dazu führen, daß kleinere, kontrollierbare lokale Einheiten entstehen. Auf lange Sicht ist der große Nationalstaat ein totgeborenes Kind.

Wenn Sie sich disziplinieren und beginnen, Ihr Ego zu beherrschen, indem Sie Gelassenheit und Selbstbeobachtung entwickeln, entwickelt sich Ihr spirituelles Selbst. Seine Energie wird Ihre Einstellung verändern und Sie weg von kleinkarierten Stammesideen zu einem größeren, umfassenderen Standpunkt bringen. In unserer heutigen Welt gibt es Millionen von bewußten Menschen, die sich über die Ausrichtung an einer nationalen Identität hinausentwickeln und eine planetarische Identität annehmen, die dem höheren Selbst entspringt. Der Nationalstaat wird sich durch diesen Bewußtseinswandel und den Tod des Weltegos allmählich verändern und mit der Zeit gänzlich verschwinden. Man kann globales Denken nicht in eine nationale Welle einsperren. Langfristig kann das nicht funktionieren. Ich glaube, es ist angemessen, wenn ich behaupte, daß die Umweltschutzbewegung zu einem gewissen Grad bereits Ausdruck globalen Denkens ist. Sie versucht, eine globale Verantwortung zu etablieren, die nur mit der Zeit und in dem Maße verwirklicht werden kann, wie wir uns zu globalen Menschen entwickeln.

Die Suche nach einem höheren Bewußtsein ist, wenn man mal darüber nachdenkt, etwas sehr Mächtiges. Menschen, die anfangen nach Innen zu schauen, sagen eigentlich: »Ich habe mich über die Volksseele meines Stammes hinausentwickelt, bin durch das rhythmische tick-tock der industriellen Revolution gegangen und befinde mich nun jenseits meines nationalen Erbes. Ich trete in die Unendlichkeit des spirituellen Selbst in meinem Inneren ein.« Durch dieses Sich-nach-innen-wenden verlassen wir die Evolution der irdischen Ebene.

Die spirituelle Identität des Planeten ist ganz allmählich entstanden. Jeder Mensch, der sich auf den Weg gemacht hat, beeinflußt andere, das gleiche zu tun. Nicht nur durch sein Beispiel und über seine persönlichen Kontakte, sondern aufgrund der Tatsache, daß die planetarische Gruppenseele mit sich selbst kommuniziert. Ohne daß wir es merken, springen Gedanken und Ideen von einem Menschen auf den anderen über. Tief im Inneren des kollektiven Unbewußten befinden wir uns alle in Kommunikation miteinander. Das bedeutet nicht, daß man kein unabhängiges Teilchen sein kann, das sich von der Welle gelöst hat. Es bedeutet lediglich, daß wir alle miteinander kommunizieren können. Nichts geschieht in einem Vakuum. Wenn Sie dieses Buch auf den Boden fallen lassen, hat das Auswirkungen auf das gesamte Universum – es paßt sich an die veränderte Position des Buches an. Alles ist miteinander verbunden. Es gibt Verbindungen auf der Ebene des Stammes, der Nation, des Universums und darüber hinaus wahrscheinlich noch mehr. Ich stelle mir das Ganze als einen unendlichen Geist vor, in dem sich alle Wesen selbst befreien, so daß mit der Zeit der unendliche Geist als Ganzes frei wird. Kehren wir nun wieder zu unserem Planeten zurück. Hätten Sie eine Idee, die vor Ihnen noch niemand je in Betracht gezogen hat, würde die bloße Tatsache, daß Sie diesen Gedanken gehabt haben, allen anderen Menschen augenblicklich die Möglichkeit eröffnen, genau diesen Gedanken zu denken. Wir sind deswegen alle miteinander verbunden, weil wir alle von dem gleichen Ursprung herkommen. Ihr Körper existiert zwar in der modernen Zeit, doch seine Bestandteile sind schon uralt. Nehmen Sie zum Beispiel ein Eisenmolekül im Hämoglobin Ihres Blutes. Dieses Molekül ist vor 15 Milliarden Jahren beim »Urknall« entstanden. Es hat sich vom Beginn der Zeit durchs Universum bewegt, bis in die Gegenwart hinein, um eine nützliche Funktion in Ihrem Blutkreislauf zu erfüllen. Einen Bruchteil einer Sekunde, 10^{35} nach dem Urknall, war das gesamte Universum samt den Bestandteilen des Eisenmoleküls in einem Raum verdichtet, der etwa so groß wie ein Zuckerkörnchen ist. Jedes menschliche Wesen stammt aus diesem äußerst komprimierten Raum, genau wie jede Galaxie und alle Sterne. Wir sind eins. Unser Dasein umspannt die gesamte Zeit – von ihrem Beginn bis heute. Der Geist der Welt, der als Idee und Erinnerung der planetarischen Gruppenseele existiert, ist ebenfalls eins.

Ich möchte Ihnen an einem Beispiel aus meiner eigenen Erfahrung erläutern, wieso ich mir so sicher bin, daß alle Menschen im Stillen miteinander kommunizieren. Die Wärme, die vom Körper ausgeht, scheint ähnlich wie Sonneneruptionen bis zu einem Abstand von anderthalb Zentimetern um den Körper herum auszustrahlen. Darüber hinaus erstrecken sich die elektromagnetischen Felder von Körper und Geist bis zu einem Abstand von 70-100 cm vom Körper. Sie sind im unteren Teil des Körpers weniger deutlich wahrzunehmen, sondern am intensivsten in Herz- und Kopfgegend. Die alten Weisen nannten dieses elektromagnetische Feld das Ätherische (den ätherischen Körper – Anm. d. Ü.). Dieser Ausdruck wurde Homer entliehen und stammt meines Wissens von einem griechischen Wort mit der Bedeutung »lodern, leuchten« ab. Der ätherische Körper ist leicht mit dem bloßen Auge erkennbar, wenn man sein peripheres Sehen für diesen Zweck einsetzt. Die Stäbchen in den Augenwinkeln sind lichtempfindlicher als die Zapfen in der Mitte des Auges. Daher kann man durch das periphere Sehen feinstoffliches Licht und Energie leichter wahrnehmen, als wenn man versucht, direkt auf diese Phänomene zu schauen.

Wenn Sie sich eine Zeitlang auf Ihr peripheres Sehen konzentrieren, aktivieren Sie es wieder. Sie müssen Ihr Gehirn immer wieder daran erinnern, daß Sie diese Informationen möchten. Über Jahrtausende hinweg hat unser peripheres Sehen immer mehr abgenommen, da wir es nicht länger benötigen, um uns vor Raubtieren zu schützen. Wenn Sie sich auf Ihr peripheres Sehen konzentrieren, wird es wieder empfindlicher werden. Mit der Zeit werden Sie die ätherische Energie sehen können, die von den Menschen ausgeht. Dafür müssen Sie nicht besonders medial veranlagt sein und auch keine außergewöhnlichen spirituellen Qualitäten besitzen. Sie müssen einfach nur Ihre Augen darin üben, ätherische Energie wahrzunehmen. Sie müssen Ihren Kopf etwas neigen, damit das Licht sowohl auf den äußeren Bereich als auch auf die Mitte Ihres Auges fällt. Peripheres Sehen wird durch helles Sonnenlicht und unnatürliches Licht, wie zum Beispiel Neonröhren, negativ beeinträchtigt. Die beste Tageszeit, ätherische Phänomene zu beobachten, ist die Dämmerung.

Im ätherischen Körper des Menschen gibt es deutlich wahrnehmbare Streifen und Muster, die durch Gedanken und Emotionen hervorgerufen werden. Die eigentlichen Gedanken kann man nicht wahrnehmen, sondern nur die Muster, die sie erzeugen. Breite Streifen und Explosionen von Energie bewegen sich mit großer Geschwindigkeit wie kleine Blitze von der Schädeldecke zu den äußeren Grenzen des ätherischen Körpers und verlieren sich mit abnehmender Energie. Entlang dem vorderen Teil des Körpers reagiert die Energie hauptsächlich auf Emotionen. Im Gegensatz zu den geistigen Blitzen, die aus dem Kopf hervortreten, ähnelt die Bewegung der Energie an der Vorderseite des Körpers eher Wellen, die sich von Hals und Brust abwärtsbewegen, wobei sie sich um die Knie herum im Nichts verlieren. Oftmals bewegen sich die Energiewellen von der Brust aus nach vorn. Dies gilt auch für die ätherische Energie des Genitalbereichs, die sich ebenfalls eher nach vorn erstreckt, als nach unten zu fließen.

Die Wellenbewegung strahlt auch manchmal über dem Kopf aus, ist jedoch auf der Vorderseite des Körpers ausgeprägter. Die Energie, die in Richtung Rücken aufblitzt, reicht meist nicht so weit über die Körpergrenzen hinaus, in der Regel nur 15–30 cm. Sie ist oft weitaus weniger ausgeprägt als die Energie, die wir nach oben und nach vorn projizieren. Wenn sich ein Mensch bewegt, bewegt sich auch sein ganzes energetisches Feld. Beim Laufen ziehen wir ein Geisterbild hinter uns her, das den Raum ausfüllt, durch den wir gerade geschritten sind. Gehen zwei Menschen auf der Straße in nächster Nähe aneinander vorbei oder stoßen gar zusammen, springt der ätherische Körper auf den jeweils anderen über. Es findet eine Vermengung statt, die man beobachten kann. Wenn sich die beiden Personen dann wieder voneinander trennen, versuchen die ätherischen Körper in diesem Zustand zu bleiben, bis der Abstand zu groß wird und die beiden Energien auseinandergezogen werden. Es ist wirklich sehr interessant, das zu beobachten. Wenn eine schöne Frau an einer Gruppe von Männern vorbeigeht, kann man tatsächlich beobachten, wie ihre ätherischen Körper versuchen, ihrem Weg zu folgen. Gelegentlich wird jemand, den Sie auf ganz gewöhnliche Weise eine Weile lang anschauen, mit der Zeit bemerken, daß Sie ihn anstarren. Normalerweise ist dies jedoch nicht der Fall. Sobald Sie jedoch auf peripheres Sehen »umschalten« und den ätherischen Körper eines Menschen auch nur für einen Bruchteil einer Sekunde betrachten, wird er Sie augenblicklich bemerken, auch wenn Sie keinen bestimmten Gedanken oder Eindruck in seine Richtung projiziert haben. In 90 von 100 Fällen wird die Person merken, daß Sie sie beobachten und sich teilweise oder ganz in Ihre Richtung drehen. Sie weiß noch nicht einmal, warum sie sich umdreht, sie tut es ganz intuitiv. Ausnahmen ergeben sich, wenn sich die Person tief in Gedanken oder in einer emotionalen Welle befindet und auf ein von Ihr empfundenes Gefühl reagiert.

Neulich saß ich in einem Hotel auf Hawaii. Zwischen dem Restaurant des Hotels und dem Meer gibt es einen Fußweg, auf dem die Urlauber von einem Ende des Strandes zum anderen entlangwandern. Ich saß dort in der Dämmerung mit ein paar Freunden zusammen, diskutierte über ätherische Phänomene und begann, mich in die vorübergehenden Passanten einzuklinken – »anzapfen« nenne ich das. Ich zeigte auf einen der Passanten, zapfte dann seinen ätherischen Körper an und brachte ihn dazu, sich umzudrehen. Insgesamt zapfte ich 40 Passanten an, von denen sich nur vier nicht umdrehten.

Würde ich dabei einen speziellen Gedanken in diese Leute projizieren, könnte man sagen, daß sie sich aufgrund von

Gedankenübertragung umgedreht hätten. Oder man könnte auch sagen, ich hätte 36 Zufälle erlebt. Doch habe ich dieses Spiel schon oft gespielt und es auch anderen schon so oft gezeigt, daß die Möglichkeit eines Zufalls ausgeschlossen ist. Ich bin mir völlig sicher, daß Menschen es innerlich spüren, wenn man ihren ätherischen Körper anschaut und sie sich umdrehen, um herauszufinden, woher dieses Gefühl kommt. Aufgrund dieses Phänomens bin ich mir sicher, daß wir alle auf einer tieferen Ebene miteinander verbunden sind. Unter bestimmten Umständen – die wir noch nicht genau kennen – übertragen sich unsere Gedanken.

Der Abstand, über den man den ätherischen Körper optisch wahrnehmen kann, ist auch bei guter Sicht auf 14–17 Meter begrenzt, doch bin ich der Meinung, daß es im kollektiven Unbewußten der Menschheit diesbezüglich keine Grenzen gibt. Wir sind alle Teil des gleichen Traumes. Ich möchte nochmals betonen, daß Sie unsere planetarische Verbundenheit auf der unbewußten Ebene nicht mit der spirituellen Evolution entsprechend der Wellen- und Teilchengesetze verwechseln dürfen. Die feste Identität eines verwirklichten Menschen wird keineswegs von der Kommunikation, die es möglicherweise zwischen allen Menschen gibt, beeinträchtigt.

Es kommt mir so vor, als ob sich diese Kommunikation beschleunigt und die planetarische Gruppenseele weiß, was sie will, und Fortschritte macht. Ihre Entwicklungsphasen haben sehr viel mit der Entwicklung eines Kindes zum Erwachsenen gemeinsam. In den ersten zwei Lebensjahren erfährt sich das Kind als eins mit seiner Mutter. Wenn es etwa zwei Jahre alt ist, beginnt es sich mit seinem Vater und anderen Familienmitgliedern zu identifizieren. Dabei wird es reifer und beginnt sich allmählich von seiner Mutter abzunabeln. Etwa im Alter von 12–13 Jahren ist das Kind nicht mehr ausschließlich auf die Familie ausgerichtet. Die Verbindung mit gleichaltrigen Freunden wird wichtiger. Diese Freundschaften unter Teenagern sind die Keime neuer stammesartiger Verbände. Sie dauern in der Regel so lange, bis das Kind erwachsen wird und heiratet, eine neue Familieneinheit bildet oder sich von der Gruppe löst, um allein zu leben.

Die planetarische Gruppenseele ist trotz ihrer individuellen Bestandteile durch den gleichen Reifungsprozeß gegangen. Ihre kindlichen Erfahrungen machte sie im Stammeszustand (die Mutter ist die Erde) und wenig oder gar keine Vorstellung von sich selbst als losgelöstes Wesen hatte. Die nächste Etappe war, eine nationale Identität (der erweiterten Familie) anzunehmen, dann eine internationale Identität (den Freunden) und schließlich darüber hinaus - was viele Menschen bereits tun - einen planetarischen Standpunkt einzunehmen.

Natürlich bewegt sich die planetarische Gruppenseele nicht wie die Menschen zwischen Geburt und Tod auf einer linearen Zeitachse. Sie befindet sich vielmehr gleichzeitig in all den verschiedenen Zuständen. Ein Teil der Weltbevölkerung macht noch immer Stammeserfahrungen, die meisten Bewohner der Erde sind national ausgerichtet, und eine große Anzahl von Menschen haben jetzt inzwischen einen internationalen oder globalen Standpunkt bezogen. Durch diese Erweiterung sind das Wahrnehmungsvermögen und die Kraft der planetarischen Gruppenseele gestiegen. Der Urknall, der sich im 19. Jahrhundert auf einer sozio-ökonomischen Ebene ereignet hat, hat zwar Energie erzeugt, doch ohne die Erweiterung, die die planetarische Gruppenseele auf den vier oben beschriebenen Ebenen erfahren hat, könnte sie sich niemals als vollständiges Wesen wahrnehmen. Sie könnte nie die Erfüllung erreichen. Millionen von Menschen sind entlang dem evolutionären Pfad vom Stammesbewußtsein zum globalen Bewußtsein gelangt. Diese hochentwikkelten Menschen wissen, wie man am äußeren Ende des planetarischen Geistes - jenseits des normalen evolutionären Prozesses der Menschheit - existieren kann. Ich nenne sie »Grenzbewohner«.

Während sich diese Menschen von der Schwingung der Wellen lösen, schauen sie zurück auf die tick-tock Stammeswelt und finden es schwierig, einen Bezug zu ihr herzustellen. Die Grenzbewohner kämpfen - rebellischen Teenagern ähnlich, die versuchen, ihr eigenes Leben zu führen, eine eigene Identität zu finden und die auch keine besonders gute Beziehung zu den Eltern herstellen können, deren Einfluß sie entkommen wollen – gegen die Autorität des Status quo. Sie lassen sich nicht mehr einschüchtern. Sie betrachten es als billige Täuschung. Sie nehmen sich mehr und mehr als jenseits davon wahr – jenseits von tick-tock und dem normalen Leben.

Ein anderer faszinierender Aspekt an der Tatsache, daß die planetarische Gruppenseele immer stärker wird, ist der Einfluß der Frau in der heutigen Zeit. Auf die gleiche Weise, wie der Mann aus dem Amazonasgebiet durch seine Loslösung eine neue Energie erschuf, haben Frauen einen ähnlichen plötzlichen Energieausbruch erzeugt, als sie mächtiger und unabhängiger wurden. Sie sind dabei, sich aus der uralten Herrschaft des Mannes zu befreien.

Stellen Sie sich den Prozeß einmal bildlich vor. Die planetarische Gruppenseele befreit sich explosionsartig aus der Enge der Stammesstrukturen, doch wird die eine Hälfte der Bevölkerung vom anderen Geschlecht beherrscht. Die beiden Geschlechter entwickeln sich eine Zeit lang gemeinsam und beherrschen und kontrollieren sich gegenseitig. Plötzlich erwacht im weiblichen Geschlecht eigene Macht und bricht aus der Herrschaft des männlichen Geschlechts aus, wodurch in der planetarischen Seele ein weiterer Raum und eine ganz neue Energie entsteht – mit einer noch höheren spirituellen Geschwindigkeit. So wie der Mann aus dem Amazonasgebiet ausbrechen mußte, um ein unabhängiges Elektron zu werden, brechen die Frauen aus der restriktiven Herrschaft des Mannes aus. Dies geschieht nicht nur, damit Frauen soziale Gleichstellung erreichen, sondern auch, weil es ein lebensnotwendiger Schritt in der Entwicklung der Gruppenseele ist. Unser Planet kann sich nicht zur Vollkommenheit entwickeln, wenn seine beiden Pole – das Männliche und das Weibliche – sich nicht bis zu einem gewissen Grad voneinander lösen, damit eine energetische Berührungsfläche entstehen kann. Denken Sie daran, daß es ohne Abstand zwischen Männern und Frauen keine angemessene Beobachtung für beide geben kann. Die Welt kann sich nicht zu ihrem vollen Potential entwickeln, solange die Frauen unfrei sind. Das Weltego ist zum größten Teil männlich. Die Macht der Frauen wird gebraucht, um die spirituelle Identität der Menschen zu unterstützen, das Weltego zu überwinden.

Seit dem II. Weltkrieg sind bereits zwei Generationen von Kindern aufgewachsen. Die erste Generation, die Flower-Power Kinder, hat bereits einen guten Abstand zu ihren Vätern und Müttern. Die zweite Generation hat sogar einen noch größeren Abstand hergestellt.

Aus diesem Grunde ist die gegenwärtige Generation von Teenagern so gleichgültig und feindselig. Das geht über den normalen Vorgang der Loslösung von den Eltern hinaus. Die heutige Jugend ist weit weg von der Stammesseele ihres Volkes. Die Jugendlichen haben keine besonders gute Beziehung zu tick-tock und der ganzen Industrie, und ihre Mütter und Väter erledigen ja sowieso die Knochenarbeit für sie. Sie richten sich sehr wenig nach der nationalen Welle aus. Außer der Möglichkeit, sich der Spitze der Hierarchie zu unterwerfen, bietet sie ihnen wenig und bringt ihnen nichts, was sie nicht schon hätten. Ein trostloser Zustand.

Sie haben weder metaphysische Bildung noch Welterfahrung, um voranzuschreiten, und jeder Rückschritt bedeutet, sich unter Aufgabe ihrer Unabhängigkeit beherrschen zu lassen. Unseren Kindern wurde Unabhängigkeit auf einem silbernen Tablett serviert - sie wurden in sie hineingeboren - ohne daß sie eine Vorstellung haben, was es bedeutet, sie durch eigene Bemühungen zu erwerben. Das Fernsehen zeigt ihnen, welche Vorteile emotionale und finanzielle Freiheit hat, und viele von ihnen, deren Eltern es gut geht, wissen aus eigener Erfahrung, was das bedeutet. Sie sind am Ende der Evolution angelangt, ohne durch den mittleren Teil gegangen zu sein. Viele unserer Jugendlichen befinden sich am äußeren Rand, außerhalb des Hauptkörpers der Evolution. Auf eine Art sind sie die freiesten Menschen, die jemals auf diesem Planeten gelebt haben, doch wissen sie nichts mit dieser Freiheit anzufangen. Also irren sie umher. Hinzu kommt, daß es oft keine Arbeit für sie gibt.

Der durch die Technologie bedingte Produktivitätszuwachs und die Fehlwirtschaft der Regierung haben sie in ein anhaltendes Übergangsstadium versetzt. In sozialistischen Ländern gehen die Kinder von der Schule ab und sind arbeitslos; viele von ihnen sind zehn Jahre später auch noch arbeitslos. Aus vielen Jugendlichen sind Grenzbewohner geworden. Sie haben nie angefangen, das Spiel des Lebens zu spielen, und es gibt wenig Anzeichen dafür, daß sie es jemals tun werden – folglich gehören sie nirgends dazu. Viele von ihnen weigern sich, die Macht des Systems zu akzeptieren – es gibt keinen Grund, warum sie das tun sollten, und sie hätten auch nichts davon.

In den westlichen Demokratien lassen tagtäglich immer mehr Menschen – Millionen von Menschen – das System hinter sich. Entweder steigen sie im wahrsten Sinne des Wortes aus, oder sie bleiben aus ökonomischen Gründen lose mit dem System verbunden. Welchen Weg sie auch immer wählen, sie haben sich emotional und spirituell gelöst. Dann gibt es Millionen von Menschen, die zwar noch Teil des Systems sind, sich jedoch politisch von einem Spiel distanziert haben, das sie ihrer Selbstbestimmung gemäß nicht spielen würden. Die Menschen haben die Nase voll und sind desillusioniert. Sie möchten die Möglichkeit haben, die Welle zu verlassen und Teilchen zu werden.

Die Abkehr der Menschen wird durch ökonomische Sorgen noch forciert. Wenn die Regeln eines Spiels gegen sie stehen und die Umstände sie am Vorwärtskommen hindern, ist es sehr wahrscheinlich, daß sie allmählich das Interesse am Spiel verlieren. Außerdem wird der ganze Vorgang noch von einer weiteren bemerkenswerten Angelegenheit beeinflußt. Junge Menschen brauchen Kapital, wenn sie ins Leben starten wollen. Fast das ganze Kapital wird sehr stark kontrolliert. Wenn Sie sich Geld leihen möchten, müssen Sie das Spiel derjenigen mitspielen, die sich an der Spitze der Hierarchie befinden und die Spielregeln vorgeben. Doch sogar das ist heutzutage nicht mehr genug. Die Weltschulden und die Rückzahlung dieser Schulden haben so etwas wie einen Bargeldmangel hervorgerufen. Das Kapital wird jetzt von den Machthabern gehortet, damit sie es für ihr eigenes Überleben verwenden können. Es gibt fast kein Geld, womit die Ideen der jungen Generation verwirklicht werden könnten. Diese jungen Menschen haben keine Arbeit, wenig Motivation, und es steht ihnen kein Kapital zur Verfügung, das sie dazu inspirieren könnte, Gelegenheiten am Schopf zu pakken, um ihren Beitrag zu leisten. Das existierende Kapital ist in den Körperschaften gebunden. Wenn sie Kapital verwenden wollen, um sich selbst zum Ausdruck zu bringen, müssen sie dem System beitreten. Unter dieser Bedingung sagen viele »Nein«. Es ist nicht auszuschließen, daß Millionen Menschen sich freiwillig, oftmals apathisch dem System unterwerfen. Sie beginnen zu erkennen, daß das Bündnis zwischen Großindustrie und Politik ihre Entwicklungsfähigkeit erstickt. Demokratie bedeutet eigentlich »Herrschaft des Volkes«. Doch wird uns langsam klar, daß wir keine »Herrschaft des Volkes« haben, sondern eine Regierung aus Repräsentanten, die zu einem korrupten System gehören, mit dem wir nichts zu tun haben wollen. Die Autorität des Systems wird in Frage gestellt – und so soll es auch sein.

Die Idee, daß eine Gruppe von Unbekannten, die sich keine Ihrer Interessen zu Herzen nehmen, über Sie herrschen sollte, ist in unserer Zeit absurd. Die Wellentheorie läßt keine Teilchen zu. Wenn Sie einmal darüber nachdenken, sehen Sie, daß es gar keine Grundlage für die Macht des Systems über Sie gibt. Warum sollte das Ego des Status quos die spirituelle Evolution von 5 Milliarden Menschen bedrohen und beherrschen? Letztendlich kann es das nicht.

Schauen Sie sich China an. In China leben 20 Prozent der Weltbevölkerung. Gegenwärtig wird es von einem Dutzend senilen alten Philistern regiert, die hinter der Bühne die Fäden ziehen und hoffen, das chinesische Volk auf ewig zu manipulieren. Wie hoch, glauben Sie, stehen ihre Chancen? Ich glaube nicht, daß die Erinnerung an die Millionen von Mao Tse-Tung Ermordeten, und denen, die am Tiananmen Platz ihr Leben ließen, schon verblaßt ist. Wenn die Leute ihre Chance bekommen, verwandeln sich die Mitgliedschaftsunterlagen für die kommunistische Partei Chinas sicherlich ganz schnell in lebensbedrohliche Dokumente.

Als die Idee des »göttlichen Rechts der Könige« einmal zu einem Relikt der Vergangenheit geworden war, hatte der Status quo nur noch eine Basis, auf der er die Menschen manipulieren konnte: die Strafandrohung oder Bestrafung durch den Staat. In seiner Struktur ist der moderne Staat eine gewalttätige Institution. Er tötet Menschen, die er nicht mag. Viele davon. Ich weiß nicht, wie es mit Ihnen steht, aber ich persönlich stehe nicht länger für diesen Unsinn ein. Ich glaube, daß es böse ist, Menschen zu töten, um irgendeinen arroganten Zuhälter an der Macht zu halten. Es geht gegen das spirituelle Selbst der planetarischen Gruppenseele und gegen die tiefsten Gefühle aller bewußten und ehrlichen Menschen.

Wir wissen, daß wir zur Problemlösung bessere und liebevollere Methoden entwickeln müssen, wenn unser Planet überleben soll. Wir müssen auch das Selbstbedienungsmonopol der wenigen an den Geschäften und Ressourcen unseres Planeten vereiteln. Wir können nicht zulassen, daß zwei bis drei Prozent der Menschen den Planeten bis zum Umfallen ausplündern, während die Masse der Menschen vom System versklavt wird.

Einige werden sagen, daß diese Ideen geradewegs in ein Chaos führen. Doch ist das nur eine Standardverteidigung, die diejenigen vorbringen, die ein tiefliegendes Interesse an der Erhaltung des gegenwärtigen Systems haben. Ich sage nicht, daß wir in unseren Ländern keine formale Verwaltung haben sollten. Ich sage nur, daß wir diese modernen, sogenannten Demokratien nicht mehr brauchen. Wir sind über sie hinausgewachsen. Wir brauchen kleinere Einheiten – Oligarchien, die von bewußten, liebevollen Menschen verwaltet werden, die gegenseitig ihre Ideen und ihre Unabhängigkeit respektieren.

Wir werden kleine, direkte Demokratien schaffen müssen, damit Menschen Wahlfreiheit haben, um schöpferisch sein und das Leben aufs intensivste erfahren zu können – wir sind erwachsen genug, zu wissen, was wir wollen, und wir wollen ein uns repräsentierendes und unterstützendes System. Wir brauchen kein dummes Gerede, wie wundervoll alles ist. Wir müssen uns entscheiden und realistisch sein. Wir können selbst sehen, daß die Realität auf dramatische Weise der offiziellen Version der Dinge widerspricht.

Es wird in nicht allzu ferner Zukunft einen Zeitpunkt geben, an dem jeder in der westlichen Welt alles auf einmal ganz klar erkennen wird. Sie werden plötzlich verstehen, daß Sie das Ego nicht länger ertragen müssen. Die Kraft, die der planetarischen Gruppenseele durch die simultane Erkenntnis von Millionen von Menschen zufließt, wird diesen Menschen in diesem Augenblick Mut machen, und sie werden sich vor die Panzer stellen und sich weigern, von der Stelle zu gehen. Das Militär wird nichts tun. Immer mehr Soldaten fühlen sich genauso wie wir. Sie werden beiseite treten, denn auch die Soldaten gehören zum Volk.

Diese Ideen mögen nur dem Intellekt des Egos radikal erscheinen, das keine Bedrohung seiner Herrschaft zulassen will. Im Geist der planetarischen Gruppenseele sind diese Ideen nicht radikal. Dort bilden sie ein gewaltiges Band der Wahrheit tief im Innern der Herzen der meisten Menschen. Wir sprechen nicht von einer politischen Revolution, sondern von einer spirituellen. Die Menschen sehnen sich nach Ausdrucksfreiheit, sind aber frustriert, weil sie nicht wissen, wie sie sie verwirklichen können. Das Wundervolle jedoch ist, daß sie ihnen auf einem silbernen Tablett serviert werden wird, wenn sie genug Geduld aufbringen. Wir müssen einfach nur abwarten. Unsere Brüder und Schwestern werden es jeden Augenblick begreifen. In der Zwischenzeit können wir die Wahrheiten der planetarischen Gruppenseele verbreiten und weiter fleißig an uns arbeiten, während wir uns mit anderen verbinden, um den globalen Prozeß zu fördern.

Unsere Zeit wird kommen – so sicher wie das Morgen auf das Heute folgt. Wenn Sie mir nicht glauben, kann ich nichts dazu sagen – außer Ihnen mit aller Höflichkeit aufzeigen, daß Sie im Unrecht sind. Wer hätte Anfang der achtziger Jahre Geld darauf gewettet, daß der Kommunismus in der UdSSR zusammenbrechen wird? Nur sehr wenige. Wer verwettet nun, Mitte der neunziger Jahre, Geld darauf, daß unsere westlichen Demokratien zusammenbrechen oder daß der amerikanische Staatenbund sich auflöst? Nicht viele.

Das kommt daher, daß das Ego keine wirkliche Verbindung zum Herzen hat. Ökonomische Probleme werden den Kanal öffnen. Es wird zu einem starken Blutandrang im Kopf kommen, und das Ego wird überschwemmt werden. Wenn Sie dies als wahr akzeptieren können und wissen, daß es so kommen wird, müssen Sie nur zur richtigen Zeit am richtigen Ort sein. Es ist alles so schrecklich einfach. Ignorieren Sie die öffentlichen Nachrichten und die schreienden Propagandalügen. Lassen Sie sich nicht davon beirren, wenn sich die Verhältnisse Mitte der neunziger Jahre vorübergehend verbessern. Achten Sie einfach nur darauf, was die Herzen der Menschen zum Ausdruck bringen, und Sie werden mehr oder weniger wissen, was als nächstes passieren wird.

Es gibt Dinge, die wir tun können, um der planetarischen Gruppenseele zu helfen, die nächste evolutionäre Stufe zu erreichen. Bevor ich jedoch darüber spreche, lassen Sie uns das Phänomen der Grenzbewohner etwas näher betrachten. Es ist dann leichter zu verstehen, welch massiver energetischer Keil in das althergebrachte Denken getrieben wird. Diese Schicht höheren Bewußtseins stellt gegenwärtig die Macht und die Grundlage der planetarischen Gruppenseele dar, die sich durch die Herzen und das spirituelle Selbst der Menschen zum Ausdruck bringt.

3. Kapitel

Die Grenzgänger

Die spirituellen Grenzgänger sind ein interessanter Haufen; sie sind die erste große Gruppe von Menschen in unserer Geschichte, die »en masse« innerlich aufbrechen, um von einer Welle zum Teilchen zu werden. Dadurch haben sie eine Spaltung in der Evolution unserer Welt verursacht – die ich gleich näher erläutern werde. Natürlich gibt es in jeder Gesellschaft eine Menge exzentrischer Charaktere, Menschen, die sozial unangepaßt sind – Landstreicher, Einsiedler, Drogensüchtige, Banditen, Terroristen und so weiter. Diese Kategorien sind jedoch ganz andere als die spirituellen Grenzgänger, von denen ich spreche. Die meisten Menschen, die nicht angepaßt sind, befinden sich deswegen in einem Randbereich, weil ihnen ein gewisser ökonomischer Status fehlt oder weil sie aufgrund ihrer psychologischen Verfassung ausgegrenzt werden. Diese Gruppen scheinen vom Rest der Gesellschaft verschieden zu sein, doch sind sie meist in sehr hohem Ausmaß ein Bestandteil der menschlichen Erfahrung im Bereich der Welle. Man kann sehen, daß sie noch sehr stark in den Überlebenskampf verstrickt sind. Der Landstreicher ist damit beschäftigt, zu überleben, der Drogensüchtige ist auf der Straße und sucht Drogen, die Banditen sind damit beschäftigt, Dinge zu stehlen, und die Terroristen planen ihre nächsten Anschläge.

Die Grenzgänger, von denen ich jedoch spreche, sind diejenigen, deren spirituelles Selbst – der innerste Kern ihres Wesens – das System verläßt oder bereits verlassen hat. Sie haben sich vom Schicksal und der Evolution des gewöhnlichen Menschen, der Welle des Stammes oder der Nation losgelöst und hinausprojiziert. Diese spirituellen Grenzgänger richten sich normalerweise an der universellen Gotteskraft aus, die ihrem eigenen Verständnis des spirituellen Selbst entspringt. Dadurch, daß in ihnen ein wirkliches Gefühl für ihre spirituelle Identität entsteht, erlangen die Grenzgänger ein Verstehen der Unendlichkeit aller Dinge. Das scheint ein Widerspruch zu sein. Doch muß man die Menschenmassen verlassen, um zu verstehen, daß man zu allem gehört, und daß alles mit einem selbst verbunden ist. Am Anfang existiert für einen Menschen nur die Verbindung zum eigenen Stamm; normalerweise ist man nicht für die größere spirituelle Richtung empfänglich, auf die wir uns alle zubewegen. Wenn Sie jedoch ein Individuum und ein Teilchen werden, wird der Abstand von der Stammeswelle groß genug, und Sie erlangen auf einer sehr tiefen Ebene Verbundenheit mit allem. Der Unterschied liegt in der eingeschränkten Sicht, die man hat, wenn man aus der undefinierten Welle des Stammes heraus schaut und der ungetrübten Sicht eines wahren Teilchens, dessen Schicksal sich außerhalb der Welle befindet. Mit der Zeit wird Ihre frühere Zugehörigkeit zum Stamm von einem stillen, unendlichen Zugehörigkeitsempfinden ersetzt, das einer schwer zu beschreibenden inneren Gewißheit entspringt.

Sind die Grenzgänger nur ein paar verrückte Mystiker, Asketen oder Hippies? Keineswegs. Millionen von Menschen auf dem ganzen Planeten haben diesen Schritt bereits getan. Viele von ihnen sind sehr normal und sozial etabliert. Sie führen häufig ein ganz normales Leben. Sie tun alles, um sich gesellschaftlich anzupassen, und optisch betrachtet kann man sie oft nicht vom Rest unterscheiden. In ihrem Geist und Herzen befinden sie sich jedoch am äußeren Ende des Weltgeistes, in einer von der Hauptströmung abgelegenen Bewußtseinsdimension.

Als ein Mensch, der auf der ganzen Welt Seminare und Vorträge hält, habe ich mich mit Tausenden von Menschen unterhalten, die alle dasselbe – fast mystische – Gefühl beschreiben, weil sie sich außerhalb der normalen menschlichen Entwicklung befinden. Sie existieren in einer Evolution, die seitlich abgedriftet ist, wie ein Zug, der durch eine veränderte Weichenstellung auf eine andere Strecke umgeleitet wurde. Das bedeutet nicht, daß Grenzgänger unsozial sind. In Wirklichkeit empfinden viele von ihnen tiefe Zuneigung und Respekt für ihre Mitmenschen. Sie haben sich einfach nur von der emotionalen Ausrichtung an allgemeingültigen Werten und Interessen gelöst. Ich bin ein Vollmitglied des Grenzgänger-Vereins - Sie vielleicht auch. Ich kann mich daran erinnern, daß ich als Teenager einmal aus einem Traum aufgewacht bin, in dem ich gegen meine Anwesenheit auf der Erde protestierte. In meinem Traum versuchte ich Aufmerksamkeit zu bekommen; ich hatte den Eindruck, versehentlich in diesen abgedrehten Teil des Universums verbannt worden zu sein. Ich protestierte, weil ich unschuldig war. Ich empfand ein überwältigendes Gefühl der Ungerechtigkeit. Haben Sie jemals einen solchen Traum gehabt?

Ich begann mich zu fragen, ob dieses Gefühl der Distanziertheit von einem uralten spirituellen Erbe der Grenzgänger herrührt, oder ob man sich langsam aus dem Leben herauslöst, weil man jahrelang an sich gearbeitet hat. Ich kam zu dem Schluß, daß einige von ihnen so geboren werden, weil ihr höheres oder spirituelles Selbst in ihrem Leben sehr aktiv und präsent ist, während andere durch Erziehung oder andere Einflüsse an diesen Punkt kommen. Langsam wird die Kraft des höheren Selbst durch esoterische Praktiken oder Übungen auf eindrucksvolle Weise in ihrem Leben manifest und beeinflußt ihr spirituelles Empfinden.

Was mich betrifft, glaube ich, daß beides der Fall ist. Als ich sieben oder acht Jahre alt war, hatte ich das seltsame Empfinden, nicht zur Entwicklung der Menschheit zu gehören. Ich bin mir sicher, daß sich viele von Zeit zu Zeit so fühlen. Ich kann mich daran erinnern, daß ich mit meinem Vater im Wald spazieren ging oder mit ihm in einem Boot auf hoher See war und Stunden damit zubrachte, in den Himmel zu schauen und darauf wartete, daß etwas oder jemand mich abholte. Unabhängig von diesen Gefühlen habe ich jedoch auch den Eindruck, daß mich meine Erziehung um den stabilisierenden Einfluß der Zugehörigkeit gebracht hat. Ich wurde in England geboren, habe jedoch als Kind nicht lange dort gewohnt. Meine Eltern lebten in Deutschland, und als ich zwei Jahre alt war, zog meine Familie nach Afrika. Dort sind wir ziemlich oft umgezogen und wohnten nie länger als ein oder zwei Jahre in einem Haus. Meine Wanderschaft begann in Tripolis und endete in Ghana, wo ich bis zum elften Lebensjahr blieb. Zu diesem Zeitpunkt wurde ich zurück nach England auf ein Internat geschickt. Meine Mutter war Sizilianerin, doch ich war noch nie in Sizilien gewesen. Ich war kein Afrikaner, obwohl ich mich den Afrikanern verwandter fühlte als den Engländern, aber ich gehörte weder der Welt des schwarzen Mannes noch der englischen an. Bis ich fünf oder sechs Jahre alt war, konnte ich noch nicht einmal richtig Englisch sprechen. Zu Hause sprachen meine Eltern Deutsch oder Italienisch.

Während der sieben Jahre, die ich auf dem Internat in England verbrachte, war ich von meinen Eltern und von meiner damaligen Heimat Afrika getrennt. Ich fühlte mich entwurzelt und hatte wenig für die Schule übrig. Während meine Klassenkameraden die gesellschaftliche Konditionierung seitens der Schule akzeptierten, leistete ich auf ganzer Strekke Widerstand. Bei dem Versuch, mein Herz davor zu bewahren, vom System gefangengenommen zu werden, machte ich ununterbrochen Schwierigkeiten.

Es war ein großartiger Wettlauf. Ich kann nicht behaupten, daß ich immer vorne war, da das System ja Macht über mich hatte, doch landete ich ein paar gute Treffer. Natürlich mußte ich auch manchmal so tun, als ob ich mich angepaßt hätte, sonst wären mir die Schwierigkeiten über den Kopf gewachsen. Für mich war es so, als ob ich mein Versprechen mit überkreuzten Fingern auf dem Rücken gab – was nichts gilt. Ich verbrachte einschließlich meiner Schuljahre insgesamt 22 Jahre in England. Am Ende bezeichnete ich mich jedoch als »nicht wirklich Englisch«. Als ich das getan hatte, fügten sich die Umstände so, daß ich in die Vereinigten Staaten auswandern konnte. Die Amerikaner sind freundlich, doch gehörte ich auch dort nicht hin, obwohl ich eine tolle Zeit in Amerika verbrachte. Als ich im Alter von 28 Jahren begann, mich mit metaphysischen Dingen und den taoistischen Prinzipien der Nicht-Anhaftung zu beschäftigen, hörte sich alles so natürlich an. Es ist nicht schwer, nicht angehaftet zu sein, wenn man sich sowieso noch nirgendwo zugehörig fühlte. Was mich betrifft, entstand das Gefühl, ein Grenzgänger zu sein, einerseits durch meine Erziehung, andererseits durch eine Kraft tief aus meinem Inneren, die mich aus dem System herauszog. Es könnte sein, daß unsere Erziehung unsere inneren Gefühle formt, die uns wiederum auf den Pfad des Grenzgängers bringen.

Interessant ist auch Folgendes: Ich habe die Teilnehmer an meinen Seminaren häufig gefragt: »Wieviele von Ihnen fühlen sich so, als ob Sie mehr oder weniger Ihre Entwicklung als Mensch abgeschlossen haben und es in Wirklichkeit nicht mehr viel für Sie zu lernen gibt?« Etwa ein Drittel der Menschen im Raum heben normalerweise die Hand. Man könnte vielleicht sagen, daß sie sich selbst zu wichtig nehmen – wie kann jemand es wagen, zu sagen, daß er die Lektionen der Menschheit bereits gelernt hat? Wenn man mit diesen Menschen spricht, sieht man jedoch, daß die meisten von ihnen bescheidene und aufrichtige Ansichten haben. Sie handeln uneigennützig und müssen sich nicht erklären. Sie glauben wirklich, daß sie sich entweder in ihrer letzten menschlichen Erfahrung befinden, oder daß sie diese Erfahrungsebene abgeschlossen haben. Wenn man sie fragt, sagen sie, daß sie nicht noch einmal zurückkehren wollen. Sie wissen, daß sie abgeschlossen haben.

Natürlich stammt der Einwand, daß man die Lektionen des Menschseins nicht schnell und einfach lernen kann, von organisierten Religionen, die ein Interesse an dieser Darstellungsweise haben. Ich bin der Ansicht, daß die buddhistischen Lehren viel zu bieten haben, aber daß man Tausende von Inkarnationen braucht, um sich vom Rad der Wiedergeburten zu befreien, halte ich für übertrieben. Als Buddha das sagte (wenn er es überhaupt gesagt hat), gab es kein anderes Spiel als unter einem Boddhibaum zu sitzen. Daher ist es ganz natürlich, daß die buddhistischen Schreiber davon ausgingen, es würde endlose Zeit brauchen, um uns selbst und unsere Umwelt zu verstehen. Heutzutage wissen wir so ziemlich alles, was wichtig ist. Es sind nicht mehr allzu viele Geheimnisse übriggeblieben. Was Sie bis jetzt noch nicht wissen, werden Sie wahrscheinlich auch in Zukunft nicht brauchen. Und was Sie noch wissen müssen, können Sie schnell lernen. Die ganze Welt und all ihre möglichen Erfahrungen stehen Ihnen theoretisch per Knopfdruck zur Verfügung. Die Psychologie und unser Wissen über den Zustand des Menschen sind so hochentwickelt, daß es wirklich nicht mehr viele menschliche Verhaltensmuster gibt, die noch nicht genauestens untersucht und erklärt worden sind.

Die verschiedenen Religionen lehren uns, daß wir danach trachten sollten, der Vollkommenheit der Meister nachzueifern. Tief in unserem Inneren wissen wir jedoch, daß die Meister wahrscheinlich gar nicht so perfekt waren, wie die Schreiber sie dargestellt haben. Wir suchen keine Vollkommenheit, sondern Frieden, Verständnis und die Aussöhnung mit sich selbst.

Ich bin überzeugt davon, daß die Lektionen, die die Menschheit zu lernen hat, gar nicht so komplex sind. Könnten wir sie nicht bewältigen, würde sich hier auf dem Planeten niemand mit ihnen auseinandersetzen. Mit anderen Worten, Sie würden sich als unsterbliches Wesen nicht in die Evolution auf der irdischen Ebene begeben, wenn die Lektionen über Ihren Horizont gingen. Daraus folgt, daß es einen Weg geben muß, zu verstehen, um was es eigentlich geht.

Im Wellenzustand sieht es so aus und fühlt es sich an, als ob es ziemlich unmöglich ist, Transzendenz zu erlangen. Wie kann ein Individuum sich über die Interferenzen hinwegsetzen, die er oder sie empfindet und sich endlich entwickeln? Das Interferenzmuster des Wellenzustandes ist ständig da und vermittelt uns auf diese Weise den Eindruck, daß unsere Lektionen ewig dauern und nicht nachvollziehbar sind. Wenn wir die Welle jedoch verlassen haben und uns in einem losgelösten, freien Teilchenzustand befinden, gibt es keine Interferenzen mehr. Plötzlich erkennt man, daß es gar keine Lektionen zu lernen gibt, sondern ein bestimmter subatomarer Zustand erreicht werden muß. Sie müssen keine Lektionen mehr lernen – Sie werden zur Lektion. Sie sind die Lektion. Und ziemlich plötzlich kann eine Erleuchtung stattfinden.

In meinem Buch »Die Kraft ohne Grenze« habe ich der modernen Menschheit eine hypothetische Schwingungsfrequenz von 20 000 Schwingungen pro Sekunde zugeschrieben. Damit wollte ich zum Ausdruck bringen, daß eine durchschnittliche Person in ihrer Ganzheit - d. h. physisch, mental, emotional und spirituell - ätherisch betrachtet in dieser hypothetischen Geschwindigkeit von 20 000 Hertz schwingt. Natürlich muß die wirkliche Geschwindigkeit viel höher liegen, wenn man davon ausgeht, daß das Licht eine sehr hohe Schwingungsfrequenz von ca. 10^{15} hat. Doch müssen wir zum Verständnis des Gedankengangs nicht mit der exakten Geschwindigkeit arbeiten. Eine hypothetische Geschwindigkeit reicht aus.

Wenn Sie Ihr Bewußtsein erweitern, stärker und offener werden, erhöht sich Ihre Frequenz. Sie schwingen immer schneller. Im ätherischen Zustand kann man das beobachten. Die Energie einiger Menschen ist schwach und strahlt nicht weit in die Umgebung hinein; sie hat eine trübe und undurchlässige Qualität, während andere Menschen durch ihre Energie sehr hell leuchten und klar sind. Ihre ätherische Energie ist kräftig und strahlt intensiv aus. In einigen sehr seltenen Fällen reicht sie sehr weit, das heißt über die normale Entfernung von circa einem Meter hinaus.

In der jüngsten Zeit hat die durchschnittliche Gesamtfrequenz der Menschheit ständig zugenommen. Zuvor war sie über Tausende von Jahren hinweg ziemlich konstant geblieben. Der Unterschied zwischen den höchsten und den niedrigsten Bewußtseinsebenen war nie besonders groß. Die Frequenzen eines Adeligen und eines Landarbeiters lagen ziemlich dicht beieinander, auch wenn der Adelige lesen und schreiben konnte. Sie befanden sich beide innerhalb des Stammesdenkens. Das, woran der Adelige glaubte, und seine metaphysischen Kräfte stimmten zum größten Teil mit denen des Landarbeiters überein, da beide - spirituell betrachtet - relativ machtlos waren. Es gab wenig Selbstbeobachtung, also existierten auch wenig Teilchen. Es gab weder Psychoanalyse noch Psychologie, noch irgendwelche Gesichtspunkte, die aus Bereichen außerhalb des Stammesdenkens stammten. Die Menschen der verschiedenen gesellschaftli-

Abbildung 1: ca. 1700 n. Chr.

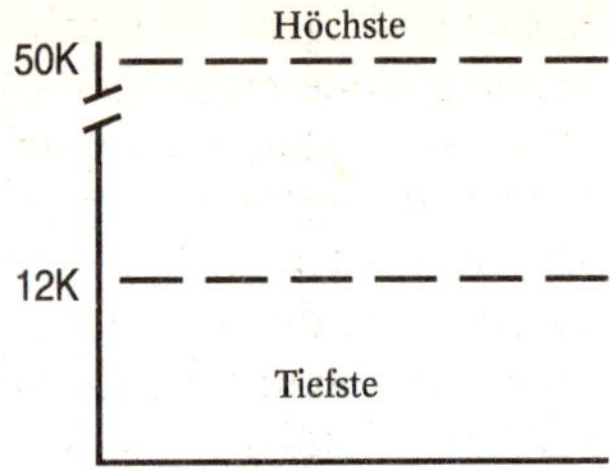

Abbildung 2: 1960

Abbildungen 1 und 2: Metaphysische Schwingungsfrequenz des ätherischen Körpers und des menschlichen Verstehens.

chen Schichten waren gleichermaßen unwissend und ängstlich. Alle waren Opfer der historischen Umstände. Die oberen sozialen Schichten, die Zugang zu Wissen hatten, und ihre spirituelle Entwicklung hätten vorantreiben können, konnten nicht hoffen, die Welle zu verlassen, da sie viel zu sehr von Status und Ego besessen waren. In jenen Tagen hätte es keinen Sinn gemacht, einem Menschen den Vorschlag zu machen, er könne vielleicht den Prozeß der Individualisation durchmachen und sein Leben selbst bestimmen. Die Idee wäre als absurd und ketzerisch abgetan worden. Stattdessen vertraute man der Religion und auf die eigene Beziehung zu einem emotionalen Gott. Es gab keine Sicherheit, wenig Gerechtigkeit, und die Wissenschaft steckte noch in den Kinderschuhen. Angst, Unwissenheit und Frömmelei herrschten in sämtlichen Bevölkerungsschichten vor.

Schauen Sie sich einmal Abbildung 1 an. Nehmen wir an, die durchschnittliche Schwingungsfrequenz der Menschheit lag im Jahre 1700 n. Chr. unter der heutigen – vielleicht etwa bei 12 000 Hertz. Es hätte dann Individuen mit einer höheren und mit einer niedrigeren Frequenz gegeben. Es gab jedoch keinen besonders großen Abstand zwischen denen mit der höchsten und denen mit der niedrigsten Frequenz.

Abbildung 2 stellt das Jahr 1960 dar, und man kann sehen, daß sich unsere hypothetische Bandbreite vergrößert hat. Die unterste Schwingungsfrequenz ist seit dem Jahre 1700 leicht gestiegen, doch sind die mobilen, gebildeten Menschen am oberen Ende weitaus schneller geworden.

Natürlich kann man nicht sagen, wo sich die höchste und die niedrigste Frequenz genau befinden, doch läßt sich der Unterschied im realen Leben beobachten. Denken Sie an das Wissen und die Macht, die ein Atomforscher verglichen mit einem Reisbauern hat. Oder nehmen Sie ein sehr mobiles, selbstverwirklichtes Wesen, das durch die moderne Welt eilt, und vergleichen Sie es mit einem Ureinwohner in den Wäldern von Papua-Neuguinea.

In den sechziger Jahren fand eine große Veränderung statt. Die junge Generation der Nachkriegszeit wollte sich nicht an den Vorkriegsideen ihrer Eltern ausrichten. Der weitverbreitete Gebrauch von bewußtseinsverändernden Drogen veränderte Dinge sehr schnell – hauptsächlich, weil sie das Vorstellungsvermögen der Menschen auf Hochtouren brachten. Menschen bleiben im wesentlichen deswegen am unteren Ende des Bewußtseinsbandes hängen, weil sie Angst haben oder es ihnen an Vorstellungsvermögen mangelt. Es gibt sehr viele, sehr helle Köpfe, deren Energie noch sehr viel schneller werden könnte, wenn sie nicht so sehr von ihrem Intellekt dominiert wären und wenn es den unterdrükkenden Einfluß des tick-tock Denkens nicht gäbe.

Dieser allgemeine Wandel wurde von weiteren Faktoren unterstützt. Als Armstrong im Jahre 1969 auf dem Mond landete, war das für die organisierten Religionen ein Schlag ins Gesicht. Plötzlich war der Mensch dem Einflußbereich der Erde entronnen und hatte bildlich gesprochen den Himmel erreicht, und das Interesse an Religion nahm ab. Als es plötzlich so aussah, als stünde uns ein ganzes Universum offen, wirkten die einschränkenden Ansichten vieler Religionen dagegen kleinlich und naiv.

Die psychedelischen Drogen der Flower-Power-Ära wirkten wie ein Sturmwind, der das Bewußtsein der Menschheit durchpustete. Sie beeinflußten die Gesellschaft aller sozialen Schichten, wobei eine neue Bewußtseinsdimension erreicht wurde, ohne Rücksicht auf die Grenzen, die das Weltego den Menschen auferlegt hatte. Mit der Zeit wurden viele Menschen frei und strebten aufwärts (Abb. 3).

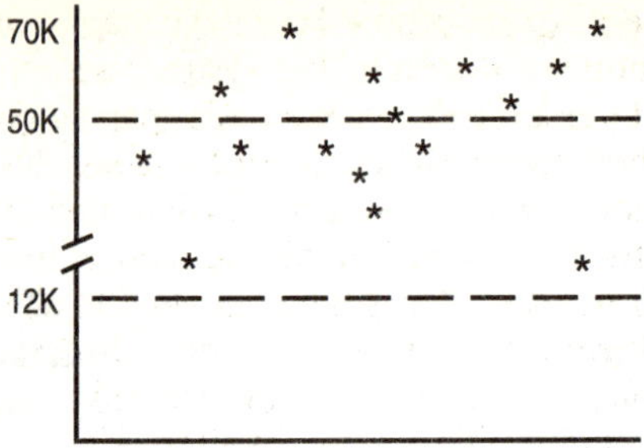

Abbildung 3: 1960–1975. Die Flower-Power-Bewegung und ein erweitertes Bewußtsein befreit viele, die einer höheren Ebene entgegenschweben.

Die Flower-Power-Bewegung schuf die Grundlage für die nachrückenden spirituellen Grenzgänger. Damit will ich nicht sagen, daß die Grenzgänger heute allesamt Hippies aus den sechziger Jahren sind. Es bedeutet nur, daß die Blumenkinder die Tür geöffnet haben und ihnen viele gefolgt sind.

Jetzt könnten Sie sich fragen: Da es schon immer Drogen gegeben hat, warum die Transformation nicht schon früher stattgefunden hat? Bei einigen wenigen war das auch der Fall. Es ist interessant, daß die Stammeskulturen, die psychotrope Drogen besaßen, auch die fortgeschrittensten metaphysischen Philosophien entwickelt haben. Die Mayas und einige der Peyote-Kulturen amerikanischer Ureinwohner sind zwei wichtige Beispiele.

Die Flower-Power-Subkultur der sechziger Jahre unterschied sich von der Drogenkultur der zwanziger Jahre dadurch, daß die Betonung auf den halluzinogenen Drogen lag. Es wurden hauptsächlich Opiate konsumiert, die eher die Sinne abstumpfen, statt die Fantasie anzuregen. Hinzukam, daß die Flower-Power-Bewegung mehr Freiraum in einem gesellschaftlichen System hatte, das durch den Krieg befreit worden war.

In den siebziger Jahren setzte das neue, von der Flower-Power-Bewegung in Gang gebrachte Bewußtsein ein, finanzielle Kraft zu entwickeln, und plötzlich hatten die Hippies

Einfluß. Sie besaßen das Know-How, wie man andere beeinflußt. Sie konnten außerhalb des Systems stehen und das Establishment verächtlich machen. Als man erkannte, daß diese Minderheit keinen Schaden erlitt und sogar erfolgreich war, überwanden große Teile der Bevölkerung ihre Angst, sich von tick-tock und dem Stammesdenken zu lösen oder es gar hinter sich zu lassen. Der Status quo wirkte wie ein zahnloser Tiger. Wenn man seine eigene Individualität annahm, nahm man weder Schaden noch wurde man bestraft. Millionen von Menschen auf der ganzen Welt folgten den Blumenkindern, verließen nach ihnen die Hauptströmung der menschlichen Evolution und nahmen Kurs auf die Grenzgebiete. Hatten sie sich einmal aus dem Griff des konservativen Systems befreit, fanden sie Freiräume, um zu experimentieren und ein höheres Bewußtsein zu entwickeln.

Verwechseln Sie höheres Bewußtsein nicht mit Intelligenz, Status und Geld. In der Stammeswelle versucht man, sich durch Intelligenz und Geld von anderen abzusetzen. Wir sprechen jedoch von all den Menschen, deren metaphysische Energie die derjenigen übersteigt, die sich am oberen Ende von tick-tock oder der Stammeswelle befinden, da sie ein neues Bewußtsein und eine neue Individualität haben. Die sehr reichen und klugen Leute aus der tick-tock Welt, die noch nicht an sich gearbeitet haben, denken normalerweise noch stammesbezogen. Innerhalb der Welle ist die energetische Ebene, zu der man aufsteigen kann, begrenzt. Wahrscheinlich wird sich ein sehr reicher Mensch mitten in der Stammeswelle befinden, da er dort sein Geld verdient. Ein moderner Technokrat, der vielleicht ein Genie ist, könnte trotz seines großartigen Intellekts eine sehr begrenzte spirituelle Identität besitzen. Aufgrund der Natur seines Berufes muß er oder sie sich den Grenzen des tick-tock Denkens anpassen. Auch wenn sich der Technokrat auf der tick-tock Skala ganz oben befindet, gibt es Grenzen auf dem Weg nach oben. Manchmal kann Intelligenz für die eigene spirituelle Evolution hinderlich sein, da das Vorstellungsvermögen von Verstand und Logik beherrscht wird und man in ihnen gefangen ist.

Mit der Zeit verschmolz der energetische Bereich gerade

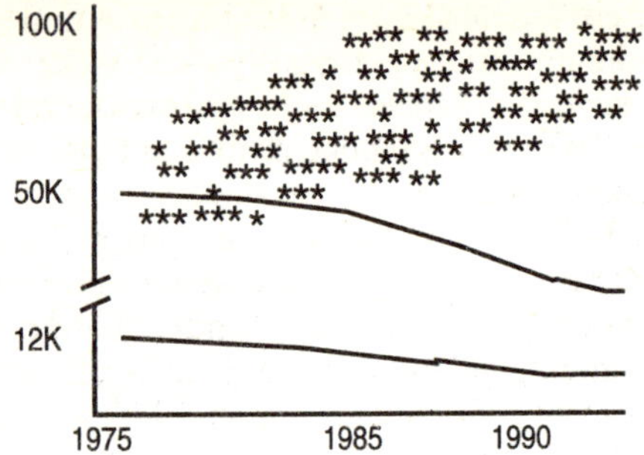

Abbildung 4: Die Spaltung im menschlichen Bewußtsein 1975 – 1990. Die Kurve der Grenzgänger bewegt sich weiterhin nach oben. Der höhere tick-tock Bereich wird rückläufig und verlangsamt sich.

oberhalb der hauptsächlichen evolutionären Entwicklung (wie in Abbildung 3 dargestellt) zu einer locker zusammengefügten Identität. Das war die Geburt der New Age Bewegung und der Alternativkultur. Mit zunehmendem Zusammenhalt bewegte sich der gesamte Bereich nach oben. Die schnelleren Moleküle, die sich auf einer nach oben abflachenden Kurve bewegten, entfernten sich rasch vom tick-tock. Der untere Bereich bestand aus Neulingen oder Zweiflern, die immer noch vom psychologischen Gravitationsfeld des tick-tock Bereiches unter ihnen beeinflußt und festgehalten wurden.

Nun passierte etwas Interessantes. Während sich die eine Kurve nach oben zu einem Halbmond formte, veränderte der zentrale tick-tock Bereich ebenfalls seine Form. Ein Teil des langsameren Bereichs fiel zurück. Die Kurve begann abzufallen, implodierte und verlangsamte ihre Evolutionsgeschwindigkeit (Abb. 4).

Allmählich lösten sich die beiden Kurven mehr oder weniger voneinander, und im Denken der Welt, das mit großer Geschwindigkeit vorangeprescht war, wurde durch Disharmonie, Verwirrung und Angst gestört. Die Menschen in der tick-tock Welle hatten oft das Gefühl, daß ihnen das Steuer entglitten war. Sie fühlten sich überwältigt. Während der

Jahre, in der sie dieses Gefühl ausstrahlten – in den späten achtziger und frühen neunziger Jahren – konnte man beobachten, wie sich ihre kollektive Unsicherheit immer mehr manifestierte. Tick-tock begann sich ökonomisch und gesellschaftlich aufzulösen.

Der obere Bereich von tick-tock, der normalerweise aus den sozial oder ökonomisch Bessergestellten besteht, wurde ebenfalls von der Geschwindigkeit der Dinge beeinträchtigt. Viele erlitten finanzielle Rückschläge; ein Großteil derer aus dem oberen Bereich gerieten ins Schwimmen. Also wandten sie sich den unteren zu, erwarteten nicht mehr so viel – nicht so sehr aus Selbstschutzgründen, sondern weil sie mit der Geschwindigkeit nicht mehr Schritt halten konnten. Der Boom in den achtziger Jahren bedeutete, daß es vielen Leuten im Mittelfeld gut ging. Als sich die lauen Geschäftsbedingungen änderten, verschwand ein Großteil derjenigen im mittleren und oberen Bereich von der Bildfläche. Die Arbeitslosigkeit von Führungskräften nahm rapide zu. Die in Abbildung 4 dargestellte Abwärtskurve des tick-tock Bereiches ist der Grund, warum rechtsgerichtete Parteien in den westlichen Demokratien an Popularität gewinnen. Die Menschen sind konservativer und reaktionärer geworden.

Der Aufwärtstrend der Kurve der Grenzgänger hat viele bemerkenswerte Aspekte. Zwischen dieser Kurve und dem oberen tick-tock Bereich ist eine Kluft entstanden. Wenn ich von einer Spaltung in unserer Evolution spreche, meine ich genau diese Kluft. Der untere Teil des tick-tock Bereiches ist noch immer sehr stammesbezogen und ängstlich, wohingegen der mittlere und obere Bereich zwar weniger ängstlich, allerdings meist sehr viel mehr an Status und materiellen Dingen angehaftet ist. In dem Maße, wie die Wirtschaft abbaute, stellte sich eine Übereinstimmung zwischen ihren Erwartungen und ihrer Energie ein.

Ich gebe zu, daß ich mich in meinen Büchern oft über tick-tock lustig mache, doch muß man die einzelnen Angehörigen der tick-tock Welt respektieren, wenn man ihnen begegnet. Immerhin ist tick-tock ein Teil der Evolution jedes Menschen – wir mußten alle da durch. Das Problem liegt darin, daß Stammesdenken und Ego in der tick-tock Welt unumschränkt herrschen. Diese beiden Züge des tick-tock Denkens machen es sehr anfällig gegenüber sich verändernden Umständen. Die Alltags-Dimension der gewöhnlichen Menschen wird ganz schön gebeutelt. Alte Stammeswerte und Ideen brechen unter dem Druck zusammen. Die Menschen fühlen sich verloren. Es fällt ihnen schwer, loszulassen und sich von diesem Bewußtseinsbereich in den des spirituellen Selbst zu bewegen. Die Kurve der Grenzgänger neigt jedoch aufgrund ihrer spirituellen Energie dazu, Menschen nach oben zu ziehen. In dem Maße, wie die Gültigkeit der alten Lebensweise in Frage gestellt wird, werden immer mehr Menschen folgen.

Der obere Bereich der Kurve der Grenzgänger befindet sich jetzt außerhalb der irdischen Evolution. Es ist, als ob diese Menschen gestorben wären, um in einer anderen Dimension eine andere Entwicklung durchzumachen, obwohl sie auf der physischen Ebene noch immer am Leben sind. Sie haben sich aus dem Schicksal der Welt hinausprojiziert. Sie sind karmisch und spirituell in hohem Maße frei.

Welche Funktion mögen sie wohl haben? Sicherlich ist dieser Aufstieg im Rahmen der menschlichen Entwicklung etwas Natürliches. Warum haben jedoch so viele Menschen diesen Weg in unserer Zeit beschritten? Offensichtlich sind die richtigen Umstände gegeben, doch gibt es noch eine andere Ursache dafür? Warum muß die planetarische Gruppenseele eine Gruppe mächtiger, fester, unabhängiger Teilchen erschaffen, die sich außerhalb der Hauptrichtung der Evolution befinden? Sicherlich ist eine große Gruppe relativ gefestigter, bewußter Menschen sehr nützlich – besonders wenn sie für den Planeten als eine stabilisierende Kraft in den heiklen neunziger Jahren und der Zeit danach fungiert. Die Versuchung, zu glauben, daß die Kurve der Grenzgänger das Bewußtsein der restlichen Welt heben kann, liegt nahe. Man muß sich aber auch die Frage stellen, ob es im tick-tock Bereich – angesichts der Tatsache, daß viele Menschen sich dafür entscheiden, sich an tieferen Ebenen zu orientieren und eine langsamere, bequemere Schwingungsebene vorziehen – überhaupt Bedarf an Bewußtseinserweiterung gibt. Jeder Versuch, diese Menschen zu beschleunigen, würde sie wahrscheinlich in den Wahnsinn treiben, wenn man bedenkt, daß sie sich bereits um genug Dinge Sorgen machen.

Jenseits der offensichtlichen Gründe dafür, daß sich so viele Menschen entlang der aufwärts strebenden Kurve der Grenzgänger entwickeln, stößt man auf eine faszinierende Idee. Vielleicht ist es möglich, die gedanklichen Strukturen der Welt dadurch vor der Selbstzerstörung zu bewahren, daß es viele Menschen gibt, die sich außerhalb befinden. Diese Menschen sind ein Sicherheitsventil. Ich erkläre mir das so: das tick-tock Denken und sein Ego schaut nach draußen, zu einem Gott über ihm, sucht eine Erfahrung jenseits seiner selbst, schaut in die Zukunft, zur nächsten, angenehmen Erfahrung, usw. Seine Kraft zersplittert durch sein ständiges Nach-draußen-schauen. Es konzentriert sich ständig darauf, sich nach etwas zu sehnen, was es nicht hat. Ein Merkmal des Lebens im undefinierten Wellenzustand ist das Tagträumen – das ist einfacher, als konkret etwas zu tun. Darum verwirklichen sich die Träume des gewöhnlichen Menschen meistens nicht.

Die Grenzgänger schauten auch nach draußen, als sie nach oben kletterten und die Hauptströmung verließen. Sind sie jedoch oben angekommen, geht es nicht mehr weiter. Ohne zu sterben, können sie unmöglich in eine andere Dimension gelangen. Vielleicht können sie einen Blick in andere Welten werfen, doch gehören sie ihnen noch nicht an. Letztendlich müssen die Grenzgänger wieder umkehren und den Weg zurückgehen, den sie gerade hochgeklettert sind. Erst ist da der Berg, dann wird aus ihm ein heiliger, mystischer Berg – der Schoß der Götter, das Spielfeld der Engel – und am Ende ist der Berg wieder nur ein ganz gewöhnlicher Berg.

Das mag etwas enttäuschend klingen, spirituell gesehen ist es das nicht. Dadurch, daß Sie die Reise vollenden, kommen Sie mit der wahren Essenz aller Dinge in Berührung, die natürlich die himmlische Strahlung des göttlichen Lichtes ist. Anschließend freuen Sie sich darauf, zurückzukehren, da Sie eine spirituelle Vorstellung der Dinge haben. Geistig haben Sie in der Gnade des göttlichen Lichtes gebadet, und die spirituelle Schönheit dieser Erfahrung wird Sie auf ewig begleiten.

Dadurch, daß sich die Grenzgänger wieder umdrehen und zurückschauen, wird ein Kraftfeld geschaffen, das sowohl als Grenze als auch als Puffer für die tick-tock Welt fungiert. Denken Sie daran, daß sich die Grenzgänger nicht irgendwo auf einem Raumschiff befinden; sie stehen neben den Menschen aus der tick-tock Welt an der Bushaltestelle. Die kollektive Kraft der Grenzgänger umschließt jedoch die mentalen Projektionen des Stammesdenkens und seines Egos und reflektiert in aller Stille Wahrheit und Illusion zurück. Mit der Zeit muß sich jeder selbst in die Augen schauen. Die Bewegung, die auf die Entwicklung eines erweiterten Bewußtseins zielt, hat bereits in vielen Bereichen des Lebens große Wirkungen gezeitigt. Gesundheit und Ernährung, ethische Investitionen, die Lockerung der Lehrpläne, Erhalt und Schutz der Umwelt, Weltfrieden, usw. Vor allem aber weist sie die Menschen darauf hin, daß es eine persönliche Seligkeit jenseits der Verletzungen und der Sorgen gibt, die das Leben vieler beherrschen. In dem Maße, wie sich die Bewußtseinsbewegung ausweitete, konnten gewöhnliche Menschen anfangen, sich mit Selbstbeobachtung, Meditation und außergewöhnlichen Ideen zu befassen, ohne von ihren Freunden als Verrückte bezeichnet zu werden.

Durch die Erweiterung unseres Bewußtseins werden wir mit der Zeit den Planeten von der Umweltverschmutzung heilen, die der Status verursacht hat. In den letzten 40 Jahren hat das Fernsehen den Menschen geholfen, die Welt besser zu verstehen, doch hat es auch große Angst hervorgerufen. Es zeigt den gewöhnlichen Menschen eine bezaubernd schöne Welt, die als Priorität verehrt wird. Diese süßlich duftende, Porsche fahrende, reiche, idealistische Vision kitzelt das Ego und erzeugt überzogene Erwartungen.

Am unteren Ende des tick-tock Bereiches – auf der Schwingungsfrequenz von 20 000 Hertz oder darunter – hat ein Mensch fast keine Möglichkeit, sich einen Teil dieses TV-Himmels zu erobern. Nichtsdestotrotz treibt die Religion der bezaubernden Schönheit und des Prestiges das Ego an, und so hat sich im Denken der Welt die Vorstellung manifestiert, daß jeder schrecklich wichtig ist und alle die Vorzüge der TV-Vision als verfassungsmäßiges Recht genießen sollten. Das ist der Verstand der Menschheit, der versucht, den Teilchenzustand in der äußeren Welt zu erreichen. All das bezaubernd Schöne ist eine Illusion. Das Fernsehen und die Medien nähren diese Illusion, weil sie den Menschen Honig um den Bart schmieren müssen, um von ihnen gebilligt zu werden und ihnen Dinge verkaufen zu können. Die Illusion wurde immer weiter genährt, und die Menschen dachten, man müsse weder an sich selbst arbeiten noch irgendetwas dafür tun, damit sich die eigenen Träume verwirklichen. Irgendetwas oder irgendjemand aus der Welle wird die Träume schon verwirklichen. Sie glauben, eine losgelöste Individualität würde sich aus der bezaubernden Schönheit der Vision ergeben.

Die gebildete und mit Juwelen behängte Dame, die durch einen Fernseh-Werbespot schlendert oder sich neben dem Swimmingpool aalt, scheint sich nicht anstrengen zu müssen. Was man nicht sieht, sind die zehn Jahre Herzensschmerz und beständige Bemühung, die ein wirklicher Mensch investieren muß, um einen solchen materiellen Wohlstand und ein so leichtes Leben führen zu können.

Nachdem das Denken der Welt auf diese Weise stimuliert worden war, wurde das bezaubernd Schöne, das zuvor nur für wenige wichtig gewesen war, nun auf einmal für alle ungeheuer wichtig. Das Denken griff nach den Sternen und rief: »Gib, gib!« Also versuchten die Gesellschaft und die Politiker genau das zu tun. Wohlstand für alle kann jedoch nur allmählich geschaffen werden – jedes Jahr ein paar Prozentpunkte mehr. In der Zwischenzeit plusterte das Fernsehen das menschliche Ego mit hoher Geschwindigkeit auf. Millionen verlangten nun einen Freifahrschein; warum nicht? Ihr elektronischer Ausbilder sagte, das sei nur recht und billig. Das normale Volk forderte, daß jemand sie auf eine höhere Ebene erheben sollte. Ihre Intellektuellen forderten Macht und Respekt, unabhängig davon, ob das, was sie zu bieten hatten, wertvoll war oder nicht. Die Mütter waren nicht mehr bereit, einfach nur ihre Familien zu versorgen, sie wollten einen Platz an der Sonne und die materiellen Vorzüge geniessen, von denen die Werbespots behaupteten, daß es ohne sie nicht ging. Es ist nur natürlich, daß die Ehefrauen hinausgingen, um dem Traum hinterherzulaufen, während die Kinder mit dem elektronischen Babysitter zu Hause blieben, der ihnen nichts als Halbwahrheiten auftischte. Es ist kaum verwunderlich, daß die jungen Leute etwas verwirrt sind. Die Armen. Das bezaubernd Schöne des mühelosen TV-Himmels ist eben ganz anders als die Realität, der die Teenager begegnen, wenn sie sich auf die Suche nach einem Arbeitsplatz begeben. Die Realität widerspricht oft der Vision, also wird die Realität beiseite geschoben. Alle suchen augenblickliche Befriedigung – wie es ihnen versprochen wurde. Die Botschaft der schnellen Mark, zu wessen Kosten auch immer, ist zur Religion geworden, mitsamt all den Lügen und Selbsttäuschungen, mit der eine hoffnungslos unrealistische Vision aufrechterhalten wird.

Angesichts der Möglichkeit, die Stammeswelle zu enttäuschen und im Anschluß daran eine sicherlich negative Reaktion zu erfahren, machten sich unsere Institutionen auf, möglichst vielen in möglichst kurzer Zeit so viel wie möglich zu gewähren. Es machte nichts, daß der so entstandene Wohlstand kein echter war. Wichtig war, daß jeder etwas davon abbekam, bevor die Leute durchdrehten. Also stiegen die Ausgaben der Regierung ins Unermeßliche, und wo es nicht genug Geld gab, wurde neues, künstliches Geld erfunden. Kreditkarten, Schuldscheine, Beteiligungen, Hypotheken, Ratenkauf – was auch immer man wollte. Es wurde gewährleistet, daß das Ego seinen regulären Schuß bekam. Eine Zeit lang sah es so aus, als würde der Fernsehtraum Wirklichkeit werden. Junge Hochschulabsolventen verdienten 500 000 $ im Jahr in der Wall Street, wobei sie Fantasiegebilde von einer Seite des Weltegos zur anderen transferierten. Alles war möglich. Man konnte ein neues Herz, Silikonbrüste, ein neues und jüngeres Gesicht, sogar Unsterblichkeit bekommen. Man mußte nur sagen: »Ich bin etwas Besonderes. Ich bin ein waschechtes Teilchen. Ich habe die Unsterblichkeit verdient.« Man mußte nichts selbst tun; schlimmstenfalls handelte es sich um eine Lüge, die garantiert ein Leben lang hielt. Tick-tock war in kurzer Zeit völlig von Unwahrheiten verschmutzt.

Die Illusion konnte nur durch weitere Lügen aufrechterhalten werden. Also entwickelten wir eine Gesellschaft, in der jeder, unabhängig von den gegebenen Tatsachen, für sich die Verwirklichung des Traums forderte. Jeder mußte zwanghaft Geld, ein Eigenheim und eine Zukunft haben. Konnte man das nicht mit eigenen Anstrengungen erreichen, nahm man sich das Geld von anderen. Denen, die fleißig daran arbeiteten, ein Heim, ein gutes Leben und ihren Traum zu verwirklichen, wurden immer wieder Schuldgefühle eingebläut. Ihre Heiligkeit - das Fernsehen - zeigte Filme von Bettlern, die andeuteten, daß der eigene Wohlstand der Grund für die Armut des Bettlers war. Sie vermittelten den Eindruck, man sei verantwortlich, den Traum eines jeden Bettlers zu verwirklichen. Das fand das Ego von trägen Menschen gut. Es nimmt ihnen die Verantwortung ab und legt sie in die Hände anderer, was in Wirklichkeit nichts anderes als ein kollektiver, psychologischer Kommunismus ist. Arbeit, Fleiß oder investierte Energie wurden nie erwähnt, weil das im Widerspruch zur Lüge gestanden hätte. Es ist unmöglich, einem Obdachlosen vorzuschlagen, sich eine Arbeit zu suchen, Geld zu sparen, sich ein Haus zu mieten oder zu kaufen, wie jeder andere auch. Das wäre Gotteslästerung. Das riecht zu sehr nach Realität. Das Ego wird stattdessen endlose Entschuldigungen vorbringen. Der Obdachlose kann nicht arbeiten, es gibt keine Arbeit, es gibt nicht genug Geld. In einigen Fällen mag das stimmen, doch wird uns zu verstehen gegeben, daß man, wenn man dafür gearbeitet hat, die eigene Vision zu verwirklichen, persönlich dafür verantwortlich ist, jedem, der zufällig im gleichen Land lebt wie wir, zumindest eine Minimalversion des Fernsehtraums zu garantieren. Und außerdem ist man auch noch für eine unbestimmte Anzahl von Menschen verantwortlich, die irgendwo anders leben.

Die einzig echte Währung ist Energie; alle anderen werden letztendlich zusammenbrechen. In der Zwischenzeit springen uns die dummen Lügen überall ins Gesicht: in unseren Religionen, die uns für den Beitritt zu ihrem elitären System den Himmel in Aussicht stellen; in unseren Regierungen, die uns alles versprechen, um an der Macht zu bleiben; in unseren Schulen, die unseren Kindern die Lügen vermitteln und sie dadurch nähren, daß sie Propaganda in die kindlichen Egos hineinpumpen und ihnen Dinge beibringen, die sie im wirklichen Leben gar nicht gebrauchen können – heute macht jeder einen Abschluß, auch wenn er kaum lesen und schreiben kann. Die große Lüge ist das zentrale Thema der vom Fernsehen geschaffenen Religion der neuen Welt. Kein Teil unserer Gesellschaft ist frei davon. Niemand traut sich, den Leuten die Wahrheit zu sagen.

Die Grenzgänger sind jedoch anders. Sie wissen, daß das Leben Energie ist. Sie beobachten sich selbst und beginnen, die Wahrheit zu erkennen. Sie lösen sich vom Ego und bewegen sich auf ihr spirituelles Selbst zu. Das ist anfangs schmerzlich, und es gibt vieles, was verarbeitet und überwunden werden muß, doch mit der Zeit akzeptiert man diesen Zustand. Wahrheit macht bescheiden und stark.

Wichtig aber ist, daß die Grenzgänger durch ihren Aufstieg den Rest der Welt auf einer inneren Ebene beeinflußt haben. Das tick-tock Denken verändert sich, wenn auch nur unbewußt. Es wird von einer höheren Schwingung bearbeitet und beeinflußt. Dieses stille, unterschwellige Eingeben von Kraft schützt die gedanklichen Strukturen der Welt in psychologischer Hinsicht, während sich die Umstände verändern.

Dadurch, daß dies auf breiter Basis geschieht, wird das Weltego gemäßigt und seine energetischen Blutungen werden gestillt. Die Macht der Grenzgänger stillt allmählich das Blut, das aus den verwundeten Denkstrukturen der Menschheit fließt und reflektiert Energie zu den Menschen zurück. Auf diese Weise wird immer weniger von der Macht der Gedankenkraft der Welt verschwendet. Die Heilung ist im Gange. Ich bin nicht der Meinung, daß unser Planet ein Opfer ist, oder daß der kollektive innere Geist der Menschheit nicht weiß, was er will oder wohin er geht. Ganz im Gegenteil. Ich erkenne in der Geschichte eine Ordnung und einen Fortschritt. Ich habe den Eindruck, daß die planetarische Gruppenseele weiß, was sie tut. Genau wie die Biologie uns zeigt, daß dieser Gesteinsklumpen, der durch das Weltall rast, mehr als nur feste Materie ist – er besitzt eine Intelligenz, die ihrer selbst bewußt ist und sich an biologische Umweltveränderungen anpaßt –, so verändert sich auch der innere Geist der Welt mit seinen Gedankenstrukturen in periodischen Abständen, um sich an die kollektiven Gefühle des Menschen anzupassen. Von meinem Standpunkt aus ist es kein Zufall, daß durch die Bewußtseinsbewegung über 100 Millionen Menschen zu den Grenzbewohnern zählen und viele sich aufwärts bewegen, um sich ihnen anzuschließen. Dieser Energiekörper ist aus einem bestimmten Grund da.

Diejenigen, die sich vor den anderen aus der tick-tock Welt auf dem Weg befinden, weisen auf das äußere Ende der Vision in der heutigen Zeit. Die Menschheit muß aufhören, immer nach vorne zu schauen; wir müssen assimilieren, was wir gelernt haben. Die Kurve der Grenzgänger läßt die Menschen zwar rasch nach oben steigen, doch das obere Ende der Kurve verhindert tatsächlich ihr weiteres Voranschreiten. Deswegen sind viele New Age Leute zu einem abrupten Stillstand gekommen. Die Grenzgänger sind Lebensretter, die die Menschheit davor bewahren, sich selbst durch Enttäuschung und Trauer zu zerstören.

Letztendlich muß jeder zurückkehren und statt bittend und bettelnd und nach draußen nach innen schauen. In dem Augenblick, in dem sie sich selbst wirklich als Teil der göttlichen Kraft erkennen, schauen sie nur noch nach innen, um Macht, Glückseligkeit, Weisheit und Kraft zu finden. Mit der Zeit wird sogar die tick-tock Welt die Nutzlosigkeit einer hedonistischen, überkandidelten Welt erkennen, die mit einer halsbrecherischen Geschwindigkeit dahinstürmt, um Dinge anzusammeln, die unwichtig sind und keinen bleibenden Zweck erfüllen. Mit der Zeit wird jeder sich damit einverstanden erklären müssen, die Fernseh-Religion abzulehnen und Alternativen zu akzeptieren – im Kleinen die Schönheit und das Erhaltende zu erkennen, die eigenen Bedürfnisse zu mäßigen, sich langsam aber sicher auf die Wahrheit zuzubewegen. Wir sollten uns dadurch ermutigt fühlen. Wir sollten den Menschen zeigen, daß sie keinen großen Verlust erleiden, wenn sie die große Lüge hinter sich lassen. Bedeutet das, daß wir nicht mehr träumen können? Ganz und gar nicht. Sie können alles haben, was Sie sich wünschen, vorausgesetzt, daß Sie die Beharrlichkeit und die Energie haben, es zu verwirklichen. So ist die Wirklichkeit. Wenn es Ihnen in Ihrem Leben an Dingen mangelt, dann sollten Sie mit dem Finger auf sich selbst zeigen. Vielleicht ist die Qualität Ihrer Energie nicht tragfähig genug für Ihre Vision.

Auf ihrer Selbstentdeckungsreise durchlebten die Grenzgänger in rascher Folge Gestalt, Gurus, Außerirdische, Medien, Kristalle, schamanistische Praktiken und viele andere gute Dinge. Doch sind ihnen evolutionär gesehen – wo Tausend Jahre nicht mehr als eine Sekunde sind – in kürzester Zeit die Ideen ausgegangen. Darum flacht die Kurve der Bewohner der Randgebiete nach oben hin ab – sie wissen nicht mehr, was sie tun sollen.

Es ist interessant zu beobachten, wie viele spirituelle Lehrer in den letzten Jahren auf der Strecke geblieben sind. Und mit Ausnahme von ein paar sehr zweifelhaften Gurus, die damit Erfolg haben, daß sie tick-tock eine Alternative zum Anbeten liefern, sind auch nur sehr wenig neue aufgetaucht. Im Vergleich zum alten Bhagwan können die meisten dieser Guru-Neulinge noch nicht einmal eine Kerze halten, daher glaube ich nicht, daß sie sich lange halten werden. Die Hinduisten haben uns sehr wertvolle esoterische Informationen geliefert und das Fundament für unser modernes metaphysisches Wissen gelegt, sie vermittelten uns aber auch die seltsame Vorstellung, daß heilige Männer und Frauen von ihren Schülern verehrt werden sollten. Diese Idee stammt aus dem hinduistischen Kastensystem, das einige zu Brahmanen erhöht (auf einen gottähnlichen Status), während andere auf einen so niedrigen Platz verwiesen werden, daß man sie als unberührbar ansieht. Das ist eine gefährliche Vorstellung, die vom Ego stammt. Sicherlich kann man weise Lehrer bewundern, doch ist die Idee, daß man einen staubigen kleinen Mann auf einem Kissen anbetet, sehr albern. Trotzdem brauchen die Menschen normalerweise eine gewisse Zeit, um zu erkennen, daß sie die Macht in sich tragen, die von niemandem anderen gewährt werden kann.

Wenn Sie endlich Ihr Schicksal eindeutig erkannt haben, wird ein Teil von Ihnen ständig nach innen gerichtet sein. Sie fallen sozusagen innerlich auf sich selbst zurück. Richten Sie Ihre Aufmerksamkeit erst einmal nicht mehr ausschließlich nach außen, projizieren Sie immer weniger mentale und emotionale Energie weg von sich selbst nach draußen. Ganz praktisch gesehen, beginnen Sie mehr und mehr aus der Stammesvision Ihrer selbst zu verschwinden. Ist es daher überraschend, daß tick-tock Sie so häufig nicht bestätigen will? Wie könnte es? Tick-tock kann Sie kaum noch wahrnehmen. Sie befinden sich zwischen den Welten. Vielleicht brauchen Sie ein paar Jahre, um das zu erkennen. Wenn Sie sich jedoch der Idee verschrieben haben, können Sie dadurch neue und interessante Dinge über sich selbst erfahren.

Wenn Sie ein spiritueller Grenzgänger sind – oder es werden wollen – ist der erste Schritt der Aussöhnung die Anerkennung dieser Tatsache. Sie müssen erkennen, daß Sie sich aus dieser Welt hinausprojiziert haben und daß Sie nie wirklich hineinpassen werden. Die Menschen werden Ihre Ideen zum größten Teil ablehnen. Vielleicht ernten Sie nie die Anerkennung oder Akzeptanz, die Ihren Talenten gerecht wird. Aber Sie brauchen keine Anerkennung, das füttert nur das Ego und bestärkt einen Mangel an Selbstakzeptanz – warum machen Sie sich also verrückt? Stimmen Sie einfach damit überein, daß das Leben eines Grenzgängers ein ganz und gar wundervolles Leben ist. Zumindest sind Sie nicht an die Erde gebunden.

Anpassung ist albern und Energieverschwendung. Akzeptieren Sie den Verrückten in sich und entschuldigen Sie sich nicht dafür. Seien Sie einfach, wie Sie sind. Lieben Sie sich, wie Sie sind. Wenn andere Menschen nicht mit Ihnen übereinstimmen – na und? Sie nehmen an ihrem Spiel gar nicht teil. Sie haben Ihre Murmeln eingepackt und ein eigenes Spiel erfunden.

Sicherlich ist es schwierig zuzugeben, daß man anders ist. Konformitätszwang ist eine der Methoden, mit denen tick-tock die Leute im Griff hat. Fragen Sie sich einmal, wie viele Menschen auf der Welt Sie wirklich brauchen? Der Konformitätszwang vermittelt uns die Vorstellung, daß wir es ohne einen Haufen mit uns übereinstimmender Schwachsinniger nicht schaffen können. Sind es denn nicht gerade die Schwachsinnigen, die versuchen, uns diese Idee zu verkaufen? Wie viele Menschen brauchen Sie wirklich? Vielleicht ist niemand von ihnen wirklich lebenswichtig, oder nur sehr wenige.

Wenn Sie das gesamte tick-tock Denken für sich gewinnen sollten – all die fünf Milliarden Menschen – dann wäre das ein hartes Los. Was wäre aber, wenn Sie nur vier, sechs oder ein Dutzend Menschen für sich gewinnen müßten? Das ist einfach. Vielleicht müssen Sie ihr Spiel mitspielen, um sie für sich einzunehmen ... und wenn schon. Wenn Sie 23 Stunden am Tag ein vollblütiger Verrückter sind und eine Stunde lang kerzengerade stehen, reicht das sicherlich aus. Perfektion gibt es nicht wirklich, sondern nur in der geistigen Vorstellung. Wenn Sie einmal darüber nachdenken, werden Sie sehen, daß die Erlangung von Vollkommenheit zum größten Teil daraus besteht, Kompromisse eingehen zu können.

Jahrelang saß ich in einer ökonomischen Falle fest. Ich versuchte, der Vorstellung anderer zu entsprechen. Ich beschäftigte mich einmal damit, mit anderen eine Fernseh-Talkshow ins Leben zu rufen, in der ich der Gastgeber sein sollte. Wenn ich heute zurückschaue, war diese Idee so lächerlich, daß ich mir vor Lachen den Bauch halten müßte, hätte ich auf die dämliche Idee nicht 50 000 $ verschwendet. Die Leute aus den Fernsehgesellschaften sind nur Papageien in Smokings – ganz bestimmt wollen sie keine spirituellen Terroristen, die ihnen ihre Sofakartoffeln abspenstig machen. Ich hätte das keine fünf Minuten ausgehalten!

Erst vor ein paar Jahren begriff ich, daß es sinnlos ist, in die geistige Struktur von Menschen hineinpassen zu wollen, zu denen man nicht gehört. Es braucht eine Weile, bis man glauben kann, daß man fähig ist, ein ganz neues Genre zu schaffen, in meinem Fall »Wildeismus«. Sie sollten einfach »ismus an Ihren Namen hängen. Hat man einmal damit angefangen, bekommt man sogar ein eigenes Regal in der Bücherei, auch wenn es mit dem Vermerk versehen ist »Vorsicht, unverständlicher Verrückter«.

Lieber Freund, wenn Sie ein Grenzgänger sind oder gerade dabei sind, einer zu werden – geben Sie es zu! Versuchen Sie dann einen Lebensstil zu entwickeln, der Ihnen Unabhängigkeit von anderen ermöglicht. Dadurch haben Sie die Freiheit, Sie selbst sein zu können. Die Menschen wollen ständig etwas und sind daher in ihren eigenen Bedürfnissen gefangen. Sie brauchen Unterstützung, Anerkennung und Ermutigung, und um dies zu bekommen, müssen Sie sich so verhalten, daß sie andere zufriedenstellen – das hält Sie unten.

Befinden Sie sich einmal auf der Kurve der Grenzgänger, werden Sie wahrscheinlich weder Anerkennung noch Ermutigung brauchen – Sie werden sich selbst motivieren. Vielleicht brauchen Sie die Unterstützung anderer, um den letzten Teil der Aussöhnung zu vollziehen. Vielleicht brauchen Sie andere Menschen auch als Unterstützung bei der Verwirklichung Ihrer Träume, doch können Sie Ihre Helfer anheuern und so bezahlen, daß Sie keine persönlichen Schulden machen. Indem Sie Ihre Bedürfnisse im stillen aus sich selbst heraus materialisieren, werden Sie Ihr eigener Herr. Haben Sie Ihre Bedürfnisse auf das reduziert, was Sie wirklich brauchen, sollten Sie all die Dinge aus Ihrem Leben streichen, die Sie nicht haben und es sich dauerhaft gemütlich machen. Seien Sie der eine aus Hunderttausend, der nicht bittet, bettelt und hofft. Das ist wirkliche Stärke. Sie müssen Geduld haben. In einem meiner Bücher schreibe ich über professionelles Warten. Derjenige, der dies kann, wartet nicht emotional wie ein Laie, sondern professionell, das heißt so gefaßt und kontrolliert, daß er bis in alle Ewigkeit warten könnte. Wenn Sie nichts wollen und die Kunst des professionellen Wartens beherrschen, wie sollte Sie jemand beeinflussen? Das ist unmöglich.

Die Welt eines Grenzgängers ist individuell und anders. Seien Sie Sie selbst. Ertragen Sie, daß die Welt tobt und stöhnt. Die anderen haben das Recht dazu, doch haben sie keine wirkliche Macht über Sie. Die Beutelratte kann dem Känguruh nicht das Hüpfen verbieten – hüpfen Sie also in aller Ruhe weiter. Es ist besser, wenn Sie Ihren eigenen Weg entlang hüpfen, als komatös mit einem Beuteltier an einem Ast zu hängen, das noch nicht einmal einen Scheißhaufen von Schuhcreme unterscheiden kann.

4. Kapitel
Höhere Bewußtseinsebenen

Bevor wir uns weiter damit befassen, wie wir für die Welt nützliche energetische Veränderungen bewirken können, lassen Sie uns kurz anschauen, wie Sie dadurch, daß Sie tick-tock hinter sich ließen und auf eine höhere Bewußtseinsebene gelangten, Ihr Leben veränderten oder es noch verändern werden. Wenn Sie diesen Prozeß auf einer persönlichen Ebene verstehen, werden Sie Ihre Erkenntnisse auch auf eine globale Ebene übertragen können.

Unser Lebensweg der Selbstentdeckung ist kein gradliniger Aufstieg von einer Bewußtseinsebene zur nächsten. Es handelt sich vielmehr um eine Reihe steiler Aufstiege und flacher Plateaus, gefolgt von weiteren Aufstiegen. Obwohl wir die Reise alle aus unterschiedlichen Richtungen antreten, sind gewisse Merkmale der Reise bei allen gleich. Wir beginnen unser spirituelles Verstehen von einem weltlichen Standpunkt aus zu entwickeln: aus der normalen Überlebensrealität heraus. Dies ist die Dimension des Stammes- oder nationalen Bewußtseins, in der der Intellekt und das Ego unumschränkt herrschen und die Ansichten und Ideologien des Stammes als das ganze Wissen dargestellt werden, was wir brauchen werden. Ein Großteil unserer Erfahrungen auf dieser eintönigen, alltäglichen Ebene gehören zu dem, was ich als »tick-tock« bezeichne.

Die Menschen, die uns die Spielregeln und Methoden des tick-tock lehrten, brachten uns durch unsere Kindheit bis an die Schwelle des Erwachsenseins. Meistens waren sie lieb und nett, liebten uns und taten ihr Bestes. Vom Standpunkt eines höheren Verstehens betrachtet, waren sie dumm wie Bohnenstroh. In den seltensten Fällen gaben sie uns die nötigen Werkzeuge mit, um Fortschritte zu machen. Plötzlich kam der Tag, an dem wir begannen, die Gültigkeit all dessen zu hinterfragen, was wir gelernt hatten. Es mußte noch mehr geben. Hatten wir erst angefangen zu fragen und zu suchen, stiegen wir ganz allmählich aus einem langsameren evolutionären Rhythmus in eine schnellere, angenehmere Alternative auf.

Wenn Sie davon ausgehen, daß Ihr Schicksal überwiegend von Ihrem Verstand mit seinen mentalen und emotionalen Projektionen geformt und gesteuert wird, werden Sie sehen, daß sich Ihr Schicksal verändert, wenn Sie tick-tock hinter sich lassen. Sie gehören dann nicht mehr zur Evolution des normalen Menschen, der dem kollektiven Schicksal des Stammes oder der Nation unterworfen ist. Sie betreten eine von ihr losgelöste Realität, was das Merkmal des inneren Teilchenzustandes ist. Diese Realität wird von Ihren Hoffnungen und Träumen geformt und gehört nicht zur kollektiven Realität der Stammeswelle mit ihren begrenzten Einstellungen.

Die überwiegende Mehrzahl der Menschen unserer Welt ist auf den Intellekt fixiert, daher sind all die Erfahrungen in ihrem Leben äußerliche Erfahrungen – von einer inneren Reise kann nicht die Rede sein. Oft ist ihr Leben emotional und traumatisch. Es ist sehr real. Sie haben nichts außer ihren Lebensumständen. Würden Sie Ihre Aufmerksamkeit ausschließlich auf die äußere, bewußte Welt richten, läge Ihre innere unbewußte Welt fast völlig brach. Sie würde auf passive Weise die Programmierung reflektieren, die der Verstand ihr angedeihen läßt und mit ihm über den Traumzustand kommunizieren. Diese Informationen werden jedoch häufig ignoriert, da sie als zu ungewöhnlich, zu wundersam oder zu beängstigend betrachtet werden.

Unter diesen Umständen ist das Unterbewußtsein blind. Da es nur durch die Brille der intellektuellen Vorstellung schauen kann, hat das Unterbewußtsein Angst. Es kann nur auf die Erinnerungen an vergangene Erfahrungen des Individuums zurückgreifen, wenn es gilt, eine Entscheidung zu treffen, oder wenn es Anleitung braucht. Es kann nichts tun, außer das zu wiederholen, was es bereits weiß. Es ist machtlos wie ein Baby. Es hat keinen eigenen Willen und kann nur reagieren. Außer als Gedächtnisbank kann es keinen Beitrag leisten.

Meiner Erfahrung zufolge beginnt der erste Teil der inneren Reise damit, daß man sich still nach innen wendet. Ihr Unterbewußtsein verwandelt sich von einer nebulösen Wolke aus Erinnerungen in eine wirkliche innere Identität. Wurde Ihr inneres Selbst erst einmal durch Ihre Selbstbeobachtung aktiviert, wird die Reise immer realer, und Ihre innere Identität entwickelt eine richtige Stimme. Nicht nur der negative Dialog des unbewußten Verstandes, an den Sie gewöhnt sind, sondern eine spirituelle Stimme, die sich selbst sehr langsam mittels Symbolen und Bildern durchsetzt. In dem Maße, wie Ihr inneres Selbst stärker wird und ihm eine eigene Realität zugestanden wird, kann es auf eine Selbstentdeckungsreise durch die inneren Dimensionen gehen, während Sie weiterhin über den Intellekt nach außen gehen. Natürlich sind Sie nicht zwei von einander losgelöste Wesen, sondern zwei Facetten derselben Person.

Wenn Sie es schaffen wollen, die Stammeswelle zu verlassen und den Teilchenzustand zu erreichen, müssen Sie Ihr Ego kontrollieren und beherrschen lernen. Während Sie das tun, beginnt sich Ihr spirituelles Selbst hinter Ihrem inneren Selbst zu zeigen. Das Licht des spirituellen Wesens tief in Ihrem Inneren versetzt Sie in die Lage, sich innerlich selbst wahrzunehmen. Plötzlich intensiviert sich Ihr Empfindungsvermögen. Wenn wir umgangssprachlich von einem »bewußten Menschen« sprechen, meinen wir damit, daß er im Gegensatz zum unbewußten Menschen mit einer trüben und brachliegenden Wahrnehmung ein gesteigertes Empfindungsvermögen besitzt. Einige der feinen Empfindungen aus Ihrem Inneren werden sich auf Ihr äußeres Leben auswirken, die übrigen werden Ihren inneren Erfahrungen entsprechen. So können Sie dem inneren Weg folgen und von ihm lernen, während Ihr äußeres Leben durch neue Wahrnehmungen bereichert wird.

Durch Disziplin können Sie das Ego kontrollieren, und durch Meditation oder stille Kontemplation schwächen Sie das elektrische Feld des Verstandes, das gewöhnlicherweise das spirituelle Selbst unterdrückt. Sie gestatten Ihrem spirituellen Selbst durch das innere Selbst hindurch zu scheinen und es zum Leben zu erwecken. Wenn Sie wirklich an seine Existenz glauben, stärken Sie Ihr inneres Selbst, und Ihre innere Identität wird mutiger und kraftvoller, Sie werden ein ganzes Spektrum neuer Möglichkeiten hinzugewinnen. Ein Teil des Unterbewußtseins wird immer in Form des Gedächtnisspeichers bestehen bleiben, doch ein anderer Teil davon wird durch Ihr gerade entstandenes inneres Selbst seine Ausrichtung an tick-tock hinter sich lassen. Dieser innere Aufstieg dauert normalerweise tausend Tage – was nicht so lange ist, wenn man bedenkt, wie viele Jahre wir im Stumpfsinn des Alltags verbringen.

Tick-tock hat eine sehr niedrige Frequenz. Es gibt dort wenig oder gar keine Spiritualität, und die wenige Spiritualität wird von den Mißklängen des Intellekts übertönt. Zumindest weiß man jedoch, daß man innerhalb dieser Beengtheit einen gewissen Entfaltungsspielraum hat. Die Vertrautheit der emotionalen Verbundenheit mit tick-tock gibt einem Kraft und Selbstvertrauen. Ist Ihr inneres Selbst jedoch auf dem Weg zur Selbsterkenntnis, ändert sich Ihre Einstellung. Ihre Energie nimmt rasch zu, und bald erkennen Sie, daß Sie vieles von dem loslassen müssen, was Sie in jungen Jahren aufgenommen haben, da es Sie mental und emotional belastet.

Während Sie sich anschauen, was Sie genau behindert und diese Dinge loslassen, lösen Sie sich vom tick-tock – es wird Ihnen immer schwerer fallen, die Wichtigkeit nachzuvollziehen, die Menschen manchen Fragen beimessen. Sie betrachten Ihr äußeres Leben immer weniger als dramatisch, da Sie jetzt ein inneres Selbst mit einem eigenständigen Leben – und einem eigenständigen Schicksal – haben. Vorher besaß Ihr inneres Selbst nichts. Für die meisten Menschen ist das eine sehr aufregende Erfahrung. Am meisten haben Sie in dieser frühen Phase jedoch Erkenntnisse – neue Ideen und Disziplinen vielleicht –, aber noch nicht viel mehr. Darum erinnert Ausstieg aus tick-tock auf einer inneren Ebene an das Erklimmen einer Steilwand. Ein Großteil der weltlichen

Stabilität, die Sie gewohnt waren, ist jetzt verschwunden. Nur die Erwartung einer höheren Energie dort oben und Ihr Glauben an sich selbst tragen Sie voran. Sie sind von dem Wunsch motiviert, einen neuen Zustand zu erfahren.

Während des tausendtägigen Aufstieges scheint Ihr inneres Selbst nie mehr als ein paar Meter vor Ihnen zu sein. Ihr Vorstellungsvermögen und Ihre intellektuelle Fähigkeit, Pläne umzusetzen, wurden ursprünglich auf einer niedrigeren Energiestufe von einer anderen Person entwickelt - Ihrem externen Ich. Ihr inneres Ich mag noch nicht wissen, wie es die neue Schwingung auf dieser höheren Seinsebene einsetzen soll. Sie können sich nur über eines gewiß sein: jeder Schritt, den Sie auf Ihrer inneren Reise zurücklegen, trägt Sie fort von der Sicherheit und den Beziehungen der alten Welt, aufwärts zu einem energetischeren und vollkommeneren Ort - einem Ort der Konsolidierung, den ich die erste Ebene des Verstehens nenne (Abb. 5).

Alle Übungen, die Sie durchführen und alle Lehren, die Sie für sich annehmen, fördern Ihre spirituelle Wahrnehmung und Ihre innere Entwicklung - Meditation, Kontemplation, vegetarische Ernährung, Schamanismus, Spiritismus oder welcher »Ismus« auch immer. Am wichtigsten ist jedoch Ihre Fähigkeit zur Selbstbeobachtung, durch die Sie sich langsam von der Stammeswelle und dem dazugehörigen Gepäck lösen.

Während ich durch einige innere Welten reiste, entdeckte ich, daß sich das eigene Sein in immer mehr Bestandteile zer-

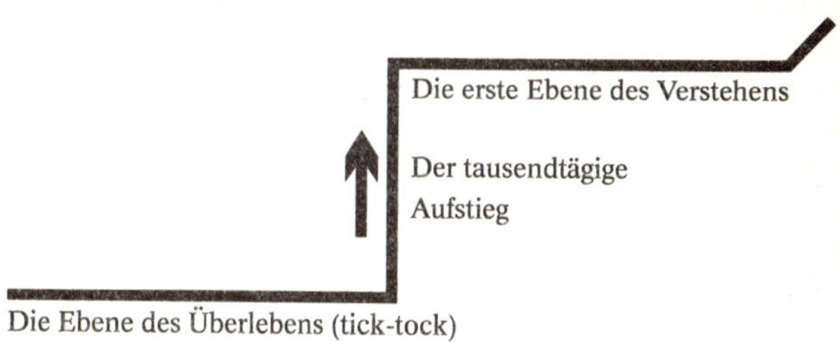

Abbildung 5: Die erste höhere Bewußtseinsebene.

legt. Wir setzen uns aus unzähligen ineinander geschachtelten Teilen und Identitäten zusammen. Jenseits von denen, die ich entdeckt habe, muß es noch zahllose andere geben. Jedes Teil ist mit jedem anderen verbunden, so daß man mit der Terminologie etwas durcheinander kommen könnte. Um etwas mehr Klarheit herzustellen, möchte ich kurz einige Begriffe klären, damit man sie in dem Zusammenhang, in dem ich sie verwende, verstehen kann.

Das externe Ich operiert durch den Intellekt und stellt die Basis der menschlichen Erfahrung dar. Es macht den größten Teil der Persönlichkeit aus. Die Persönlichkeit im Gehirn ist in Form von Erinnerungen gespeichert. Dort befindet sich auch der unterbewußte Erinnerungsspeicher, der uns weitgehend verborgen ist. Es gibt nur diesen einen Erinnerungsspeicher – ein Teil davon ist uns bewußt, das meiste nicht. Das Ego, der Intellekt und das Unterbewußte sind der Verstand oder »das Denken«, durch den die Persönlichkeit geformt wird. Die menschliche Persönlichkeit, ihre Ansichten und ihre Handlungen im Leben sind das, was die Christen Seele nennen.

Der Geschichtswissenschaftler Tevor Ravenscroft wies in seinem Buch »The Cup of Destiny« darauf hin, daß unsere Entelechie über tausend Jahre lang aus Körper, Seele (Verstand oder Persönlichkeit) und höherem Selbst (Geist) bestand. Im Jahre 869 n. Chr. entschied Papst Nicolaus, der ein sehr intellektueller Mensch gewesen sein muß, daß das höhere Selbst (der Geist) nicht existiere. Es gab nur noch Körper und Seele. Er erklärte, daß wir nur aus Körper und Seele bestünden. So wurde es vom 8. Ökumenischen Konzil verfügt, und der Geist wurde verbannt. Seitdem beschränkt sich unsere westliche Welt ausschließlich auf Körper und Seele. Der Begriff des höheren Selbst entartete so weit, daß er nur noch im Zusammenhang mit charismatischen Zügen im Intellekt oder der Persönlichkeit gebraucht wurde. Wenn wir also von einer vergeistigten Person sprechen, meinen wir ihre Charakterstärke. Die Seele (der Verstand) hatte gewonnen – das höhere Selbst verloren. Tausend Jahre später wird der Intellekt noch immer als hervorragende Qualität verehrt.

Hinter dem Verstand gibt es jedoch eine Tür. Wenn Sie

durch diese Tür treten, sitzt dort Ihr höheres Selbst, dreht seine spirituellen Däumchen, wartet und liest »Das Leben und die Zeit des Papst Nicolaus«. Ich glaube, daß das spirituelle Selbst ein molekulares Quant des gleichen himmlischen Lichtes oder der himmlischen Energie ist, die wir die göttliche Kraft nennen. Ihr spirituelles Selbst ist göttliche Kraft, und die göttliche Kraft ist Ihr spirituelles Selbst. Was ist die göttliche Kraft? Meiner Meinung nach ist sie eine alles durchdringende Energie – ein himmlisches Licht. In der christlichen Terminologie kommt ihr göttliche Gnade am nächsten. Der Unterschied zwischen der göttlichen Kraft und normalem Licht ist, daß von der göttlichen Kraft ein Gefühl ausgeht. Die Menschen nennen dieses Gefühl Liebe. Ich weiß nicht, warum das himmlische Licht in den Menschen so positive Emotionen auslöst, doch wäre ich nicht mit einer Behelfsantwort über die »Güte Gottes« zufrieden. Es muß eine Erklärung dafür geben. Wenn Sie in einem Wald spazieren gehen, fühlen Sie sich gut. Fühlen Sie sich deswegen gut, weil der Wald gut ist? Nein. Sie fühlen sich deswegen gut, weil die Umgebung mit negativ geladenen Ionen angereichert ist, die den Körper erfrischen. Anders ausgedrückt: ist das himmlische Licht an sich gut oder strahlt es irgendeine verborgene Energie aus, die Ihnen ein gutes Gefühl vermittelt? Ist das auch manchmal anders? Das ist schwer zu sagen. Wenn das himmlische Licht kein Gefühl ausstrahlen würde, wäre es ganz normales Licht.

Verlassen wir für einen Augenblick die göttliche Kraft, da wir uns sonst in komplizierte Spekulationen über Raum/Zeit Kosmologie und religiöse Argumente verwickeln, aus denen man keine wirklichen Schlußfolgerungen ziehen kann. Lassen Sie uns zum spirituellen Selbst zurückkehren. Ich glaube, daß das spirituelle Molekül Energie ausstrahlt. Auf die gleiche Weise, wie Sie die Energie Ihrer Nahrung für Ihren Körper benötigen, benötigt Ihr anfänglich blindes inneres Selbst zur Wahrnehmung spirituelles Licht. Licht benötigt es auch, um nach innen zu reisen. Ich glaube, daß das spirituelle Quant noch mindestens eine weitere lebensnotwendige Funktion zu erfüllen hat und zwar, die ewige Erinnerung Ihrer selbst nach Ihrem Tode zu bewahren. Ohne ein Gehirn hat die Seele keine Möglichkeit, sich an sich selbst zu erinnern – zumindest haben wir bis zum heutigen Tage noch keine entdeckt.

Mir kommt es vor, als sei das spirituelle Selbst in Ihrem Innern uralt, wahrscheinlich lebt es ewig. Sein Gedächtnis scheint mehr zu umfassen als der unterbewußte Verstand. Es weiß Dinge, die Ihre Seele oder Ihr inneres Selbst – das Ihrer Seele entspringt – niemals wissen könnte. Es ist sehr schwer, an das heranzukommen, was es weiß und woran es sich erinnert. Ich dachte früher, es sei unmöglich, die Erinnerungen des spirituellen Selbst zu erreichen, solange man in einem physischen Körper lebt. Heute habe ich meine Meinung geändert – trotzdem sind sie unermeßlich. Darum wird es manchmal das höhere Selbst genannt. So wie ich sie verwende, sind die Begriffe spirituelles Selbst und höheres Selbst austauschbar. Es ist unmöglich zu sagen, ob die Erinnerungen des spirituellen Quants innerhalb dieses Quants gespeichert sind, oder ob es auf einen größeren Erinnerungsspeicher anders zugreift. Die planetarische Gruppenseele, die ich in vorangegangenen Kapiteln erwähnte, ist die Gruppenseele oder die Seele der Menschheit. In der Jungschen Terminologie ist sie das kollektive Unbewußte, in dem sich alle archetypischen Symbole und Gedanken der Menschheit befinden. Jenseits der Gruppenseele muß es jedoch noch mindestens einen weiteren Bestandteil geben, in dem sich die Erinnerungen dieser Gruppenseele befinden. Ich glaube, daß sich der Gruppengeist des Planeten aus allen spirituellen Quanten zusammensetzt, die es jemals auf diesem Planeten gegeben hat. Diese spirituellen Quanten sind durch ihre Zugehörigkeit zur göttlichen Kraft miteinander verbunden.

Mittlerweile könnten Sie etwas verwirrt sein. Vielleicht fragen Sie sich: Bin ich Körper und Seele? Oder Geist und Seele? Bin ich ein inneres Wesen, ein höheres Selbst, ein Quant der Gotteskraft, ein himmlisches Licht und/oder eine planetarische Gruppen-dies oder planetarische Gruppen-das oder vielleicht sogar Paddy McGintys Ziegenbock? Machen Sie sich keine Sorgen. Im weiteren Verlauf des Buches wird sich alles klären. In der Tat sind Sie all das oben aufgeführte, bis auf den Ziegenbock. Alle Teile sind ineinander verschachtelt.

Es ist wichtig, nie zu vergessen, daß man den inneren Teilchenzustand – das innere Selbst – durch Selbstbeobachtung herbeiführt. Es wird immer kraftvoller, je mehr Sie sich darauf konzentrieren. Wenn Sie das Ego zur Ruhe bringen, kann das himmlische Licht des spirituellen Selbst hindurch scheinen und Ihrem inneren Selbst Leben verleihen. Das spirituelle Selbst ist unvorstellbar mächtig, doch hat es wenig Einfluß auf Ihr Leben, solange es nicht von dem kraftzehrenden Radau des Intellekts befreit wurde. Dann erst kann es Ihr inneres Selbst durchdringen, das wiederum Ihr externes, bewußtes Selbst durchdringt. Das spirituelle Selbst stärkt Ihr inneres Selbst und macht sowohl Ihr inneres als auch Ihr äußeres Selbst mittels einem erhöhten Empfindungsvermögen sehend. Das spirituelle Selbst läßt Sie Dinge erfühlen, denn alles ist Energie, folglich strahlt auch alles eine Botschaft aus. Das spirituelle Selbst ist über die göttliche Kraft mit allem verbunden. Das spirituelle Selbst kann Ihr inneres Selbst oder Ihr bewußtes, äußeres Selbst mit den energetischen Signalen in Kontakt bringen, die von jedem Aspekt des Lebens ausgehen.

Plötzlich ist Ihr inneres Selbst nicht mehr völlig blind. Jetzt hat es ein erhöhtes Empfindungsvermögen, das durch die Gnade des spirituellen Selbst verliehen wurde und seinen Weg erhellt. Vor seinem Erwachen kann Ihr inneres Selbst die Reise nicht antreten. Ohne innere Wahrnehmung würde es seine Reise noch nicht einmal wahrnehmen, genauso wenig wie ein Baby sich aus seinem Kinderbettchen erheben könnte, um per Anhalter in die Stadt zu fahren. Große Freude und Aufregung erfüllen Ihr inneres Selbst, wenn es mittels seiner spirituellen Empfindungen wahrzunehmen gelernt hat. Nun lebt es und hat ein Ziel.

In rascher Folge tauchen Erkenntnisse auf; Ihr Intellekt verweigert Ihrem inneren Selbst nicht länger das ihm gebührende Schicksal. Indem Sie Ihr inneres Selbst zum Leben erwecken und es von Ihrem spirituellen Selbst erfüllen, beginnen Sie, Ihre innere Identität aus der Stammesseele zu befreien. Ihre Perspektive wird immer grenzenloser und unabhängiger. Sie werden immer mächtiger, da Ihr Intellekt Sie nicht länger beherrscht. Sie halten nicht länger an Ihren Gewohnheiten fest, sondern sind von der Idee beseelt, sich aufwärts zu entwickeln. Jeder Schritt, den Sie machen, stärkt Sie. Sie möchten eine neue energetische Ebene erreichen, möglicherweise einen neuen Beruf ergreifen – einen spirituelleren oder sinnvolleren, Sie kennen nur die Richtung noch nicht. Die Frage, die uns auf dieser Stufe beschäftigt, ist: »Was mache ich nur als nächstes?«

Je mehr Sie die Welle verlassen und ein inneres Teilchen werden, um so mehr möchten Sie wahrscheinlich anderen helfen, die gleiche Transformation zu machen. In dieser frühen Phase ist das Problem, daß Sie im wahrsten Sinne des Wortes mit dem Gesicht vor der Wand stehen – der Steilwand, die Sie emporklettern, um tick-tock zu entkommen. Daher bekommen Sie oft keine wirklichen Antworten auf die Fragen: »Was kommt als nächstes? In welcher Richtung geht es weiter?« Die Türen öffnen sich nicht so, wie sie es Ihrer Meinung nach tun sollten. Das kommt daher, daß Ihre Wahrnehmungen während Ihres Aufstieges nur eine geringe Tiefe haben. Obwohl es Gelegenheiten und neue Beziehungen geben mag, und obwohl Sie psychische Aktivität registrieren: ungewöhnliche Zufälle, ASW und manchmal sogar seltsame Phänomene, ist kaum etwas Handfestes oder Offensichtliches dabei. Auf Ihrer Suche nach einer neuen, höheren Ebene, auf der Sie sich ins Leben einbringen können, können Sie viel Verwirrung und Herzensschmerz erleben.

In Wirklichkeit sind Sie auf folgendes Phänomen gestoßen: Während Sie den Felsen hinaufklettern, benötigen Sie all Ihre Energie, um sich festzuhalten. Einfach dadurch, daß es Ihnen an Entschlossenheit mangelt, können Sie leicht wieder auf die weltliche Ebene des tick-tock zurückfallen. Die Welle hat die Tendenz, nach Ihnen zu greifen, während Sie versuchen, sie zu verlassen. Sie will Sie zurückrufen und macht sich manchmal auch über Sie lustig, weil Sie aus ihrer Sicht etwas Albernes anstreben. Die Menschen in der tick-tock Welt können Ihre Bemühungen nicht verstehen. Die Welle kann das innere Teilchen nicht verstehen. Wie Lots Frau werden auch Sie das Verlangen haben, zurückzuschauen, denn tick-tock war lange Zeit unser Zuhause. Ihre Neigung, wieder abzurutschen, könnte in Verbindung mit dem psychologischen Sog der Stammeswelle Ihren Aufstieg zum Stillstand bringen und Sie verunsichern. Wenn Sie nicht vorsichtig sind, könnten Sie fallen.

Immer, wenn Sie in der inneren Welt durch Übergangsphasen gehen, wird sich das auch in Ihrem äußeren Leben widerspiegeln. Durch eine solche Übergangsphase gerät man in einen verwundbaren Zustand, dem man mit Umsicht und erhöhter Bewußtheit begegnen sollte. Sie müssen geduldig sein. Sie brauchen Zeit, um sich an neue Ideen und Glaubenssätze zu gewöhnen. Es ist leicht, eine neue Idee auf intellektueller Basis zu verstehen und mit ihr übereinzustimmen, doch dauert es sehr viel länger, bis diese Idee in Ihrem Herzen zur Realität geworden ist und Sie in ihr auf natürliche Weise leben und atmen können.

Menschen neigen dazu, sich von ihrer inneren Reise und der völligen Ekstase des Aufstieges davontragen zu lassen. Ihr eigener Enthusiasmus versetzt sie in einen hyperenergetischen Zustand. Augenblicklich werfen sie die alte Art und Weise über Bord, mit der sie ihren Lebensunterhalt verdient haben, und machen sich wie Pilger auf den Weg und hoffen auf eine Eingebung, wie sie zukünftig Geld verdienen können, wie es ihrem veränderten Bewußtsein entspricht. Bei ihrer Bemühung, einen neuen Weg zu finden, zerstören sie die alte Ordnung oft in einem solchen Ausmaß, daß sie bald mit finanziellen Härten – oder noch schlimmer: mit dem völligen Ruin – konfrontiert sind.

Gehen Sie bitte geschickt vor – die Lektionen sind einfach: während Sie die Felswand hochklettern, sollte Ihnen bewußt sein, daß es so ist. Machen Sie sich klar, daß Sie nicht weit in die Zukunft schauen können, da Ihre Sicht durch die Felswand eingeschränkt ist. Am besten, Sie konzentrieren sich auf den Aufstieg, statt sich während dieser Zeit eine neue Karriere auszudenken. Wenn Sie es zu früh tun, werden Sie wahrscheinlich scheitern. Ich habe das schon tausend Mal beobachtet – jemand ist so inspiriert von seinem Aufstieg und von seinem Wunsch, tick-tock zu verlassen, daß er ein neues Geschäft aufmacht (das normalerweise mit Selbsthilfe, alternativen Heilmethoden oder irgendeiner anderen Form von Hilfe für andere zu tun hat), bevor er überhaupt die Energie oder den Überblick hat, es damit zu schaffen. Unweigerlich wird das neue Geschäft ein Fehlschlag, und dieser Mensch wird weiter unter Druck gesetzt. Sein Fortschritt gerät ins Stocken, da sein Selbstvertrauen vorübergehend zunichte gemacht ist. Hinzu kommt, daß seine finanziellen Mittel abgenommen haben, was seine Fähigkeit stark einschränkt, das Wissen und die Erfahrungen zu kaufen, die er für einen erfolgreichen Aufstieg braucht. Wenn Sie Ihr Bewußtsein wirklich verändern und Ihre Kraft konzentrieren wollen, brauchen Sie Frieden, Reflexionsvermögen und inneres Gleichgewicht. Geldmangel während dieser Phase schadet dem Prozeß.

Halten Sie sich stattdessen an einen oder alle folgenden Punkte:

1. Machen Sie sich klar, daß Sie dabei sind, hinaufzuklettern. Seien Sie sich bewußt darüber, daß es sich dabei um etwas Wichtiges und Heiliges handelt und daß Sie im Augenblick klettern – und sonst nichts weiter tun. Vereinfachen Sie Ihr Leben und unterstützen Sie sich auf jede erdenkliche Art, vorausgesetzt, daß es nicht zu viel Zeit und Energie in Anspruch nimmt. Geben Sie sich damit zufrieden, einfach nur zu klettern. Seien Sie geduldig – alles kommt zu seiner Zeit.

2. Überlegen Sie zweimal, bevor Sie während des Aufstieges Ihren Job aufgeben. Auch wenn Sie vielleicht die Zähne zusammenbeißen und durchhalten müssen: es ist besser, eine starke finanzielle Basis während Ihrer Suche zu haben, statt fürchterlich spirituell, aber völlig pleite zu sein. Es ist fast nicht möglich, sich auf einer höheren Schwingungsebene zu stabilisieren, wenn man dauernd von weltlichen Dingen belästigt wird, zum Beispiel, wovon man die Miete bezahlen soll. Das letzte, was Sie wollen, ist wieder auf eine Ebene zurückzufallen, wo Sie auf die Unterstützung vom Staat angewiesen sind, um den Lebensunterhalt zu sichern. Das ist ein Widerspruch in sich. Sie können nicht Freiheit und Individualität erlangen, wenn Sie ständig wieder zum Nippel zurücklaufen müssen, um überleben zu können.

Das beste ist, Sie halten Ihre früheren Einkommensquellen aufrecht und starten das neue Unternehmen nebenher, auf Teilzeitbasis. So läuft beides gleichzeitig. Wenn Ihre neue, ausgewählte Richtung stark genug wird, um Sie am Leben zu halten, schmeißen Sie die alten tick-tock Geldquellen über Bord und schlagen auf ausgewogene Art und Weise Ihre neue Berufslaufbahn ein.

Wenn Sie den tausendtägigen Aufstieg beendet haben – und Sie werden fast auf den Tag genau wissen, wann das ist – erreichen Sie die erste Ebene des Verstehens. Da sich die Veränderungen in Ihrem Inneren inzwischen gefestigt haben, gehören Sie Ihnen. Sie sind zu einem Teil Ihrer selbst geworden, statt daß Sie versuchen, sie zu sein, wie es während des Aufstieges der Fall ist. Jetzt haben Sie einen weiten Ausblick. In dieser Phase werden Sie die Dinge wahrscheinlich noch immer fühlen, statt Visionen zu haben (also zu sehen), doch werden Sie mit diesen Gefühlen in der Lage sein, aus größerer Entfernung Informationen und Energie zu sich heranzuziehen. Menschen und Gelegenheiten werden sich zu Ihnen hingezogen fühlen. Sie tragen Frieden und die Natürlichkeit in sich, die sich aus Ihrer Konsolidierung ergeben und strahlen infolgedessen innere Stärke und Charakterstabilität aus.

Wenn Sie noch einmal auf Ihren Aufstieg zurückschauen, werden Sie feststellen, daß Sie sich während dieser kritischen Zeit mit sich selbst viel zu unwohl fühlten und anderen nicht viel nützen konnten. Da Sie sich veränderten, mangelte es Ihnen oft an Vertrauen. Es ist ein weit verbreitetes Phänomen, daß man oft Gelegenheiten und andere Menschen abstößt, wenn man von seinen eigenen Entdeckungen zu sehr eingenommen ist. Denken Sie daran, daß die Welt intuitiv ist. Gelegenheiten bewegen sich auf Ordnung, Ausgewogenheit und Macht zu. Von zerstreuten, hyperenergetischen Menschen werden sie abgestoßen, und vor Verwirrung und mangelnder Beständigkeit flüchten sie mit Lichtgeschwindigkeit.

Es gibt noch eine weitere Gefahr. Wenn Sie sich nach Innen wenden, könnte Ihr Ego aufgrund der medialen Phänomene, der seltsamen Zufälle und der erweiterten Wahrnehmungen dem Glauben verfallen, Sie seien irgendein außergewöhnlicher Zauberer, der von Gott dazu auserwählt wurde, die Unwissenden ins Gelobte Land zu führen. Ich würde vorsichtig sein, dieser Idee nicht zu verfallen. Es ist schlecht, wenn sich das Ego in dieser Phase einem Machttrip hingibt. Bescheidenheit und Introspektion helfen Ihnen weiter, nicht Selbstüberschätzung. Nach einer Zeit wird sich das zischende und knallende ASW-Zeug wieder legen; nichts wirkt komischer und lächerlicher als ein Zauberer ohne Zauberkraft. Wenn Sie wirklich außergewöhnliche Kräfte haben wollen, müssen Sie einen langen Weg zurücklegen, um sie zu erwerben. Wenn Sie sich einmal auf der ersten Ebene des Verstehens befinden, werden sich Ihnen viele Gelegenheiten bieten. Erst kleine und relativ unbedeutende, denen Sie trotzdem nachgehen sollten. Sie werden Ihnen den Weg zu größeren weisen. Investieren Sie in sich selbst und probieren Sie Dinge aus. Es macht nichts, wenn Sie einen falschen Weg einschlagen; mit Ihren erweiterten Wahrnehmungsfähigkeiten werden Sie bald merken, ob sich ein bestimmter Weg für Sie eignet oder nicht. Wenn nicht, gehen Sie einen anderen Weg. Es ist nichts Schlechtes, eine Zeitlang einen falschen Weg zu gehen. Sie lernen sich selbst und Ihre Bedürfnisse kennen, und wenn es Ihnen sonst nichts bringt, werden Sie doch zumindest erkennen, welcher Weg Ihnen nichts bringt. Mit der Zeit können Sie nicht umhin, das zu finden, was Sie suchen.

Nach dem tausendtägigen Aufstieg folgen weitere, doch keiner wird mehr so sein wie der erste. Die anderen sind nicht so steil und in der Regel kürzer. Sie können ein bis sechs Monate dauern, und obwohl sie sehr hart sein können und Ihr Körper vielleicht auf die höhere Schwingungsfrequenz mit Schmerzen reagieren könnte, werden Sie sie leicht bewältigen, denn nun haben Sie die Werkzeuge und die Wahrnehmungen Ihres spirituellen Selbst, die Ihnen behilflich sind. Außerdem wird Ihr inneres Selbst durch den tausendtägigen Aufstieg eine Menge gelernt haben und nun ein größeres spirituelles Fassungsvermögen besitzen. Vor seiner absoluten Festigung am Ende des Aufstieges war Ihr inneres Selbst nur ansatzweise klar definiert. Es ist zwar eine Persönlichkeit, doch ist es von seiner Definition her noch größtenteils diffus. Es mangelt ihm noch an Erfahrung, und die Erinnerung an tick-tock ist noch gegenwärtig. Wie ein stechender Geruch, der Sie an einen einst besuchten Ort erinnert, dringt sie immer wieder durch.

Auf Ihrer inneren Reise von einer Ebene zur nächsten hat Ihr Ego Ihr Leben immer weniger im Griff. Das Licht des spirituellen Selbst scheint durch das innere Selbst auf Ihr Ego und bringt es irgendwie zum Schmelzen. Dieser Vorgang intensiviert sich immer mehr, da Sie nicht mehr ausschließlich nach draußen schauen, sondern Ihre Aufmerksamkeit teilweise nach innen gerichtet haben. Ihr Ego hat nicht mehr so viele Rechte. Je realer der innere Teilchenzustand wird, um so mehr flattert das Ego wie ein Blatt im Wind. Es hat sein ganzes Leben in der Welle zugebracht; dieser neue, innere Zustand ist dem Ego so fremd, daß es zurückweicht, weil es nicht weiß, was es machen soll.

Die Intensität, mit der das Ego schmilzt, ist unterschiedlich; während der Aufstiege schmilzt mehr davon weg, als auf den Hochebenen. Ist das Gelände relativ flach und sind die Zeiten eher einfach, daß heißt, wenn Sie sich zwar vorwärtsbewegen, aber doch ausruhen, wird das Ego immer mal wieder einen Gegenangriff starten. Das macht es besonders dann, wenn Sie sich nicht in Kontakt mit Ihrem inneren Selbst befinden, irgendwie aus dem Gleichgewicht oder körperlich müde sind. Über die Jahre hinweg nehmen die Bemühungen des Egos jedoch immer mehr ab.

Wenn solche Schmelzvorgänge stattfinden (und jeder, der jemals auf dem Weg gewesen ist, wird hin und wieder das Gefühl haben), kommt es einem auf psychologischer Ebene vor, als ob Stücke der eigenen Persönlichkeit abfallen – man könnte es mit der Bodenerosion vergleichen. In solchen Phasen wird man sich von Gedanken an den eigenen Tod überwältigt fühlen. Doch sterben nicht Sie, sondern Ihr Ego. Es kann die Vorstellung nicht akzeptieren, daß Sie ohne Ihr Ego leben wollen. Für eine Weile wird Ihre Seele von den morbidesten Gedanken überschwemmt, während Ihr Ego gleichzeitig zappelt, wie ein Fisch im Netz. Wird dieses Gefühl zu übermächtig, sollten Sie sich irgendeine Art kraftvoller Übung auferlegen. Sie können fasten, schweigen, allein sein, meditieren, – was auch immer. Die schlechten Gedanken werden wieder vergehen, und das Ego wird seinen Griff lockern.

Wie Ihre innere Reise aussehen wird, hängt sehr stark von den Kernfragen und den Wesenszügen Ihres inneren Selbst ab (das, wie Sie sich erinnern, aus den Inhalten Ihrer Seele geboren wurde). Wenn Sie das erste Plateau erreicht haben, möchten einige erstmal umherwandern, bevor sie weitermachen. Andere gehen schnurstracks auf den nächsten Aufstieg los. Das ist weder richtig noch falsch. Wenn Sie zu schnell voranschreiten, passiert es gelegentlich, daß Sie einen besonderen Aspekt Ihres Selbst rücksichtslos übergehen, der mehr Aufmerksamkeit verdient. Wenn Sie ihn ignorieren und zu weit hinter sich lassen, wird Ihre innere Reise hohl. Irgendwie verstehe ich nicht genau, wie die eigene Macht durch diesen Aspekt, dem man ausgewichen ist, durchkreuzt wird. Wenn es sich um einen wesentlichen Punkt handelt, werden Sie merken, daß er in verschiedenen Verkleidungen in Ihrem äußeren Leben auftaucht. Er wird immer wieder auftauchen, um mit Ihnen zu plaudern. Manchmal hält er auch während eines solchen Plauschs einen großen Stock in der Hand. Bei anderen Gelegenheiten werden Sie eine Frage auf einer Ebene lösen und entdecken, daß sie auf einer anderen Ebene wieder auftaucht, aber mehr in die Tiefe geht. Jede Stufe gibt – wie eine Zwiebelhaut – immer nur soviel wie nötig frei und erlaubt Ihnen weiterzugehen. So können Sie immer tiefer in den Kern einer Angelegenheit eindringen. Sie werden ein Gefühl dafür bekommen, wie gründlich Sie vorgehen müssen.

Ich fühle mich verpflichtet, noch eine weitere Gefahr zu erwähnen: während Sie von Ebene zu Ebene aufsteigen, vertieft sich Ihr Verstehen immer mehr. Sie werden sich immer mehr vom tick-tock lösen und distanzieren. Mit der Zeit werden Sie auf sehr seltsamen und ziemlich einsamen Bewußtseinsebenen landen, wo nur sehr wenige vor Ihnen gewesen sind. Auf diesen Hochebenen werden Sie den Eindruck bekommen, daß die Bewußtseinsdimensionen, in die Sie Ihre innere Reise geführt hat, immer feiner werden. Es gibt dort wenig Vertrautes, was Sie wiedererkennen können. Die

Symbolik dieser Orte läßt sich nicht mit den vertrauten Dingen auf der physischen Ebene vergleichen – sie ist fremd. So fremd, daß Sie sie nicht sehr gut verstehen werden, wenn Sie überhaupt etwas von ihnen zu sehen bekommen. Auf diesen höheren Ebenen existiert eine geringe, aber reale Möglichkeit, daß Sie sich – nachdem Sie tick-tock nun verlassen und Ihr inneres Verstehen auf Ihrer Reise bis zu diesem Punkt vervollkommnet haben – aus der physischen Ebene hinausprojizieren. Diese Möglichkeit existiert, weil Sie an diesem Punkt Ihre Erfahrung auf der irdischen Ebene im großen und ganzen abgeschlossen haben, und bereits große Teile Ihres Egos weggefallen sind. Da sich Ihr inneres Selbst in so ungewohnten Gefilden bewegt, fließt die Leere dieser Umgebung auch in Ihr äußeres Leben hinein. Sie werden sich langweilen, und es könnte Ihnen schwerfallen, sich geistig auf irgend etwas zu konzentrieren. Die wesentliche Funktion des Egos ist, Sie in der physischen Ebene gefangenzuhalten. Wenn das Ego schmilzt, verbindet Sie kaum noch etwas mit dieser Ebene. Es könnte passieren, daß Sie sich eine Weile lang eher teilnahmslos fühlen. Manchmal könnte Ihnen der Gedanke kommen, daß es vielleicht gar keine schlechte Idee wäre, mit der physischen Ebene abzuschließen, da diese so wenig Neues und Andersartiges zu bieten hat und in einer anderen Evolution weiterzumachen.

Die Gefahr entspringt Ihrem mangelnden Vorstellungsvermögen und Ihrem Glauben, daß es nichts mehr zu tun gibt. Wenn sich diese Gedanken in Ihrem Denken festsetzen, wird Ihr bewußtes Selbst die Kontrolle über das Leben verlieren. Bedenken Sie, daß Ihr Ego zu diesem Zeitpunkt schon so weit heruntergeschmolzen sein wird, daß es keinen besonderen Sinn mehr im Weitermachen sehen wird. Es könnte also versuchen, das Ganze zu beenden. Dem inneren Selbst ist es ziemlich egal, ob Sie tot oder lebendig sind. Es hat eine unendliche Reise vor sich, ein eigenes Schicksal und wird durch das spirituelle Selbst immer mächtiger. Ich hatte auf dieser Ebene tatsächlich das deutliche Empfinden, daß mein inneres Selbst so weit gereist war, daß es sich nicht ganz sicher war, ob mein äußeres Selbst noch am Leben war. Ich gab mir Mühe, ihm zu erklären, daß ich immer noch da war – zwar gelangweilt, aber nichtsdestotrotz gesund und munter. Sicherlich ist es dem inneren Selbst egal. Das Ego und der physische Körper waren nie die besten Freunde des inneren Selbst.

Es ist völlig in Ordnung, sich hier abzumelden – wenn das das ist, was Sie wollen. Wenn Sie Ihre Fantasie nutzen und mehr nach draußen schauen, können Sie alle möglichen interessanten Dinge entdecken. Vielleicht stellen Sie fest, daß es gewisse Aspekte in Ihrem Leben gibt, die Sie bereits vollendet haben, zu denen Sie aber wieder zurückkehren können, um Ihre Erfahrungen gründlicher zu rekapitulieren. Wenn Sie wirklich nicht wissen, was Sie als nächstes tun sollen, bitten Sie Ihr höheres/spirituelles Selbst, Sie zu einem Ort zu führen, wo Sie gebraucht werden. Mit sehr großer Wahrscheinlichkeit wird es das tun.

Der ganze Trick ist, erfinderisch zu sein und immer in Bewegung zu bleiben, sonst könnten Sie sich durch einen Mangel an emotionaler Bindung an das Leben aus der physischen Ebene hinauskatapultieren. Ich erwähne dies nur so nebenbei, da ich ein paar Gefährten auf diese Weise verloren habe. Einmal habe ich mich fast selbst verloren, als ich nicht auf mein Hinterteil achtete – energiemäßig.

Nach ein paar Jahren des Reisens, Kletterns und erneuten Reisens werden Sie an einen sehr seltsamen Ort gelangen: die große Einöde. Sie ist lang und breit und ohne inneres Leben. Die große Einöde ist eine Dämmerzone zwischen unserer Welt menschlicher Bilder und Gedanken und der reinen spirituellen Welt, die sich jenseits davon befindet. Da oben braucht man nicht viel, und die wenigen Menschen, die diesen Ort kennen, sprechen nicht darüber, da er die Eigenart hat, das eigene Bewußtsein so zu hypnotisieren, daß man schweigt. Jeder Schritt ist langsam und bedacht, und die weltfremde Natur dieses unheimlichen Ortes – die Türschwelle der Götter – macht das innere Selbst noch besonnener. Das Geschehen ist unbeschreiblich fesselnd. Es ist, als ob man sich im Zeitlupentempo durch eine grenzenlose, leere Wüste bewegt. Jeder Schritt verwandelt sich in eine Bejahung Ihrer Macht. Jede kleinste Handlung spricht Bände – die einzelnen Worte dieser Bände sind wie auf heiliges Pergament geschrieben und jedes bewertet das Ausmaß Ihrer Selbstlosigkeit, die Reinheit Ihrer Absicht und die Qualität Ihres Mutes, Ihrer Entschlossenheit, Ihrer Festigkeit und Ihrer Kraft.

Ich bin mir nicht sicher, ob alle Menschen in der großen Einöde gleich viel Zeit verbringen. Ich für meinen Teil habe drei Jahre gebraucht, um auf die andere Seite zu kommen. Dieser Zeitraum von drei Jahren bezieht sich auf äußere, nicht auf innere Zeitmaßstäbe. Immerhin befindet man sich auf einer inneren Reise.

Auf der anderen Seite der Einöde ist eine Tür in eine andere Welt. Während Sie sich der Tür nähern, schmilzt das Ego dahin, als würden Sie auf ein loderndes Feuer zugehen. Der innere Schmerz ist qualvoll, und die unendliche Reue, Trauer und schiere Hilflosigkeit, die aus dem Ego strömen (ohne daß es selbst etwas dafür könnte), vermittelt Ihnen überwältigende Gefühle der Nutzlosigkeit, dunkler Ahnungen und Angst. Man sagt, daß alle Reisenden beim ersten Annäherungsversuch wieder umkehren. Menschen sind nicht dafür ausgerüstet, dem standzuhalten. Die Zerbrechlichkeit unseres Zustandes und unsere Einstellungen in bezug auf Einsamkeit und Schmerz überwältigen uns.

Nun verstehen Sie, warum die gerade von Ihnen durchquerte Ebene so verlassen schien. Wenn Sie nämlich beginnen, das letzte Stück zwischen unserer Welt und der anderen zu durchqueren, beginnen die Bilder und Symbole der menschlichen Seele – mit der die Ego-Persönlichkeit verbunden ist – zu verschwinden. In der großen Einöde gibt es nichts, was Ihnen helfen oder Sie unterstützen würde. Es gibt dort niemanden, der Ihnen den Weg zeigt und nichts, wonach Sie sich richten können. Sie sind ganz auf sich selbst gestellt. Wenn sie sich der Tür nähern, ist die Erfahrung der Auflösung so intensiv, daß sie erkennen, daß die große Einöde Ihnen nicht feindlich gesonnen, sondern eigentlich ein Lehrmeister war. Sie zeigte Ihnen durch ihre Kahlheit und der Abwesenheit von Dingen, an die man sich festhalten konnte, was Sie anschließend zu erwarten hatten. Das Durchqueren der Einöde stärkt Sie, so daß Sie sich der Tür nähern können.

Jedes Mal, wenn man auf die Tür zugeht, nehmen Schmerz und Angst ein bißchen ab. Auf irgendeine Weise wird man von der Macht und der spirituellen Liebe, die die andere Seite der Tür ausstrahlt, berührt, was einem hilft, dort zu verweilen. Im Verlaufe der Zeit kommt man immer besser damit klar.

In der Nähe der Schwelle werden Sie eine Komprimierung der Zeit erleben. Vielleicht haben Sie auch schon auf den jüngst durchquerten Ebenen eine abgeschwächte Version davon erfahren. Es ist schwierig, dieses Phänomen in Worte zu fassen, doch scheint die Zeit immer dichter zu werden. Eine unsichtbare Kraft umgibt die Schwelle, die Sie zu Beginn absichtlich zurückzuhalten scheint. In Wirklichkeit tut sie das nicht.

Stellen Sie sich eine 10 000 Meilen lange Reise vor, für die Sie zehn Jahre brauchen. Endlich kommen Sie an der Tür an. Sie verbrennen und haben ein starkes Gefühl der Auflösung. In Ihrer Angst weichen Sie zurück, nähern sich wieder, nur um wieder zurückzuweichen. Mit der Zeit gewöhnen Sie sich jedoch an die seltsamen Erfahrungen an der Schwelle und fühlen sich wohl, wenn Sie vor der Schwelle stehen. In der realen Welt sind mehrere Jahre vergangen. Sie befinden sich jetzt drei Meter vor der Tür, doch können Sie sich nicht vorwärts bewegen. Zwischen Ihnen und der Tür ist die Zeit so dicht, daß Sie für die letzten drei Meter Ihrer Reise mehrere Jahre brauchen.

Da Sie sich so langsam bewegen, haben Sie den Eindruck, daß Sie es nie schaffen werden. Ich vermute, daß viele Reisende an diesem Punkt aufgegeben haben und umgekehrt sind. Stellen Sie sich eine Welt vor, in der Sie ein Jahr brauchen, Ihren Fuß zu heben und ihn einen großen Schritt nach vorn zu setzen. Sie müssen beharrlich und geduldig sein. Wenn Sie nicht aufgeben, werden Sie durchkommen. Auf der anderen Seite ist eine andere Welt. Sie ist so rein und ursprünglich und so völlig jenseits des menschlichen Vorstellungsvermögens, daß ihre Gegenwart Sie völlig gefangennimmt. Als erstes werden Sie einschlafen. Ich kann nicht sagen, wie lange dieser innere Schlaf in der inneren Zeitrechnung dauert, noch kann ich sagen, daß jeder diese Schlafphase durchlebt. In meinem Fall vergingen auf der irdischen Ebene 15 Monate. Wenn Sie wieder erwachen, können Sie die neue Welt wahrnehmen. Auf einer inneren Ebene müssen Sie jedoch wieder zurückkehren, da Sie dort nicht bleiben können, solange Ihr Hauptfokus die menschliche Existenz ist. Ihr äußerliches Leben würde zusammenbrechen, wenn Ihre inneren Wahrnehmungen dieses himmlischen Ortes Ihre Gefühle überschwemmt, denn Sie würden Ihren Sinn für die Verbundenheit mit dem Leben verlieren. Durch die Vollendung Ihrer Reise, die nur von wenigen unternommen wird, sind Sie jedoch auf einer heiligen Suche fündig geworden. Es überkommt Sie eine große Gelassenheit, weil Sie einer spirituellen Dimension angehören und Ihr Platz in der Unsterblichkeit des Lichtes durch das Erbe der göttlichen Kraft sichergestellt ist. Dadurch, daß Sie diese Welt besucht haben, erlangen Sie die Gabe des Sehens. Ihr inneres Selbst kann nun sehen und fühlen.

Wenn Sie sich die individuelle Reise von Ebene zu Ebene anschauen, erkennen Sie, daß es auch eine planetarische Version gibt, durch die die planetarische Gruppenseele geht.

Die Transformation des Individuums beginnt damit, daß ein Mensch innerhalb tick-tocks unruhig und mit dem Leben unzufrieden ist. Diese Unzufriedenheit entsteht, wenn ein Individuum anfängt, seine oder ihre Energie auf eine höhere Frequenz zu bringen. Plötzlich empfindet man die Lebensumstände, die Ideen und die Gewohnheiten der tick-tock Welt als sehr einschränkend. Das liegt nicht daran, daß die Umstände an sich falsch wären – auf andere mögen sie sehr wohl passen. Für eine große Gruppe von Menschen sind es jedoch nicht mehr die richtigen Umstände, da ihre energetische Schwingungsebene über diese Umstände hinausgewachsen ist.

Auf globaler Ebene fristen wir seit Jahrtausenden unsere Existenz innerhalb des Stammesdenkens. Da sich die kollektive Energie der Menschheit nicht verändert hat, waren die Umstände im Stamm für uns angemessen. Nach der industriellen Revolution nahm jedoch alles an Geschwindigkeit zu, und die Expansion machte den Menschen Hoffnung. 150 Jahre später haben die Überreste der alten Ideen ausgedient.

Die Menschen suchen nach Antworten. Die Beschränkungen erzeugen eine Unzufriedenheit. Ich spreche über das Leben in den westlichen Demokratien und nicht von anderen Gebieten wie zum Beispiel Asien oder Afrika.

Die Technologie macht es vielen möglich, zu Hause zu arbeiten. Die Gewerkschaften verlieren mehr und mehr an Einfluß. Der Status quo verliert zunehmend die Kontrolle und verhält sich unberechenbar, was eine Unbeständigkeit in der Gesellschaft verursacht. Unsere Realität ist ins Wanken geraten. Nichts ist mehr sicher.

Auf einer niedrigen Ebene ist das Stöhnen und Ächzen, das man vernehmen kann, nur das gebeutelte Ego. Die Menschen stellen sich Fragen, wundern sich, warum alles so ist, wie es ist, betrachten tick-tock und sehen sich als Opfer tick-tocks und seiner Führer. Dieses Stöhnen ist zwar ein bißchen negativ, doch an sich nichts Schlechtes – und zwingt die Menschen, sich nach neuen Lösungen umzuschauen.

Die Menschen beginnen, sich neuen Ideen gegenüber zu öffnen. Sie haben aber noch einen weiten Weg vor sich. New Age, alternative Heilmethoden und andere spirituelle Ideen genießen in der normalen Gesellschaft noch nicht viel Anerkennung. Sicherlich gibt es viele Menschen, die sich mit alternativen Dingen beschäftigen, doch wenn Sie sich die Gesamtgesellschaft anschauen, ist die Anzahl verhältnismäßig gering. Nimmt man die englisch sprechenden Gesellschaften der westlichen Welt, so würde ich sagen, daß diese Ideen nur in Australien und zum Teil in Neuseeland die Gesellschaft als solche durchdrungen haben. In Amerika sind diese Ideen zwar weit verbreitet, doch verhindert die Größe des Landes und die Stärke der traditionellen Religion eine vollständige Durchdringung der Gesellschaft. Die Vereinigten Staaten sind im Vergleich zu anderen westlichen Nationen eher konservativ. In Kanada hat die Durchdringung im wesentlichen an der Westküste stattgefunden, während die Bewegung in England noch in ihren Kinderschuhen steckt. Doch wächst sie, trotz des hinderlichen Klassensystems und der ungünstigen wirtschaftlichen Zustände auch dort. Letztere schränken die Fähigkeit der Leute ein, in sich selbst zu investieren, damit sie wachsen und expandieren können.

Während man die Steilwand hochklettert, kann man nicht wirklich viel sehen, was sehr verwirrend und verunsichernd sein kann. Ich glaube, daß die planetarische Gruppenseele durch den gleichen Prozeß gehen wird. Einige könnten dabei die dunkle Nacht der Seele erleben, doch ist dies der einzige Weg, durch den sich die unterdrückerische und verbrauchte Energie erneuern kann. So wie es unser erster Schritt ist, neue Ideen zu akzeptieren und das Ego zu kontrollieren, wird auch die planetarische Gruppenseele zum gleichen umfassenderen Ausblick für die Menschen kommen müssen.

Ich bin davon überzeugt, daß der Vorgang schon in vollem Gange ist. Millionen von Grenzbewohnern und spirituell Suchenden bewegen sich zum Rand hin und weg von der zentralen Herrschaft, die die Gesellschaft ausübt. Dort finden sie Freiheit und können sich wirtschaftlich unabhängig machen.

Auf diese Weise wird eine spirituelle Einstellung zum Leben etwas ganz alltägliches werden. Viele erfahren diesen Übergang nicht als Trauma, sondern als etwas Natürliches. Schwierigkeiten wird es dort geben, wo Menschen, die einen starken Halt im Status quo und im persönlichen Ego haben, durch Krisen gezwungen werden, gegen ihren Willen Veränderungen zu akzeptieren. Doch viele erkennen schon, daß sie nach innen schauen müssen, und die Menschen, die nur im Äußeren verwurzelt sind, werden immer weniger. Mit der Zeit werden wir auf das zurückkommen, was wirklich und was wahr ist. Das wird sehr erfrischend und tröstlich sein.

Lassen Sie uns einen Blick auf die Wahrheit werfen.

5. Kapitel
Die Wahrheit und die großen Lügen

Das Weltego wird seine Herrschaft an das spirituelle Selbst der Leute aller Wahrscheinlichkeit nach nicht in einem gleichmäßig fließenden, natürlichen Vorgang abgeben. Es könnte zwar so ablaufen, vorausgesetzt das Weltego würde in einer disziplinierten und spirituellen Weltseele existieren, doch dem ist nicht so. Ihr Ego ist verwundbar und Opfer Ihres sich verändernden Bewußtseins. Das Weltego ist besonders durch Einflüsse des höheren Selbstes verwundbar, denn das höhere Selbst zwingt das Ego dazu, sich selbst ins Gesicht zu schauen und die Wahrheit der von ihm projizierten Verzerrungen zu erkennen. Es ist aber nicht immer leicht, die Wahrheit zu akzeptieren. Ein Mensch braucht Mut, um sich sein wahres Leben anzuschauen, und auch das Weltego wird den Mut haben müssen, den gleichen Prozeß zu machen.

Stellen Sie sich vor, die ganze Welt wäre wie durch Zauberhand gezwungen, in der Wahrheit zu leben – und zwar ab heute, zwölf Uhr mittags. Denken Sie an das Chaos, das entstehen würde. Die Geschäftsleute müßten ihre Rechnungen bezahlen. Die Geschäftsführer müßten damit aufhören, Gelder ihrer Teilhaber zu unterschlagen. Die Regierungen müßten aufhören, Informationen zu manipulieren und im Rahmen ihrer Mittel operieren. Die Werbeagenturen könnten nicht weiterhin vertrauensvollen Kunden überteuerte Produkte von zweifelhaftem Wert andrehen. Der ganze Bereich der Public Relations wäre wahrscheinlich bis zum Fünfuhrtee ausgestorben. Die meisten Medien würden in einen

Dornröschenschlaf verfallen. Das Gros der Anwälte würde von der Bildfläche verschwinden. Die Grundstückspreise würden in den Keller sausen. Die Arbeiter wären gezwungen, wirklich den Gegenwert eines ganzen bezahlten Arbeitstages zu leisten. Frauen und Männer, die ihre Ehepartner betrügen, müßten dies zugeben usw.

Die Wahrheit wirkt nicht besonders anziehend auf die Weltseele. Sie ist in der Tat ziemlich furchterregend. Machen Sie sich aber keine Sorgen, allzu bald werden wir noch nicht in der Wahrheit leben. Wortgewaltige, große Lügen können noch immer serienmäßig erzeugt und eine Weile lang aufrechterhalten werden. Die Menschen mögen das. Sie kaufen sie und plappern sie wie Papageien nach. Sind genug Leute auf eine Lüge hereingefallen, verwandelt sie sich mit der Zeit in einen »Wahr-Ismus«. In der heutigen Zeit ist Wahrheit eine Frage der Verbreitung. Allgemein verbreitete Lügen sind Wahrheit. Unbeliebte Wahrheiten sind Gotteslästerung.

Die Lügen hat es schon immer gegeben, doch wurde aus der handgemachten großen Lüge in den letzten fünfzig Jahren mehr und mehr ein großes Busineß. Ihre Beliebtheit ist so gestiegen, daß aus ihr schon eine Religion geworden ist. Wir gehen davon aus, daß Menschen lügen. Lügen wird als raffiniert und schlau angesehen. Durch Lügen kommt man im Leben voran. Wir haben sogar Gesetze, die Offenheit und Wahrheit verbieten. Mit der Begründung, es sei im Sinne des öffentlichen Interesses, werden viele Dinge verheimlicht. Natürlich könnte ein Spitzfindiger fragen, wie das Unterdrücken von Informationen im Interesse der Öffentlichkeit liegen kann. Antwort: Man sagt, es sei im Interesse der Öffentlichkeit, wenn das Unterdrücken von Informationen die Machtbasis eines Menschen schützt. Dann braucht man eine zweite Lüge, damit niemand bei der ersten Lüge unangenehme Fragen stellt.

Manchmal spreche ich in meinen Vorträgen über die großen Lügen des Lebens. Da die Menschen das nicht mögen, tue ich das nicht allzu oft. Man kann beobachten, wie die Zuschauer anfangen, auf ihren Stühlen hin- und herzurutschen, wie Wild, das den Geruch eines unsichtbaren Raubtieres wahrgenommen hat. Das Wort »Lüge« scheint einen Reflex auf die menschliche Blase auszulösen. Zwei oder drei Minuten, nachdem man das entsetzliche Wort von sich gegeben hat, wird ein Großteil der Zuhörerschaft irgendeinen Grund finden, um zur Toilette zu müssen. Wenn man tatsächlich vor hat, über die »großen Lügen« zu sprechen, kommt man am besten vom Podium herunter und macht sich selbst auf den Weg zur Toilette. Bis auf ein paar wenige, die völlig taub oder eingeschlafen sind, werden sich die Zuhörer früher oder später sowieso alle dort befinden.

Und doch ist die Wahrheit, meine lieben Freunde, eine Sache, deren Zeit gekommen ist. Sie ist ein notwendiges Gut, das sich unsere Gesellschaft zu eigen machen muß. Die Wahrheit ist ein Zutagetreten Ihres spirituellen Selbstes. Wahrheit ist lebensnotwendig, wenn Sie vorhaben, wirkliche Innenschau oder Selbstbeobachtung zu betreiben. Auf dieses Ziel bewegen wir uns zu, ob die Menschen das nun gut finden oder nicht.

Ich glaube, daß der unsterbliche Geist in unserem Inneren in Wirklichkeit eine Anordnung von Atomen und Molekülen ist, die im elektromagnetischen Kraftfeld unseres Körpers gefangen sind und unter Einfluß des von den Schwingungen des Gehirns geschaffenen elektrischen Feldes stehen. Mir kommt es so vor, als ob das spirituelle Selbst nicht lügen kann. Ich bin mir nicht sicher, warum das so ist. Vielleicht deshalb, weil das spirituelle Selbst passiv ist. Es strahlt zwar Energie aus, doch projiziert es nicht gewaltsam Energie nach draußen, wie der Verstand. Ich würde gerne sagen, daß das spirituelle Selbst deswegen nicht lügen kann, weil es ein Funke Gottes ist, doch bin ich selbst nicht groß genug, um zu wissen, was Gott ist. Sicherlich ist das spirituelle Selbst ein Funke einer unbeschreiblich wunderbaren energetischen Manifestation, die viel größer ist als wir. Und vielleicht hat das spirituelle Selbst nichts mit dem ganzen sinnlosen Blödsinn zu schaffen, mit dem wir Menschen uns auseinandersetzen, weil es keine Angst hat.

Wenn Sie das Ego unter Kontrolle haben und sich bewußt auf Ihr inneres, höheres Selbst konzentrieren, wird es Ihnen sehr bald die inneren Widersprüche in Ihrer Persönlichkeit reflektieren. In dem Maße, wie Ihre spirituelle Energie über die Jahre hinweg zunimmt, verwandeln sich Lügen von einem alltäglichen Bestandteil des Lebens zu bedauerlichen Notwendigkeiten und unangenehmen Erfahrungen, und schließlich werden aus ihnen sehr schmerzhafte Belastungen, für die Sie alles tun würden, um sie loszuwerden. Man kann nicht wahrnehmen, ohne das Lügen aufzugeben. Transzendenz ist ein Vorgang, vom Unechten zum Echten zu gelangen.

Für mich persönlich war der Prozeß stärkend und befreiend, doch wie eine Salbe auf einer Schnittwunde brennt es ein bißchen. Als junger Mann von Mitte Zwanzig war ich der reinste Hochstapler. Gewissenhaftigkeit und Echtheit waren mir ziemlich fremd. Wahrheit war für mich ein Rendezvous mit einer Unbekannten, auf die ich mich einließ, wenn ich sehr betrunken war. Ich war jedoch meistens sehr betrunken. Vielleicht war ich der Wahrheit näher, als ich mich erinnern kann. Mit 28 Jahren habe ich mich freiwillig auf die spirituelle Suche begeben. Damals fühlte ich mich mit meinen Heucheleien und meinen inneren Widersprüchen sehr unwohl. Es ergab sich ganz von selbst, daß ich in den nächsten paar Jahren vieles ablegte. Insgesamt benötigte ich etwa acht Jahre, um vom Unechten zum Echten zu gelangen. Auch heute noch nehme ich manchmal in mir finstere Anteile wahr, die sich der neuen Ordnung noch nicht unterworfen haben. Die Wahrheit ist unabdingbar, wenn Sie als spirituelles Wesen Fortschritte machen wollen.

Selbstverständlich ist es wichtig, anderen die Wahrheit zu sagen und ein ehrlicher Mensch zu sein, aber nicht aus moralischen Gründen. Vielmehr ist Wahrheit beim Aufbau eines sensiblen und realistischen inneren Dialogs ein notwendiger Faktor, der für die eigene persönliche Stärke und das eigene spirituelle Wohlergehen grundlegend ist. Wenn man ein Teilchen werden will, gibt es keine Alternative. Wenn Sie nach außen hin viele Notlügen erzählen, wird Ihr innerer Dialog mit der Zeit die gleichen Widersprüchlichkeiten reflektieren. Es ist schwierig, die eigene Macht in den Griff zu bekommen und das eigene Potential als spirituelles Wesen umzusetzen, wenn das, was man über sich selbst denkt, in hohem Maße unzutreffend ist oder man ständig das, was das Ego erzählt, für wahr hält und den falschen Weg einschlägt.

Hinzu kommt noch ein dritter Aspekt. Wenn Sie im Augenblick innerlich noch nicht die volle Wahrheit akzeptieren, wird Ihr Austausch mit anderen häufig nebulös sein. Sie werden Ihre wirklichen Absichten verstecken oder verzerrt zum Ausdruck bringen und den Menschen ein sehr ungereimtes oder unzutreffendes Bild vermitteln. Das könnte auf Sie zurückfallen und Ihnen Schwierigkeiten bereiten. Haben Sie gelernt, sich selbst furchtlos zu betrachten, werden Sie im Austausch mit anderen direkt und aufrichtig sein können. Vielleicht gefällt den anderen nicht, was sie zu hören bekommen, doch zumindest haben Sie ihnen die Wahrheit erzählt. Ihrem Ego mag unter Umständen auch nicht gefallen, was es zu hören bekommt, doch müssen Sie lernen, Ihr Ego zu beherrschen, sonst werden Sie es auf ewig mit sich herumschleppen.

Unsere ererbte mentale Programmierung kann oft sehr negativ sein und uns verunsichern. Daher fühlt sich das Ego von allem angezogen, was ihm das Gefühl vermittelt, besonders oder wichtig zu sein – unabhängig davon, ob es geheuchelt ist oder nicht. Der Schmerz der Welt stammt einzig und allein vom Ego. In ihrem Bestreben, die unechten Vorstellungen des Egos aufrechtzuerhalten und zu verbreiten, rechtfertigen die Menschen fast jedes Verhalten. Die einzige Alternative ist, das Ego seine Ängste erfahren zu lassen. Wir verwenden soviel Energie darauf, eine aussichtslose Position aufrechtzuerhalten, die wir dem Ego mit allem Drumherum abkaufen.

Wenn Sie beginnen, Ihren inneren Dialog zu verändern und die negativen Aspekte auszuschalten und durch eine positive Erwartungshaltung zu ersetzen, weicht das Ego zurück. Viel von dem, was das Ego Ihnen über das Leben und unmittelbar bevorstehende Gefahren erzählt, ist weder wahr noch realistisch. Es zwingt Sie, sich Katastrophenträume aus seiner Bibliothek anzuschauen. Sie entsprechen nicht unbedingt dem, was gerade in Ihrem Leben geschieht, sondern es handelt sich um mögliche negative Entwicklungen. Es ist ein langwieriger Prozeß, diese Katastrophenträume loszuwerden. Das Ego mag Ihren Verstand lange beherrscht haben, doch langsam verbessert sich Ihr innerer Dialog. Er verlagert sich in Richtung Wahrheit. Das Bedürfnis nach Selbstverherrlichung, Rückversicherung und Selbstbeweihräucherung nimmt ab. Als Mensch werden Sie auf andere anziehender wirken.

Die spirituelle Energie in Ihrem Inneren – das höhere Selbst, wie manche es nennen – ist aufrichtig und friedlich. Sie ist gerecht und gut. Und vor allen Dingen ist sie bescheiden. Sie zu umarmen hindert Sie nicht daran, bestimmt, klar und deutlich an das Leben heranzugehen. Und sie ist sicherlich kein Hindernis, das zu bekommen, was Sie wollen – ganz im Gegenteil. Sie müssen dieser Energie gegenüber dennoch Ehrfurcht empfinden und einen Sinn für Anstand haben in Ihren Handlungen und dem, was Sie in die Welt hinaus projizieren. Das meine ich, wenn ich davon spreche, daß Sie Verantwortung für Ihr Leben übernehmen sollen.

Ausgehend von mentaler Disziplin und einer Ausrichtung an Ihrem spirituellen Selbst werden Sie Ihre Ängste beherrschen. Sie wachsen über die normalen geistigen Strukturen der Menschheit hinaus, da viele Menschen oft sehr ängstlich sind. Sie betreten einen neuen und mutigeren Raum. Wenn Sie sich Ihrem spirituellen Selbst nähern, nimmt es Sie auf und umgibt Sie mit einem spirituellen Kokon, den man in Ihrem Ätherkörper wahrnehmen kann. Er vermittelt Ihnen mehr Sicherheit. So, wie Sie mit Ihrem spirituellen Selbst in Berührung kommen, es wahrnehmen und in ihm leben, werden Sie von der heiteren Gelassenheit des spirituellen Selbstes durchdrungen. Sie bewegen sich aus den niederen ätherischen Schwingungen hinaus und entkommen dem Bereich des Leidens. Eins baut auf das andere auf.

Wie ich bereits sagte, neigt das Ego dazu, zu schmelzen, wenn Sie es beherrschen. Es fühlt sich durch seinen Machtverlust sehr bedroht. Doch können Sie nicht umhin, sich erst zu verlieren, um sich wieder neu zu finden. Durchströmt Sie erst einmal die Sicherheit Ihres spirituellen Selbst, werden Sie sehen, daß Ihr Leben durch Ihre mentale Disziplin eine Heilung erfährt. Langsam wird sich das Ego entspannen, da es sieht, daß der neue Führer wie ein Fels in der Brandung steht. Durch die Wahrnehmung des spirituellen Selbst müssen Sie nicht mehr raten, welche Richtung Sie einschlagen sollen – wie das Ego es tut. Das spirituelle Selbst nimmt einfach mit der Energie, die alle Dinge ausstrahlen, Verbindung auf. Durch Ihr Empfindungsvermögen und Ihre Gefühle haben Sie im voraus Informationen und wissen, was Sie zu tun haben. Wenn Sie nicht sicher sind, was Sie tun sollen, bedeutet das, daß die Umstände, über die Sie nachdenken, nicht genügend Kraft ausstrahlen – entweder, weil sie falsch, unausgegoren oder noch nicht reif sind. Wenn Sie sich nicht sicher sind, sollten Sie nichts tun – nur abwarten.

Wir müssen unseren Mitmenschen diese mentale Disziplin und unsere Kontrolle über das Ego zeigen. Nur so kann die Welt in Einklang gebracht und geheilt werden. Der erste Schritt wäre, den großen Lügen zu widersprechen und sie anzufechten. Wird dem Ego nie widersprochen, wird es hartnäckig weitermachen und seine eigenen Märchen immer weiter aufrechterhalten. »Schwarz ist weiß. Falsch ist richtig. Alles ist gut, solange es der Angst ein Ende bereitet.« Es ist klar, warum die Menschen sich die Realität passend machen – es geht um Sicherheit. Man kann sich richtig hineinsteigern. Wir werden uns aber unsere inneren Widersprüche anschauen müssen. Die Welt muß die großen Lügen ad acta legen und beginnen, wieder eine heilige Beziehung zu sich selbst aufzubauen.

Was sind die großen Lügen des Weltegos? Die Halbwahrheiten und die völligen Unwahrheiten, die der wirtschaftliche oder politische Status quo (normalerweise über die Medien) verbreitet. Der frühere US-Präsident Herbert Hoover bezeichnete diesen Vorgang als »die Aufrechterhaltung der Moral der Menschen«. Die Funktion der großen Lügen ist, die öffentliche Meinung in die erforderliche Richtung zu lenken und von Tatsachen durch Nebensächlichkeiten abzulenken.

Einige Lügen sind banal, zum Beispiel wenn für Quellwasser aus den Bergen geworben wird, das in Wirklichkeit gefiltertes Wasser aus dem Wasserhahn ist. Dann die Lügen, die uns die Medien auftischen, sind nicht zwangsläufig Lüge, sondern Verzerrungen und Verdrehungen der Tatsachen, ohne daß andere Möglichkeiten aufgezeigt werden. Außerdem die faustdicken Lügen, die uns die Regierung erzählt, um alle apathisch und gefügig zu machen.

Auf meinem Weg zur Wahrheit störten mich zuerst meine eigenen Lügen. Während ich den Lügen anderer zuhörte, hatte ich das Gefühl, daß ich meine vielleicht nie würde überwinden können. Ich lernte mich jedoch von ihnen zu lösen und verwandelte meine Frustration in etwas Unterhaltsames. Ich liebe es, Zeitungen nach den großen Lügen des Lebens zu durchforsten. Das ist wie das Kinderspiel: »Wo ist Walter?«, das in manchen Ländern auch »Wo ist Walli?« heißt. Dabei suchen Kinder nach einem Kerl mit einem komischen Hut, der sich irgendwo zwischen hundert Figuren befindet. Die großen Lügen zu finden, ist eine Erwachsenenversion von »Wo ist Walter?« In der Politik darf man sich nicht dabei erwischen lassen, eine offensichtliche Lüge erzählt zu haben. Darum lügen die Politiker vorzugsweise mittels Verdunkelung, Verwirrung und Auslassung. Statistiken bombardieren uns mit Halbwahrheiten. Doch wenn Sie nach ihnen suchen, werden Sie sie finden.

Nicht alle Halbwahrheiten sind Lügen. Sind Ihnen nur die Hälfte der Fakten bekannt, ist das, was Sie sagen, alles, was Sie wissen – von Ihrem Standpunkt aus haben Sie die Wahrheit gesagt. Halbwahrheiten, die eine Regierungsstelle verlauten läßt, der die ganzen Informationen bekannt sind, sind Betrug. Ich könnte endlose Stunden damit zubringen, über die großen Lügen zu sprechen. Sie zu studieren, war eines meiner größten Hobbys im Leben. Ich habe sogar erwogen, ein kleines Buch mit dem Titel »Meine 50 Lieblingslügen« zu schreiben. Anstatt uns jedoch 50 Lügen anzuschauen, schauen wir uns einige an, damit Sie verstehen, was ich meine.

Jeden Monat gibt die Regierung die Arbeitslosenzahlen als Prozentsatz der arbeitsfähigen Bevölkerung heraus. Gehen wir davon aus, die Arbeitslosigkeit würde in diesem Monat mit zehn Prozent angegeben. Es wird so dargestellt, als sei dies der tatsächliche Prozentsatz der arbeitsfähigen Bevölkerung, der zur Zeit arbeitslos ist. Hohe Arbeitslosenquoten sind politisch schädigend, also greift die Regierung auf ein

Täuschungsmanöver zurück, um die niedrigste Quote angeben zu können.

Gehen wir mal davon aus, daß das Arbeitsamt die Statistiken nicht zu seinem eigenen Vorteil frisiert. Wenn sie also sagen, daß die Arbeitslosenquote bei zehn Prozent liegt, handelt es sich dabei um die tatsächliche Zahl der Arbeitslosen, die Unterstützung erhalten. Bis jetzt haben sie noch nicht gelogen, weil sie Ihnen noch fast nichts gesagt haben.

Und nun die Wahrheit. Erstens weiß niemand außer der Regierung, wie die Zahlen wirklich zustandekommen, die die arbeitsfähige Bevölkerung darstellen. Ein Individuum muß im Computer der Regierung registriert sein, um gezählt werden zu können. Wer befindet sich im Computer und wer nicht? Wir wissen es nicht. Wir müssen die Regierung beim Wort nehmen. Was ist mit denen, die nie zur arbeitsfähigen Bevölkerung zählten oder denen, die keine Lust darauf haben, im Computer zu sein? Wieviele von ihnen arbeiten, und wieviele sind arbeitslos?

Hinzu kommt, daß die offiziellen Arbeitslosenstatistiken absichtlich einige Personengruppen auslassen, die offiziell nicht arbeitslos sind. Das sind diejenigen, die zwar keine Arbeit haben, aber auch keine Arbeitslosenunterstützung bekommen, einschließlich derer, deren Anspruch abgelaufen ist. Außerdem gehören solche Arbeitnehmer dazu, die gerade den Arbeitsplatz wechseln oder umziehen und diejenigen, die wegen falschen Stolzes oder ihrer Ersparnisse nicht auf der Liste erscheinen. Zu denen, die von offizieller Stelle ausgelassen werden, gehören auch alle Teilzeitbeschäftigten, die nicht als Teilzeitarbeitslose gerechnet werden, obwohl sie nur eine halbe Woche arbeiten. Genaugenommen teilen sich Halbtagsbeschäftigte ihren Arbeitsplatz mit anderen Beschäftigten, und gäbe es genügend Arbeit, würden viele von ihnen ganztags arbeiten. Wenn man jeden mitzählt, der zwar keine Arbeit hat, aber auch keine Arbeitslosenunterstützung bekommt, und die Teilzeitarbeitslosen hinzuzählen würde, würden die offiziellen Zahlen von zehn auf zwölf Prozent klettern und langsam auf die 15 Prozentmarke zusteuern.

In den offiziellen Listen fehlen sowohl Menschen, die Krankenhaustagegeld oder Krankengeld bekommen als auch die Gefängnisinsassen, die für eine feste Arbeitsstelle über die Mauern springen würden, wenn sie könnten. Nehmen Sie dann noch die älteren Mitbürger hinzu, die gezwungenermaßen frühzeitig in Rente gegangen sind. Diese Kategorie muß man auch berücksichtigen, denn wenn jemand dazu gezwungen wird, bereits mit 61 statt erst mit 65 in Rente zu gehen, ist er genaugenommen vier Jahre arbeitslos. Dann gibt es die fähigen, rüstigen und arbeitsbereiten Menschen, die aufgrund des erreichten Rentenalters von Staat und Industrie zum Ruhestand gezwungen wurden.

Die Liste kann mit den Arbeitnehmern weitergeführt werden, die geringfügig – zum Beispiel durch leichte Rückenverletzungen oder Streß-Syndrome – behindert sind und vielleicht arbeiten würden, wenn sie müßten oder könnten. Sie tauchen jedoch auf Arbeitsunfähigkeitslisten auf, nicht in den Arbeitslosenzahlen.

Jetzt liegt der wirkliche Prozentsatz schon bei 15 Prozent und bewegt sich auf die 20 Prozentmarke zu. Über die bereits erwähnten sechs bis zehn Gruppen hinaus gibt es noch die kleinen, unabhängigen Unternehmer und die kleinen Geschäftsleute, die in jedem Geschäftsjahr Verluste erleiden könnten. In einem solchen Verlustjahr gelten sie zwar als beschäftigt, doch haben sie effektiv kein Geld verdient, was bedeutet, daß sie arbeitslos waren. Viele dieser unabhängigen Unternehmer arbeiten nicht Vollzeit. Wenn also zehn selbständige Zimmermänner durchschnittlich zwei von vier Wochen arbeiten, so hat man fünf Zimmermänner, die sich mit fünf anderen einen Arbeitsplatz teilen. Zählen Sie dann all die Mütter hinzu, die zu Hause sitzen und vielleicht gerne arbeiten würden, wenn es der Wirtschaft besser ginge, die aber stattdessen vom Gehalt ihres Ehemannes leben. Oft tauchen sie nicht in der Statistik auf, weil sie aus der Gruppe der arbeitsfähigen Bevölkerung durch Schwangerschaft herausgefallen sind oder nie dazugehört haben. Des weiteren gibt es keine Aufzeichnungen über die, welche die Nase voll hatten und in andere Länder ausgewandert sind, um dort Arbeit zu finden.

Wenn Sie einmal diese ganzen »fehlenden Mitglieder« zusammengezählt haben, sind noch längst nicht alle erfaßt.

Viele Menschen absolvieren irgendwelche staatlichen Ausbildungsprogramme. Dazu gehören Fortbildungskurse, Umschulungen, Programme gegen Jugendarbeitslosigkeit. Außerdem gibt es viele Studenten, die gerne schon Geld verdienen würden, aber länger an der Universität bleiben, weil es nicht genug Arbeit gibt.

Inzwischen könnte die wirkliche Arbeitslosenquote bei zwanzig Prozent liegen. Von der tatsächlichen Quote müßte man die abziehen, die Arbeitslosengeld beziehen, aber schwarz arbeiten (man liegt richtig, wenn man sagt, daß 20 Prozent der Arbeitslosengeldempfänger in Wirklichkeit arbeiten). Das würde bedeuten, daß man von der Gesamtarbeitslosenquote zwei Prozent abziehen müßte. Am Ende würde man jedoch auf ziemlich exakte Zahlen kommen. Eine Arbeitslosenquote von zehn Prozent ist eine politische Fehlleistung, wenn jedoch bekannt würde, daß die wirkliche Prozentzahl bei 15 bis 20 Prozent liegt, würde die Regierung vielleicht zusammenbrechen.

Obwohl die Bürger die Auswirkungen der Arbeitslosigkeit in ihrem Leben erfahren, vertuscht die Regierung die wirklichen Fakten durch frisierte Statistiken. Dabei macht sie erhebliche Abstriche bei der offiziellen Quote und verbreitet statt Tatsachen die »glückliche« Lüge, daß die Dinge doch gar nicht so schlecht stehen. Die Regierung wird Ihnen sagen, daß alles gerade dabei ist, besser zu werden. Das ist hohles Geschwätz. Wenn die Leute merken, was ihnen als Wahrheit präsentiert wird, könnte sich die Regierung gezwungen sehen, ihr Verhalten drastisch zu ändern. In der Zwischenzeit warten wir mit angehaltenem Atem auf die Zahlen des Monats.

Eine weitere große Lüge der Regierung, die ich wegen ihrer Doppelzüngigkeit besonders faszinierend finde, ist die in Nationaleigentum verwandelte Industrie. Da die Regierungen pleite gehen, verkaufen sie verzweifelt Aktivposten und verschiedene staatliche Industrien und Einrichtungen, um das Unvermeidliche abzuwenden. Mit Ausnahme der Vereinigten Staaten von Amerika sind vor Jahren in anderen Ländern viele Fabriken in Nationaleigentum verwandelt worden. Sie wurden dem Staat mit Steuergeldern abgekauft und saniert. Die Idee war, daß der Staat diese Industrien – wie zum Beispiel die Kohleindustrie in England – zum Wohle der Leute verwalten sollte, die alle am kollektiven Besitz teilhaben würden. Das waren natürlich alles leere Versprechungen. Die Dividenden, die durch die Gewinne dieser Firmen zusammengekommen sind, wurden nie an die normalen Menschen ausgezahlt. Als sich die Regierungen entschieden, diese Unternehmen wieder in private Hände zu geben, haben die normalen Menschen nichts von ihnen zu sehen bekommen. Sie wurden in private Hände zurückverkauft. Wären die in Nationaleigentum umgewandelten Unternehmen wirklich Vermögenswerte der Arbeitnehmer gewesen, hätte die Regierung den Steuerzahlern die Anteile kostenlos wieder zurückgeben müssen, mit deren Geld die Industrien ja ursprünglich gekauft worden waren. An diesem Punkt scheiterte die gesamte Idee mit dem Nationaleigentum, und der Staat behielt das ganze Geld. Die Idee, daß der Staat zum Wohle der Nation Vermögenswerte – Grundbesitz usw. – besitzt, ist purer Unsinn. Nur uninformierten Leuten könnte es passieren, daß sie eine so offensichtliche Lüge nicht durchschauen. Noch nie hat die Bevölkerung an diesen Gewinnen partizipiert. Das Monopol, das häufiger in Nationaleigentum umgewandelt wurde, wird zum Monopol in privater Hand.

Und doch kann die Regierung mit diesem Betrug davonkommen, da sie glaubt, daß es niemand bemerken wird. Außerdem hält sie die Bürger zum größten Teil für Idioten, die kontrolliert, bestraft und in die offizielle Philosophie eingeführt werden müssen. Dieser Glaube entspringt der egoistischen und arroganten Natur absoluter Macht. Wenn wir erst einmal ein bißchen gewachsen sind und auf individueller Ebene mehr Verantwortung übernommen haben, werden sich die Verhältnisse ändern müssen. Das höhere Selbst der Menschen fungiert als Spiegel für den Status quo. In ihrem Spiegelbild erkennt dic Hierarchie ihre eigene Schwäche. Doch der Vorgang geht nur sehr langsam vor sich, da die Machtstruktur nicht nur kurzsichtig und dumm, sondern auch genauso unnachgiebig ist. Dies ist die Reaktion einer herrschenden Elite, die sich den Massen überlegen fühlt. In Wahrheit verachtet die herrschende Elite die Massen. Es wäre ihnen viel lieber, wenn sie sich nicht herablassen müßten, uns überhaupt etwas zu erklären. Für sie sind wir eine Belastung, mit der sie sich abgeben müssen. Wenn man eine sehr wichtige Person ist, damit beschäftigt, die Welt am Laufen zu halten, ist es lästig, sich mit Parasiten abgeben zu müssen.

Als sich die planetarische Gruppenseele entwickelte, begannen die Menschen das Informationsmonopol der Hierarchie zu hinterfragen. Da er den politischen Druck spürt, bietet uns der Staat Wahrheit in Form von Kreditgesetzen, Anforderungen zur Offenlegung von Bilanzen, Informationspflicht und dem Versprechen einer offenen Regierung an – was auch immer das alles bedeuten mag.

Obwohl diese Veränderungen lobenswert sind, glaube ich, daß sie eine Art Ablenkungsmanöver sind. Es sind Beschwichtigungen, doch finden keine wirklichen Veränderungen statt. Durch die Informationspflicht bekommen die Leute selektiv kleine Informationshäppchen dargeboten, die die Regierung nicht mehr braucht – doch was ist mit dem wirklichen Zeug? Bilanzoffenlegung ist eine gute Sache, doch wird dadurch wirklich verhindert, daß Firmeninhaber das Geld der Leute klauen? Das glaube ich nicht. Die Rechenschaftsberichte der Aktiengesellschaften beweisen das Gegenteil. Die meisten Vorstandsvorsitzenden schwimmen im Geld ihrer Aktionäre, unabhängig davon, ob die Firma Profite macht und Dividenden ausschüttet oder nicht. Man muß mich erst noch davon überzeugen, daß die Offenlegungsbestimmungen etwas Positives sind. Wenn ich am Monatsersten zu Ihnen nach Hause komme und Sie beraube und Ihnen dann einen detaillierten Computerausdruck darüber anbiete, was ich Ihnen abgenommen habe und wie ich Ihr Geld ausgegeben habe, was haben Sie davon? Es geht nicht so sehr um Informationen, sondern vielmehr darum, wie man die Regierung und die Firmen daran hindern kann, den Menschen ihr Geld wegzunehmen.

Lassen Sie sich von den strittigen Fragen nicht irritieren. Die bloße Tatsache, daß die Gesetze bezüglich Informationsfreiheit erlassen wurden, bedeutet, daß das höhere Selbst die Macht des Egos untergräbt. Die Heilung ist im Gange. Wir bewegen uns mit zunehmender Geschwindigkeit auf die Wahrheit zu. Als Individuen fühlen wir uns oft klein und unbedeutend. Doch sollten wir nicht auf diese Vorstellung hereinfallen, da sie zu einer Affirmation unserer Machtlosigkeit werden kann. Die planetarische Gruppenseele ist mächtig und im Recht. Tauchen Sie ein in ihre ungeheure spirituelle Kraft und ihre Rechtmäßigkeit – und plötzlich steht Ihnen eine Macht zur Verfügung, die ganz und gar nicht unbedeutend ist.

Im frühen 15. Jahrhundert lag Frankreich in Scherben. Im Norden wurde es von den Engländern regiert, die über den Kanal gekommen waren und das Land gewaltsam eingenommen hatten. Die mittleren und südlichen Gebiete des heutigen Frankreichs wurden von Kriegsfürsten und räuberischen Baronen beherrscht, die das Land ausplünderten und sich gegenseitig bekämpften. Das Land war sehr arm, da Landwirtschaft und Gewerbe sich auf das beschränkten, was die Menschen verteidigen konnten. Die Menschen hatten ausgedehnte, fruchtbare Gebiete aufgegeben, und nun lagen sie brach. Es gab eine herrschende Elite, die am Hof von Chinon residierte, doch handelte es sich dabei um eine Brutstätte des Hedonismus, der Korruption und interner Machtkämpfe. Es gab keinen inneren Zusammenhalt und keine Führung. Es gab keinen französischen Monarchen, der das Land hätte vereinigen können. Die Engländer marschierten schonungslos südwärts, der Hof in Chinon war bedroht.

Im Dorf Domrémy-la-Pucelle, im Flußtal der Maas, lebte ein junges Mädchen. Sie war die Tochter eines Bauern. Eines Tages hatte sie eine Vision aus der Traumzeit der Volksseele ihres Volkes. Das junge Mädchen wußte, was sie zu tun hatte und reiste zum Hof in Chinon. Als sie am Hof angekommen war, ging sie mit anderen Höflingen hinein und auf einen schmächtigen Mann zu. Aus der Autorität ihrer Vision sprach sie ihn an und ernannte ihn zum rechtmäßigen König Frankreichs – sehr zum Erstaunen der übrigen Höflinge.

Wie es heißt, gab es einen Augenblick des Schocks und der Überraschung; viele der Höflinge lachten sowohl angesichts der Lächerlichkeit der Szene als auch über die Anwesenheit des ärmlich gekleideten jungen Mädchens am Hof.

Doch ein oder zwei Minuten später sahen sie, daß sie Recht hatte. Sie fielen auf die Knie und schworen Treue, wobei sie riefen: »Heil dem König von Frankreich!« Frankreich wurde unter diesem neuen König vereint, der später Charles der VII. wurde.

Die junge Frau – die wir als Jeanne d'Arc kennen – inspirierte eine ganze Armee, die mehrere Schlachten gegen die Engländer gewann, einschließlich der Schlacht von Compiègne. Sie löste eine Reihe von Ereignissen aus, durch die die Engländer letztlich den französischen Boden verlassen mußten. An diesem Punkt hätte sie von der Bildfläche verschwinden müssen. Statt dessen kämpfte sie weiter und wurde von den Burgundern gefangen, die sie dem kirchlichen Gericht in Rouen übergaben. Der wesentliche Vorwurf, den man Jeanne d'Arc machte, war, daß sie Männerkleider trug. Was meinen Sie, was ein Armeeangehöriger anziehen sollte? Der Kirche paßte es nicht, daß Jeanne d'Arc sagte, sie müsse nur Gott gegenüber Rechenschaft ablegen, nicht der katholischen Kirche. Im Jahre 1431 starb sie im Alter von 19 Jahren auf dem Scheiterhaufen. Für kurze Zeit war sie die Stimme der französischen Volksseele, und durch ihre Macht veränderte dieses junge Bauernmädchen die Evolution ihres Volkes.

Wenn die Zeit gekommen ist, kann jeder für die Herzen der Menschen sprechen. 350 Jahre nach Jeanne d'Arc hatte die französische Volksseele genug von ihren Königen und Königinnen und entledigte sich ihrer – mit Hilfe der Guillotine. Indem sie die Köpfe von Louis XIV. und Marie Antoinette rollen ließen, lösten sich die Menschen symbolisch aus der Herrschaft des Egos über das Herz und den Körper Frankreichs.

Der Punkt ist der: Agieren Sie aus dem kollektiven Unbewußten der Gruppenseele heraus – sei dies eine nationale Volksseele oder die gesamte planetarische Gruppenseele – stehen Sie in der Aura ihrer spirituellen Richtigkeit, der Rechtmäßigkeit, die jeder Mensch tief im Inneren empfindet. Wenn Sie von dort aus sprechen, kann Sie niemand wirklich abweisen. Wenn eine Bauerntochter den Dauphin, den König von Frankreich, Sie oder mich oder den Mann aus der Bäckerei auf der anderen Straßenseite krönen kann, dann können wir auch – wenn die Zeit gekommen ist – vom System unsere Krone zurückverlangen. Und genau das werden wir auch tun. Wir müssen nur wissen, daß wir es auch tun können.

Zunächst müssen wir noch etwas mehr an uns arbeiten und uns auf die heilige Natur des spirituellen Selbstes in unserem Inneren konzentrieren, das uns eine göttliche Ordnung zeigen kann, die auf Rechtschaffenheit und Wahrheit beruht. Um diese göttliche Ordnung in uns aufnehmen zu können, müssen wir uns für ihren Segen öffnen. Wir müssen die Wahrheit in unserem eigenen Herzen akzeptieren und in dem leben, was wirklich ist. Dann können wir auch anderen vorschlagen, es uns gleich zu tun. Dadurch, daß Sie eine spirituelle und psychologische Integrität erlangen, untergraben Sie die Fähigkeit Ihres Egos, Ihr Leben und das Leben anderer zu manipulieren. Wenn Sie persönliche Wahrhaftigkeit entwickeln, fällt es anderen sehr schwer, diese Wahrhaftigkeit anzugreifen. Durch den von Ihnen geschaffenen Abstand sind Sie weniger erreichbar. Wenn Sie die große Lüge hören, fordern Sie sie heraus. Die Welt braucht Menschen, die aufstehen und sagen: »So ein Unsinn.« Indem wir das tun, fordern wir das Recht der Autoritäten heraus, Informationen zu ihrem Vorteil zu verdrehen. Es reicht, wenn ein Mensch darauf hinweist, daß der Kaiser keine Kleider trägt.

Das Ego muß erkennen, daß das Ende seiner Herrschaft gekommen ist. Sie können das Zeitalter des Geistes ausrufen, indem Sie Wahrheit fordern. Die Lügen werden von der Apathie der Menschen und dem Glauben des Systems an seine eigene Unsterblichkeit und Immunität gegenüber Gefahren aufrechterhalten. Jeder kann ohne Rücksicht darauf, wie es sich für den anderen anfühlt, Strafen und Schmerzen austeilen. Sie können ihre Taten mit Gemeinplätzen und scheinbar vernünftigen Argumenten belegen, die jedes Verhalten rechtfertigen – Völkermord, Brudermord, Diebstahl am hellichten Tag, was immer Sie wollen.

Als Ceausescus quasi-imperialistisches, kommunistisches Regime vor einigen Jahren in Rumänien zusammenbrach, wurde die Familie Ceausescu auf der Flucht gefangengenommen. Sie wurde beim Verhör gefilmt. Frau Ceausescu betonte immer wieder, wie viel die Familie Ceausescu für Rumänien getan hatte, was für ein Segen sie für das Land gewesen war und wie sehr die Rumänen sie und ihren Mann liebten. Das Ego glaubt inbrünstig an seine eigenen perfiden Äußerungen. Das spirituelle Selbst Rumäniens war anderer Meinung, und die Familie Ceausescu wurde umgehend in die ewigen Jagdgründe befördert, wo die Despoten der Wahrheit ins Angesicht schauen dürfen.

Ironischerweise hatten die Ceausescus großen Einfluß auf Afrika, der Heimat einiger der verabscheuenswürdigsten Personen auf diesem Planeten. Das Problem von Afrika ist, daß es auf der Bühne der Welt keine besonders große Rolle spielt, und die afrikanischen Führer daher eher davonkommen können als andere. Es ist auch schwierig, schwarze Regimes zu kritisieren, ohne daß jeder diese Kritik als rassistischen Vorwurf ansieht. Der Abschied Ceausescus jagte jedoch vielen afrikanischen Führern einen großen Schrecken ein. Der kenianische Präsident Moi sah sich gezwungen, Wahlen anzukündigen. Niemand konnte sich mehr recht erinnern, was Wahlen eigentlich sind, so gewann Moi zu Kenias Leidwesen. Kamzu Banda aus Malawi sah ebenfalls das Licht. Wir können Hoffnung schöpfen, daß der Prozeß langsam anläuft, durch den der seit ewigen Zeiten nicht mehr herausgeforderte Totalitarismus allmählich in großem Ausmaß durch eine Herrschaft des Volkes ersetzt wird. Unglücklicherweise geht das alles nur sehr langsam vor sich.

Dem Ego fällt es schwer, über die eigene Nasenspitze hinauszuschauen. Es ist ganz und gar nicht natürlich für das Ego, der vollen Wahrheit ins Auge zu schauen. Die Wahrheit begegnet dem Ego normalerweise nur als externe Instanz, oder – wie bereits erwähnt – durch eine Krise. Dann weicht es einen Schritt zurück und betrachtet sich selbst. Die große Lüge ist jedoch ein Luftballon. Sticht man mit einer Nadel hinein, platzt sie. Die kollektive Seele der einfachen Menschen kreiert diese Nadel. Sie entsteht, wenn die Menschen eine spirituelle Vision entwickeln, aus der globale Wahrheiten fließen.

Die Macht des spirituellen Selbst setzt mich immer wieder in Erstaunen. Die Herzen der Menschen haben das Militär niedergewalzt, und jeder sah, daß das Abschlachten von Millionen von Menschen, einschließlich der eigenen Väter und Söhne, Mütter und Töchter, im Widerspruch zur spirituellen Wahrheit stand. Es war praktisch, daß Nixon so ein großer Lügner war. Diese Tatsache trug dazu bei, die Distanz zu verdeutlichen, die zwischen der von ihm repräsentierten herrschenden Elite und dem spirituellen Selbst des Volkes besteht – das anschließend nicht mehr im unklaren darüber war, was sein wirkliches Interesse ist. Ich glaube, daß es Nixons Glück war, daß er die Wahrheit erzählt und ein wenig Reue gezeigt hat. Das spirituelle Selbst Amerikas hätte ihn sonst verfolgt, und ihn hätte dasselbe Schicksal wie die Ceausescus ereilt.

Das Weltego hat Macht, wenn es um die Manipulation der öffentlichen Meinung geht, daß es jeden dazu bringen kann, alles mögliche zu unterstützen. Als ich mir früher Präsident George Bush im Weißen Haus, umgeben von den Amtsinsignien und den Symbolen Amerikas, im Fernsehen anschaute und hörte, wie er über Familienwerte, Apfelkuchen, Baseball und all diese guten Dingen sprach, sah alles so heimelig und anständig aus. Man läßt sich zu leicht beirren. Richtig und falsch verschwimmen. An der Oberfläche sieht alles so richtig aus. Doch dieser heimelige Typ in seinem grauen Anzug hat in Panama und im Golf 120 000 Menschen abschlachten lassen. Und wofür? Um einen Drogendealer zu fassen, der sowieso für die Regierung arbeitete? Um ein paar korrupte Scheichs zufriedenzustellen? Um in der nächsten Wahl ein paar Prozentpunkte dazuzugewinnen? Wie sah es denn mit den Familienwerten der Opfer aus? Ich weiß nicht, wie es Ihnen geht, aber all das verstößt gegen das spirituelle Selbst. Wenn es meinen Brüdern und Schwestern Schmerzen bereitet, schmerzt es auch mich. Das ist ein Affront gegen den Geist der Menschheit, der auf uns alle zurückfällt. Ich laß mir dieses ganze »Hey! Hey! Das mutige Amerika!«-Zeug nicht aufschwatzen, solange es bedeutet, daß meine Leute dezimiert werden, um ein paar zweifelhafte politische Geschichten und korrupte Machtstrukturen am Laufen zu halten. Wir werden als globale Bürger gemeinsam für die Sicherheit und das Wohlergehen aller Menschen Verantwortung übernehmen müssen. Es gibt kein »wir und sie«. Der egoistische Hurrapatriotismus des Nationalstolzes, der jeden abschlachtet, der unseren Führern nicht in den Kram paßt, wird einer liebevolleren und toleranteren Einstellung weichen müssen. Wir werden unseren Führern »Familienwerte« demonstrieren und ihnen nicht erlauben, unsere Familien abzuknallen.

Ich fuhr einmal im amerikanischen Konsulat in Sydney, Australien, mit zwei Diplomaten im Fahrstuhl. Der eine sagte zu seinem Kollegen: »Ich gehe in die Visa-Abteilung, um auszuhelfen. Eine Menge Touristen wollen alle sofort ein Visum haben.« Sein Kollege antwortete: »Ah! Erschießen wir sie doch alle und machen dann Mittagspause. Das ist einfacher, als diesen ganzen Papierkram zu erledigen.« Beide fanden das schrecklich komisch. Natürlich meinten sie es nicht ernst, doch auf eine gewisse Weise schon. Es gehört zur Arroganz der amerikanischen Behörden zu glauben, sie könnten jeden vernichten, der ihnen nicht paßt. Ich blieb still und hörte nur zu. Doch sagte mir der Anblick dieses verknöcherten Diplomaten, der durch das Konsulat stolzierte, nicht besonders zu. Ich bin sicher, daß die australischen Touristen gern gewußt hätten, welche Einstellung die US-Regierung zu ihren Urlaubsplänen hatte. »Kommen Sie nach Amerika, geben Sie Ihre Touristendollars aus und lassen Sie sich erschießen.«

Letztlich wird eine solche Einstellung den gewöhnlichen Menschen in Amerika Probleme bereiten. Das ist Ego pur. Das amerikanische Militär hat die Leute so blind gemacht, daß Macho-Allüren und großkotzige Angeberei akzeptierte Bestandteile der nationalen Kultur sind. Nach einer kürzlichen Erhebung von der Fernsehgesellschaft ABC sind 46 Prozent der Amerikaner dafür, die Probleme im Irak durch Attentate zu lösen. Glauben Sie nicht auch, daß die Denkstrukturen der Amerikaner ein bißchen manipuliert worden sind? Es ist ja ganz gut, ein paar kubanische Bauarbeiter aus Grenada zu erschießen und einen Rambo-Film daraus zu machen, doch was wird geschehen, wenn Amerika jemals gegen jemanden kämpft, der wirklich zurückschießt? Die Medien und das Militär haben die große Lüge verbreitet, daß

Amerika unbesiegbar sei. Doch sind Grenada, Panama und die verhungernden Soldaten der irakischen Armee keine wirklichen Gegner.

Während ich diese Zeilen schreibe, wägt Amerika noch immer ab, ob es nach Jugoslawien gehen soll, um die Serben zu erledigen. Die amerikanische Öffentlichkeit wird weichgeklopft, damit sie eine Invasion akzeptiert. Ich hoffe wirklich, daß Clinton zur Vernunft kommt. Ich bin weder mit dem serbischen Militär noch mit ihrem politischen Gebaren einverstanden, doch kann nicht geleugnet werden, daß die Serben tapfere und kraftvolle Kämpfer sind, die endlose Schmerzen und Leiden bei der Verteidigung ihres Heimatlandes zu ertragen bereit sind.

Wenn Amerika sich da hineinbegibt – aufgeputzt, mit Aftershave und Coca Cola – und versucht, es mit den Serben auf ihrem eigenen Boden aufzunehmen, wird das ein trauriges Ende nehmen. Die Serben sind keine Stümper. Sie sind kampfgestählte Krieger, bewaffnet und gefährlich. Sie werden nicht davonlaufen. Ich persönlich bezweifle, ob die Vereinigten Staaten sie einschüchtern können. Es ist auch sehr ungewiß, ob Amerika einen Sieg davontragen würde. Sicher wäre nur, daß Zehntausende der besten Männer Amerikas die Heimfahrt nicht lebendig antreten würden. Die Macho-Typen und die großkotzigen Angeber sind egoistisch. Sie töten wahllos Menschen. Dem Prozeß, durch den das Weltego sich selbst zerstört, werden viele Unschuldige zum Opfer fallen. Doch muß Amerika nicht erst einen militärischen Zusammenbruch hinnehmen, um zur Wirklichkeit zu erwachen. Amerika kann auch so erwachen.

Deshalb ist Wahrheit so wichtig. Wir müssen uns auf einen persönlichen Ehrenkodex besinnen, bevor es zu spät ist. Manchmal kann es sich ein bißchen großspurig anhören, wenn man über Wahrheit und Ehre spricht, doch geht es uns nicht um eine Wahrheit, die wir anderen gewaltsam oder durch logische Argumente aufdrängen wollen. Es geht um eine Wahrheit und einen Ehrenkodex, den wir verinnerlichen und durch unser spirituelles Selbst ausstrahlen, damit andere sehen können, daß es eine neue, bessere Art gibt, durch die physische Ebene zu reisen.

Auf der individuellen Ebene können wir an uns arbeiten. Indem Sie an Ihrem eigenen Ego arbeiten und Wahrhaftigkeit, Kontrolle und einen unparteiischen inneren Dialog entwickeln, individualisieren Sie Ihr spirituelles Selbst durch Selbstbeobachtung. Wenn Sie an sich arbeiten, strahlt Ihr Fortschritt unweigerlich auf andere aus. Das hilft ihnen und macht Mut. Immerhin ist Ihr Ego ein Teil des Weltegos; in dem Maße, wie Sie Ihr Ego kontrollieren, verringern Sie den Einfluß des Weltegos, während Sie gleichzeitig die Gegenwart der Wahrheit auf unserem Planeten intensivieren.

Man hat auch persönliche Vorteile. Veränderungen bringen Turbulenzen mit sich. Wenn es in Ihrem Leben viele unechte oder unwahre Aspekte gibt, oder Sie sich unrealistisch einschätzen, wirkt das energetisch wie ein Segel. Die kleinste Turbulenz kann sehr schnell ein Ungleichgewicht schaffen. Holen Sie das Segel ein – das heißt, auf so viel Wahrheit zurückzukommen, wie es für Sie noch angenehm ist – konzentrieren Sie Ihre Kraft und entwickeln die Stabilität, die Sie so dringend benötigen. Während sich die restliche Welt vom Ego bis in die Stratosphäre tragen läßt, ruhen Sie im Hier und Jetzt der Gegenwart. Sie haben sich festen Boden unter den Füßen geschaffen, von dem aus Sie die Ereignisse betrachten und Ihren nächsten Schritt planen können. Der Trick ist, große Träume zu träumen und zu planen, gleichzeitig aber auch die Gegenwart dadurch real zu machen, daß Sie sich auf sie konzentrieren und sie mit Kraft erfüllen.

Bescheidenheit ist eine Qualität des spirituellen Selbst. Wenn Sie die Wahrheit akzeptieren, werden Sie bescheidener. Das hindert Sie nicht daran, das zu erreichen, was Sie im Leben erreichen wollen oder Ihre Träume zu verwirklichen. Es bedeutet einfach nur, daß Sie die Unermeßlichkeit unseres heiligen Erbes erkennen und glücklich sind, sich inmitten dieser Kraft zu befinden.

Beginnen Sie damit, einen positiveren inneren Dialog zu entwickeln. In Ihrem Verstand gibt es eine Menge unnützer Bilder, die Ihnen als wahr verkauft werden. Wenn diese negativen Gedanken auftauchen, verschließen Sie sich ihnen und sagen Sie: »Diese Perspektive akzeptiere ich nicht. Das ist nicht wahr.« Ersetzen Sie den Gedanken mit einem positiven, wahren Gedanken. So verändert sich Ihr innerer Dialog. Beginnen Sie gleichzeitig, innerhalb Ihrer verbalen Äußerungen aufzuräumen. Wählen Sie eine einfache Sprache und teilen Sie von ganzem Herzen mit anderen die Dinge, von denen Sie wissen, daß sie wahr sind.

Ich würde mir nicht allzuviel Gedanken um die kleinen Notlügen machen, ohne die es manchmal nicht geht. Es ist wichtiger, daß Ihre Handlungen und Ihre Worte von Ihrem spirituellen Selbst, nicht von Ihrem Ego ausgehen. Wenn Sie einen Ehrenkodex und eine unparteiische Beziehung zu sich selbst und anderen entwickeln, werden Sie dadurch aus der Evolution des Egos hinausgezogen und gelangen an einen geheiligten Ort. Sicherlich könnten Ihnen dadurch ein paar schnelle Profite durch die Lappen gehen, doch können Sie am Ende auf Ihr Leben zurückblicken, und jeder Augenblick davon wird Ihr Leben gewesen sein. Haben Sie Licht oder Verletzungen hervorgerufen? Haben Sie zu Ihrer eigenen Erleuchtung und dem Bewußtsein anderer beigetragen oder andere Menschen zu Ihrem eigenen Vorteil manipuliert und unfrei gemacht? Haben Sie Freude und Hoffnung gesät oder haben Sie Menschen zerstört und noch mehr Verzweiflung geschaffen? Das sind wichtige Fragen. Stellen Sie sie jetzt. Verändern Sie Ihr Verhalten. Gehen Sie neue Wege. Sie möchten doch nicht auf der Despotenbank enden und die Häßlichkeit Ihres Lebens betrachten ...

Unsere Fehler und die Fehler unserer Führer schmelzen im Lichte der Ewigkeit zu einem Nichts dahin. Wir können uns nur die Absolution erteilen, wenn wir in unserem Herzen eine angemessene und heilige Reue empfinden, aber erst dann, wenn wir unsere Aufrichtigkeit bewiesen haben, indem wir das Gute in der Zukunft bekräftigt und ihm die Treue geschworen haben. Bewußte Wesen sollten diesen Schwur heute leisten, damit andere inspiriert werden, morgen den gleichen Weg einzuschlagen.

Sonst werden die Folgen unserer großen Lügen unsere Welt in eine sehr dunkle Zeit ziehen. Das muß nicht sein. Wir müssen unsere Stimmen erheben und anderen den Weg zeigen. Starke Menschen sollten für andere ein Beispiel sein und für die Wahrheit aufstehen, um unseren Brüdern und

Schwestern, die sich selbst noch nicht sicher sind, den Weg zu zeigen. Sie müssen lernen, daß ein anderer Standpunkt nichts Bedrohliches ist. Um die Wahrheit einzuführen, müssen wir allen das Recht auf freie Meinungsäußerung einräumen. Menschen müssen Ideen ausgesetzt sein, die außerhalb der stammesbezogenen und nationalen Denkmuster liegen. Wir brauchen sicherlich neue Gedanken und Ideen, wenn wir die nächsten Jahrhunderte überstehen wollen.

Befassen wir uns mit der freien Meinungsäußerung.

6. Kapitel
Freie Meinungsäußerung

Um zur »Wahrheit« zu kommen, müssen wir uns zunächst einmal mit der freien Meinungsäußerung auseinandersetzen. In den westlichen Demokratien ist die freie Meinungsäußerung selbstverständlich. In den Vereinigten Staaten ist dieses Recht Bestandteil der Verfassung. Jeder sollte das Recht haben, sich auf eine Seifenkiste zu stellen und seine Ansichten zum besten zu geben oder ein Pamphlet zu schreiben, mit dem er die Regierung kritisiert, und niemand sollte das Recht haben, ihn deswegen ins Gefängnis zu stecken. Hinter der freien Meinungsäußerung stand die Absicht, daß es möglich sein sollte, unterschiedliche politische Meinungen und soziale Einstellungen an die Öffentlichkeit zu bringen, damit die Wünsche und die Ansichten der Menschen soziale Veränderungen bewirken konnten – es hörte sich alles so wundervoll an.

Freie Meinungsäußerung gibt es auch heute noch – vorausgesetzt, Sie widersprechen keinem der etwa hundert Tabu-Themen. Ja, Sie können sich noch immer auf Ihre Seifenkiste stellen, aber keinen wirklichen sozialen Wandel bewirken, ohne über die nationalen Medien zu kommunizieren – denn das muß sein, wenn Sie die Gedanken der Menschen en masse verändern wollen. Genau an diesem Punkt hört die freie Meinungsäußerung auf.

In den meisten Ländern braucht ein Fernseh- und Radiosender eine staatliche Konzession. In einigen Ländern gehören sie sogar der Regierung. Das Gebaren der Sender wird beobachtet, und das, was sie senden, wird nicht nur durch

Gesetze kontrolliert, sondern auch durch die Angst der Sender beeinträchtigt, das Mißfallen der Autoritäten und der Großindustrie zu erregen. Sicherlich können sie die Regierung kritisieren, doch haben sie Angst, den großen Männern des Status quo zu widersprechen. Deshalb strahlen die Fernseh- und Radiosender in Amerika vor Talkshows diesen Vorspann aus: »Die Ansichten der Mitwirkenden entsprechen nicht unbedingt den Ansichten dieses Senders.« Die Sender, die auf das Wohlwollen der Massen angewiesen sind, haben Angst, wirkliche Kontroversen herbeizuführen, da sie befürchten, die vorgefaßten Denkstrukturen der Zuschauer zu verletzen.

Amerika hat zwar öffentliche Sender, über den jeder senden kann, doch wird er nur von einigen Kabelzuschauern empfangen (nur ein paar hundert Haushalte), so daß die Beiträge nicht wirklich meinungsbildend oder einflußreich sind. Unabhängig davon, ob eine Zeitschrift oder ein Sender politisch eher rechts oder links angesiedelt ist, vertreten alle den üblichen elitären Standpunkt. Schließlich unterstützt der Status quo die Medien durch seine Werbung; wie kann eine Zeitschrift Kritik an den eigenen Kunden üben?

Aus den großen Sendenetzwerken sind einfach Sprachrohre der Regierung geworden. Vor einiger Zeit las ich eine Untersuchung über die Menschen, die in Ted Koppels Nightline auftreten. Mehr als 90 Prozent sind Weiße, mehr als 80 Prozent männlich und mehr als 70 Prozent sind Regierungsbeamte. Schauen Sie sich die Nachrichten an, die nachts gesendet werden – Sie werden das gleiche zu sehen bekommen. Regierungsbeamte, die Ihnen Regierungspolitik in logischer Vernünftigkeit verkaufen, der niemand widersprechen darf. Wenn ein neues Gesetz vorgeschlagen wird, sagt der Nachrichtensprecher vielleicht: »So einen Haufen Unsinn brauchen die Menschen nicht«? Oder zählt er rationale Gründe auf, um das Gesetz zu rechtfertigen? Manchmal erscheint ein Oppositionsmitglied als Korrektiv der Mattscheibe, doch auch der hat nur eine Variation des Themas zu bieten. Ein Mitglied des Status quos, der einem anderen widerspricht. Sie stecken alle unter einer Decke. Andersdenkende treten im Fernsehen nie auf. Der Eindruck entsteht, daß es niemanden gibt, der wirklich anderer Meinung ist, und die einzig möglichen Alternativen die Linie der Regierung oder eine leichte Abweichung sind. Fuchs oder Wolf – aber von Hühnern redet niemand.

Diese Gehirnwäsche ist so pervers und perfide, daß die Menschen noch nicht einmal wahrnehmen, daß sie eine Gehirnwäsche verpaßt bekommen. Sie glauben wirklich, daß ihre Ansichten ihre eigenen sind. Es ist sehr schwer, über den Tellerrand der programmierten Massenmeinung hinauszublicken. Wenn die Vorhänge zugezogen werden, befinden Sie sich innerhalb des Zuges.

Die keimfreie Version der Nation, die wir jeden Abend im Fernsehen sehen, wird von den »Absolventen der Akademie des Bejahenden Gefälligseins« geschrieben. Die Leute sagen uns, was wir hören wollen. Wir bekommen zu hören, was sie uns vermitteln wollen. Die Abgesandten der russischen Parlamente spielten bis zum letzten Regierungstag, als die Schecks der Staatsarbeiter platzten, verkündeten die große Lüge und vergnügten sich. Letztlich muß man sich zur Wahrheit bekennen.

Die gleiche Angst und Kontrolle existiert auch in der Filmindustrie. Die meisten kommerziellen Filme stammen aus Amerika. Alle englischsprachigen Filme sind auf den amerikanischen Vertrieb angewiesen, wenn sie es finanziell schaffen wollen. Theoretisch kann man jeden gewünschten Film drehen. Doch kann man seinen Film der breiten Masse nicht zugänglich machen, ohne durch den amerikanischen Vertriebsapparat zu gehen, der unter der strengen Kontrolle von ein paar wenigen steht. In Amerika machen und vertreiben zum größten Teil weiße Männer Filme – die meisten von ihnen sind jüdischer Abstammung. Sie können jeden Film drehen, den Sie möchten, solange er in die Denkstrukturen der Vertriebsgesellschaft paßt. Doch wie stehen Ihre Chancen, wenn sie weiblich, schwarz und aus Arabien sind?

Was wäre, wenn Sie einen Artikel für eine Zeitschrift aus Oregon schreiben würden, in dem Sie fordern, daß die konservativen Politiker zurücktreten sollen, die Wälder abgeholzt und die Waldarbeiter ihre Arbeitsplätze wieder zurückbekommen sollen? Würde die Zeitschrift Ihren Artikel abdrucken? Diese Beispiele mögen Ihnen sehr extrem vorkommen. Sie können einwenden, daß es ja auch egal ist, ob die Zeitung den Artikel abdruckt, da wir die Wälder nicht abholzen wollen und daß es Ihnen außerdem egal ist, was die israelische Regierung macht. Es geht hier jedoch nicht um Ihre persönliche Meinung, sondern um das Prinzip.

Während meines zehnjährigen Aufenthaltes in Amerika kann ich mich nicht erinnern, jemals einen Artikel gesehen zu haben, der die palästinensische Seite der Auseinandersetzung dargestellt hätte. Die Palästinenser werden als verwerfliche Terroristen dargestellt. Doch der Terrorist des einen ist der Freiheitskämpfer des anderen. Israel selbst wurde zum Teil durch die terroristischen Aktivitäten seiner eigenen Guerillas errichtet – den Haganah. Wenn Sie einen Artikel schrieben, der den palästinensischen Standpunkt beschreiben würde, würde er wahrscheinlich nicht veröffentlicht werden. Wenn doch, würde man Sie als antisemitisch angreifen. Die westliche Meinung wird so manipuliert, daß man Israel oder die israelische Regierung nicht kritisieren kann, will man die Israelis respektieren.

Doch was wäre, wenn Sie kein Antisemit wären? Wenn Sie in Wirklichkeit die Juden und alle anderen Völker der Welt respektierten und Sie ein ehrlicher und anständiger Mensch wären, der einfach nur mehr Informationen will? Wer sind die Palästinenser? Welche Geschichte haben sie? Was fordern sie? Das sind vernünftige Fragen, besonders, da sich das Problem nicht einfach in Luft auflösen wird. Warum also kommen die Palästinenser in den Medien nicht zu Wort? Weil der Status quo es nicht gestattet, daß irgend jemand etwas sagt, was nicht der offiziellen Meinung entspricht. Wenn die Menschen die palästinensische Geschichte kennen würden – wenn man zum Beispiel wüßte, daß für jeden Israeli, der von den Palästinensern getötet wird, 50 Palästinenser verletzt oder getötet werden – würden sie sich vielleicht etwas mehr Gedanken über die andere Seite machen. Die öffentliche Meinung würde die Israelis zwingen, ein Abkommen mit den Palästinensern zu schließen. So einfach wäre das. Israel ist einer der Hauptverbündeten Amerikas. Niemand darf eine abweichende Meinung haben, auch dann nicht, wenn ein Körnchen Gerechtigkeit in ihr wäre.

Die gleichen Gesetzmäßigkeiten tauchen bezüglich der IRA in den britischen Zeitungen auf. Es gibt keine positiven Berichte über die irische Freiheitsbewegung, in denen ihre Forderungen objektiv diskutiert werden. Ich kann mich nicht daran erinnern, jemanden im Fernsehen gesehen zu haben, der sagte, daß die IRA vielleicht Recht haben könnte – daß Irland wiedervereinigt und der Norden von der Vorherrschaft der Briten und der protestantischen Minderheit befreit werden sollte. Eine kürzlich durchgeführte Meinungsumfrage bestätigte, daß die überwiegende Mehrheit der Briten dafür plädiert, die Regierung solle direkt mit der IRA verhandeln. Außerdem wollen die Leute, daß Nordirland unabhängig oder mit dem Süden wiedervereinigt wird. Die Gefühle der Leute verstoßen jedoch gegen die offizielle Richtung, so daß die Stimme der Vernunft zum Schweigen gebracht wird.

Man kontrolliert das Denken der Menschen, indem man sie mit den Argumenten der einen Seite bombardiert. Die planetarische Gruppenseele muß jedoch die Stimmen aller Völker vernehmen, nicht nur die des Egos. Es gibt so etwas wie eine spirituelle Richtigkeit. Man kann sie nicht dadurch eliminieren, daß man einem Volk den Ausdruck seiner Ansichten untersagt, weil man sich vor den politischen oder gesellschaftlichen Implikationen dessen fürchtet, was gesagt werden könnte.

Den westlichen Regierungen geht gerade mit einer solchen Geschwindigkeit das Geld aus, daß sie früher oder später noch härtere Gesetze erlassen müssen. Gesetze, die alles kontrollieren, einschließlich dem Recht, Grund und Boden zu besitzen, der Redefreiheit, und was auch immer sonst nötig sein wird, um an der Macht zu bleiben und das Durcheinander zu vermeiden, welches sie anrichten. Hört sich das unwahrscheinlich an? Nein. Einige solcher Gesetze existieren schon. Vor zwei Jahren hat die australische Regierung ein Gesetz erlassen, das den Medien Parteiwerbung untersagt. Im Fernsehen traten ein paar Leute auf, die sagten, das Gesetz sei eine Schande, und bezahlte Experten der Regierung widersprachen ihren Protesten. Die Experten erklärten, daß es der Bevölkerung zugute käme, wenn Parteiwerbung verboten wäre und die Australier keine politische Werbung bräuchten. Von dem Augenblick an konnten die Oppositionellen keine Parteiwerbung mehr senden. Ich verstehe nicht, warum es keine Aufstände gab, doch was können die Leute schon dagegen tun? Die Regierung wurde verklagt und mußte vor Gericht. Der Klage wurde schließlich beim obersten Gerichtshof Australiens stattgegeben, und das Gesetz mußte verworfen werden. Doch die bloße Tatsache, daß eine demokratische, westliche Regierung ein rechtswidriges Gesetz erlassen konnte, das die Opposition mehrere Jahre lang systematisch zum Schweigen brachte, zeigt, daß die Hierarchien alles tun werden, um an der Macht zu bleiben. Mir macht das ein bißchen Angst.

In der Zwischenzeit hat die amerikanische Regierung unter dem Vorwand der RICHO Verordnung, der Anti-Drogen-Kämpfe und anderer Rechtsschachzüge einige vernichtende kleine Gesetze erlassen (es gibt bereits Hunderte), die es ihr gestatten, das Eigentum von Menschen zu beschlagnahmen, ohne beweisen zu müssen, daß sich diese Menschen etwas haben zuschulden kommen lassen. 1992 haben sie einen Gegenwert von 400 Millionen Dollar erbeutet; man schätzt, daß die Regierung dieses Jahr Eigentum im Werte von über einer Milliarde Dollar von den Bürgern beschlagnahmen werde. Wenn sie das schafft, hat sie gute Arbeit geleistet. In meinem Buch »Geld – fließende Energie« schrieb ich, daß uns unsere Dinge sowieso nicht gehören. Wenn Ihnen ein Haus gehört, müssen Sie Grundsteuern zahlen. Dort, wo ich früher wohnte, betrug sie ein Prozent im Jahr – in anderen Gebieten liegt sie noch höher. Das hört sich an, als sei es nicht viel, doch auch bei einem Prozent hat sich die Regierung den gesamten Grund und Boden alle hundert Jahre einmal angeeignet – das Äquivalent in bar, wohlbemerkt.

Nun, gehört Ihnen wirklich etwas, oder ist Ihr Eigentum nicht eher wie ein Fernsehsender – die Konzession gibt die Regierung? Versuchen Sie, die Regierung nicht zu bezahlen. Wird sie Ihnen erlauben, Ihr Eigentum trotzdem zu behalten? Sie können es behalten, aber nur, wenn Sie jede

Konzession zahlen, deren Höhe sich die Regierung ausdenkt.

Im Laufe der Jahre haben Regierung und Medien durch ihre Ideen das Denken der Leute verformt und zu Prinzipien erhoben, die unangreifbar und nicht zu hinterfragen sind. Wenn Sie ein paar grundlegende Ideen oft genug wiederholen, werden die Menschen zur Zustimmung gezwungen. Kritik und abweichende Meinungen werden im Keim erstickt. Aus der großen Lüge wird eine »Religion«. Das Denken der Menschen geht nur noch mit amtlicher Genehmigung der Regierung vor sich. Ebenso verhält es sich mit ihrem Besitz. Es gibt fast keine alternativen Stimmen.

Schauen Sie sich eine Streitfrage wie die Einwanderung an. Können Sie im nationalen Fernsehen auftreten und sagen: »Ich finde es entsetzlich, daß den Ausländern die Einwanderung gestattet wird. Der Gedanke, daß all diese Ausländer hier vom Sozialamt leben, Crack verkaufen und in Miami herumballern, gefällt mir nicht. Lassen Sie uns die Fremden höflich bitten, zu gehen, und keine weiteren einladen.« Haben Sie jemals im Fernsehen jemanden gesehen, der so etwas gesagt hat? Gut, ich gebe ja zu, daß die meisten Amerikaner nicht mit diesen Gedanken übereinstimmen würden, doch es geht nicht um Übereinstimmung. Der Punkt ist, daß es verboten ist, eine abweichende Meinung vorzutragen – sie wird zensiert.

Doch so ist es mit fast allem. Warum machen all die amerikanischen Filmschauspieler Liebe, ohne sich ihre Hosen auszuziehen? Gibt es ein Gesetz gegen Nacktheit? Nein. Aber unter dem Namen CODE gibt es ein Zensuramt, das bestimmt, was wer in einem Film sehen darf. Also werden die Filmemacher Al Pacinos Männlichkeit nicht zeigen, aus Angst, daß ihnen das Geld gestrichen wird.

Sie sagen vielleicht, daß Sie Al Pacinos Männlichkeit gar nicht sehen wollen – doch es geht wiederum ums Prinzip. Die Hollywood-Version des Lebens entspricht nicht der Realität. Sie ist keimfrei, unlogisch, konformistisch und männlich. Und Sex mit Klamotten am Körper ist kein sicherer Sex – Sie werden sich Ihr Dingsbums im Reißverschluß einklemmen.

Man geht davon aus, daß die Obrigkeit es am besten weiß. Da die wesentlichen Grundsätze als unantastbar, heilig und für alle als nützlich betrachtet werden, gibt es ja auch keinen Grund, warum jemand, der all seine Sinne zusammen hat, all dem widersprechen sollte. Die Welle der nationalen Denkstrukturen verlangt, daß man sich der Stammesreligion absolut unterwirft. Wenn Sie sich wirklich einmal anschauen, was diese alten Ideen mit uns machen, werden Sie erkennen, daß einige von ihnen die westlichen Demokratien in die Knie gezwungen haben. Eines Tages werden die Gesetze bezüglich der freien Meinungsäußerung bedeuten, daß wir uns auch Dinge anhören, die wir nicht hören wollen. Sonst wird das spirituelle Selbst der Menschen niemals zu Worte kommen, und wir werden das ganze Durcheinander nie beseitigen können.

Wir könnten uns hundert Grundsätze anschauen, die inzwischen zur »Religion« erhoben wurden, doch gibt es besonders große Gebiete im Bereich der öffentlichen Angelegenheiten, die niemand ansprechen oder denen niemand widersprechen darf. Zum Beispiel: die Finanzwirtschaft der Regierung, die Vorgänge im Bankwesen, der Datenschutz, die Auslandspolitik, das Gebaren der Steuerbehörde, das Wirtschaftsministerium, PAC Gelder an die Politiker, die Macht von Führungskräften, verdeckte Aktionen, Militärausgaben, die Rechte der Polizei, usw. Wenn Sie in den Vereinigten Staaten als Mitglied des Kongresses die Steuerbehörde kritisieren, werden Sie automatisch untersucht und fallen einer Buchprüfung anheim. In Amerika gibt es ein System, nach dem die IRS (die amerik. Steuerbehörde - Anm. d. Ü.) sich mehr oder weniger außerhalb jeglicher Kontrolle seitens des Gesetzes befindet. Deshalb kann die IRS fröhlich immer weiter die Leute so weit wie möglich schröpfen. Niemand sagt irgend etwas. Es hat sich über die Jahre unwiderlegbar erwiesen, daß politische Aktivisten in Amerika automatisch IRS-Untersuchungen zum Opfer fallen. Es geht alles fast unmerklich vor sich, und die Aktivitäten der IRS bekommen von vielen legalen staatlichen Gesetzen Rückendeckung. Nach außen behauptet die IRS zwar, unparteiisch zu sein, doch greifen sie in Wirklichkeit jeden an, der ihre

Macht bedroht oder den die Regierung aus politischen Gründen nicht mag.

Die Kontrolle der Einstellungen und das Formen einer öffentlichen Übereinstimmung zeichnen sowohl die amerikanischen als auch die meisten westlichen Systeme aus. Ich finde es faszinierend zu beobachten, wie die Kontrolle der öffentlichen Meinung mittels Propaganda fast alle Bereiche des Lebens durchdringt. Es gibt natürlich die wesentlichen wirtschaftlichen Kernfragen, die – wie die Arbeitslosenquote – zum Vorteil der Regierung geschönt werden. Dann gibt es noch die mehr allgemeinen gesellschaftlich/wirtschaftlichen Themen, wie zum Beispiel den Sozialstaat. Alle politischen Parteien, die der westlichen Welt nahestehen, unterstützen den Umstand, daß der Sozialstaat ständig steigende Milliardenbeträge, die er gar nicht hat, für die Aufrechterhaltung dieser Idee ausgibt. Politisch gesehen ist es völlig vernünftig, das Geld der Leute so auszugeben, daß man selbst an der Macht bleibt! Doch ist es gut für die Nation, wenn sich die Regierung Geld leiht, um es Leuten zu geben, die nicht arbeiten? Ist es richtig, daß ein Mann oder eine Frau auf ewige Zeit von fleißigen, hart arbeitenden Menschen unterstützt werden sollte? Wo hört der Sozialstaat auf und wo beginnen die politischen Lügen? Das ist schwer zu sagen. Aber ganz bestimmt ist es völlig verrückt, sich Geld zu leihen, nur um die Idee aufrechtzuerhalten.

Die Regierung bewegt die Medien dazu, zu suggerieren, daß Menschen, die durch ihre Erwerbstätigkeit Geld haben, für solche mitbezahlen müssen, die nicht arbeiten. Ich habe noch nie gesehen, daß es jemandem gestattet wurde, dieses Konzept in Frage zu stellen. Es wird immer so dargestellt, daß ja die Reichen geschröpft werden und das System daher fair sei. Doch ist es vom moralischen Standpunkt betrachtet in Ordnung, jemanden zu schröpfen? Womit kann man es rechtfertigen, daß Leute gezwungen werden, für Dinge zu bezahlen, die sie nicht bekommen? Der Großteil unserer Gesellschaft besteht nicht aus reichen Leuten, doch werden alle im Namen dieses Prinzips ausgeplündert. Unter dem Vorwand, den Sozialstaat zu erhalten, manipulieren die Regierungen die öffentliche Meinung, um Milliarden einzutreiben, mit denen sie sich selbst, ihre Bürokratien und ihre militärischen Apparate erhalten. Und all das dient natürlich zur Machterhaltung. Es kommt mir so vor, als würden unwahrscheinliche Anstrengungen unternommen, Raub am hellichten Tage im Namen des Sozialstaates zu legitimieren. Nie durfte jemand einwenden, daß es den Arbeitern und kleinen Geschäftsleuten – oder sogar den Reichen – erlaubt sein müßte, ihr Geld zu behalten, oder wenigstens den größten Teil davon. Man muß mit Diskriminierung rechnen, wenn man widerspricht. Man wird als niederträchtiger und geiziger Mensch hingestellt, der seinen Mitmenschen nicht helfen will. Eine weitere Unterstellung ist, daß alle Geschäftsleute sich an den normalen Menschen bereichern. In Wirklichkeit ist es die Regierung, die sich an den normalen Menschen bereichert.

Ich glaube schon, daß einige große Firmen und Monopolinhaber ihre Macht tatsächlich mißbrauchen, doch die meisten Geschäftsleute sind kleine Unternehmer und arbeiten sehr hart, um für ihre Bemühungen anschließend ausgenommen zu werden. Stimmt es denn, daß all diese Leute verachtungswürdig sind, kleine Leute ausbeuten und daher möglichst hoch besteuert, mit Gesetzen bombardiert und so viel wie möglich gequält werden sollten? Oder ist das eher eine veraltete Theorie, die Erfinder und schöpferische Menschen dazu treibt, ihre sieben Sachen zusammenzupacken und woanders hinzugehen?

Man findet die Religion des Staates und die Denkstrukturen des Stammes überall. Schauen Sie sich an, welche Position das Christentum in unseren westlichen Gesellschaften einnimmt. Man kann sich stundenlang christliches Fernsehen anschauen, ohne daß alternative Ideen geboten werden. Die christliche Kirche hat eine Monopolstellung in den Massenmedien und formt dadurch die öffentliche Meinung zu ihren Gunsten. Das bewirkt, daß das Christentum und seine Prinzipien gut sind, während alles andere weniger gut oder einfach böse ist. Warum sollte man sich also überhaupt eine andere Meinung anhören? Der Mangel an Freiheit in unseren Medien gestattet nicht, daß irgendwelche neuen Ideen diskutiert werden – Ideen, die vielleicht auf der Wirklichkeit und auf Energie beruhen, statt auf Religion und Emotionen. Ideen, die unter den gegenwärtigen Umständen vielleicht eher angemessen wären. Man muß das, was die Menschen glauben, bis auf den Grund hinterfragen, um eine neue Ordnung und neue Verhaltensweisen zu finden. Es hat uns nichts gebracht, nur an den alten Systemen herumzubasteln. Aber können sich Menschen überhaupt neuen Ideen öffnen, oder macht ihnen das zu viel Angst?

Im Stammesdenken werden diese Ideen kollektiv abgelehnt, aber auch der Einzelne lehnt in einem gewissen Ausmaß neue Ideen ab. Auch in diesem Augenblick tauchen aus dem Innersten Ihrer Seele Botschaften auf, die Sie aber gewohnheitsmäßig zurückweisen und – als König oder Königin Ihres Bewußtseins – einfach nicht gelten lassen.

Was ist zu tun? Zunächst einmal müssen Sie diesem inneren Prozeß, der Ihre Evolution und Ihr Verstehen in diesem Leben antreibt und lenkt, Redefreiheit gewähren. Lassen Sie das Innerste Ihrer Seele sprechen, und lassen Sie auch bizarre oder beängstigende Gedanken zu. Und gewöhnen Sie sich an, solchen Gedanken wenigstens Beachtung zu schenken. Wenn Sie sich weigern, die emotionale Bequemlichkeitszone Ihrer Glaubenssätze zu durchbrechen, werden Sie schwerlich Fortschritte machen. Zweitens können Sie der Welt sehr helfen, wenn Sie anderen die seltene Gelegenheit geben, Dinge zu hören, die sie nicht hören wollen. Sie werden nicht ins Fernsehen kommen, und vielleicht werden Sie Ihre Beliebtheit auch für das langfristige Wohlergehen der Menschheit opfern müssen, doch sind gerade neue Gedanken Geschenke an die Menschheit. Wenn Menschen bereit sind, dem Status quo zu widersprechen, werden sich neue Gedanken in der Gesellschaft nachhaltig manifestieren.

Wenn jemand zu Ihnen sagt: »Das Leben ist hart.« antworten Sie einfach: »Nein, das Leben ist nicht hart, sondern ein Kinderspiel.« Wenn die Leute sagen: »Ist es nicht schrecklich, all diese armen Menschen in der Stadt zu haben?« sagen Sie: »Nein, das stimmt nicht – es ist völlig in Ordnung. Es gehört zu ihrer Entwicklung, arm zu sein. Auf diese Weise lernen unsere Brüder und Schwestern, eine höhere Schwingungsebene zu erreichen.«

Legen Sie die Sicherheitsgurte an – die Leute drehen durch. Es ist nicht wirklich wichtig, ob Sie glauben oder nicht glauben, was Sie sagen. Sie geben nicht unbedingt Ihre eigene Meinung wieder, aber bringen den Menschen auf subtile Weise etwas bei. Sie erweisen Ihren Zuhörern einen großen Dienst, indem Sie ihrer »Religion« widersprechen. Das tut ihnen gut, auch wenn sie darüber wütend werden. Durch Ihr Verhalten erkennen die Menschen, daß es außerhalb ihrer Welle noch eine andere Welt des Bewußtseins gibt, auch wenn sie nicht mit ihr übereinstimmen. Dies ist der erste Schritt in Richtung globaler Wahrheit und freier Meinungsäußerung. Sie müssen die Menschen dazu bringen, zu erkennen, daß es jenseits der verkalkten Einstellungen des Weltegos mit seiner Manipulation der allgemeinen Denkstrukturen noch viele weitere Möglichkeiten gibt.

Es kann viel Spaß bringen, die Rolle desjenigen zu spielen, der widerspricht. Ich hielt einmal einen Vortrag in New Mexiko. Es war heiß, und die Zuhörer dösten schon ein wenig vor sich hin. Nach 15 Minuten fragte ich mich, was ich tun sollte. Ich entschied, meinen Vortrag etwas zu verändern, um sie aufzuwecken. Ich sagte, ich sei der Meinung, daß amerikanische Frauen viel männlicher seien als europäische oder australische Frauen und weitaus weniger feinsinnig und anziehend. Im Nu war die Hölle los. Drei junge Frauen sprangen lauthals protestierend auf. Eine von ihnen fluchte und tobte und fuchtelte wild mit ihren Armen in der Luft herum. Dann stand ein lesbisches Paar auf, die Anstoß an dem genommen hatten, was die erste Frau gesagt hatte, und die aggressivere von den beiden drohte der Frau gleich Schläge an. In der Zwischenzeit stand eine ziemlich korpulente Frau in der zweiten Reihe auf und sagte, daß ihre größte Angst sei, vergewaltigt zu werden. Ich antwortete ihr zwar nicht, erinnere mich aber, daß ich dachte, ihre Chancen stünden 1 zu einer Million und daß sie sich keine Gedanken machen sollte. Die meisten anderen Leute im Raum dachten das gleiche. Einer der Männer stand auf und sagte, daß die meisten Frauen, die er bislang getroffen hatte, ihm viel zu viel Angst gemacht hätten und er nie so leichtsinnig sein würde, auch nur den Versuch zu unternehmen, sie zu vergewaltigen. Und plötzlich war der Täter mitten unter lauter Opfern. Im gleichen Augenblick waren zehn Leute auf den Beinen. Sie wollten den Mann in Stücke reißen.

Als sich der Lärm etwas gelegt hatte, sagte eine ältere Frau, daß sich die Dinge ihrer Meinung nach verändert hätten und die Frauen zu ihrer Zeit tatsächlich weiblicher gewesen wären. Kaum hatte sie diese Worte ausgesprochen, als sich eine neue Gruppe von Frauen wie eine Horde Ringkämpfer erhob, um sie niederzumachen. Eine Frau aus Texas stimmte mit ihr überein, daß amerikanische Frauen weniger weiblich seien, doch könnten sie nichts dafür - heutzutage seien viele Männer entweder Softies oder schwul. Drei Typen ließen sich dazu hinreißen, ihre Manneskraft zu verteidigen. Dieser Teil der Auseinandersetzung gipfelte darin, daß ein wirklich gutaussehender junger Schwarzer aufstand und der Texanerin anbot, ihr das Gegenteil zu beweisen. Das halbe Zimmer brüllte vor Lachen. Die andere Hälfte hielt ihn für ein sexistisches Schwein.

Das ganze dauerte etwa eine Viertelstunde lang. Ich saß einfach auf meinem Hocker, ruhte mich aus und sagte gar nichts. Da es derart chaotisch wurde, kündigte ich eine vorzeitige Pause an und zog mich für eine Tasse Kaffee zurück - sehr zufrieden mit mir selbst. In der Zwischenzeit gingen die Auseinandersetzungen noch eine halbe Stunde lang in der Vorhalle weiter. Es war großartig. Ich hatte sie dazu gebracht, ihre Schutzmauern zu durchbrechen und sie mit der Wahrheit konfrontiert - und ein Haufen sexuelles Zeug, das sie zuvor in sich verschlossen gehalten hatten, kam zum Vorschein. Sie waren zwar wütend, doch es half ihnen. Als sie einmal ihren ganzen Müll sichtbar auf den Tisch gelegt hatten, blieb ihnen nichts anderes übrig, als sich damit auseinanderzusetzen.

Es ist völlig egal, ob meine ursprüngliche Bemerkung falsch oder richtig war. Es handelte sich um eine Trickfrage. Und wenn amerikanische Frauen maskuliner als europäische sind, na und? Eine Frau kann sein, was sie möchte. Wichtig war, daß ich, indem ich die weitverbreitete Vorstellung, amerikanische Frauen seien Süße, Licht und Weiblichkeit in Person, in Zweifel zog, meine Zuhörer darauf aufmerksam machen konnte, wie starr sie innerhalb ihrer begrenzten Einstellungen wirklich waren. Sie fühlten sich schon dadurch bedroht und verletzt, sich eine alternative Sichtweise anhören zu müssen.

Um so ein Glanzstück abzuziehen, müssen Sie die tiefverwurzelte Vorstellung überwinden, es allen Menschen recht machen und die Unterstützung aller Menschen gewinnen zu müssen, indem Sie immer zustimmen. Genau das ist das Problem: In dem Maße, wie die Medien und die Gesellschaft das Bewußtsein der Menschen in eine kollektive Form pressen, werden die unermeßlichen, frei fließenden, kreativen Möglichkeiten im eigenen Herzen allmählich zu einer kleinen, verkalkten Masse - wie ein Zuckerwürfel.

Vielleicht sind Sie der Meinung, Sie sind ein offenes, befreites Wesen. Wenn Sie jedoch all die Dinge aufschreiben würden, die Sie über Leben, Tod, Geld, Sicherheit, Sex, Liebe, Freundschaft, die Gesellschaft, den Planeten, Ihr Land, usw. denken, würden Sie wahrscheinlich erkennen, daß ein Großteil dessen, was Sie glauben, aus der Stammeswelle stammt. Wahrscheinlich plappern Sie wie ein Papagei all die Dinge nach, die auch andere glauben. Wenn Sie genau hinschauen, würden Sie vielleicht entdecken, daß Sie insgesamt nicht besonders viele originellen Gedanken hegen, sondern einfach nur Gedanken, die durch die kollektive Eindringlichkeit des Stammesdenkens auch von Ihnen übernommen wurden.

Deshalb sind die meisten Menschen so schrecklich langweilig - sie sind sich alle so ähnlich. Sicherlich gibt es Schattierungen, was die Einstellungen anbelangt - Republikaner oder Demokrat, Protestant oder Katholik - doch letztlich bewegen sie sich alle in dem von der Religion ihres Volkes und dem Status quo vorgegebenen Rahmen. Mehr hat man ihnen nicht beigebracht. Es gibt keine abweichende Meinung. Das wird durch die Massengehirnwäsche der Menschen sichergestellt. Wenn diesen alten Vorstellungen - die häufig das Ergebnis von sexuellen Stereotypen und hierarchischer Dominanz sind - die Luft ausgeht und die Welt auseinanderfällt: wie kann jemand neue Lösungen finden? Wenn wir keine Redefreiheit zulassen, werden wir keine finden.

Im Augenblick fällt es der Welt ziemlich schwer, neue Ideen zu entwickeln; das alte System ist noch nicht den Weg alles Irdischen gegangen. Es gibt eine sehr klare Wechselwirkung zwischen den etablierten Grenzen menschlicher Anschauungen und dem Versuch Ihres spirituellen Selbstes zu wachsen. Als die spirituellen Ideen der Menschen noch in den Kinderschuhen steckten, war die Beschränktheit der öffentlichen Meinung akzeptabel, da die Menschen noch nicht viel Raum brauchten. Als wir uns aber entwickelten, begannen unsere spirituellen Bedürfnisse Druck auf die gesellschaftlichen Meinungen auszuüben. Es ist schwer, sich zu entwickeln, wenn die öffentliche Meinung es einem untersagt.

Die Vorstellung, daß die Menschen vielleicht ihrem Bedürfnis nach Mitgliedschaft in einer Gesellschaft entwachsen könnten, wird mit Stirnrunzeln betrachtet. Und doch gibt es Millionen von Menschen, die genau das getan haben. Sie sind über das Bedürfnis hinausgewachsen, überhaupt irgendwo dazugehören zu wollen und sind ausgestiegen. Einige leben in Kleingruppen oder Kommunen, einige sind in ihre eigene unabhängige Existenz abgewandert. Dennoch werden sie vom Status quo für ihre Unabhängigkeit diskriminiert. Sie werden, weil sie das Spiel nicht mitspielen wollen, als Exzentriker betrachtet.

Unser spirituelles Selbst, das Ausdrucksfreiheit sucht, und unser Bedürfnis, ein streßfreies Dasein zu führen, stoßen gegen ein soziales Gefüge, das eine drohnenhafte Unterwürfigkeit fordert, die per Gesetz und Kontrolle über die öffentliche Meinung mit Nachdruck durchgesetzt wird. Die Dinge werden sich so schnell nicht ändern. Der Druck, der auf das System ausgeübt wird, muß noch verstärkt werden. Es gibt immer noch viele Menschen, denen das alte System zu großen Erfolgen verholfen hat. Sie haben Geld, Macht und können Kontrolle ausüben. Sie wollen keine Veränderung. Auf der anderen Seite der Machtgleichung gibt es Millionen von Menschen in der westlichen Welt, die noch immer nicht in der Lage sind, sogar auf der niedrigsten Ebene der Aktivität und des Bewußtseins ein Gleichgewicht aufrechtzuerhalten. Für sie wäre es sehr beängstigend, wenn man ihnen vorschlagen würde, mit dem System abzuschließen, ihren eigenen Fähigkeiten zu vertrauen und auszusteigen.

Der Prozeß wird auch von denjenigen behindert, die sich zwar aus dem Zentrum des tick-tock hinausbewegt haben, aber nicht sehr weit gekommen sind. In Wirklichkeit haben sie eine Religion gegen eine andere ausgetauscht. Wenn Sie sich die New Age Leute anschauen, die sich selbst als bewußter und freier betrachten als andere, sehen Sie trotzdem Konformität. Sie verteidigen ihre Position sehr nachdrücklich und wiederholen immer wieder das gleiche.

Wenn Sie anderer Ansicht sind, sollten Sie folgendes ausprobieren: Falls Sie einmal an einer Kristallkugel-Meditationsgruppe teilnehmen, bringen Sie mit folgenden Worten eine Diskussion in Gang: »Scheiß Delphine! Ich fang wieder an, Thunfisch zu essen. Was haltet Ihr davon?« Beobachten Sie, wie die Leute reagieren. Und dann erzählen Sie mir, daß New Age keine Religion ist, auch wenn das Bewußtsein freier ist als in der tick-tock Welt.

Ich will Ihnen ein Beispiel aus meiner eigenen Erfahrung erzählen. Nur etwa eine Handvoll New Age Autoren haben mehr als eine Million Bücher verkauft. Ein Bestseller unseres Genres verkauft sich etwa 25 000mal. Ich bin sehr privilegiert und habe das Glück gehabt, mehr als eine Million Bücher zu verkaufen. In den zehn Jahren, da ich in Amerika gelebt habe, ist nicht ein einziges Wort aus meinen Büchern in den drei führenden New Age Magazinen erschienen. Tatsächlich sind meine Bücher und meine Kassetten aus vielen New Age Buchläden verbannt worden. Sie könnten jetzt sagen: »Nun Stewie, das ist ja kein Wunder, da Du ja so einen Haufen Schund produzierst.« Oder könnte der Grund vielleicht der sein, daß »New Age« eine Religion ist und meine oftmals abweichenden Ansichten eine Bedrohung darstellen? Auch in den meisten Buchladenketten sind meine Bücher nicht zu haben. Doch ist auch das nicht verwunderlich. Wir haben W. H. Smiths angerufen, eine große Ladenkette in England, und wollten dem New Age/Psychologie-Einkäufer ein kostenloses Buchpaket zur Probe anbieten. Seine Reaktion? »Stuart Wilde? Sie machen wohl Witze!« Anschließend legte er ohne ein weiteres Wort auf.

Ich bin in vielen kleinen Radio- und Fernsehshows aufgetreten aber wurde nur viermal eingeladen, zur besten Sendezeit im Fernsehen aufzutreten. Ohne Ausnahme wurden meine Einladungen auf mysteriöse Weise jedesmal vor Drehbeginn abgesagt. Bei einer Show wurde zwar gedreht, aber das Material wurde nie gesendet.

Das Thema Redefreiheit ist sehr heikel. Man kann nicht genau sagen, was gerechtfertigte wirtschaftliche Prioritäten sind und was Vorurteile. Wenn man bedenkt, daß abweichende Meinungen in den New Age Medien oder anderswo nie abgedruckt werden, liegt die Vermutung nahe, daß ein Selektionsprozeß stattfindet.

Machen Sie sich zunächst einmal nicht verrückt, wenn die Welt Ihnen kein Gehör schenkt. Akzeptieren Sie es einfach. Seien Sie liebevoll und geduldig. Es gibt im kollektiven Unbewußten einen inneren Dialog, der einfach so vor sich hinschwatzt. Es dauert eine Weile, bis neue Ideen in das Bewußtsein der Menschen vordringen, das sich normalerweise im Schneckentempo voranbewegt. Sie können ihm nur von Zeit zu Zeit ein paar andersgeartete Ideen injizieren und sich zurücklehnen und abwarten. Sie können gewiß sein, daß mit dem Augenblick, da neue Ideen eine kritische Masse erreicht haben, alle Menschen im Kollektiv erwachen. Während es Ihnen so vorkommt, als würde es noch lange dauern, ist dieser Zeitpunkt eventuell gar nicht mehr so fern.

Spirituelle Energie ist die einzige Wahrheit. Intellektuelle Ideale und Emotionen sind normalerweise der Wahrheit nicht so nah, daher wird Energie letztlich das Rennen machen. Sie können zum Beispiel ein Gesetz erlassen, das alle Menschen im Lande gleich macht. Sie können Milliarden ausgeben, um die Idee aufrechtzuerhalten, doch werden Sie schließlich einsehen müssen, daß Menschen auf einer energetischen Ebene nicht gleich sind. Manche Menschen bemühen sich sehr und geben etwas nach draußen – andere tun wenig oder gar nichts. Mit der Zeit setzt sich die Realität der Energie gegenüber der Gesetzgebung durch und das, was auf einer energetischen Ebene wahr ist, wird geschehen. Schauen Sie sich noch einmal Rußland an. Siebzig Jahre lang wurde das Volk belogen. Am Ende jedoch fielen die Lügen in sich zusammen, und das Land kehrte zur Wahrheit zurück – im Falle Rußlands war das nicht sehr viel, da es den Visionären und schöpferischen Menschen lange untersagt war, sich zum Ausdruck zu bringen. Rußland braucht gerade diese Menschen, doch die meisten von ihnen sind abgewandert.

Was bedeutet es auf einer persönlichen Ebene, daß wir dringend Redefreiheit brauchen? Während Sie sich auf Ihrer inneren Reise entwickeln, wird Ihr Bewußtsein zu neuen Ebenen des Verstehens aufsteigen. Langsam werden Sie neue Bewußtseinsdimensionen erreichen, die weit von den Denkstrukturen tick-tocks entfernt sind, und in denen die Symbole und Bilder der Menschheit keine Bedeutung mehr haben. An diesem höheren Ort gibt es nur die zwei Währungen: Energie und Wahrnehmung – Emotionen, Logik, Religion und sogar Moral, wie wir sie kennen, zählen dort nichts mehr. Da draußen, auf diesen höheren geistigen Ebenen, können Sie sich auf nichts mehr stützen, außer auf Ihren Glauben an sich selbst und Ihre Fähigkeit, umfassend zu imaginieren und wahrzunehmen. Stehen Sie dort noch immer unter dem Einfluß der gewaltsam aufoktroyierten Denkstrukturen der Welt, wird Ihre spirituelle Entwicklung im Schneckentempo voranschreiten, auch wenn Sie auf physischer Ebene einen bemerkenswerten Erfolg erzielen. Mit der Zeit wird dieser Erfolg schwinden, da es in Ihrem Inneren keinen Halt gibt. Sie werden Lustlosigkeit und Langeweile empfinden, weniger Energie investieren und weniger zurückbekommen.

Über die Jahre hinweg haben die, die sich in Selbstdisziplin geübt haben, so viel Energie in ihren inneren Weg investiert, daß sie aus dem tick-tock Denken hinausgekommen sind und es weit hinter sich gelassen haben. Viele von ihnen finden sich jedoch in einer gewissen Leere wieder, und das, was sie verloren haben, kann kaum ersetzt werden. Solche Menschen befinden sich in einer inneren Dämmerzone, in der Schwebe zwischen der physischen und einer noch nicht erreichten höheren spirituellen Ebene.

Sie werden es merken, wenn Sie sich diesem Ort der Leere nähern, da Ihnen alles in der Welt ziemlich nichtssagend vorkommen wird. Sie werden alles schon erlebt haben.

Nichts wird Sie mehr wirklich begeistern können. Warum erfahren so viele Reisende dieses Phänomen? Deshalb, weil das Denken auf einer höheren Ebene weder logisch noch linear oder strukturiert ist. Die Wahrnehmungen und Gedanken sind dynamisch und ungewöhnlich und haben unabhängig von dem Wesen, was sie denkt, ein Eigenleben.

Wir sind es gewohnt, daß unsere Gedanken und Ideen stumm und leblos sind. Auf einer höheren Bewußtseinsebene innerhalb der inneren Welten erwachen sie jedoch zum Leben und existieren sowohl innerhalb als auch außerhalb ihres Schöpfers. Auf dieser Ebene fassen Sie einen Gedanken und erfahren ihn verwirklicht vor sich. Er existiert nicht ausschließlich innerhalb Ihrer selbst wie auf der dreidimensionalen Ebene. Die Gedankenform wird ein Eigenleben und eine eigene Persönlichkeit haben und versuchen, sich unabhängig von dem Bewußtsein, das sie hervorgerufen hat, zu entwickeln und zu expandieren. Manchmal wird die Gedankenform sogar versuchen, Ihnen Teile ihrer selbst zu zeigen, indem sie sich in der Zeit vorwärts oder sogar rückwärts bewegt. Dabei wird sie sich selbst in dem Zustand vor ihrer Entstehung mustern und beobachten. Die Gedankenform wird gleichzeitig in der Vergangenheit und der Zukunft, innen und außen sein. Sie wird sich von innen nach außen drehen und eine Wirkung haben, bevor es eine Ursache gab. Sie hat einen eigenen Willen und wird – dem Ausmaß ihrer Macht entsprechend – danach trachten, ihre eigene Richtung und ihr eigenes Schicksal zu beeinflussen. Plötzlich werden Sie eine seltsame, neue, multidimensionale Welt erfahren, die sich über große Bewußtseinsräume erstreckt, weit über das hinaus, was sich das menschliche Bewußtsein vorzustellen vermag.

Lassen Sie mich Ihnen ein Beispiel geben, damit Sie das besser verstehen. Stellen Sie sich eine Familienszene zur Weihnachtszeit vor. Ihre Verwandten sitzen um einen reich gedeckten Tisch, die Kinder packen Geschenke aus, usw. Während Sie sich das Bild aber vorstellen, verschwimmt es wie ein Foto, das durch eine enge Linse aufgenommen wurde. Um die ganze Szene herum wird es eine Menge Grauschattierungen geben, die sich hauptsächlich in der Mitte Ihrer Vorstellung mit wenig intensiven Farben vermengen. Die Szene wird keinen Austausch und keine Handlung beinhalten. Wenn ich dann sagen würde: »Bewegen Sie die Personen«, könnten Sie vielleicht nur eine auf einmal bewegen, weil Sie das Bild nur durch Konzentration aufrechterhalten und es schwer ist, sich auf mehrere Dinge gleichzeitig zu konzentrieren. Das Bild hat keine wirklich eigenständige dynamische Kraft. Auf unserer Bewußtseinsebene sind Gedanken schwerfällig und träge. Sie werden durch unsere begrenzte Vorstellungskraft erschaffen, die durch Logik und durch ständiges Bombardement mit moderner Technologie verkümmert. Moderne Technologien bombardieren uns täglich mit Zehntausenden von Bildern, so daß wir unser Vorstellungsvermögen kaum noch bemühen müssen. Unsere Wahrnehmung wird durch einen Mangel an Vorstellungskraft und mangelnden Gebrauch dieser Kraft beschränkt und gleichzeitig durch unseren begrenzten Verstand unterdrückt, der fordert, daß sich Dinge nur auf eine bestimmte Art und Weise verhalten. Es erstaunt mich, wie viele Menschen durch Logik und Technologie derart degeneriert sind, daß sie gar nicht mehr in der Lage sind, sich etwas vorzustellen.

Auf einer höheren Bewußtseinsstufe, in Dimensionen, die auf Ebenen oberhalb von tick-tock liegen, sind die Dinge jedoch ganz anders. Wenn ich Sie auf dieser Ebene bitten würde, sich eine Weihnachtsszene vorzustellen, würden Sie sie in leuchtenden, lebendigen Farben wahrnehmen. Sie wäre groß und ausgedehnt und würde viele subtile Farbschattierungen, unterschiedliche Kontraste, Tiefenschärfen und sehr leuchtende Farbtöne beinhalten. Die Personen, die Sie vor Ihrem inneren, geistigen Auge wahrnehmen, würden sehr lebendig und beweglich sein, statt steif herumzustehen. Sie würden die Energie, die in dem Gedankenquant Ihrer Vorstellung enthalten wäre, benutzen, um zum Leben zu erwachen und unabhängig von Ihrem Willen zu handeln. Das Bild dieses Weihnachtsfestes würde vielleicht sogar in einen geistigen Dialog mit Ihnen treten. Die Verwandten und Kinder, die zuvor auf der Ebene des normalen Denkens untätig und passiv waren, würden auf dieser sich jenseits des Denkens befindenden Dimension lebendig werden.

Sie würden über die Farben und die Lebendigkeit der Szene hinaus eine solche Wahrnehmungstiefe erfahren, daß die inneren Qualitäten der Charaktere genauso gut zu erkennen wären, wie ihre physische Erscheinung, ihre Gedanken und Handlungen. Die ganze Szene würde sich simultan sowohl innerhalb als auch außerhalb Ihres Geistes abspielen. Abhängig von der Höhe der Gesamtenergie, mit der Sie Ihre Vorstellung durch Ihre innere Macht ausgestattet haben, würde sie außerdem danach trachten, sich so weit wie möglich zu entfalten und zum Ausdruck zu bringen. Von einem Punkt innerhalb der Szene aus betrachtet, könnten Sie zukünftige Möglichkeiten und sogar vergangene Energien wahrnehmen, die die Entwicklung oder die Umstände der anwesenden Personen beeinflußt haben. Jede der Personen wird eine eigene Identität und sogar ein gewisses Maß an Eigenwillen besitzen, die häufig völlig losgelöst oder dem entgegengesetzt sind, was Sie – der Schöpfer dieser geistigen Szene – erwarten oder sich wünschen.

Autoren oder Romanschriftsteller wissen, was ich meine. Sie erschaffen in einer Geschichte häufig Charaktere, die plötzlich anfangen, mit dem Autor zu sprechen, sich seinen Wünschen widersetzen und davonlaufen, als ob sie einen eigenen Willen hätten. Mancher Schriftsteller hat erlebt, daß seine Geschichte vorübergehend von einer aufsässigen Figur kaputt gemacht wurde, die dem Handlungsablauf nicht folgen wollte. Das liegt daran, daß die Figur in einer inneren Welt durch die Konzentration des Autors zum Leben erwacht ist und mit eigener Macht ausgestattet wurde. Stellen Sie sich jedoch eine Dimension vor, in der alles in dem Augenblick zum Leben erweckt wird, in dem Sie daran denken. Wenn Sie sich in einer solchen Dimension wiederfänden und durch einen Mangel an Ausdrucksfreiheit oder einem begrenzten Vorstellungsvermögen eingeschränkt wären, würde Ihr Dasein sehr fade sein. Oder noch schlimmer: wenn Sie Ihren Verstand noch nicht soweit diszipliniert haben, daß Sie sich jenseits der Sentimentalität menschlicher Reaktionen und dem Geschwätz der kollektiven Neurose befinden, würden sich Ihre schlimmsten Befürchtungen bewahrheiten. Zehn Minuten in einer solchen Dimension, und Sie wären so verloren und verwundbar wie ein kleines Kätzchen auf der Autobahn. Als Vorbereitung auf eine höhere geistige Ebene ist es ratsam, sich in innerer Ausdrucksfreiheit zu üben und über die emotionalen und intellektuellen Begrenzungen hinauszuwachsen. Jenseits des verkalkten Zuckerwürfels taucht der Fährmann auf, der Sie auf den Weg bringen wird. Der Vorname des Fährmanns ist »Vorstellungskraft«. Doch nicht nur Vorstellungskraft, wie wir sie normalerweise verstehen, sondern auch die Fähigkeit, sich das vorzustellen, was nicht ist. Das heißt, vor Ihrem geistigen Auge Dinge zu sehen, die nicht existieren. Wie könnten Sie das, wenn Sie es sich noch nie gestattet hätten, so zu denken? Wenn ich Sie auffordere, sich etwas Furchterregendes vorzustellen, was es normalerweise nicht gibt, könnten Sie sich geistig ein drei Meter hohes Monster mit Klauen, Schuppen und drei Köpfen vorstellen. Doch stammen die Komponenten, aus denen Sie Ihr geistiges Bild zusammengesetzt haben, aus dem Bereich der normalen menschlichen Symbolik und des normalen menschlichen Denkens. Das Monster entspricht zum Beispiel in seiner Höhe, mit drei Köpfen statt einem, den Klauen und Schuppen unserer beschränkten Vorstellungskraft.

Nun erschaffen Sie ein ungewöhnliches Monster, dessen Einzelteile nicht den gewöhnlichen menschlichen Symbolen entsprechen. Wie sieht Ihre Vorstellung aus? Wahrscheinlich sehen Sie gar nichts. Sie besitzen diese Fähigkeit noch nicht, denn Sie kennen noch keine Symbole, die aus einem anderen als dem normalen geistigen Wörterbuch stammen. Können Sie meinen Gedanken folgen?

Jetzt wissen Sie, daß Redefreiheit nicht nur eine politische oder soziale Angelegenheit, sondern auch eine spirituelle Disziplin ist. Übernehmen Sie nun die Rolle desjenigen, der Ihnen widerspricht, öffnen Sie sich der Wahrnehmung einer alternativen, nicht-menschlichen Welt, oder vielleicht besser ausgedrückt, einer Welt, in der menschliche Werte und Emotionen nicht mehr so wichtig sind. Haben Sie sich daran erst einmal gewöhnt, können Sie dazu übergehen, Welten zu erfahren, in denen menschliche Symbole zu verschwimmen beginnen oder nicht mehr existieren.

Spielen Sie das Spiel des Widersprechens einmal mit sich

selbst. Es macht Spaß – obwohl es einem auch manchmal Angst einjagt. So wird es gespielt: Nehmen Sie sich einen Ihrer am tiefsten verwurzelten Glaubenssätze vor, zum Beispiel: »Gut ist besser als böse.« Stellen Sie sich nun in einem meditativen Zustand vor, daß Sie der Verteidiger des Bösen sind. Argumentieren Sie ein oder zwei Minuten lang zu seinen Gunsten, wobei sie aufpassen sollten, sich nicht emotional zu verwickeln. Sie würden in Ihrer Vorstellung dem Gericht gegenüber etwa folgendes äußern: »Meine Damen und Herren, ich vertrete in diesem Fall das Böse und würde meine Beweisführung gerne damit beginnen, zu erklären, daß das Böse bislang immer sehr ungünstig beurteilt wurde. Wenn Sie sich die Geschichte des Menschen anschauen, werden Sie erkennen, daß das Böse für viele große Fortschritte im menschlichen Verstehen verantwortlich gewesen ist. In Wirklichkeit kamen fast alle großen Veränderungen im menschlichen Bewußtsein nach einer Zeit der Macht des Bösen zustande. Wenn das Gericht es gestattet, würde ich gern den Beweis erbringen, daß Kunst und Kreativität nach der Inquisition aufblühten. Ich möchte darüber hinaus zeigen, daß der Krieg der modernen Welt auf perverse Art diente, das alte Regime zu beseitigen und den Weg für das Technologiezeitalter freimachte. Wenn das Gericht es gestattet, würde ich überdies gerne Experten in den Zeugenstand rufen, die belegen, daß sich hinter dem Gut-Sein oft versteckte Erwartungen verbergen, wohingegen das Böse ehrlicher ist, da es sich weder entschuldigt, noch um Gefälligkeit bittet. Folglich, Euer Ehren, sehen wir, daß das Böse stark, aufrichtig und rein ist, während das Gute in Wirklichkeit unecht und schwach ist, und der Mensch, indem er Gutes tut, das Leiden der Menschheit nur durch die Unterstützung ihrer Schwäche verlängert. Das Böse dagegen zwingt die Menschen dazu, zu widerstehen, wodurch sie stärker werden.«

Ist Ihre Beweisführung gut, werden Sie sich nach einer Weile selbst fast zu Tode erschrecken, denn aufgrund Ihrer selbstauferlegten Redebeschränkungen haben Sie die andere Seite noch nie zu hören bekommen. Sie werden das Gefühl haben, vorübergehend in der Gewalt einer bösen, teuflischen Macht zu sein.

Natürlich ist das nicht der Fall. Sie sind einfach nur über den Zuckerwürfel hinausgegangen, und das macht Ihnen Angst. An diesem Punkt angelangt, werden Sie den Eindruck haben, die Kontrolle über Ihren Verstand zu verlieren und durchzudrehen. Auch das wird nicht geschehen. Sie haben nur Angst, weil das Gerüst Ihrer selbstgerechten Glaubenssätze vorübergehend entfernt wurde. Sie können sich an nichts mehr klammern, und nichts ist mehr sicher.

Während Sie sich auf der Bewußtseinsskala zu immer höheren Ebenen hinaufbewegen, wird sich Ihre Einstellung zum Leben ändern oder gar völlig verschwinden. Mit ihr verschwinden auch viele Ihrer Vorstellungen über sich selbst. Bald wird es nichts Bequemes und Beruhigendes mehr geben, woran Sie sich festhalten können, außer Ihrem Glauben an sich selbst und der Spiritualität in Ihrem Inneren – jenes innere Licht des höheren Selbstes, durch das Sie mit allen Dingen verbunden sind. Die Auflösung der Ego-Persönlichkeit ist Teil des Prozesses auf Ihrem Weg zu Gott. Zerbröseln Sie den Zuckerwürfel, um Ihr Vorstellungsvermögen zu stimulieren, öffnen Sie sich geistig, und Sie werden es schaffen, die große Einöde zu überqueren, die sich zwischen der Dimension des menschlichen Bewußtseins und der des reinen Geistes befindet.

Erlauben Sie den Menschen, frei zu sprechen, auch wenn es sie verrückt macht. Letztlich müssen wir das alle lernen. Indem wir unser geistiges Fassungsvermögen ausweiten, schaffen wir eine wandelbare und aufregende Wirklichkeit voller Verstehen und Harmonie, die sich in starkem Kontrast zu den kontrollierten Denkstrukturen der tick-tock Welt mit all ihren aufgesetzten Urteilen und Verpflichtungen befindet. Wie kann man die Prämisse des Nichteingreifens umsetzen, wenn man ständig seine eigene Redefreiheit und die der anderen beeinträchtigt? Wir müssen uns und anderen Ausdrucksfreiheit gestatten, damit wir in unseren Handlungen freier werden können. Lassen Sie Ihren inneren Dialog frei fließen; Sie brauchen das – wir alle brauchen das – sofern wir Fortschritte machen wollen.

7. Kapitel
Das Ego und die emotionale Welle

Vor Tausenden von Jahren, als die Stämme noch sehr klein waren, war die Stammeswelle ebenfalls klein und das Ego des Individuums in einer solchen Welle nicht besonders weit entwickelt. Die Stammesangehörigen sind in ihrem ursprünglichen Zustand sehr anspruchslos. Die Menschen in den abgelegenen Dörfern Afrikas haben eine regelrecht kindliche Natur. Die Stammesältesten der kleinen Stammeswellen sind oft gleichzeitig die Oberhäupter der Stämme, und als solche Vater- oder Mutterfiguren. Sie versuchen nicht, sich von den anderen Stammesangehörigen abzusondern. Da kleine Stämme andere Stämme weder erobern noch Wohlstand ansammeln können, leben sie normalerweise in absoluter Harmonie mit der Natur, um überleben zu können. Dadurch besitzen die einzelnen Stammesangehörigen eine natürliche Spiritualität und sind in ihrer Haltung anspruchslos. Da sie in Übereinstimmung mit der Natur leben, ist die Natur für die kleinen Stämme göttlich. Gott – die Natur – ist eine Energie, die ihr ganzes Leben durchdringt, so daß ihre Religionen oft pantheistisch sind.

Als die Bevölkerung zunahm und die Stämme größer wurden, war es auch leichter möglich, kriegerische Aktivitäten durchzuführen. Andere Gebiete wurden erobert und andere Stämme unterworfen. Je größer die Stammeswelle wurde, um so mehr Generäle, Führer und Autoritäten hatte sie, die für das Wohlergehen des Stammes verantwortlich waren. Als sie sich nicht mehr auf die Gaben der Natur verließen, mit der sie in Harmonie gelebt hatten, sondern sich mehr auf

Krieger und Verwalter verließen, konnten sich individuelle Egos aufblähen und versuchen, sich von den anderen abzusondern. Aus den Stämmen entstanden durch Eroberungen kleine Nationen, und in den Augen der Menschen wurden Könige und Königinnen zu Göttern. Auch die Religionen der Stämme veränderten sich. Aus den ursprünglich pantheistischen Religionen, die die göttliche Kraft in allen Dingen sahen, entwickelte sich eine Anbetung der Führer, die als Götter betrachtet wurden. Von da aus war es nur ein kleiner Schritt, den betreffenden Menschen als »den Gott«, den höchsten Schöpfer des Universums anzusehen. Es ist unglaublich, was ein bißchen Ego alles bewirken kann!

Es ist ein ganz normaler expansionistischer Vorgang, daß aus einer kleinen harmonischen Welle, die wenig oder kein Ego besitzt, eine große kriegerische Welle entsteht, die sich für ihr eigenes Überleben auf Gewaltausübung verläßt. In einer kriegerischen Welle kann das Ego blühen und gedeihen. Macht verleiht dem Mächtigen einen besonderen, oftmals durch Gewalt und Angst hervorgerufenen Status, wodurch das Ego viele Möglichkeiten hat, sich selbst von anderen zu distanzieren und sich als Herrscher aufzuspielen.

In kleinen Stämmen kann sich das Ego nicht richtig von anderen distanzieren. Es hat genug Macht, um sich zu etablieren. Da kleine Stämme um der eigenen Sicherheit und des Überlebens willen eng zusammenleben müssen, ist die Distanz zwischen den Führern und den Menschen nicht groß genug für das Ego, Kraft zu sammeln. Vergessen Sie nicht, daß für Beobachtung Distanz notwendig ist. Daher ist diese Distanz auch für den Versuch des Egos, sich von der Welle zu lösen, entscheidend. In einem kleinen Stamm, in dem alle zusammenleben und jeder den anderen persönlich kennt, hat das Ego keine Chance. Es ist schwer, ein lebendiger Gott zu werden, wenn man mit den anderen Angehörigen seines Stammes hinter einen Felsen flitzen muß, um sein Geschäft zu erledigen.

Als die Stämme durch kriegerische Aktionen zu kleinen Nationen wurden, entstand eine Distanz. Jetzt waren die Stämme so groß, daß nicht mehr jeder jeden kannte. Die Eroberer bauten sich über den Eroberten auf. Es gab oben und unten, wir und sie. Unser König und unsere Königin schlagen euren König und eure Königin und so weiter. Gewalt brachte dem Ego Wohlstand, Status und Distanz.

In kleinen Stämmen wird jeder Stammesangehörige als Teil der Harmonie und für das Überleben des Ganzen gebraucht. Die Energie fließt um die Welle herum, in der jeder mehr oder weniger gleichberechtigt ist. In den kleinen, von Königen beherrschten Nationen ging die Macht über Leben, Tod, Geld und Status von oben aus. Wer sich in der Hierarchie oben befand, war wichtig, die Stammesangehörigen hingegen waren entbehrlich. Bevor das Ego in Erscheinung trat, war Gott entweder Energie oder man nahm die Gegenwart Gottes in der Natur, in den Tieren und den sich verändernden Jahreszeiten wahr. Mit zunehmender Wichtigkeit des Egos war Gott keine Energie mehr, sondern ein Mensch. Manche Menschen, aus denen im nachhinein Götter gemacht wurden, oder von denen die Menschen sagten, daß Gott durch sie gesprochen hätte, waren militärische oder politische Führer, die nach ihrem Tode als »Gott« verehrt wurden. Die Annahme, daß es im Himmel einen männlichen Gott gibt, steht in enger Verbindung mit der Entwicklung des männlichen Egos.

Aus den kleinen Nationen wurden große Nationen, und in vielen von ihnen gab es Staatsreligionen, die tote Helden als Götter verehrten. Die Könige und Königinnen eroberten andere Nationen – einerseits für Status und Wohlstand, andererseits aber auch deswegen, weil der Herrscher die eigene Sicherheit ausbauen konnte, indem er seinen »Toter-Held-Gott« dem »Toter-Held-Gott« eines anderen Stammes aufzwang. Er zog auf diese Weise das Wohlwollen seines Gottes auf sich, das für das Ego eine Form von Beobachtung ist. »Wenn Gott wohlwollend auf mich schaut, werde ich sicherlich noch mehr zu einem Teilchen, und zusätzlich gibt es noch einen Schlag Unsterblichkeit obendrauf!« Das expansionshungrige Ego tritt besonders im Werben neuer Anhänger für die eigene Religion durch Missionarstätigkeit oder Eroberungen zutage, wodurch es versucht, eine Unsterblichkeit zu erreichen, die es nicht erreichen kann.

Schauen wir uns diesen Prozeß einmal mit den Augen des

Egos an. Am Ego eines Königs oder einer Königin, der oder die in den Augen des Volkes zu einer lebendigen Gottheit geworden ist, würden natürlich Zweifel nagen: »Bin ich wirklich ein Gott und daher unsterblich, oder bin ich ein ganz normaler Mensch, von dem die Menschen nur glauben, er sei ein lebendiger Gott?« Dem Ego reicht es nicht, sich nur von Seinesgleichen losgelöst zu haben. Das Ego will auch von Gott über ihm in seiner Position bestätigt werden, damit seine Loslösung zu einer göttlichen Realität wird. Bis auf wenige Ausnahmen haben alle Religionen emotionale Götter. Daher kamen die Theologen, die über Gott und den Willen Gottes schrieben, zu dem Schluß, daß die Gläubigen Gott wohlgefällige Handlungen begehen mußten, um sich bei ihm einzuschmeicheln, nach dem gleichen Schema der Könige, die von ihrem Volk gefällige Handlungen forderten. Konnte ein Landesoberhaupt durch die Eroberung anderer mehr Status und Sicherheit erlangen, galt das auch für einen emotionalen Gott. Wurden der Staatsreligion dadurch neue Anhänger zugeführt, dann sollte der »Toter-Held-Gott« im Himmel zufriedengestellt sein, denn sein Status und seine Gegenwart auf Erden vermehrten sich dadurch. Das Ego legte Gottes Zufriedenheit – Gottes Wohlwollen – so aus, daß dem König und damit auch der Nation und vielleicht sogar dem Volk zu feierlicher Stunde die Unsterblichkeit zuteil werden würde. Ist das Ego erst einmal von Gott in seiner Position bestätigt, wird es zunehmend sicherer und weniger ängstlich. Die Menschen, die Gott mag, sind sicher; die Gott nicht mag, müssen mit fürchterlichen Strafen rechnen. Sobald sich das Ego sicherer fühlt, hat es seine Angst vor dem Tod überwunden. Nun fühlt es sich wohl. Dieses angenehme Gefühl wurde – und wird auch heute noch – als Beweis für Gottes Gegenwart oder sein Wohlwollen angesehen, das den Stammesangehörigen zuteil wird, die durch ihre Taten das tote männliche Wesen zufriedenstellen, das zum Gott erhoben wurde.

Die Stammeswelle ist sich nicht darüber im klaren, ob das Wohlbefinden des Egos eine positive Reaktion auf seinen Glauben ist, daß es von Gott erhöht wurde und daher sicherer ist. Es hat weder viel mit dem »Toter-Mann-Gott« noch mit der göttlichen Energie in allen Dingen zu tun.

So wurde die Religion von den manchmal kriegerischen, manchmal weltlichen Heerscharen der Gläubigen in die Welt getragen, in der zweifachen Hoffnung, daß man die Unsterblichkeit sowohl für den König des eigenen Landes, als auch für die Dummen erreichen könnte, die das Marschieren übernahmen. Es ist erstaunlich, wie viele Menschen sich aufgrund dieser äußerst einfältigen Idee haben niedermetzeln lassen, die der hoffnungslosen Suche des Egos entspringt, durch Gottes Wohlwollen Unsterblichkeit zu erlangen. Im wesentlichen geht es bei religiösen Kriegen um Unsterblichkeit und die Illusion einer Sicherheit, die sich aus dem Wohlwollen Gottes ergeben könnte. Auch heute noch sagt man von Menschen, die eine Religion verkünden, daß sie »Gottes Werk« tun. Dadurch sind sie etwas Besonderes und unterscheiden sich von anderen, während sie vermeintlich die Gunst Gottes erwerben, der – wie alle guten Vertriebsleiter – dann glücklich ist, wenn die Statistiken nach oben gehen. Innerhalb der Welle hat sich niemand gefragt, warum ein »Toter-Held-Gott« im Himmel überhaupt neue Anhänger braucht. Sicherlich sind die Anhänger, die er bereits hat, töricht genug!

Die Geschichte der Menschheit wird von diesen einfachen Prinzipien des Egos beherrscht, das versucht, einen externen Teilchenzustand und die sich daraus ergebende Unsterblichkeit durch Distanzierung von den anderen zu erreichen. Egal welche Organe der Gesellschaft Sie sich anschauen – seien es religiöse, soziale, politische oder kommerzielle – Sie werden das Prinzip der Welle und des Teilchens wiederfinden. Alles läßt sich dadurch verstehen oder erklären, daß man das menschliche Verhalten auf die grundlegenden Welle/Teilchen-Aspekte reduziert. Es ist nichts Geheimnisvolles dabei. Man muß kein Hellseher sein, um zu erkennen, warum sich Menschen so verhalten, wie sie es tun, oder was als nächstes geschehen wird.

Da das Ego ständig nach draußen schaut, kann es nicht unsterblich werden – es kann sich weder von sich selbst noch von der Stammeswelle lösen, um Selbstbeobachtung zu betreiben, durch die es sich loslösen könnte. Also streckt sich das Ego nach allen Richtungen auf einmal und hofft immer mehr Wege zu finden, sich von anderen zu distanzieren – durch göttliches Wohlwollen, Wohlstand, militärische Macht, Status, Bewunderung, Blendwerk, Anbetung oder was auch immer – um genug Abstand zu bekommen, daß sich sein Teilchenzustand manifestieren kann. Wenn Sie sich fragen, warum jemand, der bereits hundert Millionen Dollar besitzt, auf Kosten anderer noch mehr Millionen ansammeln will, dann könnte die erste Antwort Habgier heißen. Wenn Sie jedoch tiefer schauen, dann ist die Gier nach unermeßlicher Macht und Schätzen nichts anderes als die Hoffnung des Egos, sich loszulösen. Eine Million bedeutet schon eine gewisse Loslösung, zehn Millionen schon etwas mehr. Eine Milliarde muß daher einen ganz schönen Abstand bedeuten.

Solange es einer Nation wirtschaftlich gut geht, ist alles in Ordnung. Das Volk kann durch ökonomische Aktivitäten versuchen, eine Distanz herzustellen. Jeder kann immer mehr für sich beanspruchen, wodurch sein Bedürfnis nach Expansion befriedigt wird. Wer wirtschaftlich schlechter gestellt ist, kann zumindest sehen, daß andere aus der Welle es schaffen. Das macht ihnen zumindest Hoffnung, und die Welle kann so ihren Traum des Teilchenzustandes vermeintlich durchsetzen. Wenn ein Mensch zu Geld gekommen ist und ökonomisch gesehen die Welle verläßt, kauft er sich als erstes ein Haus und zäunt es ein, was seinen neuen, losgelösten Zustand symbolisiert. Das Haus ist nicht nur ein Symbol für Sicherheit, sondern auch dafür, daß das Ego sich nach Beständigkeit sehnt. Beständigkeit ist ein Teil der erhofften Unsterblichkeit des losgelösten Zustandes. Banken können Menschen dazu bringen, ein Drittel ihres Lebens-Einkommens für einen Hauskredit zu bezahlen, wobei das Haus oft nicht mehr ist, als ein paar trostlose Ziegelsteine in einem eher langweiligen Vorort. Allein für die Illusion des Teilchenzustandes sind die Leute bereit, fast alles zu geben.

Für das nationale Ego ist alles in Ordnung, solange die Expansion weitergeht. Tut sie das nicht mehr, hört auch die Suche der Menschen nach Ewigkeit auf. Einen Augenblick lang herrscht ein Gleichgewicht, aber dann fangen die Leute an abzurutschen. Angst beschleunigt ihren Fall. Das Ego fällt wieder in die Anonymität und die empfundene Unsicherheit der Welle zurück. Als im Deutschland der zwanziger Jahre die große Inflation hereinbrach, waren die Menschen ärgerlich, verwirrt und unsicher. Und da kam Adolf und wußte genau, was er sagen mußte. Seine Botschaft lautete: »Wir sind anders als die anderen und daher von ihnen losgelöst. Wir sind Teilchen. Wir müssen Status nicht durch Geld erreichen, wir können ihn von Geburt an haben. Wir sind Arier und daher besser als die anderen.« Für das deutsche Ego, dessen Zustand sich zu dieser Zeit durch Machtlosigkeit und fehlende finanzielle Mittel verschlechterte, war das Musik in den Ohren.

Nachdem die Nazis die Idee eingeführt hatten, daß die Arier losgelöst und daher Teilchen waren, mußten sie diese Idee nur noch als Tatsache hinstellen. Wie konnten sie das? Sie mußten Beobachter erschaffen, die sie in ihrer arischen Losgelöstheit beobachteten. Offensichtlich waren außerhalb der nationalsozialistischen Partei nicht besonders viele Menschen der Meinung, daß die Arier losgelöst und somit Teilchen waren. Es gab nur eine Möglichkeit, wie sie Beobachter schaffen konnten: sie mußten andere im Krieg besiegen. Kriegerische Aktivitäten sind eine natürliche Ausdrucksform eines expansiven Egos, denn durch Eroberungen bekommt man Macht, Losgelöstheit und Beobachter. Es gibt nichts Göttlicheres, als Macht über Leben und Tod zu haben.

Der eingebildete Teilchenzustand der Arier trieb die Nazis dazu, Juden und andere religiöse Minderheiten und Zigeuner zu verfolgen. Wenn Sie auf einer inneren Ebene ein Individuum werden und Ihre innere Reise antreten, können Sie in inneren Welten sein und Fortschritte machen, ohne andere zu irritieren oder sich beeinträchtigen zu lassen. Ihre spirituelle Evolution geht ungehindert ihren Gang. Für den vermeintlichen, externen Teilchenzustand des Egos stellt der externe Teilchenzustand anderer eine Bedrohung dar. Externe »möchte-gern« Teilchen kommen sich ins Gehege und wetteifern miteinander. Darum fühlen sich Neureiche oft zur protzigen Zurschaustellung ihres Wohlstandes hingezogen. Sie konkurrieren zwanghaft miteinander, um Beobachter zu bekommen – besonders auf gesellschaftlicher Ebene, wo ihre Losgelöstheit wahrgenommen und bestätigt werden kann.

»Ich habe es auf dem Weg zum Teilchenzustand schon weiter gebracht als Sie, daher ist mein Teilchenzustand der Beobachtung würdiger. Dieses Schwimmbecken hier in meinem Garten, mit den absolut haarsträubenden goldenen Delphin-Wasserhähnen, ist eine Affirmation und eine Bestätigung dieser Tatsache. Ich werde ein Teilchen – auf jeden Fall bin ich schon weiter als Sie.«

Der zentrale Punkt am Zionismus ist, daß der »Toter-Mann-Gott« der Juden sie vermeintlich zu etwas Besonderem auserkoren hat. Die Schreiber sagten, die Juden seien das von Gott auserwählte Volk, was so viel hieß wie: die Juden sind von Gott besonders viel beobachtet worden und daher Teilchen. Hätten das die Juden nie jemand anderem gegenüber erwähnt, wäre ihnen nichts passiert. Doch wenn man überall verbreitet, daß man auserwählt ist, ist das eigene Ego vielleicht darüber glücklich, doch alle anderen, die nicht oder weniger auserwählt sind, fühlen sich benachteiligt. Hier manifestiert sich das Teilchen-Syndrom in Form eines Stammes- oder religiösen Dogmas. Indem man Nichtjuden die Möglichkeit verweigert, Unsterblichkeit zu erlangen, weil man ihnen die göttliche Salbung vorenthält, zieht man unweigerlich ihren Zorn auf sich. Die Nazis waren auch auserwählt, zumindest glaubten sie das. Vom illusionären Standpunkt des Egos betrachtet, das glaubt, ein losgelöstes Teilchen zu sein, kann es keine zwei auserwählten Völker geben. Also waren die Juden eine Bedrohung für Hitler, bei der es um Leben oder Tod ging. Sie standen zwischen ihm und dem göttlichen Teilchenzustand, von dem Hitler behauptet hatte, es sei das Geburtsrecht der Arier. Durch die Beseitigung der Bedrohung des jüdischen Teilchens konnte das arische Teilchen leben. Hitler hat den Holocaust also nicht nur deswegen angeordnet, weil er fälschlicherweise die Härte seiner Kindheit und die fehlenden Mittel den Juden in die Schuhe schob, sondern auch weil ihr vermeintlicher Teilchenzustand zwischen ihm und seinem Traum für das arische Volk stand.

Wenn Sie sich fragen, ob der Antisemitismus jemals aufhören wird, so befürchte ich, daß die Antwort wahrscheinlich: »Nein, noch nicht« lautet. Nicht solange die Juden an der rassischen und kulturellen Besonderheit ihres Status als »auserwähltes Volk« festhalten. Sie werden immer mit anderen Egos anecken, die das gleiche für sich beanspruchen. Andere Egos werden die Juden immer als eine Bedrohung ihres Fortschritts ansehen. Vielleicht werden sich ältere Juden schwertun, ihr »auserwähltes Volk«-Programm und ihr elitäres Gebaren fallen zu lassen, doch müßte es für jüngere Juden, die nach dem Krieg geboren wurden, relativ leicht sein. Wenn Sie nicht den Einstellungen anderer zum Opfer fallen möchten, können Sie fluchen und toben und versuchen, die Einstellungen der anderen zu verändern, oder Sie verändern einfach Ihre eigenen und wenden sich nach innen. Indem Sie den Weg des Egos und einige oder alle Exzentrizitäten der zionistischen Lehren hinter sich lassen, wenden Sie sich einer inneren, überkonfessionellen Spiritualität zu. Dieser innere Teilchenzustand macht nicht auf sich aufmerksam, daher fühlt sich niemand angegriffen. Sobald Sie diese unvoreingenommene Spiritualität eine Zeit lang ausgestrahlt haben, werden die Menschen Sie nicht mehr als einen »auserwählten Juden« und eine Bedrohung für ihr Ego betrachten. Sie werden anfangen, Sie als spirituelles Selbst wahrzunehmen und aufhören, Sie zu diskriminieren. Andere Menschen werden von Ihnen sogar inspiriert werden. Denn als spirituelles Selbst werden Sie die Verkörperung desselben Teilchenzustandes sein, den ihr Ego zu erreichen hofft. Statt Sie zu diskriminieren, werden die Menschen Ihre Nähe suchen und bemüht sein, Sie emporzuheben. Da Sie jedoch ein spirituelles Selbst sind, werden Sie das wahrscheinlich nicht wollen und lieber weggehen. Möglicherweise möchten Sie lieber über die große Heilung nachdenken, die Sie in Ihrem Leben zuwege gebracht haben. Es ist alles so schrecklich einfach. Durch diesen Heilungsprozeß muß jeder Mensch auf die eine oder andere Weise gehen.

Wenn Sie in der äußeren Welt erfolgreich sind, könnten Sie sich fragen, warum die Menschen Sie in der Regel nicht akzeptieren. Vielleicht sind Sie sehr nett und freundlich und teilen im allgemeinen Ihren Erfolg mit anderen, und doch werden Sie oft das Gefühl haben, daß andere Sie schlecht behandeln, weil Sie erfolgreich sind. Vielleicht haben Sie sogar den Eindruck, daß Menschen Ihnen absichtlich etwas in den Weg stellen oder Sie behindern – aus keinem ersichtlichen Grund. Das Geheimnis liegt in der Teilchen/Wellen-Polarität. Durch Ihren Erfolg erreichen Sie in der externen Welt einen rudimentären Teilchenzustand. Andere werden das entstehende Teilchen als etwas betrachten, das ihre Hoffnung auf ihren eigenen Teilchenzustand beeinträchtigt oder zunichte macht. Obwohl ihre Angst unreal ist, macht sich das Ego dennoch Sorgen und tritt in Konkurrenz mit Ihnen. Deshalb können sie Ihnen nicht erlauben, sie zu überholen. Der Trick an der ganzen Angelegenheit ist, bescheiden zu sein und nie über Ihren Erfolg zu reden – es sei denn, man fordert Sie ausdrücklich dazu auf. Und auch dann sollten Sie nur wenig Worte darum machen. Wenn Sie Ihr Ego den Egos der anderen unterordnen und durch eine sorgfältige Wortwahl zu verstehen geben, daß Sie keine Bedrohung für ihre Hoffnung auf einen Teilchenzustand sind, können Sie die Feindseligkeit der anderen in Grenzen halten. Es ist wichtig, daß Sie ausdrücklich die außergewöhnlich wundervollen Errungenschaften des Egos des anderen und seine Versuche, ein Teilchen zu werden, würdigen und bekräftigen, daß er mit der Zeit diesen Zustand sicherlich uneingeschränkt erreichen wird. Wenn Sie das tun, werden die anderen Menschen sich plötzlich umdrehen und Ihnen helfen.

Sie müssen erreichen, daß Ihre ätherische Energie die der anderen niemals berührt oder mit ihr zusammenstößt. Gelingt Ihnen das, haben Sie wahrscheinlich einen sehr kraftvollen Ätherkörper. Sie werden Ihr Selbstvertrauen durch kraftvolle und positive Handlungen gestärkt haben – so sind Sie erfolgreich geworden. Normalerweise fliegt Ihr Ätherkörper nach vorne und beginnt, die Ätherkörper der anderen zu überfluten. Wenn Sie sich auf einer schnelleren Schwingungsebene befinden als die anderen, werden diese zunächst begeistert und erwartungsvoll sein. Sie werden sich freuen, Sie zu sehen. Doch wenn der anfängliche Kick erst einmal vorbei ist und sie nicht mehr von dem »ätherischen Strom« profitieren können, der von Ihrer Gegenwart ausgeht, werden sie enttäuscht sein. Obwohl man sich kurzfristig ätherische Energie von anderen ausleihen kann, kann man sie nicht für alle Zeiten erben. Der leichte Abfall in der Geschwindigkeit ihres Ätherkörpers wird den Menschen das Gefühl geben, unzulänglich zu sein. Das können Sie während einer Unterhaltung daran merken, wenn Ihre Gesprächspartner mit einem glasigen Blick nach oben und in die Ferne schauen. Meistens wird sich ihr Ego getroffen fühlen. Das nenne ich eine »ätherische Zerstreuung«. Man kann eine emotionale Welle durch ihren Ätherkörper fließen sehen, und ihre Konzentration wird nachlassen. Einen Bruchteil einer Sekunde später ist ihre Energie weg, und sie rutschen wieder runter in Richtung Welle. Dieser energetische Absturz wird Ihre Gesprächspartner verwirren, und deshalb suchen sie nach einem externen Grund. Auf einer unbewußten Ebene werden sie Ihnen als Teilchen die Schuld für ihren Absturz geben, folglich müssen sie das Teilchen angreifen, von dem sie meinen, es stünde ihnen im Weg. Wenn es ihnen gelingt, das feindliche Teilchen (Sie) zu verletzen oder kleiner zu machen, können sie um das fremde Teilchen herumkommen und wieder weiter nach oben steigen. Normalerweise werden die Menschen um Sie herum ihren Teilchenkrieg und ihre Verlustgefühle externalisieren, indem sie Ihnen Hindernisse in den Weg stellen oder Ihnen die Zeit schwer machen. Sie versuchen Sie instinktiv zu lähmen, damit sie Sie einholen können. Also erfinden sie alle möglichen Einwände und Schwierigkeiten, um Ihre Zeit zu stehlen und Sie unter Kontrolle zu bekommen. Das alles dient nur dem einen Zweck, zu beweisen, daß ihr Teilchenzustand realer ist, als der, den Sie erreicht haben.

Eine Ausnahme gibt es bei diesem Gesetz der zusammenstoßenden Teilchen, die dann zum Tragen kommt, wenn die Energie eines Menschen sehr viel höher ist als die anderer. Es kommt zum Beispiel ein Multimillionär zu Besuch ins Dorf. Jeder im Dorf fühlt sich durch seine Anwesenheit geehrt. Niemand würde auch nur im Traum daran denken, mit dem hochentwickelten Multimillionär zu wetteifern, der so viel Vorsprung vor den Dorfbewohnern hat, obwohl sie noch Kapazitäten haben, ohne daß ihnen größere Energie im Wege ist. Diese Ausnahme trifft auch auf große Berühmtheiten zu, da es den Menschen Status und Beobachtung einbringt, wenn sie anderen erzählen können, daß sie mit der Berühmtheit zusammengewesen sind. »Ich habe mit dem Präsidenten ein Bier getrunken.« Dieses ganze Zeug meine ich. Darum sammeln Leute auch Autogramme. Sie haben dadurch einen absoluten Beweis dafür, daß derjenige, der das Autogramm bekommen hat, »aufgestiegen« ist. Es ist der Beweis dafür, daß er in der Gesellschaft losgelöster Teilchen war. Es ist wirklich zu albern, aber was können wir tun? Menschen sind eben Menschen.

Noch einmal kurz zurück zum Anfang: Wir haben gesehen, daß die isolierten oder kleinen Stämme kleine Egos hatten, daß große Stämme größere Egos entwickelt hatten, während Nationen Mega-Egos bevorzugten. Als der industrielle Auftrieb den Menschen Wohlstand bescherte, konnten viele von diesem Wohlstand bei ihrem Versuch, den Teilchenzustand zu erreichen, profitieren. Die Menschen, die in der Stammeswelle noch eine relativ austauschbare Komponente waren, als sie sich ihren gottähnlichen Führern unterwarfen, entwickelten einen Individualismus, durch den sie einen eigenen Status erwarben. Daher wird das menschliche Leben in der dritten Welt, wo die Evolution eher stammesbezogen vor sich geht, als weniger wertvoll betrachtet als im Westen. Es gibt keinen Status, also auch keine Beobachtung. Als die Menschen Individuen geworden waren, die versuchten, den Teilchenzustand zu erreichen, war es nur noch ein kleiner Schritt für sie, so zu werden wie ihre Führer. Die Menschen im Westen sind jetzt allesamt besonders wichtig. Das Ego eines jeden ist mittels Blendwerk und Wohlstand aufgeplustert und vom Fernseh-Prediger dahingehend erzogen worden, daß alle glauben, sie seien keine normalen Menschen mehr, die durch Gottes Gnade die Möglichkeit haben, sich hier auf der Erde zu entwickeln, sondern Leute, die Gott mit ihrer Anwesenheit einen riesigen Gefallen tun. Als die Menschen alle so wichtig und besonders geworden waren und sich gottähnliche Eigenschaften einbildeten, mußte jedem ein gewisser Status garantiert werden. Das Ego der Menschen nahm solche Auswüchse an, daß es nicht mehr glaubte, für die Verbesserung seines eigenen Schicksals etwas tun zu müssen. Jener besondere Status, ein Individuum zu sein, wurde als Geburtsrecht gefordert. Werden Sie zum Beispiel als Amerikaner geboren, haben Sie dadurch automatisch eine Individualität und besondere Rechte. Sie müssen nichts dafür tun, sondern Ihnen wird gesagt, daß es ein göttliches Geschenk ist. Jeder junge Amerikaner wird so aufgebaut, daß er glaubt, es sei sein Geburtsrecht, einen gewissen Status zu genießen. Auch in den meisten anderen westlichen Nationen ist es so. Die Briten glauben, daß sie aufgrund der Geschichte des Empires etwas Besonderes sind, die Italiener sind wegen des Römischen Reiches der gleichen Ansicht, die Spanier können sich auf ihre Geschichte als Konquistadoren verlassen, die Franzosen sind aufgrund ihrer Kultur etwas Besonderes, und so weiter.

Wenn man sich einmal genau anschaut, was all diese Nationen von sich selbst glauben, erkennt man, wie lächerlich das nationale Ego ist. Das Problem ist nur, daß wir alle gleichzeitig sowohl in jener externen Manifestation des nationalen Egos leben, als auch die externe Manifestation unseres eigenen Egos leben und erfahren. Wenn das nationale Ego erst einmal alle Leute dazu gebracht hat, zu glauben, daß sie alle etwas Besonderes sind, müssen Richtlinien erfunden und Programme entwickelt werden, die diesen Glauben unterstützen. All die schrecklich wichtigen Leute, die die Verantwortung für die Nation tragen, müssen einen ganz exklusiven Status haben, daher brauchen sie offensichtlich Paläste, in denen sie leben können. Gleich unter ihnen kommen die äußerst wichtigen und sehr berühmten, »gänzlich von Gott gesegneten« Leute. Sie brauchen zwar keine Paläste, aber sicherlich große Villen und müssen besonders behandelt werden. Sie brauchen einen bevorzugten Status, besondere Privilegien, reservierte Plätze und Tische in Restaurants, große Autos, Bootsanlegeplätze, und all jene Vorteile, die eine wichtige und berühmte Person natürlich erwartet. Gleich unter ihnen kommen die sehr wichtigen, jedoch nicht berühmten Leute, um die man nicht so ein Aufsehen machen muß. Doch bräuchten auch sie zumindest die Garantie, daß ihnen ihr Status niemals streitig gemacht wird. So wurden üppige Ruhestandsgehälter gezahlt, um sicherzustellen, daß sehr wichtige, aber »nicht berühmte« Leute, bis zu ihrem Todestag und auch darüber hinaus niemals in die Welle zurückfallen müssen. Unter ihnen findet man die wichtigen Menschen. Ihr Leben ist ein bißchen eintönig, weil sie zum Beispiel Firmen, Krankenhäuser oder Universitäten leiten, aber sie gehen wirklich tatkräftig an die Dinge heran. Also brauchen auch sie Status und Abwechslung und müssen für ihre wichtige Arbeit besonders berücksichtigt werden. Direkt darunter sind die »relativ wichtigen« Leute wie Werksleiter, Koordinatoren, Flugleiter, Gewerkschaftsführer und die Leiter der Baubehörde vor Ort, die darüber bestimmen, ob Sie eine grüne Tür haben dürfen oder nicht. Relativ wichtige Leute finden sich nur selbst wichtig, oder werden von anderen »relativ wichtigen« Leuten als solche empfunden, die sie in ihrer relativen Wichtigkeit beobachten können. Das ist ein kleines Hindernis, weil man andere Leute braucht, die einen beobachten und die eigene Wichtigkeit bestätigen, wenn man die Ego-Version des Teilchenzustandes etablieren will. »Relativ wichtige« Menschen leiden daher an einem Minderwertigkeitskomplex, weil sie gerade keinen echten Status mehr abbekommen haben, durch den sie in die Kategorie »wichtig« oder »sehr wichtig« aufsteigen könnten. Das versuchen sie dadurch auszugleichen, daß sie anderen Ärger bereiten und sich ihnen in den Weg stellen. Wenn sie genug Ärger verursachen, wird eine »relativ wichtige« Person schließlich von anderen bemerkt und beobachtet, die auf die Hilfe der »relativ wichtigen« Person angewiesen sind, um das Problem zu lösen, was die »relativ wichtige« Person überhaupt erst produziert hat. Dadurch wird ihr Teilchenzustand etwas realer, und sie werden augenblicklich in die Kategorie »sehr wichtig« befördert. Ohne daß die »relativ wichtige« Person es veranlaßt, bleiben die Flugzeuge einfach auf der Rollbahn stehen und gammeln vor sich hin.

Normale Bürger gelangen normalerweise nicht in die »relativ wichtige«, »sehr wichtige« oder die »äußerst wichtige, lebensnotwendige« Status-Kategorie. Also, was tun wir für sie? Nun, sie werden damit klarkommen müssen, daß sie schlicht und einfach nur etwas Besonderes sind. Sie müssen ja etwas Besonderes sein, denn immerhin wurden sie ja hier geboren, oder nicht?

Ein spitzfindiger Mensch könnte jetzt fragen: »Nun, wie wollen wir denn sicherstellen, daß sie etwas Besonderes sind?«

Zunächst einmal sagen wir ihnen, daß sie etwas Besonderes sind, und dann lassen wir sie Fußball spielen. Solange sie keinen Ärger machen, werden wir uns für ihr Leben verbürgen. Wenn sie schon nicht sehr wichtig sein können, können wir zumindest ihr Überleben garantieren. Ihr Ego wird damit schon einverstanden sein.

»Aber was machen wir mit der Unterschicht, mit den Bürgern, die nur eine begrenzte Funktion erfüllen, die nicht arbeiten können oder wollen und weder Geld noch Status haben? Können sie nicht darauf hoffen, sich vom Rest zu lösen und damit den Teilchenzustand zu erreichen? Das Fernsehen hat doch gesagt, daß jeder ein Teilchen sein kann. Wie können es diese Leute mit einer so ungünstigen Ausgangslage schaffen?«

Nun, wir verbürgen uns für ihr Überleben, so wie wir es bei besonderen Menschen auch tun. Das sollte genug sein.

»Aber Sie haben außer acht gelassen, was ich gerade gesagt habe. Diese Menschen sind nur begrenzt funktionstüchtig. Die meisten von ihnen können kaum lesen oder schreiben, und es gibt keine Arbeit für sie. Viele von ihnen können sich sprachlich noch nicht einmal richtig ausdrücken. Sie sind Opfer einer Gesellschaft, die auf einer sehr viel schnelleren Schwingungsebene existiert als sie. Es wird sie nicht glücklicher machen, wenn man ihnen Geld gibt, weil man ihnen damit noch keinen Status gegeben hat. Ohne Status können sie keine Teilchen werden. Das wird ihnen nicht gefallen.«

Oh, Mann! Schwierig, schwierig. Vielleicht können wir diese nur begrenzt funktionsfähigen Menschen dadurch besonders machen, daß sie nichts Besonderes sind.

»Wie soll das denn funktionieren?«

Nun, wir konzentrieren uns einfach auf ihren Status: »nichts Besonderes«. Wir werden ihnen Beachtung schenken, sie beobachten und ihren Mangel an Besonderheit wahrnehmen, wodurch sie sich wichtig fühlen werden. Wenn wir sie als besonders erachten, weil sie eben »nichts Besonderes« sind, wird ihnen das ein wenig von dem Teilchenzustand vermitteln. Sie werden durch negative Besonderheit wichtig.

»Was ist negative Besonderheit?«

Haben Sie nicht zugehört? Negative Besonderheit ist, wenn man durch fehlende Besonderheit besonders wird.

»Ist da ein spezieller Trick dabei?«

Sicherlich. Bei jedem Spiel des Egos ist ein Trick dabei. Wenn man nichts Besonderes ist, kann man keinen Ärger verursachen, wie es die »relativ wichtigen« Leute tun. Man hat weder den Einfluß noch die Macht, um störend auf das System einzuwirken. Die Alternative zu wirklichem Ärger ist Krach. Wenn Sie genug Krach machen, werden die Leute auf Sie aufmerksam. Man wird Sie beobachten, wodurch Sie ein Teilchen und daher auch etwas Besonderes werden.

»Das ist es also ... Krach? Man kann einfach, indem man Krach macht, ein Teilchen werden? Erstaunlich. Entsteht dadurch aber nicht eine Gesellschaft aus lauter professionellen Opfern? Bewirken nicht die ganzen negativen Schwingungen, die aufgrund der unangenehmen Lage der Leute entstehen, die nichts Besonderes sind, daß sich alle nicht mehr so besonders fühlen? Wie kann ein Land ›besonders‹ bleiben, wenn sich all diese Leute ständig darüber beschweren, daß sie nichts Besonderes sind?«

Ja, das ist schon ein Problem. Doch können wir es vermeiden, indem wir besonderes Geld drucken, um die Kosten dafür zu decken, daß die Leute, die »nichts Besonderes« sind, Teilchen werden. Gleichzeitig bringen wir das Geld für die besonderen und wichtigen Leute auf, um sicherzustellen, daß sie für immer Schein-Teilchen bleiben.

»Was ist besonderes Geld? Also kein normales Geld?«

Es unterscheidet sich leicht vom normalen Geld. Wir nennen es deswegen besonderes Geld, weil es aus dem Nichts heraus auf unseren Druckerpressen hergestellt wird, um sicherzustellen, daß der Besonderheit jedes Menschen besondere Aufmerksamkeit gewidmet wird.

»Durchschauen das die Leute nicht? Beschweren sie sich nicht darüber, daß es gar kein echtes Geld ist?«

Nein. Wir umgehen dieses Problem auf besondere Weise. Wir verkaufen den Leuten das besondere Geld zusammen mit echtem Geld oder dem besonderen Geld von letzter Woche. So kann niemand das besondere vom echten Geld unterscheiden.

»Woher weiß man denn, daß man echtes Geld ausbezahlt bekommt? Könnte nicht ein Teil des besonderen Geldes, das man letzte Woche ausgegeben hat, diese Woche in Form von echtem Geld zurückfließen?«

Das ist wirklich ein Problem. Doch wenn wir den Leuten das besondere Geld zusammen mit echtem Geld oder mit dem besonderen Geld der letzten Woche verkaufen, dann wird aus dem ganzen besonderen Geld dieser Woche echtes Geld. In der Geldwelle ist es jetzt miteinander vermengt, und das besondere Geld befindet sich ganz in der Nähe des echten Geldes, so daß niemand mehr den Unterschied erkennen kann. So können wir genügend Wohlstand produzieren, um sicherzustellen, daß alle Menschen auf ewig etwas Besonderes bleiben werden.

»Was für ein wundervoller Plan. Darf ich noch eine letzte Frage stellen? Wird unsere Wirtschaft denn nicht durch all das unechte Geld und die Bemühungen, die Besonderheit aller Menschen aufrechtzuerhalten, beeinträchtigt, und werden dadurch denn nicht alle Menschen ärmer? Wie können all die normalen besonderen Menschen und die weniger zahlreichen sehr wichtigen Menschen ihren Status aufrechterhalten, wenn ihnen das Geld ausgeht und sie ihre vier Ziegelsteine und ihren Lattenzaun nicht mehr bezahlen können? Bekommen dadurch nicht alle das Gefühl, nicht mehr so besonders zu sein? Wie können sie die Illusion der Losgelöstheit ihres Egos aufrechterhalten, so daß ihr Ego glücklich bleibt?«

Die Wilde'sche Krisentheorie beruht weder auf einer realen Wissenschaft, noch wartet sie mit mathematischen Formeln oder Lehrsätzen auf. Doch besitzt sie eine gewisse Logik und ist recht hübsch anzusehen, so daß sie bei Spaßvögeln und Studenten menschlicher Schwächen Anklang findet. Möglicherweise gefällt Sie Ihnen auch.

Das zweite Wilde'sche Krisengesetz findet nur dann Anwendung, wenn Sie das erste Krisengesetz ignoriert haben.

Es besagt, daß Sie weder in Ihrem Leben noch in Ihrem Land eine Krise verursachen müssen, um sich zu verändern. Sie müssen sich einfach nur dazu entscheiden, mit den Dummheiten aufzuhören und die Veränderungen vorzunehmen, die nötig sind. Wenn Ihnen das erste Gesetz nicht zusagt, tritt das zweite Gesetz normalerweise automatisch in Kraft.

Das erste Krisengesetz lautet wie folgt: Wenn das Ego den Teilchenzustand erst einmal gekostet hat – auch wenn es sich dabei um den illusionären Teilchenzustand in der externen Welt handelt – wird es versuchen, ihn nichtsdestotrotz zu erreichen. Es wird sich immer mehr in Richtung Teilchenzustand bewegen, bis das Individuum zusammenbricht.

Alle Macht kommt von innen. Je weiter sich das Ego auf seiner Suche nach dem äußerlichen Teilchenzustand von dieser Macht entfernt, um so mehr verlangsamt sich seine wahre Geschwindigkeit. Je weiter es sich dem externen Teilchenzustand nähert, um so schwerer wird es. Um vom Zustand »besonders«, in den man hineingeboren wurde, zum Zustand »sehr besonders« zu gelangen, muß man ernst werden und viel Macht und Dinge ansammeln, die die eigene Besonderheit bestätigen. Das Problem ist, daß man durch diese Dinge langsamer wird, da man für den Erwerb und die Instandhaltung Energie aufwenden muß. Je mehr sich das Ego ausdehnt, um den Teilchenzustand zu erreichen, um so mehr verliert es die Kontrolle. Das Ego fällt Rückschlägen und möglicherweise den Seitenhieben anderer Egos zum Opfer, die ebenfalls versuchen, den Teilchenzustand zu erreichen.

Anfänglich kann das Ego dem zusätzlichen Gewicht noch standhalten. Je mehr Dinge es aber ansammelt, um so mehr nimmt der emotionale und finanzielle Druck zu. Folglich läßt die Leistung des Individuums nach. Das Ego wird oft versuchen, mit dem zusätzlichen Gewicht so umzugehen, daß es dieses Gewicht ignoriert – in der Hoffnung, daß sich das Problem von selbst löst. Regierungen versuchen das auch, wenn sie große Batzen ihrer Schulden irgendwoandershin verlagern. In Amerika bezeichnet man das als »off budget« Buchhaltung. »Off budget« bedeutet, daß man massive Schulden und Verbindlichkeiten, die eine große Last für das Land darstellen, in leichte Schulden verwandelt, bei denen die Regierung so tun kann, als ob sie nicht existierten.

Zurück zum persönlichen Ego. Bei der Ansammlung und Ausübung von Macht und Status verbraucht das Ego große Energiemengen. Da man seine emotionale, intellektuelle und finanzielle Energie auf der Suche nach dem Teilchenzustand verbrennt, beginnt man sich einem Hitzetod zu nähern, bei dem man von der persönlichen Macht völlig ausgebrannt ist. Manchen Menschen bleibt diese Erfahrung erspart, weil sie sich vernünftigerweise zurückziehen, wenn sie sich den Grenzen ihrer physischen und intellektuellen Leistungsfähigkeit nähern. Sie wissen, daß sie sich bald in großen Schwierigkeiten befinden werden, wenn sie es nicht tun. Viele machen jedoch unbeirrt weiter. Wenn die mentalen und emotionalen Energien langsam zur Neige gehen, beginnt das Ego von der Energie des Körpers zu zehren, um die Illusion der Geschwindigkeit aufrechtzuerhalten. Darum sind wichtige Leute auch immer im Streß. Sie rennen herum, sind schrecklich beschäftigt, leiden unter Zeitmangel und sind krank. Wenn Sie ab und zu mal sehr beschäftigt sind, ist das völlig in Ordnung. Wenn Sie aber ständig beschäftigt sind und unter Zeitmangel leiden, hat Ihr Ego Sie am Wickel. Zeit und Raum sind miteinander verbunden. Wenn Sie keine Zeit haben, haben Sie keinen emotionalen Raum. Wenn Sie keinen Raum haben, werden Sie immer weniger Energie haben. Je weniger Energie Sie haben, um so schneller nähert sich Ihr Hitzetod. Mit der Zeit wird Ihre Lebensenergie ernsthafte Entropie-Erscheinungen aufweisen, da Ihr Ego zuviel Energie verbraucht. Wenn Sie auf Ihrem Weg nach oben nicht körperlich zusammenbrechen, wird Ihr Ego Sie in einen Zustand bringen, in dem es sowieso keine Hitze, keine Kraft oder Geschwindigkeit mehr gibt, um die Illusion weiterhin aufrechtzuerhalten. Wie ein zuvor überdehntes und nun losgelassenes Gummiband schnellt Ihr ganzes Leben aus den äußeren Bereichen zurück – und Sie fallen auf sich selbst zurück. Die Realität bricht über Ihnen zusammen. Dieser Sicherheitsmechanismus ist zwar nicht narrensicher, doch greift er normalerweise genau dann, wenn Sie kurz davor sind, tot umzufallen.

Wird der weitere Fortschritt des Egos vereitelt und beginnt es zurückzufallen, entwickelt sich aus der ersten Angst eine Unsicherheit. Das Ego beginnt bald zu glauben, daß es sterben wird, was auf gewisse Weise auch stimmt, da die Illusion des Egos zerbricht, ein Teilchen werden zu können, und es in die Welle zurückfällt. Das kann das Ego nicht zulassen. Hat das Ego diese Illusion erst einmal ansatzweise durchgesetzt – auch wenn sie nur aus vier Ziegelsteinen in einem Vorort oder aus der göttlichen Auserwähltheit besteht, die man durch eine arische Geburt genießt – wird ihr Verlust zu einer Frage von Leben oder Tod.

Aus der Sicht des Egos besteht eine Krise aus dem Schrecken, wieder in die Welle zurück zu müssen. Natürlich hat das Ego die Welle nie wirklich verlassen. Es hat nur eine gewisse Elastizität entwickelt, die es ihm erlaubte, die Illusion aufrechtzuerhalten, daß es entkommen könnte. Keine Geschwindigkeit ist schnell genug, um das Ego aus der Stammeswelle herauszubekommen und tatsächlich den Traum des externen Teilchenzustandes zu verwirklichen. Ein Individuum, das sich auf das Ego und die äußere Welt konzentriert, schaut in Wirklichkeit in die falsche Richtung. Je mehr sich das Ego ausdehnt, um so mehr dehnt sich auch die Realität aus, um sich daran anzupassen. Ihr äußerer Horizont weicht immer mehr vor Ihnen zurück. Darum können die Menschen niemals genug Macht, Status, Sex, Geld oder andere Dinge bekommen, nach denen das Ego strebt. Das Ego kann die kritische Geschwindigkeit und wirkliche Zufriedenheit nicht erreichen – genauso wenig wie den Teilchenzustand. Beim Universum ist es ähnlich. Man kann das Universum nicht dadurch verlassen, indem man auf das Ende des Universums zufliegt. Es hat gar kein Ende, auf das man zufliegen könnte. Sie könnten es zwar versuchen, doch würde sich das Universum mit Ihnen ausdehnen, und einen Ereignishorizont schaffen, über den Sie niemals hinausfliegen könnten. Wenn Sie Ihre Geschwindigkeit erhöhen würden, um das zu verfolgen, was Sie als das Ende des Universums ansehen, würde Ihnen das Benzin ausgehen, und je schneller Sie fliegen, um so schwerer würden Sie werden. Durch Ihr Gewicht würden Sie immer langsamer werden, also könnten Sie niemals schnell genug werden, um Ihr Ziel zu erreichen.

Was wir heute in der Welt beobachten können, ist zum größten Teil der Weg des Egos in den Hitzetod, auf den es mit all seiner Elastizität zusteuert, kurz bevor es zurückschnellt. In einigen Fällen ist es schon zurückgeschnellt. Steht uns also eine wirkliche planetarische Krise bevor oder nur eine Krise des Egos? Wenn all die unheimlich besonderen und schrecklich wichtigen Leute plötzlich nicht mehr besonders und wichtig sind, würde sich unsere Welt dann tatsächlich verändern, oder hätte sich nur ihre Vorstellung verändert?

Unsere Welt ist auf Konsum ausgerichtet. Konsum ist das Prinzip, auf dem unsere gesamte Wirtschaft beruht. Etwas Konsum ist nötig, um zu überleben und ein angenehmes Leben zu führen, doch das meiste konsumieren wir nur, weil wir auf der Jagd nach dem Teilchenzustand sind. Schauen Sie sich das ganze Zeug an, was Sie über die Jahre hinweg gekauft, aber nie benutzt haben. Nur als es die Illusion nährte, hat es Ihnen für einen kurzen Augenblick lang ein flüchtiges Glücksgefühl vermittelt. Als es das nicht mehr tat, waren Sie schon auf der Suche nach dem nächsten Kick. Wenn das Bedürfnis nach all diesen Dingen plötzlich nicht mehr da ist, wäre das ein wirkliches Trauma? Oder hätten Sie dadurch nicht einen Vorwand, einen wundervollen Flohmarkt zu veranstalten, auf dem Sie Ihre Nachbarn kennenlernen könnten?

Die Evolution des Menschen ist ein sich selbst korrigierender Vorgang – wie die Natur. Das spirituelle Selbst des Menschen sucht nach einem Zustand des Gleichgewichtes. Das, was wir in unserer Zeit wahrnehmen, ist keine wirkliche Krise, sondern nur der Untergang einer Illusion. Die Menschen, die an dieser Illusion hängen, werden diesen Untergang als persönliches Trauma erfahren. Doch rückblikkend wird man diese Zeit als Zeit der großen Heilung betrachten, in der die Menschen lernten, daß es nutzlos ist, den Teilchenzustand bis zum persönlichen Zusammenbruch in der äußeren Welt zu suchen und erkennen mußten, daß man den Teilchenzustand nur im Inneren erreichen kann.

Dazu muß man die Denkstrukturen des Stammes verlassen. Natürlich können Sie Ihre Muttersprache nicht aufgeben, doch ist sie in den inneren Welten sowieso irrelevant. Die Sprache Ihres inneren Selbst besteht zum größten Teil aus Gefühlen, Symbolen und Bildern. Wichtig ist, daß Sie Ihre emotionale Anhaftung an die Stammeswelle loslassen. Nur so können Sie über die Ängste und Beschränkungen der Welle hinauswachsen.

Fallen Sie aber auf die Geschichte mit der planetarischen Krise und auf das ganze Gejammer und Gestöhne herein, lassen Sie sich damit auch auf die Welle und die Angst des Egos ein, wieder zurückzurutschen. Wenn Sie ein wirkliches menschliches Wesen sein wollen, sind Sie verpflichtet, das Leben objektiv zu betrachten. Viel von dem Chaos, von dem die Leute sprechen, ist gar kein wirkliches Chaos. Vieles ist einfach völlig überzogen dargestellt. Sicherlich gibt es Probleme, doch handelt es sich dabei lediglich um Ego-Probleme. In einer Gesellschaft, in der jeder ein Teilchen werden muß und in der viele keine wirklichen Fähigkeiten haben oder nicht willensstark genug sind, diesen Zustand zu erreichen, ist die letzte Möglichkeit, ein »Opfer« zu werden. Indem man ein Opfer wird und versucht, Mitgefühl zu erheischen, bekommt man Beobachter. In Ländern wie den Vereinigten Staaten von Amerika kann man auch dadurch reich werden, daß man das eigene Unglück auf die Spitze treibt. Sie behaupten einfach, daß Ihnen ein bestimmtes Unglück widerfahren ist, und Ihr Teilchenzustand wird durch die Abfindung geschaffen, die Sie dafür erhalten.

Wieviel davon ist jedoch echtes Unglück und Ungerechtigkeit und wieviel nur das Bedürfnis des Egos, Aufmerksamkeit oder Geld zu erhaschen oder sich beobachten zu lassen? Ich denke, daß man die negative Welle zumindest auf die Hälfte oder noch mehr zurückstutzen könnte, und man läge näher bei der Wahrheit. Offensichtlich verdient man um so mehr Geld, je mehr Krach man schlägt. Es gibt zum Beispiel recht viel Armut in der westlichen Welt, doch wieviele Engländer, Amerikaner oder Spanier verhungern tatsächlich? Verdammt wenige. Ist unser Armutsbewußtsein die Folge eines überdrehten Egos, das Opfer spielt und darauf besteht, daß es den Teilchenzustand umsonst bekommt, ohne sich selbst bemühen zu müssen, oder handelt es sich dabei um wirkliche Armut, die sich aus widrigen Umständen ergibt? Es ist alles relativ.

Das System zehrt an sich selbst und hält die Emotion immer weiter aufrecht. Individuen müssen in ihrem Opferstatus mit anderen, die den gleichen Status haben, wetteifern, um anderen weiszumachen, daß sie wirkliche Opfer sind. Ermutigt eine Gesellschaft Menschen dazu, Opfer zu sein, wird es viele von ihnen geben. Jedes Jahr werden sich neue Opfer hinzugesellen, denn es ist einfacher, ein Opfer zu sein, als Verantwortung zu übernehmen oder selbst Energie zu erzeugen. Sie können anderen die Schuld für Ihre Probleme in die Schuhe schieben und sie dafür verantwortlich machen, daß Sie keine sinnvollen, disziplinierten Aktivitäten entfaltet haben. Um jedoch die Idee, die Sympathie und natürlich den Fluß der Schecks aufrechtzuerhalten, müssen Sie den emotionalen Einsatz jedes Jahr ein wenig erhöhen, um die gewünschte Reaktion hervorzurufen. Was wie eine zusammenbrechende Gesellschaft aussieht, ist nicht unbedingt eine. Besonders dann, wenn Sie einen Standpunkt einnehmen, der sich außerhalb der Welle befindet. Es ist nicht so, daß die Gesellschaft zusammenbricht, sondern daß das Ego behauptet, es könne keine Gesellschaft ohne ein Ego und seine unantastbaren Prinzipien geben.

Obwohl unsere westlichen Regierungen ernsthafte Schwierigkeiten haben, könnte man theoretisch die meisten großen Probleme von einem Tag auf den anderen lösen. Der Status quo müßte sich genau wie die einzelnen Individuen zurücknehmen. Also halten Sie nicht ständig den Atem an. Sie können sich sofort selbst heilen. Es muß nicht zwangsläufig eine Krise geben. Vielleicht sind die Umstände etwas rauh, doch wenn Sie nicht viel Gepäck bei sich haben, kann auch nicht viel über Bord gehen.

Es ist nicht viel falsch daran, wenn Leute versuchen, ihr Leben zu verbessern und sich bemühen, einen äußerlichen Teilchenzustand zu erreichen, sofern sie die Dinge realistisch sehen und nicht erwarten, daß ein anderer ihnen die Erfüllung ihres Traumes liefert. Ich habe die Menschen immer ermutigt, zunächst in der äußeren Welt unabhängig zu werden, weil ich nicht sehen kann, wie man dem Ego des Status quos entkommen kann, ohne zumindest eine gewisse Menge Geld zu haben. Natürlich können Sie aussteigen und sich in die Wildnis aufmachen, doch ohne Geld können Sie das volle Potential des Lebens nicht erfahren. Ist man wirtschaftlich unabhängig, wirkt dies als starker Ansporn für die eigene Entwicklung auf dem inneren Weg. Das innere Leben vervollständigt den Prozeß der spirituellen Integration.

Die einzige Schwierigkeit heutzutage ist, daß wir unseren Mitmenschen die Idee verkauft haben, sie seien unbeschreiblich wichtig und ihnen stehe der Teilchenzustand als Geburtsrecht zu. Das stimmt nicht. Und wir sind auch nicht besonders wichtig. Ja, es gibt den göttlichen Funken in unserem Inneren, aber das ist auch alles. Irgendwie sind wir auf unserem Ego-Trip in eine Sackgasse geraten. Der einzige Ausweg ist, damit aufzuhören, uns ständig als die Größten darzustellen und unser Ego umzuerziehen. Sonst steht uns, wenn die Seifenblase erst einmal platzt, ein langer, harter Fall bevor. Die Menschen erwarten bereits jetzt mehr, als wir ihnen liefern können, und das, was sie bekommen, wird ihnen demnächst genommen werden. Wir müssen unsere Schulden und unseren Verbrauch senken und uns mehr auf spirituelle Dinge konzentrieren. Dadurch entwickeln wir Wirtschaftssysteme, die sich selbst erhalten können und den Planeten nicht in einer wilden Jagd nach Status und Wichtigkeit zerstören. Wenn Sie einer nationalen Welle sagen, daß sie den Teilchenzustand ohne eigene Bemühungen erreichen kann, wird sie selbstverständlich ihre Hand ausstrecken. Ich gebe dem Status quo dafür die Schuld, daß er die Erwartungen der Leute aus politischen Gründen manipuliert hat. Das Fernsehen hat die Menschen ebenfalls mit bizarren Vorstellungen gefüttert, die letztlich nur Leid verursachen werden. Die Menschen leben zu einseitig. Ihre Egos sind längst außer Kontrolle, und das nationale Ego stürmt allen voran. Für Ihren eigenen Seelenfrieden sollten Sie das, was real, wahr und kontrollierbar ist, in Ihrem Leben erschaffen, damit Sie nicht unter den Egoschmerzen anderer leiden müssen. Natürlich können wir unsere Mitmenschen dabei unterstützen, die notwendigen Veränderungen vorzunehmen, doch müssen sie das meiste selbst tun. In der Zwischenzeit halte ich es für wichtig, nicht zu vergessen, daß die meisten Krisen in der Welt gar keine Krisen sind, sondern die Geburtswehen des höheren Selbst und der Tod des Egos. Wenn Sie ein innerlich und äußerlich spirituell integriertes Leben führen möchten, sollten Sie die Krisenvorstellung ganz schnell über Bord werfen. Akzeptieren Sie die Angst als real, hat die Angst Sie im Griff. Wenn Sie in der Welle baden und an der Krise wie an einer Religion festhalten, wird sie sich sicherlich manifestieren. Der eigentliche Kampf ist keine Auseinandersetzung zwischen Gut und Böse oder zwischen einem »Toter-Mann-Gott« und einem anderen, sondern vielmehr eine Auseinandersetzung zwischen Ihrem Ego und der Kristallisation Ihres inneren Selbst, das von Ihrem spirituellen Selbst ermächtigt wird. Durch Disziplin hingegen machen Sie sich auf eine stille, stärkende Reise, bei der Sie Ihr Ego unterwerfen und es auf Ihrem inneren Weg zum Schmelzen bringen. So sollten Sie vorgehen. Lassen Sie uns einen Blick auf ein paar beliebte Krisen werfen, die uns die tick-tock Religion verkaufen will, damit wir erkennen, was sie eigentlich sind und was nicht und wir sie vermeiden können.

8. Kapitel

Ist der jüngste Tag schon nah?

Nostradamus hat die Hauptkatastrophe für das Jahr 1999 vorausgesagt, und viele moderne Gurus stimmen mit ihm überein. Sie verbreiten Vorstellungen einer kranken, kochendheißen Welt, die dabei ist, sich selbst auszulöschen. Haben Sie sich jemals gefragt, warum so viele Menschen diesen Vorhersehungen anstandslos Glauben schenken? Entsprechen diese Vorstellungen der Realität, oder sind sie das Produkt einer Massenneurose?

Während der großen Pest im 14. Jh. forderte der schwarze Tod in Europa Millionen von Menschenleben. Die Religionen warnten vor dem Zorn Gottes und rieten den Menschen, zu bereuen und Buße zu tun. Derweil gingen Sonderlinge gruppenweise auf die Straße und tanzten den Tanz des Grauens. Die Leute trugen dabei Totenkopfmasken, hüpften endlose Stunden lang auf und ab und schrien immer wieder: »Wir werden alle sterben! Wir werden alle sterben!« Einige von ihnen sind tatsächlich gestorben, andere nicht. Wahrscheinlich sind einige von ihnen der körperlichen Erschöpfung zum Opfer gefallen.

Heute, in den neunziger Jahren, haben wir unsere eigene Version vom Tanz des Grauens. Die Medien sind damit beschäftigt, den Weltuntergang zu verkaufen, während viele glauben, der Anti-Christ würde sein Unwesen treiben, und das schreckliche Ende lauere um die nächste Ecke. Man sagt uns, daß die planetarische Erwärmung und die Umweltverschmutzung den Planeten lahmlegen, die Delphine aussterben, der Tripper die uns bekannte Welt auslöschen und Armageddon in Zukunft an die Stelle der Fußballweltmeisterschaft treten wird.

Wenn Sie auf die alten Griechen zurückblicken, von denen das Wort »Apokalypse« stammt (was so viel bedeutet wie »weglaufen und sich verstecken«), und Sie sich alle Prophezeiungen anschauen, die es seitdem gegeben hat, werden Sie feststellen, daß die Propheten eines gemeinsam hatten: nämlich meistens unrecht! Komisch, daß uns diese Tatsache entgangen ist.

Der Glaube an einen Weltuntergang ist jedoch ein wichtiger Bestandteil der meisten Religionen und ist im Denken vieler Menschen fest verwurzelt. Dieser Glaube entspringt den Ängsten vor unserer eigenen Sterblichkeit und ist als solcher Teil unserer Psyche. Für das Ego ist der Tod etwas Peinliches. Er wäre aus der Sicht des Egos eher annehmbar, wenn alle auf einmal sterben würden, denn dann würde sein persönliches Trauma durch die gemeinsame Gruppenerfahrung gelindert werden. »Es ist nicht meine Schuld, daß ich sterbe – wir sind ja alle dran.«

Wir glauben außerdem an eine Apokalypse, weil unsere Vorstellungskraft unterentwickelt ist. Es fällt uns schon schwer, uns unsere Gesellschaft in 100 Jahren vorzustellen. Wie können wir unter diesen Umständen jemals einen Bezug zu einer Welt herstellen, wie sie vielleicht in 2000 Jahren existieren könnte? Da wir uns eine ferne Zukunft nicht vorstellen können, ist es nur natürlich zu denken, daß die Welt dann gar nicht mehr existieren wird.

Drittens ist Veränderung für die Denkstrukturen ticktocks gleichbedeutend mit Tod. Veränderungen bringen die Stabilität des Otto-Normalverbrauchers völlig durcheinander. Bringt man rasche Veränderungen mit dem Ende eines Jahrtausends in Verbindung, erkennt man, was den Glauben an die Apokalypse nährt.

Ein Weltuntergang ist eine gute Geldmaschine. Wenn man den Leuten einen gehörigen Schrecken einjagt, kann man viel Geld scheffeln. Ich bin davon überzeugt, daß viele unserer Sorgen um die Umwelt von den großen Firmen aufgegriffen wurden, um davon zu profitieren. 77 Prozent der Australier kaufen ihre Lebensmittel unter ökologischen Gesichtspunkten ein. Das Ökozeug ist teurer, manchmal sogar erheblich teurer. Also haben die Hersteller aus unseren Ängsten eine Milliarden-Industrie gemacht. Natürlich bergen einige ökologische Informationen ein Körnchen Wahrheit, und je weniger Müll wir erzeugen, um so besser. Ein Großteil der ökologischen Angstmache ist jedoch einfach nur gute alte Werbung.

Neulich habe ich mir ein Dutzend Eier gekauft. Sie waren sehr teuer, aber ich hatte es eilig. Als ich wieder zu Hause war, bemerkte ich, daß die Eierschachtel den Aufdruck »Umweltfreundliche, vegetarische Eier« trug. Deswegen waren sie 90 Prozent teurer gewesen. Was um Gottes Willen sind vegetarische Eier, fragte ich mich. Hühner essen doch keine Steaks. Gibt es Eier, die nicht vegetarisch sind? Natürlich nicht. Die Hersteller wissen jedoch, daß wir Einfaltspinsel uns wie die Geistesgestörten auf dieses Ökozeug stürzen. Industrie und Regierung rechnen mit unserer Dummheit und bereichern sich. Wenn Sie also das nächstemal auf der Toilette sitzen und Ihre überteuerten Öko-Shampoos betrachten und mit Ihrem chlorfreien Toilettenpapier herumspielen, fragen Sie sich doch einmal, wer sich das ausgedacht hat. Wieviel davon ist reinster Blödsinn? Wieviel Geld verdienen diese Leute gerade an meiner Dummheit?

Das Problem ist, daß die meisten Untergangs-Szenarios Halbwahrheiten oder richtige, dicke Lügen sind. Als der Persische Golf während des Golfkrieges verseucht wurde, sprachen die Öko-Freaks von der »Mutter aller Umweltkatastrophen« und behaupteten, daß die Ereignisse die Stabilität der Erde bedrohen würden. Millionen von Dollar wurden bereitgestellt, und alle hatten einen Haufen Spaß dabei, Vögel zu waschen, von der Sonne braun zu werden und Feuer zu löschen. Sie verdienten eine Menge Geld. Als alles vorbei war, kam die Wahrheit heraus: die Ökologen mußten zugeben, daß die Katastrophe in Wirklichkeit lokal begrenzt war. Es waren zwar ein paar Vögel gestorben, und Kuwait war für zirka neun Monate etwas eingeräuchert, doch die »Mutter aller Umweltkatastrophen« war nicht mehr als eine lokale Schweinerei. Das machte aber nichts mehr. Die Schecks waren bereits alle eingelöst, und die ganzen 500 Millionen Dollar ausbezahlt worden. Jetzt mußte keine Panik mehr gemacht werden.

Es ist einfach ein Spiel, das die Jungs spielen. Nehmen Sie zum Beispiel das Phänomen der globalen Erwärmung: Es gibt absolut keinen Beweis dafür, daß es auf unserem Planeten wärmer wird. Sicherlich war die Temperatur der Erde in den letzten 100 Jahren immer Schwankungen von bis zu einem halben Grad unterworfen, doch geht die Gesamttemperatur ständig hoch und runter. Man kann nicht einfach einen Zeitraum von 100 Jahren aus dem Kontext herausnehmen und sagen, daß er einen Trend darstellt. Tatsächlich gibt es eine Menge Indizien dafür, daß genau das Gegenteil passiert: die Erde kühlt sich leicht ab. Zwischen 1930 und 1970 fiel die mittlere Durchschnittstemperatur der Erde dramatisch ab. Die Langzeit-Klimaüberwachung der NASA, die pro Jahr 22 Millionen Satellitenbilder der Erde aufnimmt, liefert Temperaturwerte mit einer Genauigkeit von 1/100 Grad. Die Computer zeigen, daß die Erde in den frühen achtziger Jahren etwas wärmer und am Ende der Dekade etwas kühler war. Die Langzeit-Klimaüberwachung des Raumfahrtzentrums der NASA zeigt eindeutig, daß es überhaupt keine allgemeine Erwärmung des Planeten gegeben hat.

Wir hören, daß die Polarkappen schmelzen und die Meeresspiegel in den nächsten 50 Jahren um etwa einen Meter steigen werden. Aber wer sagt das? Die Medien. Dokumentarfilme im Fernsehen zeigen uns kanadische Eisberge, die auf dramatische Weise ins Meer stürzen. Die ganze gespenstische Szene soll uns vor einen bevorstehenden Weltuntergang warnen, der stattfinden wird, wenn die Menschheit sich nicht ändert. Wird dieser Standpunkt jedoch von wissenschaftlichen Daten gestützt? Was ist denn so Besonderes daran, daß ein Gletscher schmilzt, wenn er mit dem Meerwasser in Berührung kommt? Die verläßlichsten Daten über die beiden Pole stammen wieder von der NASA. Ihre Satellitenfotos werden von anderen Wissenschaftlern aus Organisationen wie der British Antarctic Survey bestätigt, die Eisproben aus der Tiefe der beiden Polargebiete untersuchen. Sowohl die örtlichen Beobachtungen als auch die Satellitenbeweise zeigen deutlich, daß es nicht die geringste Veränderung im Gesamtbild gibt.

Vielleicht sagen Sie sich: »Natürlich steigt das Meer. Wir haben doch alle die Fernsehberichte mit den Kindern gesehen, die auf den pazifischen Atollen herumrennen. Die Berichterstatter sagten, daß die Inseln bald überflutet sein werden, und die haben doch sicherlich nicht gelogen, oder?« Vielleicht lügen sie nicht vorsätzlich, aber sie verkaufen Ihnen, was Sie glauben sollen. Es gibt nur eine begrenzte Menge von Wasser auf diesem Planeten, wir stellen kein neues her. Wenn die Polarkappen nicht schmelzen, dann muß die Gesamtmenge des Wassers gleich bleiben. Es stimmt zwar, daß der Meeresspiegel hier und da angestiegen ist, aber das kommt daher, weil das Land abgesunken ist. Der Meeresspiegel in Südengland ist zum Beispiel in den letzten Jahren ein wenig gestiegen. Wenn Sie jedoch ein paar Hundert Meilen weiter die Küste hochfahren, in den Norden der Britischen Inseln, werden Sie feststellen, daß die Gezeitenmeßgeräte anzeigen, daß der Meeresspiegel dort gefallen ist. Die Kontinentalplatten verschieben sich ständig.

Nun, was ist mit der Anreicherung von CO_2 in der Atmosphäre? Diese ganzen giftigen Gase müssen doch zu einer Erwärmung des Planeten führen, oder? Es tut mir leid, wenn ich Sie enttäuschen muß. Das tun sie nicht. Es gibt in Wirklichkeit keine echten Beweise, die den weitverbreiteten Glauben untermauern, daß Kohlendioxid zu einem Temperaturanstieg führt. Wenn Sie sich die Klimatabellen des Planeten in diesem Jahrhundert anschauen, werden Sie feststellen, daß die Temperatur tatsächlich zwischen 1900 und 1930 leicht gestiegen ist, doch handelt es sich dabei um einen zyklischen Anstieg – also um ein natürliches Phänomen – der vor dem großen Anstieg der CO_2 Emissionen in unserer Zeit stattfand. Sie nahmen erst nach 1950 zu. Als die Kohlendioxidkonzentrationen tatsächlich zwischen 1950 und 1970 allmählich anstiegen, fiel die Durchschnittstemperatur der Erde. Das scheint in einem mysteriösen Widerspruch zur Treibhaustheorie zu stehen.

Niemand widerspricht den Daten, daß der CO_2-Gehalt in der Atmosphäre in den letzten Jahrzehnten beträchtlich gestiegen ist. Und es ist erwiesen, daß Autoabgase gesundheitsschädigend wirken. Wo gibt es jedoch Beweise dafür, daß Kohlendioxid zweifelsohne einen Temperaturanstieg zur Folge hat? Das war natürlich eine Fangfrage, weil es keine Beweise dafür gibt. Die Klimatabellen sind vom Standpunkt der Treibhaustheorie etwas langweilig, da sie das genaue Gegenteil aufzeigen - die Konzentration von Kohlendioxid in den oberen Schichten der Atmosphäre steigt und fällt aufgrund von Temperaturveränderungen, nicht umgekehrt, wie man uns oft erzählt hat. Die Daten zeigen, daß die Konzentration von CO_2 in den oberen Schichten der Atmosphäre langsam zunimmt, wenn die mittlere Durchschnittstemperatur steigt, wobei der Effekt mit ein paar Jahren Verzögerung einsetzt. In der Vergangenheit fiel die CO_2 Konzentration immer dann, wenn die Temperatur fiel. Der Treibhauseffekt beruht ausschließlich auf der Tatsache, daß CO_2 Wärme zur Erde zurückreflektiert und sie auf diese Weise erwärmt. Doch gibt es da zwei kleine Probleme, die oft übersehen werden: Um den Treibhauseffekt als wissenschaftliche Theorie aufrechterhalten zu können, müssen Sie beweisen, daß reflektierte Wärme tatsächlich zu einer globalen Erwärmung führt. Niemand kann mit Sicherheit sagen, daß das auch so ist. Viele komplexe Faktoren spielen dabei eine Rolle, zum Beispiel, wieviel Hitze von den Edelgasen abgestrahlt und wieviel zur Erde zurückreflektiert wird. Niemand weiß es genau. Das zweite Problem, dem sich die Treibhaustheorie gegenübersieht, ist die Frage, warum man keine wirklichen Beweise für die Behauptung finden kann, daß Kohlendioxid die Erde tatsächlich erwärmt. Sicherlich müßten die Temperaturen doch nach 45 Jahren steigender CO_2-Emissionen inzwischen gestiegen sein! Die wissenschaftlichen Beweise und das Ausbleiben des Temperaturanstieges sprechen eigentlich für sich. Was die Wissenschaftler tatsächlich wissen, ist, daß Kohlendioxid nicht der Hauptschuldige für reflektierte Hitze ist, sondern Wasserdampf. Haben Sie jemals jemanden in den Medien gesehen, der Zweifel an der globalen Erwärmung geäußert hätte oder davon gesprochen hätte, daß vielleicht andere, größere Kräfte am Werk sind? Ich nicht. Wenn eine Idee in die mentalen Strukturen des Stammes gelangt, die als Religion betrachtet wird, ist ein Widerspruch oder eine Diskussion ketzerisch. Der Treibhauseffekt, der von Wasserdampf verursacht wird, ist viel stärker als der, der durch Methan oder Kohlendioxid entsteht. Während Wasserdampf den Planeten zunächst erwärmt, wirkt er insgesamt abkühlend. Steigen die Temperaturen, wird mehr Wasserdampf freigesetzt, und es bilden sich mehr Wolken, die das Sonnenlicht reflektieren. Somit wird die Erde temperaturmäßig im Gleichgewicht gehalten.

Was ist denn dann mit den Wettermodellen der Computer, die eine dramatische Erwärmung des Planeten in den nächsten 200 Jahren erkennen lassen? Das Problem mit diesen Modellen ist, daß sie im wesentlichen auf den Meinungen von etwa einem Dutzend alteingesessener Forscher beruhen, die sich diese Modelle ursprünglich einmal ausgedacht haben. Die Modelle sind dafür bekannt, sehr ungenau zu sein. Ein sehr berühmtes Modell, auf das sich die Theorie der planetarischen Erwärmung größtenteils stützt, geht davon aus, daß es im Sommer in der Sahara genauso viel regnet wie in Irland. In der Regel vernachlässigen die Modelle die Auswirkungen von Wolkendecken, da die Computer diesen Faktor nicht richtig vorherberechnen können. Die Vorstellung einer Apokalypse aufgrund einer planetarischen Erwärmung beruht also auf Computermodellen, die Aussagen über mögliche Wetterverhältnisse auf einer ziemlich wolkenlosen Erde treffen. Das ist verrückt, aber wahr. Die meisten Meteorologen haben schon Probleme damit, das Wetter für den nächsten Tag richtig vorherzusagen. Ich würde mich von ihren Vorhersagen für das Jahr 2193 nicht zu sehr beeindrucken lassen.

Warum beschäftigen sich die Wissenschaftler dann mit der globalen Erwärmung? Fakt ist, daß sich die meisten von ihnen gar nicht damit befassen. Sie wissen, daß die Theorie ziemlich spekulativ ist, geben das aber nicht gern öffentlich zu. Die ganze Idee der globalen Erwärmung beruhte ursprünglich auf den Ansichten von Forschern, die ein großes finanzielles und intellektuelles Interesse an der Verbreitung dieser Idee hatten. Man bekommt keine Gelder, um Dinge zu erforschen, die niemandem Probleme bereiten. Und ganz bestimmt will man nicht, daß einem irgendwelche Fakten im Wege stehen, wenn man mit einer Sache gutes Geld verdienen kann. Stellen Sie sich vor, Sie gehen zu einer Institution und sagen: »Mit dem Wetter ist alles in Ordnung. Kann ich eine Million haben, um es zu erforschen?«

Wir haben auch alle schon einmal gehört, daß die verdammten Brasilianer den Regenwald am Amazonas abforsten, und daß es deswegen bald keinen Sauerstoff mehr geben wird. Das ist doch eine tolle Geschichte. Irgendwelche Popstars und Prinz Charles haben dadurch auch etwas, worüber sie anderen ins Gewissen reden können. Aber ist es wahr? Liefert das Amazonasgebiet den Sauerstoff der Welt? Nein. Tatsächlich produzieren die Mikroorganismen im Meer den Löwenanteil des Sauerstoffs auf der Erde.

Sicherlich möchten wir unsere Wälder gerne erhalten, und es gibt keinen Zweifel daran, daß die Bäume Sauerstoff produzieren. Es stimmt allerdings nicht, daß der Regenwald oder das Amazonasgebiet den Sauerstoff produzieren, den wir atmen. Viele Menschen würden es lieber sehen, wenn der Regenwald erhalten bliebe – mir geht es genauso –, doch ist das eine subjektive Einstellung. Sie kann nicht im Rahmen der Debatte um den Sauerstoff gerechtfertigt werden. Wenn Sie eine bestimmte politischen Einstellung erzeugen wollten, wäre es eine sehr mächtige Botschaft, den Leuten zu verkünden, daß sie bald keine Luft mehr zum Atmen haben werden. Das ganze Amazonasgebiet könnte morgen in einen Parkplatz verwandelt werden, und wir könnten immer noch wunderbar atmen.

Verstehen Sie mich nicht falsch. Ich sage nicht, daß all unsere Umweltsorgen nur leeres Geschwätz sind. Sicherlich müssen wir auf das Ausmaß der Verschmutzung aufpassen, und jeder sollte seinen Teil dazu beitragen, daß sich die Situation verbessert. Ich bin der Ansicht, daß wir eine moralische und spirituelle Verpflichtung haben, auf unseren Planeten aufzupassen und ihn unseren Kindern in einem anständigen Zustand zu übergeben. Ich sage nur, daß es einen großen Unterschied gibt zwischen einem Gefühl der spirituellen Verbundenheit mit der Natur, beziehungsweise einer Liebe für den Planeten, und sich in die wogenden Emotionen tick-tocks hineinsaugen zu lassen, denn die Emotionen der Welle sind meist recht weit von der Wahrheit entfernt. Sie wären sehr naiv, wenn Sie nicht verstehen würden, daß mächtige Kräfte am Werk sind, die These der ökologischen Apokalypse zu ihren eigenen politischen und finanziellen Zwecken zu verbreiten. Die meisten Menschen sind zum Beispiel nicht mehr bereit, weitere Steuererhöhungen zu akzeptieren. Wenn es aber gelänge, ihnen die Idee einer Umweltsteuer zu verkaufen, die dazu dient, den Sauerstoffmangel zu beheben, würden sie das akzeptieren. Man muß die Welle nur so lange mit genügend mehrdeutigen Informationen füttern – ohne wissenschaftliche Beweise zu erbringen, – bis die eigene politische Position gefestigt ist. Die Gehirnwäsche ist es, die mich stört. Das sind kriminelle Machenschaften. Krisen zu verkaufen ist in der Politik das große Geschäft. Das sollten Sie nie vergessen. Wenn Sie zu den etwa 200 Leuten gehören, die erst vor kurzem einem wohlbekannten Guru 18 000 $ für Ihren eigenen Atombunker aus Eisen bezahlt haben, ist das Ihr Pech. Man hat Sie bestohlen.

Das meiste davon ist Betrug. Schauen Sie sich dann die innere Botschaft der Angelegenheit an, werden Sie ziemlich klar erkennen, daß die meisten Sorgen der Menschen bezüglich der Umwelt nur eine Externalisierung ihrer persönlichen Angst sind. Wasser ist ein archetypisches Symbol für Emotionen. Wenn Sie niedergeschlagen sind, werden Sie Träume haben, in denen Sie auf stürmischer See hin- und hergeworfen werden und die Flutwellen über Ihnen zusammenbrechen. Was bedeutet also der globale Glaube an steigende Meere? Warum würden Menschen damit übereinstimmen, wenn es gar nicht wahr ist? Weil sie emotional überwältigt sind. Das Leben erdrückt sie. Natürlich steigt der Meeresspiegel, das weiß doch jeder.

Was ist mit der Angst vor einer verschmutzten Atmosphäre, durch die wir alle einem Erstickungstod zum Opfer fallen? Ist das nicht zumindest teilweise die Projektion eines verschmutzten Geistes auf die Umwelt, der von einer sich rasch wandelnden Welt verwirrt ist? Die Menschen wollen nicht unbedingt daran glauben, daß die Temperatur auf der Erde steigt, auch wenn es nicht so ist, weil sie dumm sind. Sie müssen vielmehr den unterdrückerischen Einfluß der modernen Probleme und Einschränkungen aus ihrem Leben verbannen. Wenn Sie sich von Ihrer persönlichen Atmosphäre nicht mehr gestärkt fühlen, ist es nur natürlich anzunehmen, der Mangel an Frische sei auf äußerliche Faktoren, wie steigende Temperaturen, zurückzuführen. Wie könnte Ihr Unwohlsein nur von Ihrem Ego verursacht werden, welches Ihr Gleichgewicht zerstört und Ihnen Ihre Energie raubt? Wenn Sie einmal verstanden haben, wie die Menschen ihre Sorgen und Unsicherheiten nach außen projizieren, fallen Sie nicht mehr auf die Geschichte herein, daß »uns der Himmel auf den Kopf fällt«. Sie können dann einfach mit den Menschen mitfühlen, die Angst haben, und Ihr Bestes tun, um ihnen zu helfen, sich besser zu fühlen.

Wenn man Millionen Menschen wie die Lemminge grundlos auf die Klippen zusteuern sieht, könnte man stutzen und sich fragen, welche Psychose oder Angst der Hast der vorüberziehenden Nagetiere zugrundeliegen mag. Ich kenne viele Menschen, einschließlich vieler meiner persönlichen Freunde, die sehr traurig über den Zustand des Planeten sind und wirklich glauben, daß keine Hoffnung mehr besteht. Man kann sie nicht vom Gegenteil überzeugen. Wo haben sie die Idee nur her? Vom Fernsehen? Doch nicht vom gleichen Fernsehen, das in den siebziger Jahren Berichte über die bevorstehende Eiszeit brachte, oder?

Und doch rennen die Lemminge. Die Welle kräuselt sich ein wenig, und der Tanz beginnt. Das Blut steigt den Leuten in den Kopf, die Atmosphäre ist schwül und heiß. Schwierigkeiten brauen sich zusammen, Gefahren lauern überall, und die Menschen warnen uns vor der Vergeltung Gottes. Eine dunkle Wolke hat sich vor die Sonne geschoben, Gifte gelangen unbemerkt in unser Blut, böse Vorahnungen tun sich auf, während sich lautlos eine tödliche Krankheit heranschleicht und sich Unschuldige aus unseren Reihen greift. Intrigen werden gesponnen, während böse, satanische Kulte durchs Land ziehen. Vieh wird verstümmelt, Kinder verschwinden, und ein dunkler, grauer Nebel senkt sich auf die Menschheit herab, der die Schreie der Menschen dämpft, die nur noch leise in der Ferne widerhallen. Die Nacht senkt sich herab, Krähen kreischen in nahegelegenen Bäumen. In der Zwischenzeit krabbeln mikroskopisch kleine Käfer in unsere Betten und von dort aus heimlich über unsere Gesichter, um in unseren Augenbrauen ihre Eier zu legen. Mysteriöse Gase aus den Steinen unter uns sickern in unsere Körper hinein und verwandeln gesunde Zellen in Krebszellen. Welche Gestalt wird das Böse heute Nacht annehmen? Wird es ein Geist oder ein leichenfressender Dämon sein, oder ein schrecklicher Inkubus, der sich im Schlaf an uns vergeht, der unser Blut saugt, sich von unserer Seele ernährt und unseren Körper befällt, bis wir wahnsinnig werden oder der Tod eintritt - sicherlich werden wir alle untergehen? Unsere Persönlichkeiten, ja sogar unsere Seelen sterben. Irgend jemand muß geopfert werden, um die Götter günstig zu stimmen. Bestimmt sind es die Kolumbianer, die uns krank machen, oder die Schwarzen oder vielleicht die Juden, irgend jemand muß dieses schreckliche Leid ja verursachen. Wenn sie es nicht sind, vielleicht sind es die Homosexuellen oder vielleicht die Asiaten. Ja! Genau! Die Japaner wollen die Welt unterwerfen und bestrahlen uns mit Niederfrequenzwellen, um das Denken der Weißen durcheinanderzubringen, womit sie ihnen die Arbeitsplätze und die Hoffnung rauben, jemals den Teilchenzustand erreichen zu können. Vielleicht sind es ja gar nicht die Japaner. Vielleicht sind es ja nur die Ungläubigen, die sich weigern, zu bereuen und an Jesus zu glauben - verdammte Ketzer, sie haben unser Denken mit Widersprüchen besudelt und unser Volk der göttlichen Anerkennung und Sicherheit beraubt. Laßt uns in den heiligen Krieg ziehen, sie angreifen und die arabischen Heiden gleich mit und alle übrigen, denen wir vielleicht die Schuld für die Angst unseres Egos in die Schuhe schieben können.

Immer weiter stampfen wir in dem todbringenden Rhythmus und sind schon empfindungslos geworden. Toleranz und Liebe werden mit den Füßen getreten, während die Tänzer wie aus einem wahnsinnigen Munde rufen: »Das Ego wird siegen und immer mehr kriegen!« Die Realität verdreht und verbiegt sich, flimmert, um sich dem Elend der Tänzer anzupassen. Die Wände biegen sich, neigen sich bedrohlich nach innen, schwanken, pulsieren mit dem Tanz hin und her. Und aus dem verwundeten Gehirn des Menschen taucht nun ein Mann mit einer grünen Giftsuppe auf, deren widerlicher Gestank fälschlicherweise als nationaler Stolz wahrgenommen wird. Der Geruch bringt die Menge in Ekstase. Die Gewalt hat einen Sieg davongetragen. Gepolter – schmerzgequälte Gesichter, der Tanz geht weiter. Niemand bemerkt, daß die Knochen der Tänzer mit jedem pulsierenden Taktschlag weiter schmelzen, ihr Fleisch fließt wie Wachs auf den Fußboden. Die Tänzer schneiden Grimassen, während sie auf ihren Stümpfen umherhüpfen. Hundert Millionen schleimige, krumme Finger zeigen zum Himmel, suchen und fordern die Namen der Schuldigen. »Wie wahr ist das Grauen«, rufen sie, »möge der Tanz nie aufhören.«

Mein Herr? Gnädige Frau? Möchten Sie auch eine Eintrittskarte für den Tanz? Oder ziehen Sie es vielleicht vor, sich hier auf diesen moosbewachsenen Baumstamm zu setzen und über die überwältigende Schönheit des ewigen Tao nachzudenken. Dabei erkennen wir die göttliche Kraft, völlig egolos, in einem Tautropfen, der in seiner endlosen Evolution – von der wir Menschen nur die kurze Strecke zwischen einem Blatt und einem Stein wahrnehmen – vor uns herunterpurzelt. Oder in einer leichten Brise, die sanft und selbstgenügsam den Duft einer Jasminblüte zu uns herüberträgt. Ist es der Sommerwind oder der unsterbliche Geist des Tales, der durch unser Herz weht und unsere Hoffnungen und Träume mit frischer Energie erfüllt? Wer vermag es zu sagen?

Wenn wir nur lieben könnten, wie die Natur liebt. Wenn wir die Leere nur ohne Trauer und Reue umarmen könnten. Lassen Sie es uns doch zumindest versuchen und anderen Mut zusprechen. Zeigen wir den Menschen, daß die Liebe für alles Sanfte und der Geist der Heiligen Mutter Natur in einer Politik von Angst und Zorn niemals zum Vorschein kommen kann – denn würde sie das, könnten wir sie nicht mehr heilig nennen.

Das Ego versucht, göttliche Zustimmung durch Rechtschaffenheit zu erwirken, doch ist das nur ein weiteres Werkzeug des Egos, mit dem es versucht, sich von anderen zu lösen. Ich habe Recht, bin heilig und losgelöst und Gott hat mich gesegnet, daher stehst Du unter mir. Da Du unter mir stehst, stehe ich über Dir und bin wichtiger und sicherer.

Ich habe das Gefühl, daß die Apokalypse-Industrie absichtlich mit den Schuldgefühlen der Leute herumspielt. Auf gewisse Weise ist der ganze Umwelt-Zirkus nicht mehr als eine moderne Version der Ursünde. Das Ego möchte an die Illusion seiner gottähnlichen Eigenschaften glauben, doch der Schweißgeruch des zerfallenden Körpers, in dem das Ego wohnt, widerspricht seiner Selbstwahrnehmung als von Gott auserwähltes, wohlgefälliges Wesen. Die Bedeutsamkeit des Egos wird in Frage gestellt. Darum können die Menschen nicht gut damit umgehen, wenn sie auf der Toilette beobachtet werden – sie empfinden Scham. Es wäre ihnen lieber, sie könnten ihren menschlichen Körper und seine Funktionen leugnen. Aus der Sicht des Egos ist eine Schuld damit verbunden, ein Mensch zu sein. Je größer das Ego wurde und je mehr es versuchte, einen gottähnlichen Status zu erreichen, um so mehr ekelte es sich vor seinem eigenen Schmutz. »Wir müssen mit dieser Verschmutzung aufhören. Sie ist eine Sünde.« Natürlich glaubt das Ego nicht, daß es selbst dafür verantwortlich ist. Schuld daran ist der physische Körper. Die Ursünde wird auf etwas anderes übertragen. »Ich kann nicht die Ursache dafür sein. Ich bin ein unverdorbenes Teilchen, das für große Dinge auserkoren ist. Das ist nicht mein Kot dort in der Toilette, der stammt von meinem Körper. Der Körper verschmutzt die Umwelt und ist sterblich.« Daher kann das Ego nicht wirklich intensiv Besitz von ihm ergreifen, sonst ginge seine Illusion flöten. Es findet eine Übertragung statt: vom Ego auf den Körper und anschließend auf einen externen Schuldigen. »Andere verschmutzen die Umwelt, nicht ich. Die Fabrik dort drüben, auf der anderen Straßenseite, ist die Ursache des Problems, nicht die Tatsache, daß ich die Produkte der Fabrik konsumiere. Ich muß konsumieren, um mich von den anderen zu lösen. Der Konsum der anderen zerstört den Planeten.«

Da, wo die Ökologiebewegung extreme Züge annimmt, versucht das Ego, seine eigene Sterblichkeit zu leugnen. Es versucht, sich von jeglichem Schmutz zu lösen – im wesentlichen seinem eigenen. Die Vorstellung, daß der Planet an

Umweltverschmutzung zugrunde geht, ist eine Projektion der Angst des Egos, daß es sich selbst jetzt so weit ausgedehnt hat, daß es kurz vor dem Zusammenbruch steht. Das Ego weiß genau, daß es an Bedeutung verlieren und sterben wird, wenn das Individuum nach innen schaut, sich selbst beobachtet und nachdenkt. Statt der Selbstaufopferung ins Gesicht zu schauen, schlägt es einen riesigen Krach um den sterbenden Planeten, damit das Individuum weiterhin nach draußen schaut. Wenn man sicherstellen möchte, daß alle Leute weiterhin in die falsche Richtung schauen, gibt es kein besseres Mittel als eine externe Bedrohung.

Darum ist der Umweltschutz mit so viel Emotion verbunden, und deswegen werden so viele wissenschaftliche Fakten außer acht gelassen. Wir haben das Dogma mit allem drum und dran gekauft. Alternativen sind unzulässig. Für das Ego geht es nun um Leben oder Tod. Die Menschen bekommen durch die Instabilität, die Veränderungen mit sich bringen, den Eindruck des Untergangs. Für das Ego hingegen ist der sterbende Planet lebenswichtig. Denn würde der Planet nicht sterben, müßten die düsteren Gefühle, die wir zur Zeit haben, entweder der Desillusionierung des Egos oder – was noch schlimmer wäre – dem Tod des Egos selbst entspringen. Keine von beiden Möglichkeiten ist für das Ego akzeptabel. Also wird eine Politik des Ärgers und der Krisen aufrechterhalten, um das Ego davor zu bewahren, sich anschauen zu müssen, was wirklich vor sich geht.

»Nun, das ist ja wirklich besorgniserregend«, könnten einige jetzt sagen. »Wenn es keine Katastrophe und keine globale Erwärmung gibt, was ist dann mit den armen Delphinen?« Es tut mir leid, wenn ich alle enttäuschen muß, aber es gibt leider keine Beweise dafür, daß die Zahl der Delphine auf diesem Planeten abnimmt. Genau das Gegenteil scheint der Fall zu sein. Der ganze Aufruhr, den wir um die Delphine machen, dient doch sowieso nur dazu, unser Selbstwertgefühl etwas aufzubauen. Der Delphin ist die am weitesten entwickelte Spezies im Meer. Die gleiche Position nehmen wir auf dem Land ein. Vom Standpunkt des Ego betrachtet, hat der Delphin einen Status. Er ist nicht bloß ein Fisch beziehungsweise ein Säugetier, das aussieht wie ein Fisch, sondern ein Teilchen. Er ist etwas Besonderes, und seine Evolution ist eine andere als die des normalen Fisches. Ein Netz voller Fische ruft daher keine Emotionen hervor, sie sind nur ein Teil der Welle. Verfängt sich jedoch ein einzelner Delphin in dem Netz, so ist das schrecklich. Der Delphin ist ein Symbol unseres Teilchenzustandes. Stirbt der Delphin, stirbt auch ein Teil der Illusion des Egos bezüglich seines Teilchenzustandes. Vergessen Sie nicht, daß das Ego im wesentlichen versucht, sich deswegen von der Welle zu trennen, weil es den Tod umgehen will. Der Anblick eines Teilchens – in diesem Falle eines intelligenten Meeressäugetieres –, das in der Welle gefangen ist, ist für das Ego ein schrecklicher Schlag. Genau das möchte das Ego nämlich vermeiden: den Tod in der Stammeswelle.

»Na, und was ist mit den aussterbenden Säugetierarten?« Jetzt würde ich Ihnen liebend gern antworten, daß sich all die ausgestorbenen Tiere einfach nur verstecken, weil sie die Nase voll haben, sich ständig von irgendwelchen überbezahlten, heruntergekommenen Biologen Elektroden in die Ohren stecken zu lassen. Überdenken Sie doch einmal folgendes: Die Erde befindet sich in einem natürlichen Gleichgewicht. Unser Planet ist ein lebendiger Organismus, der eine eigene Seele zu haben scheint. Die Tiere sind keine Opfer, denn wie der Planet als Ganzes befindet sich auch die Tierwelt in einem natürlichen Gleichgewicht. Wer will behaupten, wenn Tiere aussterben, daß es nicht so sein soll? Genau wie wir Menschen befindet sich auch das Tierreich in einer spirituellen Evolution auf der irdischen Ebene. Einige glauben, daß die Tiere einer Gruppenseele angehören. Also gibt es eine Gruppenseele für die Orang-Utans, eine für die verschiedenen Rattenarten und so weiter. Wie kann sich diese Tier-Gruppenseele jemals über die irdische Ebene hinausentwickeln, wenn sie nicht am Ende ausstirbt und ihre spirituelle Entwicklung auf der Erde abschließt? Vielleicht sollen diese Tierarten ja aussterben. Vielleicht ist gerade ihre Abwesenheit ihre letztliche Transzendenz, genau wie es bei uns der Fall ist. Es wäre ziemlich merkwürdig, wenn die verfluchten Dinosaurier bei uns auf den Hauptstraßen umherspazieren würden. Ich finde es völlig in Ordnung, daß sie sich verabschiedet haben, um sich irgendwo anders weiterzuentwickeln.

Natürlich sind viele Arten untergegangen, doch die damit verbundenen Emotionen sind eine Manifestation einer irrationalen Unsicherheit, die von Ungewißheit und raschen Veränderungen hervorgerufen wird. Das Ego fragt sich, ob es nicht vielleicht selbst die nächste Art sein wird, die ausstirbt. Und ein Großteil von dem ganzen Zirkus um die aussterbenden Arten dient auch wieder wirtschaftlichen Zwecken – wie das Thema der globalen Erwärmung. Es gab neulich abends einen Dokumentarfilm über eine Frau und einen Mann, die sich 15 Jahre lang in der Wüste aufgehalten hatten, um die Paarungsgewohnheiten der Kamele zu studieren. Das Ergebnis ihrer gelehrten Forschungen war, daß es die Kamele ständig miteinander treiben und ganz und gar nicht vom Aussterben bedroht sind. Na und? Ich frage mich, wieviel Geld uns diese Studien gekostet haben? 50 000 $? 100 000 $?

Sicherlich ist es unsere spirituelle Pflicht, unseren Planeten zu respektieren, zu lieben und uns so gut wie möglich um die Tierwelt zu kümmern. Wir müssen aber auch verstehen, daß sich unser Planet verändert, und wenn die gefleckte Eule in Not ist, dann ist dies eben ein Teil dessen, was im Augenblick auf der Erde vor sich geht. Der gefleckte Mensch ist in viel größerer Not.

Mir kommt das ganze Händeringen und das Gestöhne ein wenig scheinheilig vor. Ich liebe es, einen dieser wilden Charaktere im Fernsehen zu sehen, der sich fein gemacht hat und nun etwas daherschwafelt über die Abholzung unserer Wälder. Man weiß einfach, daß er gleich im Anschluß an seine Predigt in den Wald düsen wird, um Bambi die grauen Windungen aus dem Kopf zu blasen. Ich frage mich, wieviele dieser Charaktere die Natur so sehr lieben, daß sie Vegetarier geworden sind?

Es gibt wohl kaum etwas Unsinnigeres als etwas, das man nicht braucht, einfach nur zum Spaß zu töten. Wenn Sie auf dieser Seinsebene jedoch ein Jäger sind, dürfen Sie sich nicht darüber aufregen, wenn Sie selbst dran glauben müssen. Ich habe mich immer gefragt, warum sich wohl so viele Jäger letztlich selbst erschießen oder von jemand anderem erschossen werden. Wahrscheinlich ist es Karma. Trotzdem wäre es drollig, wenn die kleinen Waldwesen auch bewaffnet wären und zurückschießen könnten. Das wäre ein Spaß! Sechs zu Null für Bambi. Das wäre wirklich eine Leistung.

Es läßt sich jede Menge Scheinheiligkeit rechtfertigen, aber trotzdem stellt sich die Frage, warum der Rest von uns auf dieses Apokalypse-Zeug hereinfällt. Zum einen glaube ich, daß es sich um eine Modeerscheinung handelt. Natürlich müssen die Menschen sagen, daß wir mit alldem aufhören müssen, weil wir den Planeten sonst zerstören – denn genau das muß der einzelne zu hören bekommen, um sich selbst zu retten. Statt zu erkennen, daß das Ego gerade zerstört wird, oder daß es durch das Herstellen eines persönlichen Gleichgewichts und Harmonie zerstört werden sollte, projizieren die Menschen ihre Angst nach draußen und beharren darauf, daß es die Erde ist, die vernichtet wird.

Die ungeheure Menge an wissenschaftlichen Beweisen, die durch so renommierte Organisationen wie dem Massachusetts Institute of Technology, der NASA, dem British Meteorological Office, dem Woods Hole Institute of Oceanographic Studies und Dutzenden von Universitäten und Forschungseinrichtungen auf der ganzen Welt erbracht werden, zeigen bedingungslos und zweifelsfrei, daß es keine Anzeichen dafür gibt, daß unser Planet in einer Krise steckt oder sich erwärmt. Es ist weder wahr, daß die Meere steigen, noch gibt es Beweise dafür, daß Autoabgase klimatische Veränderungen hervorrufen.

Einige von Ihnen werden sich dadurch verunsichert fühlen, an dieser Stelle zu lesen, daß die These von der globalen Erwärmung größtenteils auf Fehlinformationen beruht. Einige mögen meine Äußerungen, die diesen Theorien widersprechen, für absurd halten. Ich versichere Ihnen jedoch, daß für mich keine politischen oder finanziellen Interessen damit verbunden sind, Ihnen darüber die Wahrheit zu erzählen. Es ist auch nicht meine Absicht, die Welle oder ihre Religion in Aufruhr zu versetzen. Ich möchte vielmehr bewußten Menschen die Möglichkeit geben, sich von den Schreckgespenstern, die tick-tock ihnen dauernd vorhält, zu lösen, da ich der Meinung bin, daß sie für die Entwicklung des inneren

Teilchenzustands hinderlich sind. Es wird Ihnen schwerfallen, an sich selbst und Ihre innere Reise zu glauben, wenn Sie fälschlicherweise der Meinung sind, daß der Planet, auf dem Sie sich befinden, jeden Moment anfangen könnte dahinzuschmelzen.

Ist es nicht seltsam, daß bei den ganzen dunklen Prophezeiungen der Religionen und der tick-tock Welt fast niemand bereit ist zu glauben, daß die Welt nicht auseinanderfällt? Wenn mehrere hundert Millionen Menschen plötzlich anfangen, den Tanz des Grauens zu tanzen, muß man sich doch die Frage stellen, was eigentlich los ist. Ich finde das faszinierend. Ebenfalls sehr interessant finde ich, daß die Gutachten berühmter Wissenschaftler, die dic Theorie der globalen Erwärmung widerlegen, von der Presse völlig ignoriert werden. Alle haben sich entschieden, das neue Dogma zu übernehmen, weil das Ego es so dringend braucht. Politiker geben Millionen dafür aus, um an der Weltklimakonferenz in Rio teilzunehmen, weil es politischen Zielen dient. Ist das nicht verrückt? Es bedeutet, daß die Welle ein tiefgreifendes psychologisches Bedürfnis hat, das sie ungeachtet der Fakten zum Ausdruck bringt. Jeder, der auch nur ein bißchen Vernunft in die Sache hineinbringen will, wird in der Regel ausgelacht und auf alle Zeiten zum Schweigen gebracht. In einem Interview, das ich kürzlich gab, verwies ich auf die Arbeit von Professor Patrick Michaels, einem der führenden Umweltexperten an der Universität von Virginia. Mein Interview, in dem es zu 90 Prozent um das menschliche Potential und nur am Rande um globale Erwärmung ging, wurde einem berühmten »grünen« Öko-Star gezeigt. Der zuständige Redakteur wollte wissen, wie der Mann darauf reagieren würde. Der Öko-Freak las mein Stück, wurde ziemlich sauer und weigerte sich, einen Kommentar abzugeben. Ich muß wohl kaum sagen, daß mein Interview in die Recycling-Tonne gewandert ist, wo es zweifellos wunderbare Dinge bewirken wird, wie zum Beispiel Bäume retten und ähnliches.

Es ist schade, daß die Umweltschutz-Bewegung, die der planetarischen Gruppenseele so viel Kraft geben könnte, in Wirklichkeit eigentlich nur ein weiterer Auswuchs im Gerangel um Macht und Kontrolle ist. Heutzutage ist es in kleinen ländlichen Dörfern fast unmöglich, eine Baugenehmigung zu bekommen. Die Einwohner wehren sich wirklich vehement gegen jegliche Entwicklung. Wenn man sich erst einmal einen Platz auf dem Lande erobert hat, ist es klar, daß man nicht will, daß andere Teilchen in das eigene Gebiet kommen, denn es könnte ja Interessensüberschneidungen mit dem eigenen, neuen individuellen Zustand geben. Sie könnten ja das Land bevölkern, auf dem der eigene individuelle Teilchenzustand beruht. Die Ortsansässigen können nicht zugeben, daß sie nur kleine, aufgeblasene Möchte-Gern-Teilchen sind, die vor Wichtigkeit strotzen, und sie deswegen auf Neuankömmlinge allergisch reagieren. Nein, das geht nicht. Man stellt das Verhalten der Neuankömmlinge als unmoralisch hin. Sie stören die intakte Umwelt. Eigentlich ist es so, daß sich das Ego der Ortsansässigen abgewertet fühlt, die das Gebiet für sich beanspruchen. Sie haben eine Loslösung von anderen erreicht, indem sie das Land im Umkreis von mehreren Meilen zum Hoheitsgebiet erklären. Es ist so leicht zu durchschauen. Das Ego mit seiner aufgesetzten, selbstgerechten Art wäre der Stolz jedes religiösen Fanatikers. Es ist so schwer, wahrhaftig zu sein und so verlockend einfach, unecht zu sein.

Unsere Welt wird früher oder später mit ihrem wahnsinnigen Konsum aufhören müssen. Ganz ohne Konsum geht es jedoch nicht, denn wir müssen konsumieren, um zu überleben. Wir müssen unsere Schulden abbauen und Moral in unsere politischen Systeme einführen. Das wird jedoch nur funktionieren, wenn wir tief in unsere Herzen schauen und bereit sind, unsere festgefahrenen Einstellungen neu zu bewerten. Wir müssen das Ego dazu bewegen, nicht wie ein Wahnsinniger dem Teilchenzustand hinterherzujagen. Das schaffen jedoch nur wenige. Genauso wenige sind in der Lage zuzugeben, daß sie ihre Probleme selbst verursachen. Und noch weniger Menschen erkennen, daß es unser aufgeblasener Verstand ist, der unsere Gesellschaft zerstört. Stattdessen tanzen wir weiterhin fröhlich den Tanz des Grauens und greifen andere an.

Aber während die Tänzer sich im Takt wiegen, können

wir aus der Distanz an uns arbeiten und stärker und freier werden. Wenn Sie erst einmal ein inneres Gleichgewicht hergestellt haben, sich sicherer fühlen und spirituell erwachsener geworden sind, werden Sie erkennen, daß die Welt in all ihrer Unvollkommenheit vollkommen ist und können zufrieden sein. Sie werden bei der kollektiven Neurose nicht mehr mitspielen, nur um sich besser zu fühlen. Die Welt macht ständig Fortschritte. Die Menschen sind gesünder und leben länger, und die meisten politischen Probleme werden sich mit der Zeit von selbst lösen. Eigentlich sollten wir uns darüber freuen – aber nein, wir haben Angst.

Die größte Verschmutzung betrifft nicht die Umwelt, sondern Ihren Verstand – mal ganz abgesehen von der Tatsache, daß Ihr Geldbeutel immer leerer wird. Wir können uns entziehen, indem wir einen Schritt zurücktreten und gleichzeitig zulassen, daß sich die Negativität von tick-tock selbst zerstört. Ich bin sicher, daß die Manipulatoren in der Zwischenzeit die Angst der Menschen bis aufs Letzte ausreizen werden. Meinen Sie, daß es für das Establishment etwas Besseres als ökologische Panik geben könnte? Die Bemühungen zur Etablierung einer neuen Weltordnung sind in Wirklichkeit ein Schachzug, mit dem sie die normalen Leute programmieren und entrechten wollen, die sowieso nur Futter für das System sind. Um eine neue Weltordnung zu erreichen, muß man die einzelnen Länder dazu bewegen, ihre Souveränität aufzugeben. Das ist schon voll in Gange. Die EWU hat bereits ganz Westeuropa im Griff und zwingt diesen Ländern ihre Gesetze auf. Täglich werden in Straßburg und Brüssel neue Gesetze verabschiedet, die die wirtschaftlichen Aktivitäten bis ins letzte Detail kontrollieren, z. B. welche Größe ein Käse haben sollte, oder aus welchen Zutaten ein Kartoffelchip bestehen darf, und so weiter. Es tötet jedes eigenständige Denken ab. Wer braucht diese künstlich geschaffene, sterile, bürokratische Anstalt? Was ist mit der Freiheit und der Individualität geschehen, für die unsere Mütter und Väter gekämpft haben? Menschen müssen in einem gewissen Ausmaß verrückt, spontan, ungewöhnlich und kreativ sein können. Wer braucht blank polierte Europäer, die mit ihrem ordnungsgemäßen Käse in den bürokratischen

Himmel marschieren? Oh Gott, lasse das spirituelle Selbst durchscheinen und befreie unsere Leute!

Es macht mich manchmal traurig, daß die Liebe, die Freude und der Spaß der Menschen von der Macht autoritärer Herrscher unterdrückt wird, die unsere Länder den Bach runtergehen lassen, nur um ihren Egotrip weiterzuverfolgen. Westeuropa haben sie schon im Sack. Der ganze Kontinent ist in der Hand einer zentralen Macht, die von der deutschen Regierung und ihrer Bürokratie beherrscht wird, die jedes selbständige Denken abtötet. Diese wiederum unterhält beste Beziehungen zur amerikanischen Regierung, die nach dem Zusammenbruch Rußlands ihre Herrschaft ungehindert auf den gesamten Planeten ausdehnen kann. Den ökologischen Schwindel aufrechtzuerhalten liegt im Interesse der Kräfte, die Amerika kontrollieren und dabei sind, einen globalen Polizeistaat zu errichten. Daß Millionen von Menschen ihre Rechte aufgeben sollen, damit die Umweltprobleme weltweit gelöst werden können, hört sich vernünftig an. Wie könnte jemand, der noch ganz bei Sinnen ist, einem globalen Verbot von FCKW widersprechen, die die Ozonschicht zerstören?

Haben Sie jemals gehört, daß jemand die FCKW-Problematik hinterfragt hätte? Natürlich nicht. Nichts soll sich der neuen, lustigen Weltordnung in den Weg stellen. Woher wissen wir, daß die Fluorchlorkohlenwasserstoffe die Ozonschicht zerstören? Die Regierung hat es in den Medien verbreitet, und wir sind darauf reingefallen! Ein FCKW-Molekül braucht 50 Jahre, um von der Erdoberfläche in die höhere Atmosphäre aufzusteigen. Ist also die moderne Industrie für das Problem verantwortlich, oder sehen wir die Auswirkungen der FCKWs, die um und vor 1943 freigesetzt wurden? Wenn wir also eine Situation betrachten, die vor 50 Jahren entstanden ist, als die Umweltschutzbestimmungen weniger streng waren, könnten wir zu einer der beiden folgenden Schlußfolgerungen kommen: entweder werden wir in Zukunft ein Problem haben, wenn der Rest der FCKWs da oben ankommt, oder die industriellen FCKWs beeinträchtigen die Atmosphäre weniger als wir glauben, und in Wirklichkeit geht etwas ganz anderes vor sich.

Uns wird gesagt, daß wir durch die FCKWs in der Atmosphäre in weitaus größerem Maße ultraviolettem Licht ausgesetzt sind, obwohl es keine wissenschaftlichen Daten gibt, die diese These stützen. Stattdessen ist das Gegenteil der Fall: die Menge an ultraviolettem Licht ist in den letzten 15 Jahren konstant geblieben. Das muß nicht so bleiben. Doch wenn ich dabei wäre, eine Weltherrschaft zu etablieren, würde ich mir den Weg dahin nicht von der Wahrheit über die Menge an ultravioletter Einstrahlung versperren lassen. Ich würde die Menschen auch nicht wissen lassen wollen, daß bereits ein halber anständiger Vulkanausbruch eine Menge an Ozon zerstörendem Chlorgas erzeugt, die einer FCKW-Produktion mehrerer hundert Jahre durch unsere Industrie entspricht. Die neue Weltordnung wird die Vulkane jedoch nicht kontrollieren können, warum sollte man solche Nebensächlichkeiten also überhaupt erwähnen? Es ist ja viel sinniger, stattdessen ein paar Geschichten über Hautkrebs zu verbreiten, um die Länder der Erde dazu zu bringen, ihre Souveränität aufzugeben.

Sie müssen verstehen, daß es eine Menge sehr böser Menschen auf diesem Planeten gibt, die uns der Macht und des Profites wegen manipulieren. Sie sollten sehr darauf achten, daß Sie nicht auf all den Mist hereinfallen, den sie uns zu verkaufen versuchen. Diese Leute versuchen, in alle Bereiche des Lebens einzugreifen – dies zu standardisieren, das zu beaufsichtigen, ein Abkommen über diese Dinge zu schließen, jene zu verbieten und so weiter. Es wird alles in vernünftige Argumente eingebettet und schleicht sich schonungslos immer weiter ein. Man muß die Menschen nur im Dunkeln lassen und sie mit Sachen, die sie zu Tode erschrecken, weichklopfen, dann werden sie ihre Macht schon abgeben. Wenn die Menschen verwirrt, verängstigt und unwissend sind, sind sie froh, wenn sie jemanden finden, dem sie diskussionslos die Kontrolle überlassen können. Hauptsache, er ist ein Mächtiger, der weiß, wie man das Problem löst. Man muß die Medien mit dem füttern, was die Menschen hören sollen, und die Fernsehstationen sich die Geschichte neu zusammenschustern und sie serienmäßig über die Abendnachrichten ausstrahlen lassen. Dadurch ist die Regierung über jeden

Zweifel erhaben. Das Tolle am Fernsehen ist, daß es Fehlinformationen und reinsten Unsinn unter dem Deckmantel unparteiischer Wahrheit und Authentizität verbreitet. Welcher Mensch, der noch klar denken kann, würde einer maßgeblichen Tatsache widersprechen, die von einem gutaussehenden Nachrichtensprecher präsentiert wird, den wir alle kennen und lieben, und der jeden Abend in unserem Wohnzimmer erscheint? Es ist alles so einfach!

Haben Sie sich jemals gefragt, warum uns die Medien ständig in Angst und Schrecken versetzen? Was beabsichtigen sie damit? Sollen wir uns darüber freuen? In Australien werden fast jeden Abend Autounfälle gemeldet. Ich meine nicht Auffahrunfälle mit 50 oder mehr Autos, sondern kleine Unfälle, zum Beispiel, daß ein Lastwagen in ein Auto hineinfährt und Großmutti und ihr kleiner Chihuahua daran glauben mußten. Warum? Was soll das? Könnte es sein, daß jemand ein Interesse daran hat, die Menschen in einem Zustand äußerster Anspannung zu halten?

Natürlich gibt es solche Menschen. Der Unsicherheitsfaktor hat einen wirtschaftlichen Hintergrund. Wenn man Streß und negative Schwingungen hervorruft, kann man viele Waffen, Versicherungen, Bankprodukte und Rezepte verkaufen. In Amerikas Apotheken werden jede Woche 2,5 Millionen Rezepte für Beruhigungsmittel eingelöst. Geht man davon aus, daß in einer Packung durchschnittlich 50 Tabletten sind, kommt man zu dem Ergebnis, daß die Amerikaner jährlich 6,5 Milliarden Tabletten zu sich nehmen. Das ist ein Haufen Geld. Hinzu kommt, daß, wenn Millionen Menschen sanft durch ihre emotionale oder chemische Abhängigkeit von legalen Drogen aus der Realität hinauskatapultiert werden, sie Manipulationen unwidersprochen hinnehmen.

Wer fummelt denn an Ihrem Verstand herum, bietet Ihnen Eintrittskarten zum Tanz, verkauft Ihnen womöglich noch einen Atombunker oder sammelt Ihr Geld für die letzte Reise ein? Vielleicht gerade niemand. Vielleicht beraubt man Sie nur Ihrer geistigen Integrität, Ihrer inneren Harmonie und Ihrer Zuversicht. Wenn man Ihnen das nächste Mal sagt, daß die Welt an AIDS zugrunde gehen wird, sollten Sie folgendes antworten: Jeden Tag kommen wir der Heilung von AIDS einen Schritt näher. Die Wissenschaftler glauben bereits, daß es eine Art von AIDS gibt, die nicht tödlich verläuft. Obwohl viele Leute sich mit AIDS angesteckt haben, steigt die Anzahl der Menschen, die kein AIDS haben, schneller an als die Zahl derer, die AIDS haben. Das ist wissenschaftlich nachgewiesen. Im Westen haben sich die AIDS-Zahlen inzwischen mehr oder weniger stabilisiert, obwohl sie in Afrika und Asien noch steigen. Die Weltbevölkerung nimmt jedoch so viel schneller zu, als sich diese Krankheit ausbreitet, und es ist purer Unsinn zu glauben, daß die Menschheit an AIDS aussterben könnte.

Sie sollten Ihren Verstand vor den negativen Schwingungen schützen, die von der kollektiven Unsicherheit der Welt ausgehen. Sie müssen nicht auf den ganzen Schrott hereinfallen. Sie können sich davon lösen und erkennen, was es wirklich ist. Das wird Ihren geistig-seelischen Selbstschutz aktivieren und Sie in die Lage versetzen, Druck auf die Gedankenpolizei auszuüben, die Ihnen Vorschriften machen und Sie bewegen will, Ihr Recht auf mentale und spirituelle Stabilität und auf einen alternativen Standpunkt aufzugeben. Wenn Sie es ständig zulassen, daß andere Ihre Knöpfe drükken, verlieren Sie die Kontrolle über Ihre persönliche Rakete. Die Massenneurose beraubt Sie Ihrer natürlichen gottähnlichen Freude und des Glücks, das Ihnen als Ihr göttliches Erbe zusteht.

Folgender Punkt ist sehr wichtig: Sie können nicht an eine apokalyptische Philosophie glauben, ohne dadurch Ihr eigenes, vorzeitiges Ende einzuläuten. Wenn Sie auf den Holocaust hereinfallen, wird es Ihnen schwerfallen, in eine Vision einer anständigen Zukunft zu investieren. Mit der Zeit werden Ihre Gedankenformen verkommen und auf Leid programmiert sein, was Sie wiederum auf Unglück und einen frühzeitigen Tod zusteuern läßt.

Sicherlich könnte die Welt auf ökonomischer Ebene große Probleme durchzustehen haben, doch kommen sie uns zugute. Sie unterstützen uns auf dem Weg zur Wirklichkeit, statt etwas aufrechtzuerhalten, was nicht der Wirklichkeit entspricht. Doch ist eine Apokalypse nicht automatisch die Folge ökonomischer Veränderungen. Und die Welt wird noch mehrere Milliarden Jahre existieren. Daran gibt es nichts zu rütteln.

Lächeln Sie. Seien Sie glücklich. Verändern Sie Ihre Denkmuster. Konzentrieren wir uns auf das, was wirklich ist. Wir sollten uns freuen, uns um uns selbst und unsere Familien kümmern und an eine positive, spirituelle Zukunft glauben. Aber bitte, erzählen Sie es noch nicht weiter. Es gibt ein paar hundert sehr teure Atombunker aus zweiter Hand, die unsere spirituellen Brüder und Schwestern erst loswerden müssen, bevor der einfache Mann auf der Straße erkennen kann, daß die ganze Geschichte mit der Apokalypse ein riesiger Schwindel ist.

Und lassen Sie nicht zu, daß die Leichtgläubigen Sie fertigmachen.

9. Kapitel

Die Anatomie einer anständigen Krise

Im letzten Kapitel habe ich darzustellen versucht, daß eine Krise im wesentlichen Ansichtssache ist. Es ist ganz egal, ob die Ansicht auf Tatsachen oder Illusionen beruht, bedeutsam ist nur, daß alle Menschen daran glauben. Um eine anständige Krise zu bekommen, benötigt man einen Glaubenssatz – einen allgemeinverbindlichen oder persönlichen –, der stark genug ist, die Krise aufrechtzuerhalten. Um eine Krise zu vermeiden und sicherzustellen, daß man sich auf mentaler Ebene nicht in eine Krise hineinziehen läßt – was aus meiner Sicht sehr gefährlich ist –, muß man sich die Anatomie einer Krise etwas näher anschauen. Indem man den Glaubenssatz oder die Ansicht analysiert, die die Krise aufrechterhält, kann man sehen, wie sie geschaffen wurde und was sie eigentlich ist, um sich von ihr lösen zu können.

Lassen sie uns noch einmal durchgehen, welche Faktoren dabei eine Rolle spielen. Unter modernen Gegebenheiten sind drei Dinge für den externen Teilchenzustand notwendig: Wichtigkeit, eine Garantie für Sicherheit und eine ständig zunehmende Loslösung von anderen, die im wesentlichen durch materiellen Zuwachs erreicht wird. Wird einer dieser drei Faktoren in Frage gestellt, entsteht eine handfeste Krise. Eine Krise ist also in erster Linie alles, was den Ansichten des Egos widerspricht. Damit sich eine solche negative Situation ausbreiten und zu einer nationalen Krise entwickeln kann, müssen die Medien nachhelfen und den Zustand dramatisieren. Krisen sind ein eigener Industriezweig. Das Produkt wird wie Seife produziert und verkauft. Menschen rufen Emotionen hervor, um Ergebnisse zu erzielen, also wird die nationale Wahrnehmung von Emotionen überflutet – den Vorteil haben die Beobachter, die das ganze inszeniert haben. Bestimmte Themen werden als »lebenswichtig« dargestellt, weil das Ego sich so wichtig nimmt.

Würden Sie sagen, daß Sie mit der Position des Egos nicht einverstanden sind, würden Sie den Ärger der Menschen auf sich ziehen. Es wird von Ihnen erwartet, daß Sie Emotionen teilen, sonst hält man Sie für einen lieblosen, geizigen und egoistischen Menschen. Die Ansichten des Egos sind es jedoch, die egoistisch sind. Jeder Widerspruch gegen den Reklamerummel des Egos wirkt als Bedrohung und Beleidigung seiner hochheiligen Position als Lieferant von Werten, Ideen und Wirklichkeit.

Durch Werbung gewinnt eine Krise Anhänger. Wird sie von genügend Menschen unterstützt, kommt es zu einer emotionalen Ansteckung, die nationalen Denkstrukturen verhärten sich und die Krise wird Realität.

Unsere Gesellschaft glaubt Probleme zu haben, aber diese Probleme sind oft nur deshalb existent, weil irgendwo irgend jemand dieses Problem braucht. Eine Angelegenheit wird in den seltensten Fällen als das verkauft, was sie wirklich ist. Wie ich bereits sagte, lieben Menschen Probleme, da sie durch Probleme Beachtung bekommen. Sie müssen ihr Problem auch noch wichtiger machen als die, die mit ihrem in Konkurrenz stehen. Wir haben also eine Gesellschaft von Menschen, die alle ihre eigenen Interessen verfolgen. In einigen westlichen Demokratien ist das Verfolgen eigener Interessen sogar an die Stelle wirklicher Arbeit getreten.

Es gibt Tausende von Lobbyisten, besondere Interessensgruppen und Menschen, die sich ständig beschweren und zu ihrem eigenen Vorteil Probleme erschaffen und verbreiten. Das hängt mit viel Geld, politischen Vorteilen, Rechtschaffenheit, Sendezeit oder irgendeinem besonderen Privileg, das dem Lieferanten der richtigen Emotion zufließt, zusammen.

Würde ein Marsianer auf der Erde landen und sich die abendlichen Nachrichten anschauen, würde er den Eindruck bekommen, die Welt sei in einem schrecklichen Zustand. In Wirklichkeit ist sie das gar nicht. Gute 50 Prozent der globalen Bauchschmerzen sind nur heiße Luft, und ein Großteil der anderen 50 Prozent könnte morgen bereits gelöst sein, wenn das Ego es sich anders überlegen und sich zurücknehmen würde. Schließen Sie etwa für ein Jahr die Fernsehstationen, und der Löwenanteil unserer Probleme wäre verschwunden. Es gäbe keine Bühne mehr, auf der man für diese Ansichten Werbung machen und sie verkaufen könnte. Es fällt Menschen schwer zu akzeptieren, daß die Medien und die Regierung ständig die öffentliche Meinung manipulieren. Wir kommen meistens gar nicht auf die Idee, die Gültigkeit dessen anzuzweifeln, was in den Medien als Fakten dargestellt wird.

Unsere Gesellschaften beruhen auf unterwürfiger Nachgiebigkeit. Die Regierungen könnten die Menschen nicht beherrschen, wenn sie nicht beherrscht werden wollten. Ironischerweise wird auch die Regierung auf lange Sicht ihre Herrschaft nicht aufrechterhalten können, da sie den falschen Weg eingeschlagen hat. Die einzig wirkliche Macht ist die Macht der Menschen. Sicherlich kann die Regierung das Militär zu Hilfe holen, doch würde sie das tun, würde sie ziemliche Schwierigkeiten bekommen. Als 50 000 Menschen gegen die Kopfsteuer von Margaret Thatcher auf die Straße gingen und den Trafalgar Square niederbrannten, erkannte die britische Regierung, daß sie Gefahr lief, gestürzt zu werden. Margaret Thatcher wurde besiegt und die Kopfsteuer aufgehoben. Die Kopfsteuer hatte eine politisch isolierte Randgruppe zusammengetrieben und ihr eine ungeheure Schlagkraft gegeben. Wie die meisten Schwächlinge und Tyrannen nehmen auch die Regierungen die Beine in die Hand, wenn sie sich den entfesselten Herzen der Menschen gegenüber sehen. Denken Sie doch mal daran, was in Osteuropa und Rußland geschehen ist.

Der Status quo ist nur deswegen mächtig, weil ihm niemand die Stirn bietet. Die Menschen werden isoliert und mit demokratischem Gerede und gefälschten Informationen seitens der Mächtigen bombardiert, deren Interesse es natürlich ist, unseren Mitmenschen ihre Machtlosigkeit zu verdeutlichen. Um die Machtlosigkeit des einzelnen aufrechtzuerhalten, muß die Bevölkerung mit einem ständigen Strom akzeptabler Informationen und Meinungen gefüttert werden, und die Menschen müssen ständig eine Menge Probleme aufgetischt bekommen, die sie persönlich nicht lösen können. Indem man ihnen sämtliche Macht und Entscheidungsgewalt nimmt und alle alternativen und anderslautenden Informationen verheimlicht, erzeugt man mit der Zeit in den Menschen Desinteresse und Apathie. Das ist der Schlüssel zur Manipulation, mit der sich der Status quo als angemessene und rechtmäßige Quelle der Macht etabliert. Aus dem gleichen Grund werden auch so große Anstrengungen unternommen, die Idee der »guten Jungs und der bösen Jungs« an den Mann zu bringen. Diese Idee isoliert die Menschen auf emotionaler Ebene und fixiert ihre Einstellungen. Die Regierung gehört selbstverständlich zu der Gruppe der »guten Jungs«, was eine Garantie dafür ist, daß sie vom Volk akzeptiert werden. Die Menschen lassen große spirituelle und soziale Ungerechtigkeiten zu, weil sie so indoktriniert wurden, daß sie auf vorgeschriebene Weise reagieren. Natürlich werden sie den guten Jungs erlauben, sie zu beherrschen, weil sie davon ausgehen, daß den guten Jungs ihr Wohl am Herzen liegt. Und die Leute halten auch dann, wenn der Glaube an die künstlich erzeugten guten Jungs erschüttert wird, immer noch an ihrer Illusion fest, da sie keine Alternative sehen. Ihr Denken ist von jeglichem Gedanken an Aufstand oder einer anderen Sichtweise gesäubert worden. Sie sind passiv geworden. Die Mächtigen wissen schon, warum sie unsere Wirtschaft über Schulden manipulieren, den Preis für die Arbeit und die Bedingungen der Arbeit kontrollieren, denn dadurch erschaffen sie eine Gesellschaft, die nur mit Überleben beschäftigt ist, und in der die Menschen weder Geld, Zeit noch den Drang haben, zur Stadthalle zu marschieren, um sie abzubrennen.

George Orwells 1984 ist schon bei uns eingekehrt. Der einzige Unterschied besteht darin, daß der Autor den »Big Brother« als rohe, dumme Kraft sah, die man leicht verachten und hassen konnte. Orwell hätte nie vorhersehen können, wie trickreich die moderne Massenpsychologie, die unterschwellige Programmierung, die Herstellung von Übereinstimmungen und die Techniken zur Sammlung geheimer Informationen sein würden, mit denen heutzutage die Menschen beherrscht und voneinander isoliert werden. Das System, das wir jetzt in den neunziger Jahren vorfinden, ist Orwells Vorstellung weitaus überlegen. Wir haben es nicht mit nationaler, sondern internationaler Überwachung zu tun. Die meisten großen Nationen verbinden ihre Großcomputer, damit sie ihre Bürger auf der ganzen Welt ausfindig machen können. Es macht mich stutzig - was soll das werden? Im Westen Englands, in Cornwall, gibt es eine Abhöranlage, die der amerikanischen Regierung gehört und von ihr betrieben wird. Dort werden alle mobilen Telefone Großbritanniens abgehört und die Gespräche aufgezeichnet. Warum sollte die britische Regierung den USA gestatten, alle englischen Funktelefone abzuhören? Es macht keinen Sinn. Vielleicht weil die britische Regierung leichter sagen kann, daß sie die Telefone ihrer Mitbürger nicht abhört, wenn die Amerikaner es tun? Doch wundert es mich nicht, wenn die Leute sauer darüber sind. Und die amerikanischen Bürger sind auch nicht dagegen geschützt. Die Vereinigten Staaten von Amerika besitzen das größte Informationssammlungssystem der Welt, und es wendet sich zum größten Teil gegen die Amerikaner selbst. Wußten Sie zum Beispiel, daß nach 1994 gewisse amerikanische Datenbanken mit anderen in Übersee verbunden sein werden, wie zum Beispiel mit einer in Singapur? Ein Regierungsbeamter in einem fremden Land kann dann einfach auf einen Knopf drücken, um festzustellen, ob ein Autohändler in Phoenix, Arizona, seine Grundsteuern bezahlt hat oder nicht. Es gibt so vieles, was die Menschen nicht wissen - so vieles wird mit Lügen und vermeintlicher Vernünftigkeit kaschiert.

Als die Menschen immer mehr ausgebeutet und entmachtet wurden, versuchte das System seine Spuren zu verwischen und die Bürger damit zu täuschen, daß sie ihr persönliches Ego aufbauten. »Wir nehmen Ihre ganze Freiheit und den größten Teil Ihres Geldes, aber Sie sind etwas ganz Besonderes und sehr wichtig, und wir werden ein paar Gesetze verabschieden, die Ihnen Ihre Wichtigkeit garantieren, solange Sie uns für immer Ihre Macht überlassen.«

Wenn Sie also auf die Straße hinausgehen und den Menschen sagen, daß ihr Staat böse ist und von Größenwahnsinnigen gesteuert wird, die hauptsächlich Macht und Kontrolle haben wollen, werden sie Ihnen das nicht glauben. Vielleicht beschweren sie sich ein bißchen, aber im großen und ganzen werden sie das Land und seine Institutionen als heilig und gut ansehen und die Tatsache ignorieren, daß sie persönlich machtlos sind. Hat man die nationalen Denkstrukturen erst einmal infiziert und läßt man den Tropf Jahr für Jahr dran, werden die Leute mit der Zeit so von der Propaganda verseucht, daß sie sich nicht mehr wehren können. Allmählich beginnen sie, an die Realität zu glauben, die für sie ausgesucht wurde. Diese Realität, die Kontrolle und die Manipulation seitens der Regierung werden als unausweichlich betrachtet, als etwas, was notwendig ist, um die Stabilität zu wahren. Die Menschen kommen an einen Punkt, wo sie sich keine andere Realität mehr vorstellen und keine andere mehr wahrnehmen können. Und um den Prozeß der allgemeinen Konsensfindung abzurunden, wird die Wichtigkeit der Menschen aufgebauscht, und aus dem Nippel der Regierung fließen die den Arbeitern gestohlenen Gelder immer munter weiter.

Das Erzeugen von Krisen ist ein integraler Bestandteil des Kontrollmechanismus. Die Krisen ermöglichen es dem Status quo zu behaupten, daß er alles am besten weiß. Er kann sich einseitig verhalten, sich selbst besondere Befugnisse einräumen und Krisenbestimmungen erlassen, um die von ihm geschaffenen Krisen zu handhaben. Wird genügend Propaganda gemacht, verändert sich mit der Zeit die Realität so, daß sie die negativen Schwingungen reflektiert, von denen der Status quo uns weismachen will, daß sie wirklich existieren. Vielleicht fällt es Ihnen schwer zu sehen, wie der ganze Prozeß funktioniert, wenn Sie sich ihn noch nie gründlich angesehen haben. Das zentrale psychologische Werkzeug wird eingesetzt, Pflichtgefühl und Schuld hervorzurufen. Man bringt die Menschen dazu, sich verpflichtet zu fühlen, für das allgemeine Wohl Opfer bringen. Das hört sich wunderbar an – nur wird die Frucht ihrer Aufopferung nicht für das allgemeine Wohl verwandt, sondern für die Aufrechterhaltung des allgemeinen Bösen. Da die Menschen entmachtet sind, haben sie weder Macht zu handeln noch Probleme selbst zu lösen. Daraus folgt ganz automatisch, daß sie andere ermächtigen müssen, es zu tun. Wenn sie nicht damit übereinstimmen, andere zu ermächtigen, werden ihnen Schuldgefühle gemacht. Ununterbrochen wird uns die unterschwellige Botschaft eingetrichtert, daß wir keine Macht haben, unser Schicksal selbst zu steuern. Diese Lügen haben zur Folge, daß die Menschen glauben, Opfer des Zufalls und schutzlos zu sein, wenn ihnen ihre gnädigen Herrscher keine Sicherheit garantieren. Hier taucht das göttliche Recht der Könige wieder auf, nur im Gewand moderner Psychologie – so unterschwellig, daß es niemandem auffällt. In einer Welt, in der die Egos immer weiter aufgeplustert und Garantien geboten werden, wirkt das Angebot von Schutz und Sicherheit wie Heroin. Die Wichtigkeit, die ihnen geboten wird, ist wie das Kokain: sie stimuliert sie. Sie voneinander zu isolieren wirkt wie Valium – es macht sie gefügig. Wenn die Menschen psychologisch entmachtet und mental durch Propaganda unter Drogen gesetzt werden, geben sie allmählich ihre Verantwortung für sich selbst ab, was dazu führt, daß sie tatsächlich Drogen konsumieren. Sie können die Macht, die der Status quo über Ihr Leben hat, ganz erheblich reduzieren und die Ernsthaftigkeit, die Angst und die Wichtigkeit, die Ihr Denken vielleicht verunreinigt haben, hinter sich lassen, wenn Sie die Massenmedien ausschalten und Ihr Abonnement der Schmutz-Presse kündigen. Es gibt viele ernstzunehmende Journale und Zeitungen, die tatsachengetreu und objektiv berichten. Ich bin der Ansicht, daß man bewußt und informiert sein kann, ohne auf Emotionen und Übertreibungen hereinzufallen. Magazine wie »The Economist« und »World Press Review« vermitteln einen recht guten Eindruck, was in der Welt vor sich geht. Ich lese gern ausländische Zeitschriften und Magazine, da ihr Standpunkt bezüglich nationaler Fragen normalerweise die Realität mehr widerspiegelt, als es lokale Zeitschriften tun – ihre Nachrichten werden für den lokalen Gebrauch diktiert, ausgewählt und zensiert. Im Jahre 1991 wurden dem FBI zum Beispiel 2000 Bombenanschläge in Amerika gemeldet. Wie viele von ihnen tauchten in den Nachrichten auf? Nicht viele. Die Herrschenden wollen den

Eindruck vermitteln, daß Terrorismus in Amerika nicht existiert. Ereignisse, die der offiziellen Linie widersprechen, werden bequemerweise weggelassen.

Meiner Meinung nach spielt die alternative Presse eine wichtige Rolle dabei, den Menschen zu helfen, ihr Denken zu verändern und zusammenzukommen, indem sie zu gesellschaftlichen Problemen alternative Lösungen anbietet. Die Massenmedien sind es, die voller Propaganda und Schmutz sind. Entfernen Sie sie aus Ihrem Leben, und Sie sind frei. Das ist eine gute Übung, wenn Sie ein Spaßvogel mit einer angenehmen, sorglosen Weltanschauung werden wollen.

Natürlich gibt es, wenn Sie sich auf einem spirituellen Weg befinden, in diesem Unsinn seitens offizieller Stellen und den Medien und natürlich der Einstellung des Egos viele Aspekte, mit denen Sie nicht übereinstimmen. Sie werden die Jagd nach Wichtigkeit und dem immer umfangreicheren materiellen Ausdruck dieser Wichtigkeit als irrelevant oder sogar widerwärtig betrachten. Die Idee, daß Sie Ihr Schicksal nicht selbst bestimmen können, ist eine Lüge. Sie brauchen niemanden, der Ihr Leben in Ordnung bringt. Sie brauchen Wahrnehmung und Energie, das ist alles.

Wenn ich an dieser Stelle also sage, daß es keine Weltkrise, sondern nur eine Egokrise gibt, dann meine ich damit, daß sich eine Reihe hartnäckiger Glaubenssätze manifestiert haben, so daß normale, sich natürlich verändernde Umstände nun als »Krise« bezeichnet werden. Der Glaube, daß das Ego nie irgendeine Art von emotionaler Unruhe oder sich verschlechternde Umstände erfahren sollte, auch wenn es sie zum größten Teil selbst hervorgerufen hat, ist reiner Blödsinn. Dies behindert die Introspektion und korrigierende Handlungen und festigt die Vorstellung, daß alle Menschen Opfer der Umstände sind. Die Idee, daß jedermanns externer Teilchenzustand verteidigt und auf alle Zeit garantiert werden sollte, koste es was es wolle, ist nur ein Bestandteil des modernen Stammesdenkens (das in Wirklichkeit eine aufgeblasene Kaulquappe ist, um es höflich auszudrücken).

Ah! Und was ist mit den Obdachlosen? Auch bei den Obdachlosen entsteht ein Teil der Emotionen nicht deswegen, weil sie so arm sind, sondern weil sie es nicht geschafft haben, ein Teilchen zu werden. Die Menschen wollen das nicht sehen und fühlen sich dadurch bedroht. Viele Obdachlose leiden unter Alkoholismus, Drogenmißbrauch und geistigen Problemen. Man kann Geld zur Seite legen, um solchen Menschen zu helfen, aber einige von ihnen wird es in unseren Straßen immer geben. Von den übrigen Obdachlosen ist ein gewisser Prozentsatz deswegen obdachlos, weil sie nicht bereit sind, eine soziale Position zu akzeptieren, die unter der liegt, die ihr Ego akzeptieren kann. Ihnen wird viel Freundlichkeit entgegengebracht, die Wohlfahrt kümmert sich um sie und sie erhalten Spenden. Viele sind deswegen obdachlos, weil sie nicht bereit sind, eine bescheidene Arbeit anzunehmen und für ein kleines Zimmer in der Stadt zu zahlen. Das ist unter ihrem Niveau. Bescheidene Arbeiten sind etwas für illegale Einwanderer oder solche Leute, die noch weiter unten sind. Das ist nichts für Teilchen, die zur Regierung laufen und um ein kostenloses Zimmer bitten. Warum auch nicht? Man hat ihnen im Austausch gegen ihre Macht einen Freifahrtschein versprochen. Den wollen sie haben. Nun, wenn wir entscheiden würden, daß es gut sei, Menschen Wohnungen zur Verfügung zu stellen, ohne daß sie dafür arbeiten müssen (Ich glaube nicht, daß es gut ist. Zu viel Wohlfahrt stiehlt dem Menschen seine Seele und erzeugt Abhängigkeit.), könnte man billige Wohnungen für alle bauen. Aber zum einen würden die Menschen die billigen Wohnungen nicht annehmen, und zum anderen hat die Regierung eine ganze Menge anderer Dinge mit dem Geld im Sinn, als Häuser zu bauen. Die US-Regierung könnte zum Beispiel allein mit dem Geld, das sie anderen Regierungen gibt, jedes Jahr mehrere hunderttausend kostenlose Wohnungen bauen. Es ist eine Frage der Politik und der Entscheidung. Die Armut in der westlichen Welt ist ein direktes Ergebnis der überhöhten Regierungsausgaben. Sie beeinträchtigen die Wirtschaft und treiben die Gehälter und die Beschäftigungszahlen nach unten. Die Armut wird auch durch einen entsprechenden Energiemangel mitverursacht. Dieser Mangel mag von den einzelnen Individuen, denen nie beigebracht wurde, Verantwortung zu übernehmen und die keine Fähigkeiten haben und über noch weniger Bildung verfügen, nicht verschuldet worden sein. Doch kann das Problem niemals dadurch gelöst werden, daß man den Menschen Geld gibt. Wenn man das tut, hat man Emotionen gekauft, statt eine Lösung zu finden. Man kann Armut nur dadurch beheben, daß man den Menschen beibringt, Energie zu erzeugen, indem sie die richtigen Aktivitäten im Markt entfalten. Dann kann das Ego einen Status erreichen, und die Menschen werden glücklich sein. Gibt man ihnen statt dessen Geld, beraubt man sie der Notwendigkeit, selbst etwas unternehmen zu müssen. Auf diese Weise ist man ständig mit negativen Emotionen belastet. Als Wichtigkeit und die Kontrolle seitens der Regierung anfingen, wichtiger zu werden als Aktivität, wurde Armut zu einem unglücklichen und permanenten Bestandteil unserer Gesellschaft.

Und was ist mit der Gewalt in unserer Gesellschaft? Gewalt ist nur die Aggressivität des gestreßten Egos, das auf der Suche nach dem Teilchenzustand, nach Wichtigkeit, Blendwerk und einer schnellen, mühelosen Lösung ist. Gewalt wird vom Fernsehen gefördert, das Gewalt als einen fesselnden Ego-Kick und eine aufregende Machtquelle darstellt. Wer noch kein Teilchen geworden ist, kann Status und Wichtigkeit erlangen, sobald er ein Schießeisen besitzt. Darum ist es nicht möglich, Gesetze zu verabschieden, die den Besitz von Waffen kontrollieren. Es hat etwas mit Beobachtung und Wichtigkeit zu tun, aber auch mit dem Recht, seinen eigenen Besitz zu verteidigen und zu jagen. In Gesellschaften, in denen jeder uneingeschränkt Waffen besitzen darf und Gewalt als Mittel dargestellt wird, die eigene Wichtigkeit zu steigern, wird viel herumgeballert. Das ist kein Geheimnis. Kulturen, in denen viel geschossen wird, beruhen in erster Linie auf dem Wellen/Teilchen-Syndrom. Durch Waffen kann man sich Respekt und Status verschaffen, ohne daß man Energie aufbringen muß. Wieder handelt es sich um Wichtigkeit ohne wirkliche Aktivität. Für die modernen Denkstrukturen ist das wie maßgeschneidert.

Wir sind Opfer einer Philosophie, deren Zeit gekommen und wieder vorüber ist. Doch verzweifeln Sie nicht. Wenn Sie genau hinschauen, werden Sie erkennen, daß die Dinge schon auf dem Wege der Besserung sind. In der ganzen Welt versammeln sich bewußte Menschen, um die Bücher der Regeln zu diskutieren und neu zu schreiben. Wenn Sie Ihr Augenmerk vom Ego weg und auf das höhere Selbst richten und wieder Verantwortung für sich und Ihre Gemeinde übernehmen, werden Sie sehen, daß dieser Prozeß ein heiliger und richtiger ist. Der externe Teilchenzustand, nachdem das Ego trachtet, wird immer da sein, da Angst und Unsicherheit ein beständiger Teil der menschlichen Erfahrung sind. Der Irrglaube, daß jemand kommen und den Menschen Garantie und Sicherheit ohne Gegenleistung geben wird, wird in den nächsten zehn oder zwanzig Jahren gegenstandslos sein. Die ökonomische Realität besagt, daß eine Gesellschaft, die ständig am Tropf hängt, keine Zukunft hat. Je älter die Bevölkerung wird, desto weniger Arbeiter bezahlen die Rechnungen der Nation. In Kalifornien gibt es für jeden Geldempfänger nur drei Steuerzahler, und in Australien ist das Verhältnis noch schlechter. Es gibt dort neun Millionen Arbeitnehmer, von denen eine Million arbeitslos sind, so daß acht Millionen übrigbleiben, die für den Staatshaushalt aufkommen müssen. 1,8 Millionen der Berufstätigen arbeiten für die Regierung, das heißt, sie erzeugen keinen neuen Wohlstand, was wiederum heißt, daß die 6,2 Millionen Menschen, die auf dem freien Markt tätig sind, das gesamte Budget der Nation aufbringen müssen. Jeden Monat erhalten vier Millionen Australier Renten, Arbeitslosengelder, Wohlfahrtsgelder, Erwerbsunfähigkeitsrenten, Studentenbeihilfen und Regierungsgehälter. Das bedeutet, daß 6,2 Millionen Arbeiter im freien Markt für den Lebensunterhalt von über vier Millionen Empfänger von Regierungsgeld aufkommen müssen. Man kommt pro Geldempfänger auf etwa 1,5 Menschen, die für Wohlstand sorgen. Kein Land kann auf lange Sicht so nachsichtig sein. In der ganzen westlichen Welt fallen die Gehälter und die Einnahmen, während die Zahl der Geldempfänger steigt. Die beiden Grafen haben sich bereits vor einigen Monden gekreuzt und sich Adieu gesagt.

Darum sage ich meinen Freunden, daß sie sich nie auf das System verlassen sollen – es wird ihnen die Butter vom Brot essen. Es ist sowieso gerade dabei, Harakiri zu machen. Wir haben, während es röchelt und sich krümmt, eine große Gelegenheit, unseren Mitmenschen beizubringen, wie man wirtschaftlich unabhängig wird. Wir können ihnen zeigen, daß persönliche Wichtigkeit und übermäßiger Konsum für ihr Glück irrelevant sind. Menschen können sich entweder zusammentun oder alleine handeln, aber sie müssen Energie erzeugen. Dadurch werden sie inspiriert, die alten langweiligen und einschläfernden Ideen hinter sich zu lassen. Nichts ist so stimulierend wie zu handeln, wenn man sein Leben in Ordnung bringen will. Wenn Sie nicht kraftvoll handeln können, handeln Sie gar nicht. Denken Sie nach, warten und planen Sie – dann handeln Sie kraftvoll. Ich gehe davon aus, daß einige Menschen meine Ideen als sehr leichtfertig dahergeredet ansehen, und sie haben viele »aber« einzuwenden. Darauf würde ich selbst ein »aber« vorbringen wollen: aber das Leben ist nur eine Wahrnehmung, eine sich selbst erfüllende Prophezeiung, die den Ansichten der Menschen entspringt. Es ist nur wirklich und traumatisch, wenn Sie der Ansicht sind, daß es so ist.

Niemand erfährt gerne widrige Umstände, doch die eigene emotionale Reaktion auf diese Umstände ist zu einem Großteil eine Sache von subjektiver Entscheidung. Also gibt es keine wirklichen Krisen. Es gibt nur Umstände, die, wenn sie richtig wahrgenommen werden, nur Energie sind. Wenn sie keine Vorstellung von hoch oder niedrig, besser oder schlechter, gut oder böse hätten, könnten Sie keine negativen Emotionen oder Krisen erfahren. Krisen sind nur dann Krisen, wenn Sie erstens eine Meinung dazu haben und zweitens Ihre Erfahrungen quantifizieren oder qualifizieren.

Man könnte zum Beispiel sagen, daß wir in einer AIDS-Krise stecken. Es ist traurig, daß es diese Krankheit gibt, weil sie viele gute Leute von uns nimmt. Auf der einen Seite gehen wir durch eine Krise, auf der anderen aber auch nicht. Es hängt davon ab, ob man damit übereinstimmt, daß Sterben in Ordnung ist, oder nicht. Jede Woche kommen und gehen Millionen von Menschen – ständig sind andere Wesen hier auf der irdischen Ebene. Geht man davon aus, daß wir Pokken, Cholera, Typhus, Lepra, Diphtherie, und Tuberkulose und die meisten letalen Krankheiten des 19. und 20. Jahrhunderts größtenteils ausgerottet oder Heilmittel gefunden haben, ist es da sehr ungewöhnlich oder seltsam, wenn das große Gleichgewicht auf unserem Planeten uns plötzlich eine bislang unbekannte Art, diesen Ort zu verlassen, beschert? Da es ständig nach Unsterblichkeit trachtet, ist es für das Ego ganz wunderbar, sich Heilmittel für alles Mögliche auszudenken. Würden wir jedoch irgendwann einmal unsterblich werden – durch freundliche Unterstützung der Medizin – würden wir damit die Hölle auf Erden schaffen. Wenn wir also AIDS geheilt haben, sollte besser ganz schnell etwas anderes auftauchen, was wir nicht heilen können, sonst stehen wir vor einem ernsthaften Problem.

Die neuzeitliche Vorstellung, daß man Menschen – koste es, was es wolle – am Leben halten sollte, stammt vom Ego. Die Idee ist erst etwa 30 Jahre alt. Davor hatten wir eine andere Einstellung zum Tod. Menschen endlose Jahre lang an Schläuchen am Leben zu halten, ist eine ungeheuerliche Beleidigung ihrer Spiritualität. Dies ist der Versuch, das Bedürfnis des Egos vor unser spirituelles Bedürfnis zu stellen, die menschliche Erfahrung würdevoll abzuschließen und einfach zu gehen. Sicherlich können wir unseren Mitmenschen durch ihr Leiden hindurchhelfen, und wir können die uns zur Verfügung stehende Technologie dafür benutzen, Menschen für eine Weile am Leben zu halten, wenn die Hoffnung auf Genesung besteht. Doch entspricht das bei weitem nicht der vorherrschenden Einstellung. Millionen von Dollar – das Geld anderer Leute wohlgemerkt – dafür auszugeben, lebende Tote als medizinische Zombies am Leben zu halten ist die Krönung mentaler Verwirrtheit. Es ist so typisch und arrogant.

Wenn Sie einen spirituellen Standpunkt einnehmen und den Tod nicht mehr als Krise betrachten, verschwinden über Nacht 75 Prozent der Krisen der ganzen Welt. Fast alle Krisen bestehen aus den Emotionen, die wir erfahren, wenn wir irgendeiner Form des Todes ins Auge blicken sollen. Vielleicht ist es der expandierende Materialismus des »möchtegern« Teilchenzustandes, der stirbt, oder der Tod eines Rhythmus oder einer Routine, an die wir gewöhnt waren, vielleicht stirbt auch eine Beziehung oder eine Gelegenheit. Möglicherweise handelt es sich um eine offensichtliche Lebensbedrohung. Der Tod von Dingen macht den Menschen Angst. Darum wettert das Ego gegen Veränderung, auch wenn diese Veränderung nützlich wäre, denn Regelmäßigkeit ist die gesellschaftliche Projektion dessen, was das Ego für sich selbst wünscht. Regelmäßigkeit oder Normalität werden uns als heilig und gut verkauft, als nicht zu mißachtender Beweis für die Macht des Egos. Jede Veränderung des Rhythmus wird mit großem Mißtrauen betrachtet. Wenn also ein Wirbelsturm daherkommt und die Regelmäßigkeit der Leute durcheinanderwirbelt, betrachtet man ihn als großes Unglück. Man kann nicht einfach nur den Wind sehen, der bläst. Da die Natur keine Rücksicht auf den festen Zustand des Egos nimmt, stellt sie ihm einen Status und Wichtigkeit in Abrede und versagt ihm seinen Wunsch, alles zu kontrollieren, wobei das Ego durch diese Kontrolle gerade hofft kundzutun, daß seine Vorstellung allem überlegen ist. Ich mag Wirbelstürme, sie sind sehr erfrischend.

Sie brauchen Mut, um Ihre Ängste zu überwinden. Zu Beginn werden Sie vielleicht nur ein paar intellektuelle Anpassungen vornehmen müssen. Wenn Sie jedoch anfangen, die Unsterblichkeit zu fühlen, die sich aus der Entwicklung eines wirklichen inneren Wesens ergibt, manifestiert sich Ihr spirituelles Selbst ganz von selbst durch Furchtlosigkeit. Bedingungslose Liebe ist ein Bestandteil der göttlichen Kraft. Ein Spaßvogel sollte also auch den Tod bedingungslos und ohne großen Widerstand akzeptieren. Ein weiser Philosoph kann sanft hinübergleiten, ohne Geschrei, Händeringen, Kopfzerbrechen, Zaudern oder Sträuben – was ja immerhin Gott gegenüber sehr unhöflich ist, der von Ihnen vielleicht erwartet, daß Sie sich pünktlich zurückmelden. Ich finde das ganze Theater der Leute ziemlich peinlich. Warum können wir den Tod nicht einfach als einen interessanten und sogar angenehmen Teil der zyklischen Natur des ewigen Taos betrachten? Wenn Sie es sich einmal genau überlegen; sind die Kriege, Seuchen und Hungersnöte Stationen, bei denen wir spirituellen Pendler auf der großen Schnellstraße des Lebens Wegegeld zahlen müssen? Bevor es das Ego gab, war das Sterben natürlich und nicht aufsehenerregend. In einigen Kulturen war der Tod etwas, was gefeiert und was Anlaß zur Freude war. Erst jetzt, wo wir uns so unheimlich wichtig nehmen und daher ängstlich sind, machen wir aus der ganzen Angelegenheit ein unsinniges Theater. Nachts im Fernsehen geht das Ego durch seine Routine »Sterbender Schwan«, während irgendein düsterer Ansager die heutigen Ergebnisse durchgibt. Ernsthaftigkeit ist ein Aspekt des Egos, und es ist eine tödlich ernste Angelegenheit, wenn jemand die physische Ebene verläßt. Aus irgendeinem makabren Grund ist das Ego vom Tod anderer fasziniert. Vielleicht deshalb, weil das Ego sogar mit seinem Tod hofft, Emotionen zu wecken und bemerkt zu werden. Oder vielleicht kann das Ego einige seiner eigenen Ängste freisetzen, wenn es mit den Emotionen in Berührung kommt, die man allgemein mit dem Tod anderer verbindet. Aus welchem Grund auch immer lieben wir es, davon zu berichten, wieviele Menschen heute wieder gestorben sind und benutzen sie als Werkzeug, andere darüber zu belehren, wie sie dem gleichen Schicksal entgehen können. Dadurch fühlen sich alle sehr nützlich, besonders und natürlich wichtig. Das wiederum verleiht dem eine Bedeutung, was in Wirklichkeit ein ständig dahinfließender Strom von Nutzlosigkeit ist. Aus meiner Sicht ist es eine »Friß oder stirb« Geschichte. Andere bezeichnen es als Nachrichten und Informationen. Das ständige Hereintropfen von intellektuellem Schleim erzeugt eine endlose Tragödie, durch die wir hoffen, Beobachter (Marsmenschen vielleicht?) für unseren scheinbar so bemitleidenswerten Zustand als Menschen zu bekommen. »Tötet, was das Zeug hält« ist das Spiel. Alle halten es für ungeheuer wichtig, und Jahr für Jahr werden Milliarden dafür ausgegeben, die laufenden Spielergebnisse aufzuzeichnen und zu übertragen. Ist das nicht verrückt?

Ist es daher verwunderlich, daß heutzutage der Angstpegel der Welt immer weiter steigt? Oder handelt es sich um einen natürlichen Prozeß, wenn man davon ausgeht, daß der Ego-Pegel sogar noch schneller steigt? Bescheidenheit, Liebe und eine faire Einstellung im Leben beseitigen die größte Angst. Haben Sie sich einmal auf den inneren Weg gemacht und Ihr spirituelles Selbst zum Leben erweckt, ist das Sterben weder furchterregend ungewöhnlich – und auch keine Krise. In Wirklichkeit macht das Sterben Spaß, und ich würde allen empfehlen, es mindestens einmal auszuprobieren.

Wenn Sie Ihre Aufmerksamkeit weg vom Ego auf Ihr spirituelles Selbst richten, kann der Tod nicht länger Ihr Wohlbefinden beeinträchtigen. Er verwandelt sich in ein spirituelles Werkzeug, mit dem Sie Ihr Ego zwingen können, zurückzuweichen. Aus dem Tod – bislang ein Räuber und Ihr Feind – wird ein kleiner Begleiter und ein Freund. Sagen Sie mehrmals am Tag zu sich selbst: »Der Tod ist mein Freund.« Achten Sie darauf, wie sich Ihre Angst vor dem Tod in den nächsten paar Wochen verändert.

Bevor man Selbstbeobachtung in der inneren Welt praktizieren kann, muß man erst seine Ängste eingedämmt haben. Unglücklicherweise kann man innerhalb der Denkstrukturen des Stammes keine Selbstbeobachtung betreiben, weil sie fast nur vom Ego stammen und man sich selbst durch das Ego hindurch nicht beobachten kann. Das Ego kann nicht über seine eigenen Grenzen hinausschauen. Darum fällt es der Welt so schwer, offensichtliche Lösungen zu erkennen. Obgleich die Welt des Egos unter seinem eigenen negativen Einfluß zusammenbricht, kann es sich nicht von sich selbst lösen, um die Ursache des Problems zu erkennen. Es wird weiterhin tun, was es schon immer getan hat, auch wenn es seine Probleme dadurch verschlimmert. Und wenn das nicht funktioniert, wird es anderen die Schuld geben. Aufgrund seiner eigenen Kurzsichtigkeit kann es nicht erkennen, daß es sich selbst zum Opfer macht.

Wenn Sie aus dem Stammes- oder nationalen Denken herauskommen wollen, werden Sie sich nach innen wenden und einen alternativen Standpunkt einnehmen müssen. Nur so können Sie sich von diesen Denkstrukturen lösen. Sie werden Zeit brauchen, um einen ausreichenden inneren Abstand herzustellen, damit Sie diese Strukturen als das wahrnehmen können, was sie wirklich sind. Zu Beginn werden Sie noch immer unter dem Einfluß der Stammeswelle stehen, da Sie noch vom Ego beeinflußt werden. Die Welt des Egos strahlt etwas aus, was eine Zeit lang mit Ihnen in die inneren Welten reist. So wie die ätherische Energie von Ihrem Körper ausgestrahlt wird, strahlen die Einstellungen der tick-tock

Welt nach Innen, denn diese Einstellungen wurden Ihnen über einen sehr langen Zeitraum hinweg einprogrammiert. Wenn man in einer Gesellschaft lebt, die Angst verbreitet, um Menschen zu manipulieren, kann es eine Weile dauern, bis man erkennt, daß diese Angst unbegründet ist. Deswegen kann es oft bis zu 1000 Tagen dauern, daß sich Individuen außerhalb des tick-tock Denkens zurechtfinden. Und auch danach sind die Erinnerungen daran noch wach und beeinflussen Sie noch eine Zeit lang.

Um inneren Abstand zu bekommen, müssen Sie Ihr eigenes Ego klar fokussieren und das Ego wirklich verstehen lernen. Sie werden erstaunt sein, wie Sie vom Ego manipuliert und geschickt dirigiert werden und wie oft es Ihnen schädliche Realitäten verkauft. Wenn Ihre inneren Augen erst einmal geöffnet sind und Ihr Ego nicht mehr die offizielle Stimme Ihrer Persönlichkeit ist, wird Ihnen alles völlig klar sein – sowohl auf persönlicher als auch auf globaler Ebene. Wenn dieser Moment gekommen ist, werden Sie sich vielleicht hinsetzen und weinen wollen. Tränen der Traurigkeit werden aus einem Auge fließen und sich mit Freudentränen aus dem anderen vermischen. Die Traurigkeit kommt von Ihrem Mitgefühl mit sich selbst und der gesamten Menschheit, und die Freude stammt von der himmlischen Vision, durch die Sie wissen, daß der Tod eine Illusion ist. Sie werden erkennen, daß Schmerz und Leid der Menschen zum größten Teil hausgemacht sind. Es müßte nicht sein, und es entspricht auch nicht unserem natürlichen, spirituellen Zustand. Selbst ein flüchtiger Blick von einem Punkt außerhalb des Stammesdenkens – und Sie werden alles verstehen. Die Freude, die Sie in diesem Augenblick erfahren, ist grenzenlos, überwältigend und sehr befreiend. Die Wahrnehmung ihrer selbst bedeutet höchste Befreiung für die Menschheit. Es ist schwer, diesen ehrfurchtgebietenden Augenblick zu beschreiben. In diesem Augenblick strömt aus allen Richtungen eine zarte und sanfte Kraft zu Ihnen, aufgrund derer und durch die Ihr inneres Selbst sich langsam und bewußt um 180 Grad dreht. Jetzt, in der spirituellen Dämmerung des aufsteigenden inneren Teilchenzustands, verwandelt sich Ihr inneres Selbst in ein Spiegelbild und dreht sich Ihrem externen Selbst zu. Eine

Synthese findet statt. Die beiden Teile verschmelzen durch eine energetische Übertragung, die von beiden Aspekten des Selbst ausgeht, und sie verbinden sich zu einem spirituellen Licht. Sie als Ganzheit werden augenblicklich geheilt. Aus diesem Licht manifestiert sich das spirituelle Teilchen und verwandelt sich als ganzes in eine feste spirituelle Identität. Jetzt ist Ihre Identität vollkommen – eine wirkliche spirituelle Einheit ist entstanden. Auf gewisse Weise ist sie einer Kapsel ähnlich, die Sie später verwenden können, um sich auf Reisen zu begeben, sich durch die erdähnlichen, erdnahen spirituellen Dimensionen aus dieser Welt hinauszuentwikkeln. Vor der alchimistischen Fusion dieser Kapsel können Sie eigentlich nie wirklich sehr weit reisen. Das spirituelle Licht würde Sie zerstören, Sie in der Unendlichkeit zerstreuen, und Sie wären auf alle Ewigkeit verloren. Die Schwäche und Abgetrenntheit Ihres vorangegangenen Ego-Zustands und die Nichtexistenz oder die Teilblindheit Ihres inneren Wesens können dem strahlenden Licht nicht standhalten. Darum werden Sie auf Ihrer Reise durch die inneren Welten häufig einen Schleier vor dem Licht wahrnehmen, der einer Wolke ähnelt, die sich vor die Sonne geschoben hat. Damit schützt Sie das Licht. Manchmal werden Sie das himmlische Licht wahrnehmen, aber nicht durch direktes Schauen, sondern in Form einer Reflektion. Da Sie es noch nicht einmal flüchtig anschauen können, wird es sich in etwas spiegeln, zum Beispiel auf einem inneren See oder irgendeiner anderen inneren spiegelnden Oberfläche. Wenn es so zerstreut ist, können Sie es anschauen und versuchen, etwas über dieses Licht zu lernen, ohne daß es Sie austrocknet.

Im Anschluß an die oben beschriebene Fusion sind Sie auf alle Zeit von der Schwäche Ihres früheren Zustandes und dem verwundeten Gehirn des Menschen befreit. Sie werden sehen, daß die allmähliche Heilung der ganzen Menschheit sichergestellt ist, auch wenn das noch in der Ferne liegt. Es ist schön zu wissen, daß dies möglich ist.

Irgendwie müssen wir das Ego an die Hand nehmen und ihm zeigen, wie unsinnig es ist, dem externen Teilchenzustand hinterherzujagen. Wir müssen die Menschen dazu bringen, sich nach innen zu wenden und den wirklichen

Teilchenzustand zu erreichen, indem sie das innere Selbst zum Leben erwecken, wodurch sie für sich selbst Verantwortung übernehmen. Viele Menschen sind nicht mehr in der Lage, kleinen Dingen Glück und Freude abzugewinnen. Wenn sie sich nur auf die äußere Realität konzentrieren, müssen die Menschen immer exzentrischere Sinnesreize erfahren, damit sie zufrieden sind. Am Ende wird das Individuum entweder süchtig nach Sinneseindrücken oder gelangweilt und gereizt, da die neuen Eindrücke nicht mehr ausreichen. Wir müssen zur Einfachheit zurückkehren und uns an dem bloßen Wunder erfreuen, ein Mensch zu sein.

Eine Möglichkeit, mehr Gelassenheit und Ausgeglichenheit zu entwickeln, wäre, dem Ego teilweise den Konsum zu verweigern. Darum habe ich die Philosophie des Minimalismus in mein Herz geschlossen. Die pure Einfachheit und die oftmals bescheidene Realität dieser Philosophie erinnert sehr an Zen. Das Ego bekommt noch nicht einmal einen Platz, um seinen Hut aufzuhängen. Der Minimalismus schafft Ihnen Raum und besteht darauf, daß Sie nichts tun und nichts konsumieren, was nicht absolut notwendig ist. Er enthält mächtige Übungen, durch die wir Ruhe, Hoffnung, Einfachheit und Liebe entwickeln können.

Die Philosophie des Minimalismus ist für wichtige Leute unwichtig, und für sehr wichtige Menschen ist sie absolut nutzlos. Sie ist nur für den sorglosen Nichtsnutz wichtig, der sein Leben mehr unter Kontrolle bekommen will. Sie können den Minimalismus einsetzen, um mehr Disziplin in Ihr Leben zu bekommen, was Ihnen bei Ihrer inneren Selbstbeobachtung hilft. Es wird Ihnen helfen, sich vom äußerlichen Chaos zu befreien. Ich werde im weiteren Verlauf des Buches noch etwas mehr zum Thema Selbstbeobachtung sagen. Doch lassen Sie uns zunächst über die kahlen Bretter und die steinernen Innenhöfe des Minimalismus Walzer tanzen. Denn wenn Sie den Weg des Minimalisten einschlagen, werden Sie unmittelbar eine große Verbesserung in der spirituellen und emotionalen Qualität Ihres Lebens erfahren.

10. Kapitel

Minimalismus: Eine Überlebensstrategie für die Zukunft

In der Musik ist der Minimalismus eine in Struktur und Form einfache Komposition, in der das Thema nicht zu immer weiterer Komplexität entwickelt, sondern das Hauptmotiv ständig wiederholt wird. Im Design und in der Mode wird Minimalismus dadurch zum Ausdruck gebracht, daß einfachste oder möglichst wenige Elemente verwendet werden, um den größtmöglichen Effekt zu erzielen. Der Minimalismus ist schlicht, oft klar und rein und wird von einigen Leuten als karg empfunden. In einem typisch minimalistischen Heim würde man Stein- oder Holzfußböden ohne Teppiche, wenig Schmuck und nur die nötigsten Möbel vorfinden. Alte, traditionelle japanische Wohnungen sind minimalistische Modellwohnungen: Tatami-Matten, kahle Zimmer, einfache Linien und Formen.

Ein viktorianisches Wohnzimmer ist genau das Gegenteil: Gegenstände stehen dicht an dicht, und alles ist geschmückt. Überall stehen Möbel herum, während die Regale mit Schnickschnack und Erinnerungsstücken überquellen. Die Fußböden sind mit Teppichen übersät, die Wände tapeziert, die Lampen sind oft drapiert. An den Decken findet man dekorativen Stuck, während die Fenster mit dicken Vorhängen verhangen sind. Man hat wenig Bewegungsfreiheit – es ist gemütlich, aber völlig vollgestellt.

Nach dem Vorbild des vollgestopften viktorianischen Vorzimmers gestalten die Neureichen ihre moderne Version. Sie stellen ihren Wohlstand mit prunkvollen Möbeln, Statuen, Gemälden, goldenen Wasserhähnen, Kaffeetischen aus Glas, die auf Elefantenrüsseln stehen und allen möglichen anderen guten Dingen zur Schau, um den Besucher vom Status und Wohlstand des Besitzers zu beeindrucken. Mir scheint, als wären diese Leute fähig, Kopien ihrer Aktien und Kontoauszüge einzurahmen und über die Toilette zu hängen. Das hätte etwas Minimalistisches und Wohltätiges, denn die Besucher könnten Einsicht in den grenzenlosen Wohlstand dieses Menschen nehmen und ihn bewundern, ohne eine seelische Erschütterung beim Anblick des von Elefantenrüsseln getragenen Kaffeetisches zu erleiden.

Als die achtziger Jahre und ihre mit Schulden finanzierten Exzesse zu Ende gingen und die spartanischeren neunziger Jahre begannen, war Minimalismus schlagartig wieder aktuell. Nicht nur, weil es angemessen war, weniger zu kaufen und zu konsumieren, sondern weil der Gerichtsvollzieher inzwischen die goldenen Wasserhähne, den Kaffeetisch und das ganze verdammte Haus geholt hatte. Man kann nicht minimalistischer werden, als in der Zeit, nachdem die Bank das ganze Zeug wieder abgeholt hat.

Spirituell betrachtet sind Rezession und finanzielle Katastrophen etwas ganz Wunderbares. Es ist schwer, die Menschen zu bewegen, ihre Gewohnheiten zu ändern, während sie noch mit ihrem Porsche herumfahren. Wenn man einen Menschen jedoch seiner materialistischen Sicherheit beraubt, hat er nur noch sich selbst. Plötzlich bleibt nichts weiter, als über sich selbst und den Sinn des Lebens nachzudenken. Minimalismus wird das Schlagwort der Neunziger werden. Natürlich sind minimalistische Mode, Design und Musik eine Frage des persönlichen Geschmacks. Minimalistische Denkstrukturen jedoch sind ein Überlebensmechanismus, von dem Sie in der nächsten Dekade profitieren werden. Wie sieht das aus? Welche Vorteile haben Sie?

Aus philosophischer Sicht ist der Minimalismus eine Rückkehr zur Einfachheit. Im Vergleich zur Welt des Egos, die fast immer expansionistisch ist, wirkt er reduktionistisch. Der Intellekt des Ego bewegt sich mit hoher Geschwindigkeit hin zu mehr Komplexität, Unordnung, übermäßigem Konsum und Verwirrung. Im Minimalismus ist Feingefühl die vorherrschende Kraft. Der Minimalismus beinhaltet einfache Strukturen, Klarheit, Ausgeglichenheit und eine unkomplizierte Philosophie, die zur Zufriedenheit führt.

Die moderne Gesellschaft baut auf Bewegung und Aktivität auf - ein Nebenprodukt des Bedürfnisses des Egos, zu konsumieren. Man sagt uns, daß Tun um des Tuns willen wichtig ist. Man hält aktive Menschen für intelligent und interessant. Es ist lebensnotwendig, jeden Tag etwas zu tun, doch ist unsere Gesellschaft arbeitssüchtig geworden. In der Welt des Ego und des Intellekts schleicht sich schnell Langeweile ein. Das Ego muß aktiv sein, um Ego zu bleiben. Es braucht Reize. Darum gehen die Leute unablässig von einem Sinnesreiz zum nächsten. Sie sind nicht wirklich auf der Suche nach dieser Sache oder diesem Zustand, die Aktivität ist das Wichtige. Durch ständiges Tun gewinnen unsichere Menschen an Wichtigkeit. Sie verpflichten sich, an der Jagd teilzunehmen, kommen auf den Markt und werden als schlau, geschickt und wichtig wahrgenommen. Das ist die treibende Kraft. Ein männliches Ego könnte eine Frau des Sex willen verfolgen und eine Menge Zeit, Geld und Gespräche investieren, um die Frau für sich zu gewinnen. Sobald er jedoch erfolgreich ist, wird sein Interesse verflogen sein. Die Jagd und die Aktivität sind das Wesentliche, nicht der Erfolg.

Als wir auf die Illusion des externen Teilchenzustandes hereinfielen, einigten wir uns auf die Vorstellung, eher zu TUN als zu SEIN. Indem wir etwas tun, richten wir unsere Aufmerksamkeit ständig nach draußen. Wir schauen also nach draußen und uns gefällt, was wir sehen, denn in unserem TUN finden wir den Beweis für unsere Wichtigkeit und dafür, wie wundervoll wir sind. Indem wir etwas TUN, etablieren wir Beobachter, die ehrfürchtig bestaunen dürfen, was wir alles Wunderbares TUN.

Unglücklicherweise führt die Tatsache, daß wir uns auf unser TUN konzentrieren und Energie investieren müssen, dazu, daß wir den Kontakt zu unseren inneren Gefühlen verlieren. Wir machen uns zu und werden wie Wasserkessel, die Lärm machen und Dampf ablassen. Ständige Aktivität stammt entweder von den ökonomischen Ängsten des Egos oder von einer Sehnsucht nach Bedeutung. Ständige Aktivität ist schädlich.

Wir sollten uns darum bemühen, effektive und angenehme Dinge zu tun, nicht nur um des Tuns willen. Natürlich kann ich verstehen, daß jungen Menschen der minimalistische Ansatz nicht besonders gefällt. Junge Leute fühlen sich zu Aktivität hingezogen, weil sie Erfahrungen machen wollen, um etwas über das Leben zu lernen. Ihre Handlungen helfen ihnen herauszufinden, wer sie sind. Durch Aktivität können sie sich selbst zum Ausdruck und zur Geltung bringen. Junge Menschen brauchen Beobachter, Feedback und Aktivität, um ihre Persönlichkeit zu entwickeln und die ersten Ansätze von Macht und Energie auszudrücken. Wir können nicht erwarten, daß junge Menschen ihr Augenmerk auf etwas anderes außer auf sich selbst richten. Sie haben weder eine vollständige Identität noch fachmännisches Können, aus dem sie Selbstvertrauen ziehen könnten. Sie sollten keine innere Selbstbeobachtung betreiben, sondern als erstes Wissen in der äußeren Welt erwerben.

Doch diese Entschuldigung gilt nicht für ältere Menschen – sie sollten mehr Verstand haben. Es wäre traurig, wenn Sie Ihr ganzes Leben damit verbringen, alles Mögliche zu TUN und sterben, bevor Sie gelernt haben zu SEIN. Schließlich sind wir menschliche Wesen und nicht menschliche Tuer. Sie müssen lange suchen, bevor Sie in der modernen Welt Menschen finden, die einfach nur SEIN können. Bevor sie vom TUN zum SEIN kommen kann, muß die Seele erst zur Ruhe kommen. Wenn Sie jedoch die Kunst des SEINS beherrschen, werden sich die meisten Sehnsüchte in Ihrem Herzen legen, und Sie werden wissen, was für Sie funktioniert und was nicht, was Ihnen gefällt und was Sie aus der Fassung bringt. Daher sucht sich ein weiser Mensch Umstände, die ihm gut tun. Er weiß, wann er etwas tun sollte und wann nicht. Er prüft die Qualität seiner Handlungen.

Der minimalistische Lebensstil umfaßt planmäßige Handlungen für die Aspekte des Lebens, die eine dynamische Herangehensweise verdient haben. Die restliche Zeit wird nichts Besonderes getan. Durch Planung, Ordnung und Klarheit versuchen wir, maximale Durchschlagskraft mit einem minimalen Aufwand zu erzielen. Auf diese Weise wird Ihr Lebensstil durch das Optimieren Ihrer Aktivitäten freier, und Sie vermeiden beinahe alle überflüssigen Handlungen. Sie bleiben auf das konzentriert, was für Sie funktioniert und Ihnen Freude bereitet, und Sie beseitigen gnadenlos alles andere. Sie brauchen Kraft und Disziplin und müssen sich mit anderen gut verständigen können. Der Trick dabei ist, sich nicht durch sein eigenes Ego oder den Einfluß anderer in Aktivitäten oder Verpflichtungen hineinziehen zu lassen, zu denen man nicht stehen kann, oder die einem nichts nützen. Es ist sinnlos, etwas zu tun, einfach nur um es zu tun, um Ihr Ego glücklich zu halten, um sich gebraucht und erwünscht oder sich zugehörig zu fühlen. Das zeugt von Unreife. Es ist besser, nicht dazuzugehören, nicht gebraucht zu werden und unerwünscht zu sein, wenn Sie dadurch das Leben in einem gemächlichen Tempo genießen können und viel Zeit haben, nichts zu tun. Menschen haben etwas gegen das Nichtstun – sie glauben, es ist gleichbedeutend mit Faulheit. Nichtstun bedeutet jedoch, sich einfach mit Dingen zu beschäftigen, die einem Freude bringen oder auf der Veranda zu sitzen, und alles mindestens um ein oder zwei Tage aufzuschieben. Damit schaffen Sie ein gutes Gegengewicht zum Ego, das versucht, Sie als Sklave seiner Vision einzuspannen. Wenn Sie es sich leisten können, nichts zu tun, sollten Sie das auch. Es ist eine nette Art, sich selbst die Erlaubnis zu erteilen, einfach nur zu sein. Das Nichtstun ist ein besonderer Wesenszug von Spaßvögeln und Minimalisten – sie erziehen sich damit selbst.

Nicht jeder führt ein Leben, das es ihm erlaubt, dem Nichtstun zu frönen. Viele Menschen müssen sehr aktiv sein, doch stellt sich die Frage, warum die Menschen sich so unter Streß setzen und abmühen. Bei einer Mutter mit vier oder mehr Kindern ist der Grund offensichtlich – sie will einfach überleben. Viele suchen sich jedoch aus, was und wieviel sie tun. Vielleicht schauen Sie einfach mal bei sich selbst, warum Sie so viel tun, und was es Ihnen in Wirklichkeit bringt. Es erstaunt mich immer wieder, wie sehr die Menschen damit beschäftigt sein können, nicht vom Fleck zu kommen. Darin sind wir Experten!

Unsere Gesellschaft tendiert dazu, ihre lebensnotwendigen Bedürfnisse knapp unterhalb der Markierung »Tod durch Erschöpfung« anzusiedeln. Wenn Sie den ganzen Kram nicht mehr brauchen, den Ihr Ego braucht, sind Sie frei, ein bißchen zu arbeiten und ein bißchen zu faulenzen, ein bißchen zu spät oder gar nicht zu kommen, etwas mehr zu verlangen und viele Dinge umsonst zu machen, sich mit Dingen zu befassen, die wichtig und mit anderen, die völlig unbedeutend sind. Der Unterschied ist, daß Sie entscheiden, was Sie tun – Ihnen wird nichts oder kaum etwas aufgezwungen. Wichtig ist, daß Sie sich Freiräume schaffen, in denen Sie mit sich selbst in Berührung kommen und Selbstbeobachtung betreiben können. Ist Ihr inneres Selbst erst einmal erwacht, werden Sie ausgeglichen und kraftvoll sein und eine freiere Lebensanschauung haben. Sie können all das wieder zurück in die Hektik des Lebens tragen, was Sie befähigen wird, einiges zu tun, was Sie noch nicht getan haben – sofern Sie das wollen. Der Trick ist, sich nicht so viele Verpflichtungen oder Aktivitäten zu schaffen, in denen man sich verliert. Es gibt nichts Schlimmeres, als so beschäftigt zu sein, daß man nicht mehr weiß, wer man eigentlich ist. Wenn Sie sehr viel zu tun haben, erledigen Sie diese Dinge schubweise. Je klüger und gewiefter Sie werden, um so kürzer werden diese Schübe sein.

Wenn Sie handeln müssen, handeln Sie einwandfrei. Entwickeln Sie einen Plan, besorgen Sie sich, was Sie brauchen, handeln Sie kraftvoll und entschieden, sprechen Sie nicht affektiert, sagen Sie den Leuten, wer Sie sind und was Sie wollen. Schicken Sie Ihre Truppen (Ihre Energie) nie los, ohne vorher die Gegend ausgekundschaftet zu haben. Nehmen Sie stets Abstand von jeder Form der Eile. Gehen Sie langsam, sprechen Sie absichtsvoll. Werden Sie nie emotional und lassen Sie nie zu, daß andere Sie manipulieren. Es gibt immer ein anderes Geschäft, immer eine andere Zeit, und es gibt fünf Milliarden andere Menschen. Lassen Sie jeden wissen, daß dies Ihre Philosophie ist. Sagen Sie den Leuten, daß Sie alle Zeit der Welt haben, denn das stimmt. Sie sind ewig. Denken Sie daran, daß die größte Weisheit, die Sie entwikkeln können, die des NICHTTUNS ist. Die Geschäfte und Situationen, die Sie meiden, helfen Ihnen, Ihre Energie zu bewahren und unabhängig und stark zu bleiben. Ich sage den Leuten, die meine Seminare besuchen, daß Wahrnehmung fünf Gänge hat. Es gibt einen Vorwärts- und vier Rückwärtsgänge. Wenn Sie Ihre Wahrnehmung erweitern, werden Sie sie hauptsächlich zur Vermeidung von Dingen einsetzen. Die Natur setzt ihre Wahrnehmungen dafür ein, nicht in Schwierigkeiten zu kommen. Wir können eine Menge daraus lernen. Spaßvögel verbringen den Großteil ihrer Zeit damit, sich von Sachen freizumachen, und nicht, sich in Dinge zu verwickeln. Jede Sache, der Sie sich verpflichten, hat ein gewisses Gewicht. Vielleicht das emotionale Gewicht von etwas, das Sie besitzen, es könnte auch das Gewicht von Aufgaben sein, die Sie übernehmen, oder das Gewicht einer Beziehung, besonders, wenn Sie die Beziehung am Laufen halten. Dann ist da das finanzielle Gewicht, das Sie ansammeln. Jede finanzielle Verpflichtung wird Sie mit größter Wahrscheinlichkeit in die tick-tock Welt zwingen, da sich dort das meiste Geld befindet. Vielleicht müssen Sie sowieso ab und zu dort hin, doch wollen Sie nicht so tief in tick-tock stekken, daß es Sie verrückt macht. Aus meiner Sicht ist es besser, ein bescheidenes, glückliches Leben zu führen, durch die Welt zu reisen und sie zu erfahren, als sie zu besitzen. Was bringt es, wenn man viele Dinge besitzt, die man polieren, versichern und über die man sich Sorgen machen muß? Denken Sie daran, daß Sie dem Status quo mit Ihren Schulden ein Mittel an die Hand geben, Sie zu kontrollieren. Darum ist es leicht, Schulden zu machen. Das Ego kann dem Konsum nicht widerstehen. Sie können sich in Richtung Minimalismus bewegen, weniger konsumieren und Ihre Schulden loswerden, indem Sie keine weiteren Schulden machen. Wenn Sie sich unbedingt Geld leihen müssen, leihen Sie es sich nur, um mehr Geld damit zu verdienen. Verwenden Sie das Geld anderer Leute nie für Ihren eigenen Konsum. Wenn Sie keine Schulden und nur wenige Verpflichtungen haben, sind Sie frei. Was die Welt anbelangt, lösen Sie sich gerade in nichts auf.

Wenn Sie Ihre innere Empfindungsfähigkeit erweitern, wird Ihnen klar werden, was Sie wollen, und Sie werden wissen, ob Sie die Energie haben und ob Ihre Absicht stark genug ist, es zu erreichen. Wenn ein Plan heilig und gut ist, wird er andere nie manipulieren oder ausnutzen. Er wird die richtigen Aktionen und Absichten beinhalten und wird von Ihren inneren Empfindungen bestärkt und erhärtet. Dann werden Sie wissen, daß er erfolgreich sein wird. Viele Dinge, nach denen wir im Leben trachten, sind unehrlich, verletzen andere oder verlangen im Verhältnis zum Vorteil, den wir daraus ziehen, zuviel von uns. Ein weiser Philosoph weiß, was er oder sie will und was nicht. Etwas zu tun ist in Ordnung, aber Handlungen, die mit Emotionen verbunden sind, sind ein Kampf und belasten Sie. Seien Sie präzise. Denken Sie die Dinge zu Ende. Formulieren Sie Ihre Absichten, gehen Sie sicher, daß jeder weiß, was vor sich geht, und lassen Sie andere wissen, daß Sie ein ehrenwerter Mensch sind, der zu seinem Wort steht. Es geht darum, sich so wenig wie möglich zu verpflichten und es nur dann zu tun, wenn Sie es unbedingt wollen. Spaßvögel sagen »Oh« und »Ah« und zukken mit den Achseln, aber sie sagen nie »Ja« oder »Nein«. Lächeln Sie und schlendern Sie weiter, um ein bißchen nichts zu tun, während Sie die Form einer vorüberziehenden Wolke betrachten und einen Vogel beobachten, der eine fleißige Biene verspeist. Und während Sie alles betrachten und wissen, daß die Natur Ihre heilige Mutter und Ihre Lehrmeisterin ist, denken Sie: Dies ist wirklich kein Tag, um etwas zu tun. Morgen vielleicht, aber ... vielleicht ist übermorgen auch besser. Verpflichten Sie sich nie zu etwas, außer wenn Sie unbedingt müssen.

»Bedeutismus« beruht auf Ernst und Wichtigkeit und ist das emotionale Gegenteil von Minimalismus. Man verfällt dem Bedeutismus, wenn man zu viele Dinge besitzt, die von Bedeutung sind. Wirklich von Bedeutung ist, daß Sie nicht Ihrem Ego, sondern Ihrem Herzen erlauben, Ihr Leben zu beherrschen. Dann bedeuten Ihnen nur noch sehr wenige Dinge etwas, da Sie ein bescheidener Mensch werden und das Leben meistens so nehmen, wie es gerade kommt. Sie können die Aspekte Ihres Lebens ändern, die Sie nicht mögen, und denen Adieu sagen, die Sie nicht ändern können. Sind Sie erst einmal an dem Punkt angelangt, wo Ihnen fast nichts mehr etwas bedeutet, sind Sie emotional frei. Wenn es regnet, werden Sie eben naß. Wenn Sie nicht pünktlich kommen, wartet man eben auf Sie. Wenn man Sie nicht bezahlt, essen Sie weniger. Wenn die anderen Sie nicht lieben, lieben Sie sich eben selbst. Sie sind sowieso nicht dazu da, es jedem recht zu machen. Wenn sie nicht glauben, daß Sie etwas Besonderes sind, ist das wunderbar, denn dann müssen Sie sich nicht bei ihnen für ihre Beschwerden bedanken. Wenn das Leben nicht so läuft, wie Sie es wollen, akzeptieren Sie das Leben, wie es ist, und lassen Sie das Leben Ihr Lehrer sein. Wenn man Ihnen sagt, daß alles den Bach runtergeht, antworten Sie, daß Sie Trümmergestein mögen und einen Weg gefunden haben, etwas davon zu lernen. Wenn man Ihnen sagt, daß alles zum Heulen ist, fragen Sie: »Jetzt?« Wenn man Ihnen sagt, Sie seien ein hartherziger Egoist, antworten Sie: »Ich habe keine Position, kein Wissen und auch keine Weisheit, die ich verteidigen muß. Ich habe nur den lebendigen Geist in allen Dingen. Das kann ich Ihnen anbieten, wenn Ihnen das etwas nützt.«

Auf Ihrem Weg, wenn Sie so umherschweifen und pfeifen, werden Sie sehen, wie gut der Minimalismus für Spaßvögel und Grenzgänger funktioniert. Natürlich werden nicht viele die Idee kaufen, aber wir haben ja auch nicht vor, sie zu verkaufen. Es gibt sie umsonst. Ich glaube nicht, daß diese Philosophie bei den Massen sehr beliebt sein wird, zumindest noch nicht. Unsere Welt ist immer noch viel zu sehr im Bann von Blendwerk und völlig besessen von Komplexität. Schauen Sie sich doch einmal unsere modernen Sportler an. Sie fangen ganz gut an und freuen sich über ihre physischen Aktivitäten. Wenn sie erst mal Profis geworden sind, wird aus Sport tödlicher Ernst. Der Ruhm wartet um die Ecke, also treiben sie sich an, die Besten zu werden. Dann sind sie die Besten, und eine kleine vergoldete Medaille hängt an ihrer Brust. In der Ferne hört man ein Donnergrollen: »Na und?« Was haben sie damit erreicht? In den Augen des Egos haben sie Ruhm und Wichtigkeit erlangt. Der Mann von der Schuhfabrik kommt, bietet ihnen einen Vertrag, und sie tauchen im Fernsehen auf. Doch was haben sie wirklich erreicht, außer der Aussicht auf eine baldige Niederlage, die sie mit Sicherheit sehr ernst nehmen werden? Wenn Sie wirklich einmal genau hinschauen: sind sie wirklich die Gesundheit und Lebenskraft in Person? Nicht unbedingt. Das Ego hat sie normalerweise gut durchgebraten. Viel zu viele weibliche Läuferinnen sehen aus wie meine Großmutter, kurz bevor sie starb. Die 25-jährigen Boxer sehen aus wie getrocknete Pflaumen. Die Fahrradprofis sehen aus, als ob jemand ihnen das Leben ausgesaugt hätte, und die Fußballer können kaum noch laufen. Ich bin mir nicht sicher, ob sich der Aufwand lohnt. Spaßvögel wetteifern nicht, das tun nur Egos. Wenn Sie Sportler und gleichzeitig ein Spaßvogel sind – beten Sie, daß Sie nicht zu gut werden. Ich glaube nicht, daß es sich lohnt, für eine vergoldete Medaille 40 Jahre lang Arthritis zu haben.

Das Streben nach Ruhm ist lächerlich und kindisch. Sicherlich kann man ohne eigenes Zutun berühmt werden, wenn man sehr talentiert ist, doch ist das ein Hindernis, mit dem man zu leben lernen kann. Nach Ruhm zu streben, bedeutet jedoch, nach nichts zu streben. Was die meisten als Ruhm ansehen, scheint für mich nicht besonders erstrebenswert zu sein. Wenn Sie berühmt sind, müssen Sie gütig sein, Smalltalk machen und netten Menschen, die Ihnen allesamt unbekannt sind, die Hände schütteln. Sie müssen einfältig vor sich hinlächeln, sich auf langweiligen Veranstaltungen in steifer Montur zeigen, Trinksprüche aufsagen und Sachen verteilen. Dieses ganze Theater ist so mühsam, daß es schon wieder abstoßend wirkt. Ich glaube, Ruhm ist etwas für Menschen, die nichtsbesseres zu tun haben. Spaßvögel wollen die größten Unbekannten sein. Und wenn das nicht möglich ist, ist das nächstbeste, sich vom Ruhm zurückzuziehen. Flughäfen sind so wunderbar minimalistisch. Sie müssen Ihren ganzen Hausstand in 20 Kilo unterbringen. Ich glaube, daß die Flughäfen die großen Heiler unserer Zeit sind. Es gibt kaum etwas, was man nicht mit ein wenig »Flughafen« heilen könnte.

DRs (Dauerreisende) sind eine Gattung für sich. Heutzutage ist das sehr modern. Es gibt sogar Zeitschriften, in denen man die Tricks dieses Gewerbes nachlesen kann. Die Welt der DRs ist sehr faszinierend. Sie zahlen keine Steuern, sie haben keinen Ärger und keine Verpflichtungen. Sie tragen oft ganz legal zwei oder mehr Pässe bei sich. Sie haben Bankkonten an mehreren Orten und sind nie an eine Stadt gebunden. Es ist ganz nützlich, wenn man dabei ein wenig Geld besitzt, doch gibt es viele DRs, die sehr preiswert von einem Ort zum anderen reisen. Sie verdienen ihr Geld auf eine Art, die es ihnen ermöglicht, unterwegs unterschiedlich hohe Geldsummen zu kassieren.

Wir denken, daß wir verschiedene Stützpunkte haben müssen, um uns geerdet zu fühlen. Stützpunkte wirken jedoch wie Anker, die unsere Bewegungsfreiheit einschränken. Sie könnten für den Rest Ihres Lebens umherwandern und trotzdem ein sehr geerdeter Mensch sein. Der Unterschied ist, daß reife Seelen in sich selbst geerdet sind, während weniger selbstsichere Menschen sich nur geerdet fühlen, wenn sie sich Dinge kaufen, mit denen sie sich selbst in Ketten legen.

Wenn Ihnen wie mir eine Firma gehört und Sie eine Familie haben, ist es nicht einfach, das Leben eines DRs zu führen. Es ist leichter, wenn Sie alleinstehend oder Ihre Kinder erwachsen sind. Es gibt keinen besseren Weg, minimalistisch zu leben, als mit nur ein paar Koffern herumzureisen. In vielerlei Hinsicht ist es sehr spirituell. Sie lernen, emotional nur sich selbst zu gehören, nur Ihrer eigenen Energie zu vertrauen und sich auf niemanden außer auf sich selbst zu verlassen.

Aber selbst wenn Sie sich nicht auf einen Koffer beschränken können, können Sie Minimalist sein, der in einem großen Haus in der Stadt wohnt. Die minimalistische Herangehensweise ist emotionslos. Sie können ein paar Dinge um sich herum haben, solange Sie nicht an sie angehaftet sind. Haben Sie sie erst einmal geistig losgelassen, haben Sie keine Gewalt mehr über sie. Wenn Sie haben, was Sie wollen, ist das großartig. Wenn nicht, ist das auch ok. Wenn Sie erst einmal die überflüssigen Dinge losgeworden sind, werden Sie beweglicher und immer flexibler. Auf psychologischer Ebene sind Sie frei von Ihrer Umgebung.

Die Welt des Verstandes und der Emotionen ist ein Gefängnis, das aus einer großangelegten Verwirrung besteht. Nichts lenkt mehr ab als sorgenvolle Gedanken. Unsere Gesellschaft leidet unter etwas, was ich als »übermäßiges Nachdenken über das Leben« bezeichne. Die Menschen sind so kompliziert und machen sich so viele Sorgen, daß Freuden verschwunden und an ihre Stelle eine Menge Fragen getreten sind. Es ist wirklich so: Sind Sie erst einmal vom TUN abgekommen und zum SEIN gelangt, müssen Sie nicht mehr so viele Fragen stellen und brauchen auch kaum noch Antworten. Zu viele Fragen tun Ihnen nicht gut - sie schaffen nur Verwirrung. Sie können nicht in einem verwirrten Zustand sein, ohne daß es eine Frage gibt, die diese Verwirrung erzeugt. Nun, Sie können natürlich über dies und das und über Ihr Leben nachdenken, wenn der Strom von Fragen aber gar nicht mehr versiegt, wird Ihr Kopf voll sein. Haben Sie Ihren Kopf voll, können Sie nicht glücklich sein, es ist einfach zu belastend. Spaßvögel sind sehr stolz auf ihre leichtfertige Unwissenheit. Sie brauchen nur selten Erklärungen, wenn sie bestimmte Dinge nicht wissen.

Deshalb kann ich Leute nicht verstehen, die ständig im Busch sitzen und nach den aussterbenden Tierarten Ausschau halten. Nur eins von zwei Dingen ist möglich: Entweder sind diese Arten nicht ausgestorben (warum macht man also so ein Geschrei um sie?) oder sie sind ausgestorben (warum sollte man sich dann die Mühe machen, nach ihnen Ausschau zu halten?). Es ist einfach so, daß wir nicht viel für die Tiere tun können, bis das Ego bereit ist, mit seinem Theater und seinem Konsum aufzuhören. Fische zu markieren, ihnen ein Jahr lang hinterherzujagen und jede ihrer Bewegungen zu verfolgen, ist so lächerlich, daß nur Menschen des westlichen Schlages darauf kommen können. Was finden wir denn dadurch heraus? Wir entdecken, daß Fische viel herumschwimmen. Es sieht so albern aus, wenn Menschen sich von ihrem Verstand verführen lassen, ihre Zeit für so »wichtigen« Unsinn zu verschwenden. Wäre es Gottes Wille, uns auf diese Weise mit den Tieren auseinanderzusetzen, hätten wir einen ausgeprägteren Gehörsinn. Geräte anzubringen, um Tiere auf zehn Kilometer Abstand quieken hören zu können, muß in den Augen Gottes sehr lächerlich wirken.

Wenn wir uns nicht die Mühe machen, unsere Gefühle zu disziplinieren und herauszufinden, wohin wir eigentlich gehen, werden wir zwar vielleicht Experten im Beobachten tierischen und menschlichen Verhaltens, aber wir werden unser wahres Selbst nicht kennenlernen. Meiner Meinung nach hat die intellektuelle Welt zwar auch ihre guten Seiten, ist aber in der Regel trocken und langweilig. Da sie versucht, die innere Realität unserer wirklichen spirituellen Identität zu leugnen, schneidet sie uns von wirklicher Wahrnehmung ab. Im Kern Ihrer wahren spirituellen Identität ist Ihr inneres Selbst reines Gefühl. Denn alle Energie ist göttlich. Alles strahlt in einem gewissen Ausmaß himmlisches Licht aus, also strahlt alles Gefühle aus. Wenn Ihre Welt nur aus Intellekt und Sprache besteht, nur daraus, Fische zu verfolgen und hinter Sinnesreizen herzujagen, entdecken Sie vielleicht niemals Ihre innersten Impulse und Ziele, die Sie dazu bringen, zu tun, was Sie tun. Menschen glauben oft, daß ihre Ideen das Wichtige sind. Ideen regen zu Aktivitäten an und vermitteln uns Vorstellungen, was wir tun könnten, doch steckt hinter jeder Idee ein tiefes inneres Gefühl.

Man könnte die intellektuelle Welt als reaktiv bezeichnen. Wie ein Pavlow'scher Hund reagieren wir auf bekannte Signale. Da viele Menschen jedoch kein Feedback bekommen – da sie keine Selbstbeobachtung betreiben –, verstehen sie nicht wirklich, woher diese inneren Signale kommen und was sie bedeuten. Die meisten Menschen verstehen ihr Leben nicht wirklich und verstehen auch nicht, warum sie das tun, was sie tun. Sie sind aufs Handeln programmiert – unabhängig davon, welchen wirklichen Wert oder welche Bedeutung diese Handlungen haben mögen. Deshalb hetzen Menschen durchs Leben und wiederholen immer wieder dieselben Routinen, obwohl sie manchmal wissen, daß diese Handlungen nicht zum gewünschten Erfolg führen. Das erklärt auch, warum viele Menschen nie das bekommen, was sie haben wollen. Ihr Verstand wird ihnen eine Idee verkaufen und alles mögliche tun, sie zu verwirklichen, während ihre inneren Gefühle vielleicht lauwarm sind oder die Idee gänzlich zurückweisen. Wenn Sie zum Beispiel den externen Teilchenzustand betrachten, könnten Sie auf die Idee kommen, daß Sie reich sein wollen. Also gehen Sie bei Sonnenaufgang los, Ihr Glück zu suchen. Das ist völlig in Ordnung, solange Ihre Gefühle Ihrer intellektuellen Motivation entsprechen. Die meisten Menschen wollen tief in ihrem Herzen nicht reich, sondern nur zufrieden sein. Sie glauben, daß Zufriedenheit von Konsum kommt, also wird Geld zu etwas Lebenswichtigem. Tief im Inneren wollen sie den ganzen Aufwand gar nicht betreiben, den man betreiben muß, um reich zu werden. Sie wollen die Mühen und die Verantwortung des Ganzen nicht auf sich nehmen. Sie würden lieber SEIN als TUN. Ihre Gedanken und Ihre Handlungen wollen scheinbar in eine bestimmte Richtung, während Ihre Gefühle still und passiv widersprechen. Auf lange Sicht werden Ihre Gefühle immer die Oberhand gewinnen, weil sich die Realität aus inneren Gefühlen manifestiert und nicht aus Ihrem Denken. Wenn Ihre innere Realität mit Ihren Gedanken nicht übereinstimmt, werden die Botschaften aus Ihrem Inneren die Qualität Ihrer Handlungen mindern oder sie unterminieren. Sie schießen ständig ein bis zwei Zentimeter am Ziel vorbei, bekommen weniger als Sie erwarten oder gar nichts. Wenn Sie ein- oder zweimal das Ziel verfehlen, müssen Sie vielleicht nur Ihre Herangehensweise ändern oder Ihre Absicht intensivieren. Wenn Sie jedoch über eine lange Zeit Ihr Ziel nicht erreichen, ist das ein sicheres Zeichen dafür, daß Ihre inneren Gefühle und Ihre Gedanken nicht übereinstimmen.

Wenn Sie sich bei der Selbstbeobachtung nach innen wenden und Ihre Aufmerksamkeit von der externen Welt abwenden, erkennen Sie deutlich, welche Dinge in Ihrem Leben überflüssig sind oder nicht mit Ihrem Lebensziel übereinstimmen – wie kleine Wunden. Oft werden Sie bemerken, daß viele Ihrer Aktivitäten nur auf dem Bedürfnis Ihres Egos beruhen, Anerkennung zu ernten – ein Beweis für seinen Teilchenzustand. Wenn Sie sich auf andere Dinge konzentrieren, werden Leichtigkeit, Freude und Klarheit für Sie sehr wichtig, woraus sich eine minimalistische Einstellung entwickeln wird. Vielleicht haben Sie immer noch Ziele in Ihrem Leben, aber Sie werden sie nicht mehr als lebenswichtig ansehen, weil Sie sich selbst nicht mehr so wahrnehmen wie vorher.

Die externe Welt wird ständig durch Emotionen eingeschnürt und zugekleistert. Sie sollten Emotionen jedoch nicht mit Gefühlen verwechseln. Wenn ich von Gefühlen spreche, meine ich damit nicht allgemeine Körperempfindungen, sondern innere Motivationen und Impulse. Unterbewußte oder tiefe spirituelle Gefühle Ihres inneren Selbst sind einflußreich, weil sie Handlungen vorausgehen. Sie werden etwas denken und daraufhin vielleicht handeln, doch weiß der Intellekt in der Regel nicht, wo seine ursprünglichen Eingebungen herkommen. Meistens ist er sich noch nicht einmal der Tatsache bewußt, daß das Unterbewußtsein auf diese Weise zur Gesamtheit seiner Gedanken beiträgt.

Emotionen folgen auf Gedanken, daher sind sie reaktiv. Sie können vor einem Gedanken gar nicht existieren. Sie sind das Produkt des Denkens und bilden einen Teil unseres Urteilsvermögens, durch den wir die äußere Realität übersetzen und ihre Qualität beurteilen. Daher weichen Emotionen auch häufig von der eigenen inneren Realität oder Wahrheit ab, da die Datenbank, die sie hervorbringt, unsere intellektuellen Urteile sind – das ist gut, schlecht, macht Spaß oder auch keinen Spaß. Darum macht uns die komplexe Welt des externen Teilchenzustandes oft so unzufrieden. Wenn man nur in der Welt des Intellekts und der Sinneswahrnehmungen lebt, hat das Leben keinen Sinn.

Da die inneren Gefühle so gut versteckt sind und dem Ego und Intellekt oft widersprechen, haben wir uns ihrer über die Jahrhunderte hinweg entledigt. Wir haben unser inneres Selbst unterdrückt, daß es nun eine weitere »aussterbende Rasse« ist. Unsere inneren Gefühle und Botschaften wurden im Laufe der Zeit so gründlich übertönt, daß wir glauben, Emotionen und Sinneswahrnehmungen seien Gefühle. Emotionen wurden immer komplexer. Das Ego gab ihnen eine Wichtigkeit, die sie niemals hätten haben sollen. Doch es ist ganz natürlich, daß eine Welt, die in Aktivität, Reaktion und den Denkstrukturen des Egos gefangen ist, Emotionen mag, denn man kann mit ihnen eine Menge bewirken. Es wurde zu einem beliebten Werkzeug bei der Verbreitung von Ideen und der Manipulation des Lebens, Emotionen zu erzeugen. Emotionen sind besonders in Politik und Wirtschaft, der Liebe und beim Sex, in Machtangelegenheiten und einer

Menge anderer Bereiche sehr nützlich. Mit Emotionen kann man gute Geschäfte machen. Wenn Sie es sich einmal genau überlegen, werden aus Emotionen sogar Kriege geschmiedet. Es gibt soziale Kriege, Bürgerkriege und wirtschaftliche Kriege. Man kämpft um bestimmte Gebiete, erobert Landstriche, stellt Hackordnungen auf und kommandiert andere herum – nur indem man Emotionen hervorruft. Mit Emotionen kontrollieren, terrorisieren und manipulieren wir die Menschen und machen sie gefügig.

Als man dazu überging, emotionale Kraft zur Durchsetzung des eigenen Willens einzusetzen, folgten Kämpfe, bei denen sich jeder Manipulant die angemessene emotionale Keule aussuchte. Drohungen, Angst, Schuld, Verpflichtung, Sympathie, Reue, Neid und Geiz sind Teile des emotionalen Rüstzeugs. Menschen, die dem emotionalen Spiel zum Opfer fallen, werden geehrt und gelobt, und man hält sie für empfindsam. Die, die sich nicht so schnell beeindrucken lassen, werden von der Propaganda weichgeklopft, damit sie sich unterwerfen. Diese ganze emotionale Erpressung funktioniert nur deshalb auf breiter Basis, weil wir unsere Kinder bereits darauf programmieren. Wir machen sie auf subtilste Weise gefügig und zwingen sie, auf elterliche Emotion zu reagieren und ihre Eltern zu lieben. Wenn wir die Vernunft abschaffen und unseren Kindern beibringen, auf Emotionen zu reagieren, sind sie leichter zu kontrollieren. Aber besteht ein Unterschied, einem wilden Tier einen Halfter anzulegen, ihm eine Markierung ins Ohr zu knipsen und ihm Kunststükke für den Zirkus beizubringen? Meiner Meinung nach nicht. Die Menschen halten ihre Gefühle für etwas schrecklich Besonderes – aber Sie haben nicht mit ihren Gefühlen, sondern mit ihren Emotionen zu tun. Die Menschen hoffen, Sie zu bewegen, sich ihrem Standpunkt anzuschließen, indem sie ihre Emotionen so schrecklich wichtig, heilig und unangreifbar machen. Und wehe, Sie bringen sie aus der Fassung, indem Sie sich ihren Emotionen widersetzen. Wer versucht, Ihnen das zu verkaufen, ist wirklich ein Opfer festgefahrener Denkstrukturen. Da sind wir auch wieder bei der Redefreiheit. Meiner Meinung nach ist es absolut hirnrissig, daß Leute erwarten, daß man auf ihre Emotionen hereinfällt oder man sich überhaupt für sie interessiert. Spaßvögel würden sich darauf nie einlassen. Emotionen sind äußere Manifestationen persönlicher Einstellungen, die eingesetzt werden, um Reaktionen hervorzurufen. Aber der ganze Unsinn ist einerseits nur Theater, andererseits der Versuch, Ihnen eine Meinung aufzuzwingen. Emotionen sind überhaupt nicht heilig, genausowenig wie Meinungen oder andere Bestandteile des Stammesdenkens etwas Besonderes oder Heiliges sind. Es sollte Gesetze geben, die den Menschen untersagen, ihre Emotionen durch die Gegend zu sprühen. Sie sind schlimmer als der Gestank von Stinktieren. Sie können den Leuten zuhören, wenn sie einen Tobsuchtsanfall bekommen, was nicht bedeutet, daß Sie auf das Zeug reinfallen oder reagieren müssen. Sie können ein unbeteiligter Beobachter von Tobsuchtsanfällen werden. Dann können Sie eine unparteiische Einstellung zu sich selbst entwickeln und versuchen, sich selbst nicht so streng zu beurteilen. Es geht darum, alle Menschen - einschließlich sich selbst - in Frieden zu lassen.

Vergessen Sie nicht, daß der Intellekt nicht fühlen kann, er kann nur wissen. Die Emotionen glauben, daß sie fühlen, doch sind sie beschränkt auf die Informationen, die ihnen der Intellekt zuführt. Was die Menschen also fühlen, ist nicht notwendigerweise ein inneres Gefühl, sondern oft eine Reaktion auf eine bestimmte Einstellung. Man kann sich schlecht von Emotionen leiten lassen, da sie keine verläßliche Informationsquelle sind. Kein Wunder, daß unsere Welt verloren ist - der verdammte Touristenführer ist ein Blinder mit ausgefallenen Ansichten.

In der Welt des TUNS gibt es keine Zeit, Dinge wertzuschätzen und innere Gefühle zu erspüren - alles ist intellektuell, flüchtig und wird in Eile erledigt. Wenn wir zuviel tun, lassen wir das Ego und den Intellekt an die Macht. Wir leben in einer mentalen Welt, die uns hoffentlich die Sinneswahrnehmungen beschert, die für unseren Teilchenzustand wichtig sind. Mit der Zeit verwickeln wir uns so sehr in den Intellekt, daß wir die Verbindung mit unserem wirklichen Sein aus den Augen verlieren und nicht mehr wissen, was wir wirklich wollen.

Deshalb muß der Minimalist selektieren. Dazu braucht man eigentlich nur einen gesunden Menschenverstand. Wenn Sie Ihr Denken auf Hochglanz gebracht haben, Ihre Emotionen unter Kontrolle sind und Sie sich aller überflüssigen Dinge entledigt haben, sollten Sie einen Blick auf Ihre Beziehungen werfen. Sie werden feststellen, daß es zwei Kategorien gibt: Menschen, mit denen Sie zusammen sein müssen, weil Sie mit ihnen zusammenarbeiten oder verwandt sind und Menschen, zu denen Sie eine optionale Beziehung haben. Beginnen Sie mit den Beziehungen, die optional sind. Werten Sie jede dieser Beziehungen unter den Aspekten Energie und Ausgewogenheit aus. Ist die Menge an emotionaler und finanzieller Energie, die Sie investieren, so groß wie die, die Sie zurückbekommen? Arbeiten Sie daran, einen Ausgleich herzustellen, oder lösen Sie unausgewogene Beziehungen auf. Bei Beziehungen, die Sie aus familiären oder wirtschaftlichen Gründen aufrechterhalten müssen, sollten Sie sich fragen, ob diese Beziehungen für Sie wirklich funktionieren, oder ob es nicht besser wäre, den Job zu wechseln und den Menschen den Raum zu geben, den sie brauchen. Vielleicht sogar mehrere tausend Kilometer!

Wenn Sie Ihre Beziehungen unter Kontrolle haben, können Sie anschließend einen Blick auf Ihre spirituelle Einstellung zum Leben werfen. Das Wort spirituell ist komisch – es hat viele unterschiedliche Bedeutungen für die Menschen. Für einige bedeutet es religiöse, für andere esoterische Rituale. Dann wiederum ist spirituell eine Qualität, mit der sie ihre emotionalen Moralvorstellungen versehen, die ihnen Freude bereiten – mehr Freude zumindest als die emotionalen Moralvorstellungen, die ihnen vielleicht widersprechen, ihnen also nicht so viel Freude bereiten, was bedeutet, daß sie weniger spirituell sind. Ein roter Faden zieht allerdings durch sämtliche Definitionen von spirituell: Spiritualität beschreibt die Einstellung eines Menschen zu seinem oder ihrem Gott und die innere Reise zur Erleuchtung. Ist diese innere Reise licht, einfach und autark, ist sie minimalistisch. Der Gegensatz dazu ist eine spirituelle Einstellung, die schwer, bedrückend, reglementiert und verpflichtend ist. Ihre »Spiritualität« soll Sie nicht belasten, daß Sie sich nicht mehr bewegen können.

Vielleicht sind Sie deshalb auf einer inneren Suche, weil Sie Gott besser verstehen und Ihre natürlichen gottähnlichen Qualitäten erweitern wollen. Können Sie sich einen schweren, dogmatischen und ernsten Gott vorstellen? Könnten Sie Gott mit trostlosen, sorgenvollen Ansichten näherkommen, oder würde Gott dann nicht in diesem Fall einen Blick auf Ihre bleierne Spiritualität werfen und sich übergeben? Je weniger Glaubenssätze Sie aufrechterhalten, verteidigen und unterstützen müssen, desto besser wird es Ihnen emotional gehen. Stellen Sie sich vor, wie es wäre, wenn Sie an nichts glauben und keine Prioritäten setzen würden. Plötzlich wäre jeder Tag eine wahre Wonne, weil Ihnen einfach alles recht wäre. Die Prinzipien des Minimalismus auf Ihre spirituelle Suche anzuwenden, bedeutet, die Dogmen zu beseitigen, um einen klaren Pfad nach oben gehen zu können. Dieser Pfad führt vom Wahnsinn zur Gelassenheit.

Der Kernpunkt des Minimalismus ist der Fluß. Man geht ruhig und ausgeglichen durch die Welt und konsumiert nur das Nötigste. Minimalismus bedeutet, in der Gegenwart zu ruhen, das zu verwenden, was Sie in die Hand bekommen, auf die Dinge zu warten, die Sie noch nicht haben und zu vergessen, daß Sie sie haben wollten. Es bedeutet, sich auf das Wesentliche zu beschränken, ohne sich Dinge zu versagen, die Spaß machen, aber auch nicht im Übermaß zu genießen. So ist es natürlich, und das Ego wird nicht mit Dingen gefüttert, durch die es sich aufplustern kann.

Hinzukommt, daß das minimalistische Herz der Welt seinen Dienst anbietet, da die Einfachheit seines freien spirituellen Selbst den Menschen zeigt, wie absurd die Komplexität ihrer Leben ist. Bald lernen Sie, sich umzustellen und die Kontrolle zurückzugewinnen. Aufgrund Ihres einfachen Herzens können Sie Mut schöpfen und erkennen, daß Sie es geschafft haben, ohne große Traumata eine Ausgeglichenheit herzustellen. Und sie beginnen zu glauben, daß sie das auch können.

In der Einfachheit dessen, was Sie anbieten, liegt eine weise und mächtige Aussage: »Ich bin der, der ich bin. Ich bin kein Sklave. Nichts hat Macht über mich, da ich nur mir und meinem Gott gehöre. Dadurch bin ich integer und wahrhaftig. Ich weiß, daß ich die Welt nicht in Ordnung bringen kann, aber ich habe eine Oase der Ruhe zu bieten.«

Wenn Sie auf Ihr Leben zurückschauen und sehen, daß Sie es für sich und die, die Ihnen am Herzen liegen, zusammengehalten haben, und Sie anderen durch Stärke gezeigt haben, wie auch sie es schaffen können, ist alles gut. Es gibt nichts Erfrischenderes und Schöneres als ein ruhiges, gefaßtes Wesen, das keine Ansprüche stellt. In den Augen Gottes sind dies sehr besondere, fast engelsgleiche Wesen. Sie sind eine stille Hoffnung und eine Oase inmitten des Chaos von fünf Milliarden dämonischer Stimmen, die um Status, Gefälligkeiten und Glück betteln, wobei sie oft selbst nichts tun, um solch ein himmlisches Glück auf sich zu ziehen.

Schauen Sie auf Ihr eigenes Leben und erschaffen sie Kraft, Einfachheit und Schönheit. Lassen Sie die Menschen aus der emotionalen Welt so oft an Ihnen abprallen, wie sie wollen. Mit der Zeit werden sie müde werden. Manche werden vielleicht selbst den minimalistischen Weg gehen wollen, und wenn nicht, ist das auch in Ordnung – dann hat der Rest von uns mehr Platz. Lassen Sie nicht zu, daß andere Ihr Dasein komplizieren. Bewegen Sie sich einfach weiter. Das wird sie verwirren.

11. Kapitel

Selbstbeobachtung

Der Schlüssel zu wirklicher innerer Selbstbeobachtung ist, die Aufmerksamkeit zu verlagern, sich von der externen Welt des Egos samt den sorgenvollen Gedankenstrukturen der Stammeswelle zu lösen und in die ruhigere innere Welt der Kontemplation, Meditation und der Introspektion einzukehren.

Früher führte man durch die Volksseele der Stämme ein ruhiges, einfaches Leben, fernab von jeglichem Ego. Man war mit der Natur durch pantheistische Religionen verbunden, in denen es fast keine Dogmen gab. Darum entdecken heutzutage viele Menschen die Kultur der amerikanischen Indianer wieder – die einfache Anbetung des Großen Geistes und der Heiligen Mutter Natur wirkt im Gegensatz zur uns umgebenden Verrücktheit erfrischend. Unsere moderne Volksseele hat sich in der Neurose des Egos, im Existenzkampf, im Intellekt und in Regeln verirrt. Der erste Schritt zur Selbstbeobachtung wäre, die emotionale Verbindung zu kappen. Nichts ist wichtiger als das. Ohne Disziplin und Loslösung verurteilen Sie sich selbst zu einem Leben in Schwierigkeiten. Emotionen sind wie Klebstoff, der Sie in der externen Welt und den Denkstrukturen des Stammes gefangenhält. Durch abschätzbare Reaktionen ist es für andere leicht, Sie zu zwingen, nach ihrer Pfeife zu tanzen. Haben Sie erkannt, daß Sie nicht dazu da sind, es anderen recht zu machen, oder sich wie ein dressierter Affe im Kreis zu drehen und herumzuhopsen, sind Sie frei.

Zunächst müssen Sie ein emotionales Gleichgewicht und

Autarkie entwickeln – sei es allein oder mit Ihrem Lebenspartner. Je weniger Verpflichtungen oder Abhängigkeiten Sie anderen gegenüber haben, desto besser. Ich denke, es ist besser, in einer Hütte in den Bergen zu leben, als in der Stadt, wenn Sie dort Ihrem Bankdirektor gegenüber immer nett sein müssen, nur weil ihm Ihr Haus gehört. Mächtig ist die Seele, die auf niemanden angewiesen ist. In einer Welt, in der fast jeder bettelt, fleht und mit offenen Händen dasitzt, kann allein das eine sehr kraftvolle spirituelle Affirmation sein. Liebe mich, schenke mir Anerkennung, sage mir, daß ich etwas Besonderes bin, zahle meine Miete, bring meine Zähne in Ordnung, mach mir eine neue Nase – Ihr angestrebtes Ideal ist ein einfaches Leben, in dem Sie für die paar Bedürfnisse, die Sie nicht selbst befriedigen können, auf der Stelle bezahlen können.

Die menschliche Persönlichkeit muß ihre Aufmerksamkeit auf ihrer Suche nach dem externen Teilchenzustand ständig nach außen richten. Was die meisten Menschen als ihre innere Welt betrachten, ist nur eine Erfahrung und ein Wahrnehmen ihrer Emotionen, Impulse und Instinkte. Das ist in Wirklichkeit auch ein nach außen gerichteter Standpunkt. Wie bereits beschrieben, sind Emotionen und Impulse nur eine andere Ausdrucksform der intellektuellen Einstellung.

Im Verhältnis zu Ihrem externen Bewußtsein ist Ihr Unterbewußtsein zwar etwas Inneres, aber Teil Ihres Verstandes und von persönlichen Erinnerungen. Diese Welt des Verstandes, seine Symbole, Bilder und Erinnerungen sind im Verhältnis zu den wirklichen inneren himmlischen Welten etwas Externes. Das wissen wir, weil wir normalerweise die inneren himmlischen Welten nicht wahrnehmen können, solange unser Verstand auf äußerliche Dinge fokussiert ist.

Sie können zu einem Psychologen gehen und untersuchen, was Ihre Persönlichkeit motiviert und antreibt. Möglicherweise finden Sie heraus, wie Sie auf Gedanken und Dogmen reagieren. Aber wenn Sie sich Ihren Verstand anschauen, können Sie ihn nicht beobachten. Sie können nur etwas über ihn WISSEN, nicht ihn BEOBACHTEN. Sie können zum Verstand keine externe Beziehung herstellen, damit eine wirkliche Beobachtung stattfinden kann. Ein Psychoanalytiker könnte einen Menschen tief in sein Unterbewußtsein führen, doch ist es eine intellektuelle Reise, die auf Ansichten und Meinungen beruht. Wenn Sie also ein Mann wären, könnte Ihr Therapeut Ihnen sagen, daß Sie deswegen so durcheinander sind, weil Sie der Meinung sind, daß Ihr Penis zu kurz geraten ist. Daher beneiden Sie Ihren Vater, von dem Sie glauben, er habe einen größeren Penis als Sie. Sie gehen erleichtert nach Hause. Sie sind sowohl um DM 300 erleichtert als auch deswegen, weil Sie nun wissen, warum Sie so beunruhigt waren. Sie fassen den Beschluß, Ihren Vater das nächste Mal, wenn Sie ihn treffen, darum zu bitten, seinen Penis auszumessen, um die Theorie zu überprüfen.

Das Problem ist, daß es sich dabei nur um eine intellektuelle Meinung handelt. Obwohl diese Meinung aus einem sehr bedeutsamen Wissensgebiet und von Ihrem geschätzten Therapeuten stammt, ist es trotzdem eine Mutmaßung, und keine Beobachtung. Sie können nicht wirklich wissen, ob der Penisneid die richtige Antwort ist oder nicht. Sie könnten an die Theorie glauben – immerhin haben Sie ja dafür bezahlt – doch könnte es noch hundert weitere innere Aspekte Ihrer gesamten Erinnerung geben, die zu Ihren Verhaltensproblemen führen. Einige dieser Aspekte werden Ihre innere Unruhe fördern, andere sie lindern. Der Großteil Ihres Unterbewußtseins ist unsichtbar, stumm und dem bewußten Verstand verborgen, und obwohl Ihr Therapeut sehr geschickt bestimmte Teile davon zu Tage befördern konnte und Ihnen Interpretationen der Bits liefert, die er findet, wird es sich immer nur um eine Interpretation handeln – und nicht um Fakten. Außerdem wird der Therapeut immer nur die Aspekte besprechen können, die bei der Therapie hochkommen, also sieht es so aus, als ob die Bits, die sich zeigen, mehr Gewicht haben, als die, die nicht hochkommen. Billionen von weiteren Erinnerungsquanten liegen noch immer im Verborgenen. Wir können nur einen kleinen Bruchteil des Ganzen entdecken, und es gibt keine Möglichkeit festzustellen, ob die Bits, die wir entdecken, wirklich wichtiger sind als die, die uns weiterhin verborgen bleiben. Hinzukommt, daß es Bereiche des Unterbewußtseins gibt, die Ihnen bekannt sind, und andere, die Sie unterdrücken und Ihrem Therapeuten niemals offenbaren würden. Immerhin liegen Sie in einem bewußten Zustand auf der Couch, daher gehört das, was Sie von sich geben, zu den offiziellen Erklärungen der Persönlichkeit und Ihres Egos, die natürlich die Dinge so hinbiegen und auswählen oder unbeachtet lassen, daß nur herauskommt, was der Therapeut hören soll. Daher ist die Psychoanalyse eine langwierige Angelegenheit, die nur Zufallstreffer landen kann. Sicherlich hilft sie Menschen, die starke intellektuelle Neigungen besitzen, ihren Verstand kennenzulernen. Letztlich kann Ihnen jedoch niemand verbindlich sagen, was Ihre Symbole für Sie bedeuten. Die anderen können nicht in Ihren Verstand hineinschauen, um zu verstehen, wie die Sprache Ihrer Symbole und Bilder wirklich funktioniert. Natürlich kann man sagen, daß Wasser ein Symbol für Emotionen ist, doch ist das eine Verallgemeinerung, die zwar scheinbar auf eine ganze Menge Menschen zutrifft, doch muß diese Interpretation für Ihre Psyche nicht unbedingt von Bedeutung sein. Und während sie heute zutreffen, muß das morgen nicht auch der Fall sein. Die gesamte Erinnerung oder das Gesamtbild des Unterbewußtseins – das Grundthema also – wechselt meiner Meinung nach entsprechend unseren Stimmungen. Da die ganzen Erinnerungen miteinander verknüpft sind, reagieren sie als Gesamtheit von Minute zu Minute mit kleinen Informationsbits, die Sie brauchen, doch findet auch eine Gesamtreaktion statt. Wenn Sie ärgerlich sind, fallen die ganzen Symbole und Erinnerungen Ihres Verstandes so zusammen und verändern sich derart, daß sie mit den mächtigen, von Ihren Emotionen ausgehenden Botschaften übereinstimmen. Das heißt, daß sich jeder Teil Ihres Unterbewußtseins entsprechend dem Fluß von Energie verändert, den es empfängt. Aus dem Teil Ihres Unterbewußtseins, der Erinnerungen an Liebe enthielt, wird durch veränderte Schwingungen ärgerliche Liebe. In den himmlischen Welten kann man ganz klar erkennen, daß Sie eine Ganzheit – eine individuelle Energieform – sind, die sich als Ganzes verhält und definiert, wer Sie sind. Das, was Sie sind, bringt sich als Ganzes zum Ausdruck. In diesen Welten gibt es scheinbar keine unabhängigen Teile oder Aspekte der

Persönlichkeit. Alles strahlt als komplexe Energie aus, in der alles miteinander verbunden und verknüpft ist. Man kann nicht das »zu kurzer Penis«-Trauma auseinanderdividieren und sagen, daß dies ein wesentlicher Aspekt dieses Menschen ist. Alles ist eins. Wenn Sie also auf der physischen Ebene ärgerlich sind, setzt sich diese Emotion in Ihrem ganzen Wesen durch und verändert Sie völlig. Plötzlich haben Sie ärgerliche Füße, ärgerliche Ohren, ärgerliche Hände und ärgerliche Gefühle, und jeder Teil Ihres Selbst schwingt mit dem Ärger mit. Es gibt keine Trennungslinien. Das ist eine sehr vereinfachte Darstellung, doch kann man auf der einfachsten Ebene durchaus sagen, daß Ihr Verstand immer einen Ton zum Ausdruck bringt. Sie können diese Gesamtreaktion beobachten, wenn der Ätherkörper auf Stimmungen reagiert, die so offensichtlich sind, daß auch Ihr Körper auf die gleiche Art und Weise reagieren muß. Der Autor und Heiler Dr. Deepak Chopra, der erst kürzlich in der Oprah Winfrey Show aufgetreten ist, hat das kurz und prägnant auf einen Nenner gebracht, als er sagte: »Jede Zelle Ihres Körpers lauscht Ihrem inneren Dialog«. Wir verstehen langsam, daß unser ganzes Wesen auf Botschaften reagiert, die wir ihm vermitteln. Unsicherheit bewirkt zum Beispiel, daß Ihre Zellen weniger widerstandsfähig sind. Ihre Schwingung verändert sich derart, daß die elektrischen Impulse nicht mehr regelmäßig fließen, oder es macht sich irgendein anderer Unsicherheitsaspekt bemerkbar, daß die Zellen eher Probleme bekommen können und mit negativen biochemischen Umständen weniger gut fertig werden. Das hält so lange an, bis Sie Ihre Meinung ändern, worauf alles umschaltet und Ihre Zellen wieder glücklich sind.

Ihren Verstand zu durchstöbern könnte Ihnen helfen, sich selbst zu verstehen oder ruhiger zu werden. Meiner Meinung nach können Sie jedoch nur innere Selbstbeobachtung betreiben, indem Sie sich vom Ego, vom Intellekt und all den Ablenkungen der äußeren Welt abwenden, Ihren Verstand herunterfahren und Ihre Aufmerksamkeit nach innen richten. Schauen Sie sich Abbildung 6 an.

Der Klecks auf der rechten Seite des reifenähnlichen Gebildes, der die »Rotation« darstellen soll, ist Ihr Verstand –

Abbildung 6: In bezug auf die inneren himmlischen Welten ist Ihr Verstand als Ganzes etwas Äußerliches.

oder wenn Sie so wollen, die Gesamtheit Ihrer Erinnerungen. Befindet sich die Gesamtheit Ihrer Erinnerungen in einem bewußten Zustand, erfahren Sie Ihre Persönlichkeit und Ihr Ego. Die Persönlichkeit ist das externe, mentale Fahrzeug, durch das Ihr Verstand als Ganzes Informationen, Erinnerungen und Wahrnehmungen in der normalen 3-D Welt sammelt. Da Sie von diesem Verstand aus nach draußen schauen und einen Baum in der 3-D Welt beobachten können, können Sie ihn festmachen, denn es gibt eine Distanz zwischen Ihnen und dem Baum. Denken Sie an das, was ich in Kapitel 2 gesagt habe: ein Wissenschaftler kann nur deshalb Teilchen beobachten und es dadurch festmachen, weil er einen Abstand zu dem Teilchen hat, das er beobachtet. Der Abstand ist es, der zusammen mit Ihrer Beobachtung ein Teilchen oder einen Baum festmacht. Der Abstand ist der wesentliche Aspekt, der die absolute Identität und Position des Baumes etabliert.

Gehen wir noch einmal zu dem Klecks zurück, der Ihren Verstand darstellen soll. Innerhalb dieses Kleckses gibt es keinen Ort, weder in einem bewußten, emotionalen, hypnotischen oder einem Traumzustand, an dem Sie sich außerhalb des Kleckses befinden und ihn beobachten können. Auch Ihr Therapeut ist nicht dazu in der Lage. Denn obwohl er einen körperlichen Abstand zu Ihnen hat, kann er weder

Ihren Verstand sehen noch ihn beobachten. Therapeuten können durch ihre fachliche Qualifikation und ihr Verständnis menschlicher Eigenarten etwas über ihn wissen, aber ihn niemals im Wellen/Teilchen-Sinne beobachten.

Wenn Sie sich eine Million solcher Kleckse vorstellen, die alle durch die allgemeinen Merkmale des Stammesdenkens miteinander verbunden sind, sehen Sie, daß sich all diese Kleckse auf der externen Seite der Rotation befinden. Das heißt, daß niemand frei werden kann, um Selbstbeobachtung zu betreiben. Jeder Klecks hat das Potential, eine individuelle und ganz besondere Identität zu entwickeln und damit die Welle zu verlassen, doch lösen sie sich in der Regel weder von ihren eigenen Emotionen, ihren Gedanken noch der Stammeswelle als solcher, um das bewerkstelligen zu können.

Wenn Sie die externe Welt betrachten, gehen Ihre Wahrnehmungen und Ihre Aufmerksamkeit nach vorne, und Sie zeigen emotional und/oder intellektuell Vorlieben für gewisse Dinge. Indem Sie sich diesen Dingen zuneigen, drücken Sie sie ein bißchen von sich weg, also zieht sich Ihr Horizont – wie das physische Universum – stets von Ihnen zurück. Die Gesetze von Widerstand und Anziehung wirken sehr subtil. Sie müssen jedoch wissen, daß die Realität, die Ihnen nahe steht, das heißt die Realität, die Sie als möglich und wahrscheinlich ansehen, im bewußten Zustand durch Anziehungskräfte auf Sie zukommt. Ihre Gesamtrealität weicht im Gegensatz dazu in Wirklichkeit vor Ihnen zurück, da Sie sie mit Ihren Emotionen und Sehnsüchten wegdrücken und nicht an die Aspekte glauben, die Ihnen obskur, unwahrscheinlich oder unerreichbar vorkommen.

Wenn Sie sich mit Meditation und Introspektion befassen und die Egopersönlichkeit wie in einem meditativen oder Trancezustand zur Ruhe bringen, sind Sie still und gelassen, statt sich auf die äußere Realität einzulassen. Je nachdem, wie ausgeglichen Sie bereits sind, würden Sie sich von der externen Welt abwenden und sich der inneren vierdimensionalen Spiegelwelt zuwenden. Also würde die externe Welt mit ihren Ereignissen und möglichen Ereignissen aufhören zu expandieren und wieder auf Sie zukommen. Ihre Hoffnungen und Wünsche kommen dann immer näher. Natürlich bleibt die tatsächliche physische Realität (Bäume, Häuser usw.), wo sie ist. Die Ereignisrealität ist es, die sich vor- und zurückbewegt. Um aus dem Stammesdenken herauszukommen, müssen Sie sich aus der dreidimensionalen Welt »ausklinken« und Ihr inneres Selbst eine vollständige Drehung durch die vierte Dimension in die inneren Welten hinein vollziehen lassen. Wenn Sie es schaffen, Ihr inneres Selbst in die 4-D Welt zu bringen, wo es vom Ego und vom Einfluß des Stammesdenkens auf Ihre Erinnerung nicht mehr behindert wird, kann Ihr inneres Selbst anfangen, sich zu entwickeln und zu wachsen. Um sich zu lösen, müssen Sie auf der emotionalen und intellektuellen Ebene nichts weiter tun, als sich zu vergegenwärtigen, daß das Leben nicht so dramatisch ist, wie Ihr Ego es sich vorstellt. Sie kommen zu einem Punkt, an dem Sie es allen anderen Menschen gestatten können, ihre eigene Evolution auf physischer Ebene zu durchleben, ohne daß Sie sie mit Ihrer persönlichen Meinung oder Einmischung behindern. Indem Sie das tun, sind Sie fähig, die Vollkommenheit der Menschen inmitten ihrer Unvollkommenheit wahrzunehmen. Sie nehmen einfach nur wahr, was sie gerade erfahren. Das bedeutet nicht, daß Sie auf die Probleme anderer Menschen empfindungslos und desinteressiert reagieren sollen. Sie können Ihnen indirekt durch Ihre Energie und mit Ihrem Wissen helfen, aber mischen Sie sich nicht in das Leben anderer Menschen ein, wenn Sie nicht dazu aufgefordert sind. Seien Sie bescheiden und machen Sie sich klar, daß Sie nicht mehr über die persönlichen Umstände der Menschen wissen, als sie selbst. Wenn Sie nicht um Ihre Meinung gebeten werden, warum sollten Sie sie ihnen aufdrängen? Sie können anderen keinen größeren Liebesdienst erweisen, als sie in Ruhe zu lassen. Dadurch bestätigen Sie ihre Fähigkeit, daß sie zu gegebener Zeit ihre Situation wahrscheinlich besser werden lösen können, als Sie es jemals für sie tun könnten.

Wenn Sie kleine Kinder haben, sieht die Sache etwas anders aus. Das Kind gehört zu Ihnen und ruht in Ihrem evolutionären Muster, bis es erwachsen ist. Es ist also nicht als Einmischung in das Leben des Kindes zu werten, wenn Sie das Kind in Richtung auf jene Prinzipien und Handlungen leiten, die Ihrer Meinung nach die besten sind. Wenn Ihr Kind jedoch erwachsen ist, müssen Sie es ziehen lassen und können höchstens Rat und Unterstützung anbieten, in der Hoffnung, daß es Ihnen zuhört. Doch bis dieses Stadium erreicht ist, ist es in Ordnung, wenn Sie versuchen, es auf den Pfad zu bringen, von dem Sie glauben, daß er für Ihr Kind der beste ist. Denken Sie daran, daß es die Hauptaufgabe der Eltern ist, das Kind zu beobachten, um es auf die 3-D Welt vorzubereiten. Wird ein Kind auf die richtige Weise beobachtet – das heißt bestätigt und ermutigt – wird es das Gefühl haben, ein leistungsfähiger und wertvoller Mensch zu sein. Es wird sich dann weder einer Straßenbande anschließen noch eine Pistole tragen müssen, um auf sich aufmerksam zu machen. Natürlich ist es für Eltern schwer, sich emotional von der Entwicklung ihrer Kinder zu lösen, doch können Sie sich in Geduld und Nichtanhaftung üben und ihnen Zeit lassen, sich Ihrer Art des Denkens anzuschließen, indem Sie positiv auf sie einwirken.

Haben Sie sich einmal von Ihren eigenen Emotionen und denen der Stammeswelle gelöst, geschieht auf der ätherischen Ebene etwas Seltsames, was Sie sogar körperlich spüren können. Wir sind über den Solarplexus mit der physischen Ebene verbunden. Von dort erstreckt sich ein röhrenförmiger Wirbel ätherischer Energie nach außen, der Sie mit der physischen Welt verbindet. Darum sprechen viele Menschen von Gefühlen, die sie im Bauch haben. An dieser Stelle wurde die Verbindung, die Sie über die Nabelschnur zu Ihrer Mutter hatten, durch eine Verbindung zur metaphysischen Ebene über die Heilige Mutter – dem ätherischen Netz der Natur – ersetzt. Wenn Sie sich von Ihren emotionalen und intellektuellen Anhaftungen an die Denkstrukturen des Stammes lösen, lockern Sie auch Ihren ätherischen Körper. Ihr Leuchten (Ihr Ätherkörper) löst sich vom Leuchten der Erde und dem ätherischen Geflecht anderer Menschen. Wenn das geschieht, können Sie ein Ziehen im Nabelbereich empfinden. Wenn Sie meine Kassetten »Trance States« kennen und die Übung »Spin away« gemacht haben, haben Sie dieses ätherische Ziehen wahrscheinlich schon erlebt. Sie brauchen jedoch weder mich noch meine Kassetten, um diesen Prozeß erfolgreich durchzuführen. Halten Sie sich über eine längere Zeit häufiger in Trancezuständen auf, geschieht es oft ganz von selbst. Ihre Emotionen fließen als Wellen durch Ihre ätherische Energie und imprägnieren Ihren feinstofflichen Körper mit dem Muster oder dem Fingerabdruck dessen, was Sie sind. Sie dominieren ihn. Wenn Ihre Gedanken und Emotionen unter Kontrolle sind, ist der ätherische Körper dem Einfluß der Emotionen nicht mehr ausgesetzt. Er wird feiner, ist nicht mehr so dick und klebrig. Er wird versuchen, eine höhere Geschwindigkeit zu erreichen, indem er sich von seiner Verbindung zu einer emotionalen Welt distanziert, die ihn langsamer macht. Jede ätherische Energie scheint stets zu einer schnelleren Geschwindigkeit oder Schwingung zu tendieren, wenn sie nicht daran gehindert wird.

Die Energie, die durch die röhrenförmige Öffnung des Solarplexus aus dem ätherischen Körper austritt, fließt wie Zahnpasta aus einer Tube. Sie geht an die allgemeine ätherische Energie anderer und der Welt verloren. Sobald Ihre Emotionen und Ihre Angst aufhören, Energie durch die Röhre nach draußen zu pumpen, wird Ihr ätherischer Körper versuchen, das Loch – sofern möglich – teilweise zu verschließen. Darum ist Nichtanhaftung so heilsam. Beginnt sich die Wunde im Nabelbereich zu schließen und hört die Lebensenergie des Ätherkörpers auf abzufließen, fühlen Sie sich sofort stärker. Wenn möglich, wird der Ätherkörper versuchen, sich durch den röhrenförmigen Wirbel am Solarplexus zurückzuziehen, um seine Energie zu bewahren und sich selbst auf eine höhere Schwingung zu bringen. Obwohl jetzt weniger Energie verschwendet wird, wird es eine gewisse Zerstreuung von Energie durch den Solarplexus immer geben, solange Sie leben. Wenn sich das Loch jedoch aufgrund Ihrer Losgelöstheit ein wenig geschlossen hat, wird sich der ätherische Körper zurückziehen und es noch weiter schließen. Jetzt ist der Strom der Energie durch die Röhre nach draußen nicht mehr so stark, daß das Loch dadurch ständig offengehalten wird.

Ihre ätherische Energie wird schneller und anpassungsfähiger, wenn Sie sich vom Stammesdenken lösen. Es entsteht ein ätherischer Abstand zwischen Ihnen, Ihrer Energie und der äußeren Welt. Ich bezeichne diesen Abstand als »ätherfreie Zone«. Dadurch beginnen Sie, den Einfluß der Welle und ihre oszillierenden Linien hinter sich zu lassen, die die Welle in sich energetisch zusammenhalten. Doch geschieht das erst dann, wenn Sie sich zurücknehmen und die volle Verantwortung für Ihr Leben übernehmen. Dann entsteht die ätherfreie Zone, die das erste Anzeichen eines Abstandes und der Schlüssel zu wirklicher Beobachtung ist. Das ist die angenehme Seite. Die andere Seite ist, daß Sie nicht länger andere für Ihre Verfehlungen verantwortlich machen können, sondern akzeptieren müssen, daß nur Sie es sind, der Ihre Entwicklung in diesem Leben vorantreibt. Sie erwecken sich selbst als freies Wesen zum Leben. Der Abstand oder die freie Zone ermöglicht Ihnen, sich aus den Denkstrukturen des Stammes hinauszuentwickeln, ohne daß Ihnen die Energie anderer in die Quere kommt. Der ätherische Rückzug in den Solarplexus kann sich während des Schlafes oder mit der Zeit ergeben. Manchmal kommt es aber auch urplötzlich in tiefer Meditation dazu, und Sie werden das besagte starke Ziehen im Nabelbereich erfahren, wenn der Ätherkörper versucht, sich zurückzuziehen und elastischer zu werden.

Während es zieht, werden Sie das Gefühl haben, leicht zu schwanken und vielleicht auch sich zu drehen. Unter Umständen werden Sie auch eine leichte Taubheit empfinden, die auf die Bewegung der ätherischen Energie zurückzuführen ist. Der Rückzug des ätherischen Körpers aus der physischen Welt unterstützt die Rotation vom externen 3-D Zustand durch den 4-D Zustand in die himmlischen Welten.

Die inneren himmlischen Welten sind eine Reflexion unserer äußeren Welt. Mit Reflexion meine ich nicht, daß die inneren himmlischen Welten unsere Welt ganz genau reflektieren, sondern daß sie uns gegenüberstehen wie Spiegelbilder. Wir existieren in einer dreidimensionalen Welt, die aus den Dimensionen Höhe, Breite und Länge besteht. Die inneren Welten gehören zu einem vierdimensionalen Zustand. Darüber hinaus könnte es auch noch andere Dimensionen geben, die uns nicht bewußt sind. Im Augenblick versuchen wir jedoch, nur die vierte zu erreichen, um uns dort einzurichten und einen Abstand und damit Beobachtung und den Teilchenzustand zu erzeugen. Außer sich selbst aus der Welt der Emotionen zu lösen und dadurch Ihre ätherische Energie zu befreien, müssen Sie nichts Besonderes tun, um eine Rotation aus der 3-D Welt zu erreichen. Dieser Vorgang scheint Teil einer natürlichen zyklischen Bewegung zu sein, durch die Sie Fortschritte machen und die Dinge anders sehen können. Wichtig ist, daß Sie Ihren Verstand zur Ruhe bringen. Ich glaube nicht, daß es störend ist, wenn vereinzelte Gedanken in die Meditation einfließen, aber das unaufhörliche Geplapper muß durch Disziplin, Fokussierung und Konzentration unterbunden werden. Dann ist die Rotation nur noch ein Umschalten des Verstandes. Sie versuchen in Wirklichkeit, die Welt (Ihre Version davon) von innen nach außen zu stülpen, bis hin zu ihrem spiegelbildlichen Zustand, damit Sie sie beobachten können. Hört sich das verwirrend an? Ist es aber nicht. Ich zeige es Ihnen.

Nichts zeigt besser als ein Neckar'scher Würfel, wie dieses Umschalten des Verstandes in den spiegelverkehrten Zustand vor sich geht (Abb. 7)

Schauen Sie ins Innere des linken Würfels, und stellen Sie sich vor, Sie säßen dort in der hinteren linken Ecke. Stellen Sie sich vor, daß sich dort die physische Welt zusammen mit dem kollektiven Verstand Ihres Volkes befindet. Der kollektive Verstand Ihres Volkes ist ein vollkommener Mikrokosmos des kollektiven Verstandes der Menschheit, also seiner

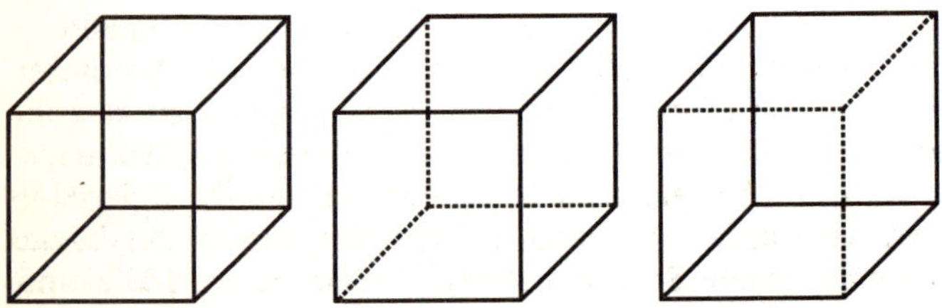

Abbildung 7: Ein Neckar'scher Würfel und seine beiden Wahrnehmungsebenen.

planetarischen Gruppenseele. Das Leben im Würfel erfahren Sie als durch die drei Dimensionen Länge, Breite und Höhe begrenzt. Ihre Welt wird außerdem vom kollektiven Wissen und den kollektiven Glaubenssätzen der Menschheit eingeschränkt, aus denen die Seiten des Würfels zum Teil bestehen. Unsere gesamte 3-D Welt befindet sich innerhalb des Würfels. Ja! Der Würfel ist zwar mit zunehmendem Wissen größer geworden, doch kann niemand außerhalb des Verstandes oder der 3-D Welt (des Würfels) gelangen, während er sich auf äußerliche Dinge konzentriert. Die Menschen sind bis zum Tode sowohl physisch als auch intellektuell in der Würfel-Welt gefangen. Wir spazieren im Würfel umher und sagen »Dies ist die Realität«, und obwohl die Menschen sehr geschickt sein können, den Inhalt des Würfels und ihres Verstandes auszukundschaften, können sie nie mehr als etwas über ihn WISSEN. Im Würfel gefangen, können sie ihn nicht verlassen, um sich selbst von AUSSERHALB des Würfels zu betrachten, um über seine Beschränkungen hinauszuwachsen. Sie können den inneren Teilchenzustand nicht erreichen, während ihre Aufmerksamkeit im Würfel nach vorn gerichtet ist. Darum ist die Jagd des Egos nach einem externen Teilchenzustand ein hoffnungsloses Unterfangen.

Stellen Sie sich vor, Sie befinden sich hinten in der linken Ecke des Würfels und ziehen diese Ecke auf sich zu, als ob Sie versuchen, diese Ecke von der Seite hochzuheben. Plötzlich kippt der Würfel von innen nach außen und zeigt Ihnen sein Spiegelbild. Vielleicht müssen Sie es ein paar Mal versuchen, bevor der Würfel umschnappt, doch wenn Sie es einmal geschafft haben, ist es einfacher. Schauen Sie sich den zweiten und dritten Würfel mit den gepunkteten Linien an. Dadurch bekommen Sie eine Vorstellung, wie der Würfel vor- und zurückkippt. Dabei macht er jedes Mal eine Rotation in den 4-D Zustand hinein und wieder heraus. Was zuerst – als Ihre Aufmerksamkeit auf den vorderen Teil gerichtet war – die hintere Seite des Würfels war, ist nun der Deckel oder die untere Seite des Würfels, je nachdem, wie Sie das Gesehene interpretieren wollen. Statt hinten im Würfel und damit im Stammesdenken und in der 3-D Welt festzustekken, befinden Sie sich jetzt AUSSERHALB des Würfels. Sie sitzen oben an der linken Ecke des Deckels oder an der linken Ecke der Unterseite, je nachdem, was Ihnen lieber ist. Wie auch immer, Sie befinden sich auf jeden Fall außerhalb des Würfels. Sie sind frei und jenseits der evolutionären Begrenztheit des Würfels.

Als Sie sich das erste Mal vorstellten, hinten in der linken Ecke des Würfels zu sitzen, mußten Sie Ihren Verstand nach vorne bringen, um Ihre Aufmerksamkeit dort hinzulenken. Auf die gleiche Weise drücken oder neigen wir uns nach vorn, wenn sich unser Ego in der externen Welt bei der Erfüllung seiner Bedürfnisse und Wünsche im Leben immer mehr aufbläht. Dieses Sich-nach-vorne-strecken des bewußten Verstandes sperrt uns in die Kiste ein, die wir die menschliche/materielle Realität nennen. Um aus der Kiste herauszukommen, müssen Sie die hintere Ecke mit Ihrer Aufmerksamkeit zu sich herziehen. Nur dadurch werden Sie frei und können die Realität von innen nach außen drehen.

In einem meditativen Zustand schauen Sie nicht nach vorn, sondern nach innen, also in die entgegengesetzte Richtung. Dadurch wird Ihre 3-D Ereignisrealität nicht mehr von Ihrer Aufmerksamkeit weggedrückt, sondern beginnt, auf Sie zuzukommen. Wenn Sie nach innen schauen, generieren Sie also in bezug auf die äußere Realität eine ziehende Bewegung. Vielleicht hätten Sie eher gedacht, daß Sie innerlich in bezug auf die himmlischen Ebenen eine drückende Bewegung ausführen, weil Sie Ihre Aufmerksamkeit dorthin richten, doch stimmt das nicht ganz. Darauf gehe ich gleich näher ein. Indem Sie die externe Realität zu sich hinziehen und in die entgegengesetzte Richtung, zu den himmlischen Welten, schauen, schnappt Ihre Realität um, und Ihre Verbindung zum Stammesdenken dreht sich von innen nach außen. Durch Nichtanhaftung lösen Sie sich, und durch Meditation können Sie sich über den 4-D Zustand in die spiegelverkehrten Welten drehen. Sie könnten jetzt glauben, daß der Würfel und Ihre Realität wieder zurückschnappen und Sie wieder gefangen sein könnten, wenn Ihre Meditation beendet ist und Sie über Ihren bewußten Zustand wieder zur externen Welt zurückkehren. Das stimmt und stimmt auch nicht. Sicherlich ist Ihr bewußter Verstand wieder im Würfel, doch nur deswegen, weil er ihn eigentlich nie wirklich VERLASSEN hat. Sie haben ihn nur ein bißchen heruntergefahren. Das innere Selbst, das Sie auf der anderen Seite allmählich zum Leben erwecken, kann nicht zurückkehren.

Je mehr Stille und Meditation Sie in Ihr Leben einbauen und zur täglichen Routine machen, um so mehr führen Sie die Rotation in die spiegelverkehrten Welten durch. Unabhängig davon, ob Sie zu Anfang diese Welten wahrnehmen können oder nicht, beginnt Ihr ganzer Verstand – der normalerweise in der äußeren Welt existiert – ein inneres Wesen oder eine innere Persönlichkeit hervorzubringen, die natürlich Ihr inneres Selbst ist. Die Entwicklung dieses inneren Ichs geht auf die gleiche Weise vor sich, wie Ihre Persönlichkeit aus den frühen Kindheitserfahrungen und -erinnerungen entstanden ist. Jetzt gibt es zwei Hälften von Ihnen. Eine, die sich in der externen Welt entwickelt, und eine, die sich auf der anderen Seite, in der inneren Welt, entwickelt.

Hat Ihr inneres Selbst erst einmal eine richtige Form angenommen, beginnt es nach innen zu reisen. Es steigt zu verschiedenen Ebenen hinauf und schafft eine Distanz zwischen Ihnen und Ihrer 3-D Persönlichkeit, die in dem Klecks enthalten ist. Ein Abstand entsteht! Eine aufregende Möglichkeit tut sich auf. Jetzt können sich die beiden Hälften Ihres Selbst, Ihre innere und äußere Persönlichkeit, beobachten (Abb 8)!

Wenn Ihr Verstand als Ganzes, der die Erinnerungen Ihres Selbst enthält, ein neues Quant seines Selbst wahrnimmt und ausstrahlt – Ihr inneres Selbst – kann dieses innere Selbst nicht mehr durch die 4-D Rotation zurück in die 3-D Welt des Würfels gelangen. Warum nicht? Schließlich wurde es doch von den gleichen Erinnerungsspeichern hervorgebracht wie die Persönlichkeit des Egos. Stimmt. Obwohl das innere Selbst Eigenschaften besitzt, die ursprünglich vom externen Verstand stammen, der seine ersten Symbole und Anlagen auf ähnliche Weise ausbildete, wie Sie die Sprache und Ihre Anlagen von Ihren Eltern geerbt haben, existiert das innere Selbst nicht in der externen 3-D Welt von Raum und Zeit. Worauf das innere Selbst auch seine Aufmerksamkeit richtet, es ist immer nach innen, nicht auf

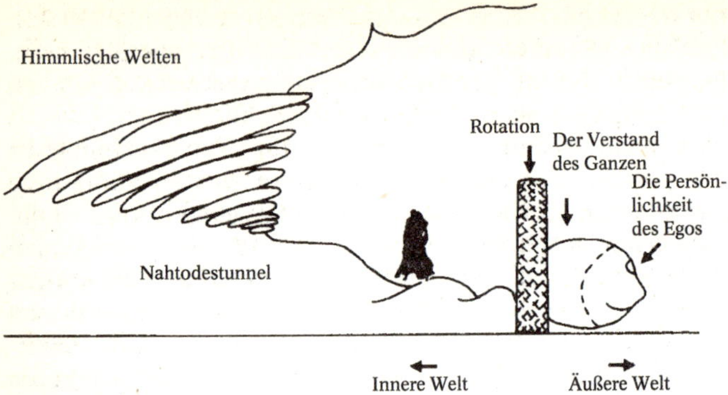

Abbildung 8: Wie durch die Rotation von der externen 3-D Welt zu den spiegelverkehrten Welten Ihres inneren Selbst Selbstbeobachtung möglich wird.

eine äußere 3-D Realität gerichtet. Also kann es gar nicht in die äußere Welt hinein – es kann gar nicht dreidimensional schauen, um die 3-D Welt zu durchdringen. So wie Sie nicht aus dem physischen Universum herausfliegen können, in welche Richtung Sie auch fliegen, kann das innere Selbst nicht in die äußere Welt schauen, um einen Horizont zu schaffen, über den es fliegen könnte, so daß es erfolgreich von seiner inneren Welt zur normalen 3-D Welt zurückkehren könnte. Wenn Sie das lesen, fragen Sie sich vielleicht, wie Geister das bewerkstelligen. Die Antwort ist: sie können es auch nicht. Ihre Welt befindet sich außerhalb der himmlischen Welt. Sie sind zwischen der 3-D Welt und der himmlischen Welt gefangen, wie in einem Sandwich.

Wenn das innere Selbst auf der anderen Seite der Rotation zum Leben erweckt wurde, das heißt, wenn Sie den Würfel haben umschnappen lassen, bleibt das innere Selbst in diesen Welten, um sich parallel zu Ihrer externen Persönlichkeit weiterzuentwickeln. Natürlich ist die Vorstellung von der Geburt des inneren Selbst etwas seltsam. Doch wenn Sie einmal darüber nachdenken, unterscheidet sich dieser Vorgang gar nicht so sehr von der Geburt des physischen Körpers oder der Entwicklung Ihrer Persönlichkeit. Das, was Sie als

Ihr WIRKLICHES Selbst betrachten – Ihre bewußte Persönlichkeit – ist nur ein kleiner Ausschnitt Ihrer gesamten Erinnerungen, die Ihr Verstand als Ganzes verwendet, um das Leben in der äußeren Welt zu erfahren. Ihr inneres Selbst ist nicht mehr als eine zweite Version Ihrer Persönlichkeit, die der Verstand von sich abtrennt, damit er sich an zwei Orten gleichzeitig entwickeln kann: in der externen Welt und in der spiegelverkehrten, himmlischen 4-D Welt.

Ich glaube, daß Sie, indem Sie Ihr inneres Selbst auf der anderen Seite der Rotation zum Leben erwecken, ein Schicksal/eine Evolution in einer Welt antreten, die in Wirklichkeit das Jenseits ist. Während die meisten Menschen das Jenseits erst nach ihrem Tode erfahren, leben Sie bereits jetzt dort. Das bedeutet, daß Sie sich dort mit vielen Bereichen nicht mehr auseinandersetzen müssen, wenn Sie irgendwann tatsächlich dort ankommen. Ein Großteil der Anpassungen und Übungen, die die menschliche Persönlichkeit dort vornehmen muß, werden von Ihrem inneren Selbst bereits abgeschlossen und umgesetzt worden sein.

Auf diese Weise können Grenzgänger und Menschen, die über die physische Ebene hinausgewachsen sind, die andere Seite ihres Selbst aktivieren und sich weiterentwickeln. Sonst wären sie an die Erde gebunden und auf einer Ebene gefangen, die keine weiteren Erfahrungen oder Lektionen mehr bereithält. Es wäre die Hölle auf Erden und grenzenlos langweilig. Natürlich entwickeln alle Menschen irgendwann ein spirituelles Leben, doch oft erst nach ihrem Tod. Alles, was davor geschieht, gehört in den Bereich des Intellekts oder der Emotionen, also zur externen Persönlichkeit. Da ist nicht viel Spielraum. Wenn Sie sich nicht auch auf der anderen Seite der Rotation befinden, ist alles, was Sie denken und glauben, ein Bestandteil der dreidimensionalen Welt des Intellekts und der Meinungen. Wenn Sie einmal darüber nachdenken, hat das ziemliche Auswirkungen auf uns.

Die Reise des inneren Selbst, die über verschiedene Ebenen nach oben führt (wie in Abbildung 8 dargestellt), ähnelt unserer menschlichen Entwicklung von der Empfängnis bis zur Geburt. Ihr inneres Selbst tritt seine Reise auf der anderen Seite der Rotation in einem blinden Zustand an, wie ein menschlicher Fötus. Es kann ein bißchen fühlen (was ich in Kapitel 4 beschrieben habe), aber sonst nichts. Es klettert und bewegt sich, überquert die große Einöde und gelangt schließlich zum Eingang des Nahtodestunnels – wenn Sie so wollen, dem Geburtskanal. Wie bei einer Geburt braucht man Beharrlichkeit und Mut, um durch diesen Kanal zu kommen. Ist man auf der anderen Seite des Nahtodestunnels angekommen, entfaltet sich die Sehfähigkeit des inneren Selbstes.

Jetzt befindet es sich wirklich in den himmlischen Welten und blickt Ihnen in der externen Welt entgegen – spiegelverkehrt. Etwas später findet die Verschmelzung statt (die im letzten Kapitel beschrieben wurde), bei der sich Ihr inneres Selbst und Ihre menschliche Persönlichkeit in einer stillen Explosion von Energie vereinigen. Da sie nun einen absoluten Abstand zueinander haben, entsteht eine mächtige, synapsenähnliche Verbindung zwischen den beiden Molekülen, und die Fusion findet statt. Durch diese Fusion entsteht aus den beiden Teilen Ihres Selbst ein neues »Mini-Universum«. In der neuentstandenen spirituellen Identität sind beide Teile über die himmlische Entfernung von der anderen Seite des Nahtodestunnels bis zur Welt der menschlichen Bilder auf dieser Seite des Tunnels miteinander verschmolzen.

Seien Sie geduldig mit mir, wenn ich über die himmlische Entfernung und die inneren Reisen spreche, da ich Worte verwenden muß, die wir alle verstehen und die aus dem Vokabular der 3-D Welt stammen, um Zustände zu beschreiben, die in multidimensionalen Welten existieren. Entfernung hat in unserer dreidimensionalen Welt zum Beispiel einen Aspekt des Lichtes. Unter Entfernung versteht man die Zeit, die Licht braucht, um von Punkt A zu Punkt B zu kommen. In der himmlischen Welt sind all unsere normalen Vorstellungen über Entfernungen irrelevant. Was wie eine externe objektive Realität aussieht, ist in Wirklichkeit eine symbolische Beziehung in Ihrem Inneren. Was Sie in Ihrer Umgebung wahrnehmen, steht mit Ihnen insofern in Verbindung, als es sich um Erweiterungen Ihres inneren Selbst und Ihrer Persönlichkeit mit all ihrem Wissen handelt. Da das himmlische Licht Gefühle ausstrahlt, ist es kein normales Licht, denn dies enthält weder ein besonderes Gefühl noch eine Botschaft. Himmlische Entfernung ist also auch keine normale Entfernung, wie wir sie auf der physischen Ebene erfahren. In jenen Welten entstehen Entfernungen, und unser persönlicher Horizont erweitert sich durch unsere eigenen Gefühle. Sie sehen und erfahren nur solche Dinge (Realitäten, wenn Sie so wollen), die mit Ihrer inneren Identität übereinstimmen, also genau auf Sie zugeschnitten ist. Dinge, die nicht mit Ihnen übereinstimmen, können Sie weder sehen noch sich damit identifizieren. Sie liegen jenseits eines Ereignishorizontes, der von Ihren Gefühlen geschaffen und aufrechterhalten wird. Die innere Realität reagiert also auf eine und existiert in einer subjektiven Beziehung zu Ihnen. Es gibt keine objektive Realität, wie wir sie gewohnt sind – nur die Illusion einer solchen. In den himmlischen Welten könnten Ihnen die Dinge also massiv vorkommen, obwohl das nicht so ist, und sie befinden sich auch nicht unbedingt an einer bestimmten Stelle. Nehmen wir einmal ein einfaches Beispiel, um das Gesagte zu veranschaulichen: Sie bewegen sich durch eine himmlische Dimension, und die von Ihnen wahrgenommene Umgebung sieht aus wie eine irdische Landschaft. Am Horizont sehen Sie ein Haus. Wenn Sie sich auf das Haus konzentrieren, bleibt es zunächst noch, wo es ist. Haben Sie jedoch den Wunsch, sich dieses Haus aus der Nähe zu betrachten, würde es sich augenblicklich vom Horizont wegbewegen und vor Ihnen erscheinen. Sie gehen nicht auf das Haus zu, sondern es kommt zu Ihnen. Plötzlich steht es genau vor Ihnen. Oder wenn Sie den Wunsch hätten, im Haus zu sein, wäre das Haus um Sie herum. Wir wissen also, daß die Realität in der himmlischen Welt subjektiv ist. Jegliche Höhe, Breite oder Tiefe lassen Sie diese Realität zukommen, entsprechend Ihren Gewohnheiten und Erinnerungen als 3-D Persönlichkeit, die auf der Erde lebt oder gelebt hat. Darum gibt es in den himmlischen Welten keine äußere Realität, was erklärt, warum das innere Selbst nicht in die 3-D Welt zurückkommen kann, wenn Sie es auf der anderen Seite der Rotation zum Leben erweckt haben. Da es in der externen Welt nicht sehen kann, hat es auch keinen Horizont, über den es zurückkehren kann, denn es kann die physische

Welt nicht durch die Rotation auf sich ziehen. Und das ist gut so.

Sie mögen jetzt vielleicht denken: »Das ist ja alles schön und gut mit diesen himmlischen Welten, Stewie, aber was soll das Gerede? Zeig sie mir.« In so einem Fall würde ich antworten: »Wenn Sie jetzt bei mir wären, könnte ich sie Ihnen zeigen, weil ich für Sie einen Abstand in Ihrer ätherischen Energie erzeugen könnte, durch den Sie für einen kurzen Augenblick erkennen könnten, wovon ich eigentlich spreche.« Es gibt jedoch einen kleinen Trick, beziehungsweise eine kleine Übung, die Sie ohne meine Hilfe durchführen können, um die Rotation selbst zu erfahren. Obwohl Sie die himmlischen Welten vielleicht aufgrund Ihrer inneren Blindheit und Ihrer anfänglichen Distanz vom Nahtodestunnel nicht sehen können, werden Sie doch die Erfahrung machen können, durch den 4-D Zustand in die spiegelverkehrte innere Welt zu gelangen. Wenn Sie die Übung richtig machen, auf einer niedrigen Gehirnwellenfrequenz (in Trance oder einem tranceähnlichen Zustand), werden Sie für einen kurzen Augenblick in eine andere Evolution hinübergleiten. Die Übung finden Sie am Ende des Buches. Sie sollten aber der Versuchung widerstehen, sie gleich zu machen. Denn wenn Sie die Grundlagen der Übung nicht verstehen oder nicht verstehen, was dabei eigentlich passiert, oder nicht mit der Symbolik der inneren himmlischen Welten vertraut sind, könnten Sie einen ziemlichen Schreck bekommen.

An einem Punkt der Übung wird Ihre menschliche Persönlichkeit bei der Rotation eingefangen, da sie normalerweise keine Kenntnisse von dem hat, was sich jenseits der Rotation befindet. Sie werden Ihre externe Persönlichkeit – als die Sie sich normalerweise wahrnehmen – vorübergehend aus den Augen verlieren (sie nicht mehr wahrnehmen). Stellen Sie sich vor, Sie wachen eines Morgens auf, schauen durch Ihre Augen nach draußen, und Ihnen wird plötzlich klar, daß Sie nicht mehr merken, wer da schaut, oder nichts mehr über die Persönlichkeit wissen, die schaut. Ich meine nicht, daß Sie nicht mehr in der Lage sind, sich an Ihren Namen zu erinnern, sondern einen Körper wahrnehmen, der gar keinen Charakter mehr hat! Ihr Selbstbild ist verschwunden. Es ist nicht mehr dort, wo Sie es erwarten, das heißt hinter Ihren Augen in Ihrem Verstand, von wo aus Sie die vertraute externe Welt wahrnehmen. An dem Punkt der Rotation, wo Ihnen Ihre Persönlichkeit plötzlich abhanden kommt, werden Sie – vielleicht verzweifelt – versuchen, herauszufinden, wo Sie sind. Möglicherweise sind Sie einen Moment lang sehr durcheinander, wenn Sie nicht wissen, wo Sie nach sich selbst suchen sollen, oder wenn Sie nicht sofort erkennen, daß Sie durch die 4-D Rotation zurückkehren können, um sich selbst/Ihre Persönlichkeit wieder in Ihrem Körper in der vertrauten 3-D Welt zu erfahren.

Wenn Sie aber alles in der richtigen Reihenfolge machen und zunächst einmal herausfinden, wer Sie auf der anderen Seite der Rotation sind, indem ich Ihnen Symbole und Sprache dieser Welten erkläre, werden Sie (sofern Sie es wünschen) ohne Schwierigkeiten und auf die richtige Weise in die 4-D Welt kommen. Sie werden eine seltsame und außergewöhnliche Erfahrung machen, ohne aus dem Gleichgewicht zu geraten. Lassen Sie uns also über Trancezustände, die Symbole, die dabei auftreten können und was sie bedeuten, sprechen, damit Sie richtig vorbereitet sind.

Unsere Wahrnehmung der bewußten Welt findet bei relativ schneller Gehirnwellenfrequenz von 14 Hertz bis zu über 20 Hertz statt. Diesen Frequenzbereich bezeichnet man als Beta-Zustand. Erst wenn Sie Ihre Gehirnwellen auf Trancefrequenz (vier bis sechs Hertz) heruntergebracht haben, können Sie die inneren Welten des spiegelverkehrten Zustandes wahrnehmen. Durch den normalen Wachzustand wird eine elektromagnetische Schwingung hervorgerufen, die ein Eindringen beziehungsweise eine Wahrnehmung der 4-D Welt ausschließt.

Für die meisten Menschen gibt es das innere spirituelle Wesen erst dann, wenn das Ego durch Tod zum Schweigen gebracht wurde. Der Trancezustand ist eine Simulation des Todes, durch die Sie sich Zutritt zu den inneren Welten verschaffen.

Und so wird es gemacht: Bevor Sie in Trance gehen, sollten Sie eine Viertelstunde lang körperliche Übungen machen und anschließend warm duschen, um sich zu entspannen.

Das Beste ist, Sie essen bereits ein paar Stunden vorher nichts. Wenn Sie bereit sind, legen Sie sich mit dem Kopf nach Norden und den Füßen nach Süden hin. Schließen Sie Ihre Augen, entspannen Sie sich und machen Sie die Übung, die ich in einem meiner Bücher beschrieben habe, bei der Sie sich vorstellen, Ihr Körper sei doppelt so lang wie sonst. Sie müssen sich einfach nur vorstellen, daß Sie immer länger werden. Dadurch wird Ihr Ätherkörper elastischer. Dann richten Sie Ihre Aufmerksamkeit kurz auf Ihre Hauptchakren, Herzchakra, Halschakra, das Dritte Auge und Kronenchakra. Stellen Sie sich vor, daß sich diese Chakren öffnen, um Energie aufzunehmen und abzugeben. Wenn Sie ganz entspannt sind und Ihre ätherische Energie aktiviert und gestreckt haben, schauen Sie einfach in die Dunkelheit.

Zunächst werden Sie nichts sehen, da Ihr inneres Selbst blind ist wie ein Fötus in der Gebärmutter. Ihr bewußter Verstand könnte sich langweilen oder sogar protestieren und Ihnen Vorschläge machen, die darauf abzielen, Sie wieder in die äußere Welt zu locken. Der Mangel an Aktivität stört ihn. Das Ego will, daß ständig etwas geschieht, damit es sich lebendig fühlen kann. Das Ego wird es als Zeitverschwendung oder gar Bedrohung empfinden, wenn Sie in die Dunkelheit starren, obwohl es dort nichts Besonderes zu sehen gibt. Es versteht nicht, was los ist und weiß auch nicht genau, ob es vielleicht gerade stirbt oder nicht.

Am Anfang werden Sie in der Dunkelheit nichts entdekken können, da Sie immer noch eine formlose Wolke und daher empfänglich für Erinnerungen aus der tick-tock Welt sind. Es dauert eine Weile, bis sich das Unterbewußtsein umgestaltet und sich von den Einflüssen der externen Welt befreit, um aus seinem Verstand als Ganzem ein inneres Wesen hervorzubringen. Sie brauchten auch Jahre, um in der äußeren Welt eine Persönlichkeit zu entwickeln – normalerweise fünf oder sechs Jahre. Im Alter von etwa sechs Jahren hatte Ihre Persönlichkeit eine Form angenommen, und mit der Zeit entwickelten Sie daraus das, was Sie heute sind. Dabei haben Sie immer mehr Wissen erworben, Erfahrungen gesammelt und sich auf Ihrem Weg ständig weiterentwickelt.

In der Regel tauchen als erste Veränderung bei Ihrer Meditation Farbkleckse auf. Normalerweise sind sie gelb-gold, rot, rötlich-violett oder grün. Sie kommen und gehen und haben keine besondere Bedeutung. Sie gehören zum Sehvorgang, bei dem Licht beziehungsweise Farben durch das Gehirn wandern. Wenn Sie eine Weile ins Licht starren und Ihre Augen anschließend schnell schließen, nehmen Sie den gleichen Prozeß wahr. Sie werden den gelb-goldenen Rückstand des Lichtes in Ihrem Sehnerv wahrnehmen, der scheinbar auf das Innere Ihres Augenlides strahlt.

Nach den Farbklecksen, die kommen und gehen, wird der Bildschirm wieder dunkel werden – vielleicht ein paar Monate lang, vielleicht nur für ein paar Tage. Es ist nicht möglich, vorherzusagen, wie lange dieser Prozeß dauern wird. Als nächstes werden Sie zufällig auftauchende, schwach leuchtende Bilder und Symbole wahrnehmen. Die Bilder werden sich immer auf einem dunklen Hintergrund bewegen, der natürlich durch Ihre geschlossenen Augenlider gegeben ist. Das diese Symbole umgebende Licht ist relativ schwach. Sie können die Symbole zwar wahrnehmen, aber sie leuchten nicht. Sie wandern in bogenförmigen Bahnen durch Ihr Gesichtsfeld, normalerweise von rechts nach links, manchmal aber auch von links nach rechts, je nachdem, welche Seite Ihres Gehirns dominiert. Die meisten Menschen haben ihre intellektuellen Fähigkeiten in der linken Gehirnhälfte und in der rechten räumliches Wahrnehmungsvermögen, bei einigen ist es jedoch umgekehrt – statt von rechts nach links, von links nach rechts. Das trifft hauptsächlich auf Linkshänder zu.

Die von Ihnen wahrgenommen Symbole werden sich in dieser Phase relativ langsam bewegen. Sie sind flach, das heißt zweidimensional, und werden höchstens ansatzweise Tiefe haben. Sie werden feststellen, daß sie nicht aufrecht stehen, wie Sie das von der äußeren Welt gewohnt sind. Viele der Symbole, die durch Ihr Gesichtsfeld fließen, haben seltsame Perspektiven. Manchmal sind sie von Ihnen weggeneigt, manchmal neigen sie sich Ihnen zu. Manchmal nehmen Sie Symbole oberhalb Ihrer direkten Sichtebene wahr, als ob Sie unter ihnen wären und hochschauen müßten. Sie könnten zum Beispiel eine menschliche Figur aus der Perspektive einer Ameise wahrnehmen, die sich auf einem Bürgersteig befindet und nach oben durch die Schuhsohlen schaut. Sie könnten die gleiche Figur auch von oben wahrnehmen und auf ihren Kopf schauen. Diese seltsamen Blickwinkel haben mich immer sehr fasziniert.

Diese ersten Symbole, die nur blaß auf einem dunklen Hintergrund zu sehen sind, stammen aus Ihrem Unterbewußtsein und sind zum größten Teil Zufallsprodukte. Sie sind Bestandteil des Vorganges, durch den Sie die äußere Welt loslassen, aber Sie können etwas von ihnen lernen. Sie zeigen Ihnen etwas über die innere Welt, die Sie sich anschauen können wie ein Kind, das sich Formen anschaut und lernt, die Tiefe der 3-D Welt wahrzunehmen. Diese Symbole mit ihren seltsamen Neigungswinkeln helfen Ihnen, eine dreidimensionale Tiefenwahrnehmung dessen zu entwickeln, was sehr bald eine 4-D Welt sein wird. Die ersten Symbole sind oft nur zweidimensional und flach wie Bilder auf einem Stück Papier, das durch Ihr Gesichtsfeld fließt. Wenn sie jedoch einmal anfangen, sich zu neigen, lernen Sie, Abstände und Tiefen besser zu verstehen. Meiner Meinung nach sind die sich neigenden Symbole die ersten Beweise dafür, daß das Unterbewußtsein sich von der normalen Welt des intellektuellen Verstandes zu lösen beginnt. An diesem Punkt erkennen Sie, wie wichtig Vorstellungskraft ist und wie Sie sich durch die Fähigkeit, über seltsame, ungewohnte Wahrnehmungen nachzudenken, aus den Denkstrukturen tick-tocks befreien, die meist aufrecht und bis ins Mark reglementiert sind.

Die sich neigenden Symbole ziehen in Informationsgruppen vorüber, wobei die einzelnen Symbole ein gemeinsames Merkmal haben. Sie könnten zum Beispiel eine Woche lang nur Gesichter und sonst nichts wahrnehmen. Unmengen von Gesichtern tauchen auf, von denen Sie wahrscheinlich nicht ein einziges wiedererkennen werden. Sie ziehen in einem gleichmäßigen Strom vorüber, und einige von ihnen werden jung, einige alt und einige sehr schön sein. Wieder andere werden abgrundtief häßlich sein und abstoßend wirken. Dann wird Ihr Bildschirm wieder schwarz werden, bis ein neuer Satz Symbole auftaucht. Wieder wird für ein oder zwei

Wochen nichts anderes zu sehen sein, außer diesem einen Objekt, zum Beispiel Bäume. Hunderte von Bäumen, alle unterschiedlich, und viele werden sich aus seltsamen Perspektiven zeigen. Dann könnten Sie eine Zeit lang nur Tiere sehen oder geometrische Figuren, und so weiter. Ich gehe davon aus, daß Sie täglich etwa eine halbe Stunde lang meditieren. Wenn ich also sage, daß Sie eine Woche lang nur Gesichter sehen, meine ich, daß dies während Ihrer täglichen, halbstündigen Meditation so ist, nicht die ganze Woche lang.

Es könnte bereits eine ziemlich lange Zeit vergangen sein – vielleicht ein oder zwei Jahre. Sie werden die tick-tock Welt immer weiter hinter sich gelassen und Nichtanhaftung und Loslösung praktiziert haben. Wenn Sie dabei sind, den Kampf gegen das Ego zu gewinnen, wird Ihr spirituelles Selbst befreit und immer mehr zum Vorschein kommen, was Sie mit großer Freude und Begeisterung erfüllen wird. Manchmal werden Sie aber auch große Unsicherheit und Angst empfinden, wenn das Ego wieder in den Vordergrund tritt. Es fühlt sich sehr unsicher und ist aufgrund Ihrer inneren Arbeit sehr mißtrauisch. Dem Ego gefällt es überhaupt nicht, die Kontrolle über Sie zu verlieren.

Ist einmal der Löwenanteil der schiefen, geneigten Symbole vorbei, wird sich Ihr innerer Bildschirm wieder verdunkeln. Anschließend beginnt die nächste Stufe, in der sich neue Symbole zeigen. Da Sie nun Tiefenwahrnehmung besitzen, müssen Sie beginnen, die Sprache dieser Ebene zu verstehen. Die Symbole, die Ihnen in dieser Zeit erscheinen, sind Symbole mit Dialogwirkung. Nennen wir sie einfach S-SYMBOLE (Sprach-Symbole). Sie tauchen im Gegensatz zu den geneigten Symbolen nicht in Gruppen sondern einzeln auf. Die S-Symbole führen Ihr inneres Selbst aus der Stille heraus in eine Kommunikation – ein Wort nach dem anderen, so wie ein kleines Kind sprechen lernt. Die S-Symbole sind eine Vorübung für Erfahrungen, die Sie später noch in den himmlischen Welten machen werden. Dort werden Sie sehr komplexe Symbole vorfinden, deren grenzenlose Bedeutung durch sehr tiefe spirituelle Gefühle zum Ausdruck gebracht wird, das dem himmlischen Licht jedes Symbols entspringt.

Die ersten S-Symbole werden noch nicht besonders stark leuchten, wenn sie auch mehr Tiefe besitzen als die vorangegangenen. Jedes von ihnen ist ein Wort im Vokabular Ihres inneren Selbst. Manchmal ist das Symbol wörtlich zu nehmen, manchmal ist seine Bedeutung verschlüsselt. Wenn Sie zum Beispiel ein Auto sehen, könnte dieses Symbol Fahrzeug, Metall, schnelle Fortbewegung oder wörtlich genommen Auto oder Wagen bedeuten, oder es könnte vielleicht auch bedeuten, daß Sie etwas »wagen«, das heißt sich etwas zutrauen sollen. Oft kann man die richtige Bedeutung über die Phonetik ableiten. Sie finden die Bedeutung durch Eliminierung heraus und entwickeln Symbol für Symbol langsam eine Sprache. Diese frühen Symbole haben zwar eine Bedeutung, aber es gehen von ihnen noch keine wirklichen Gefühle aus. Die Quelle aller inneren Gefühle ist das himmlische Licht, das jedoch noch nicht kraftvoll genug durch Ihr inneres Selbst hindurchscheint, um den S-Symbolen wirklich himmlische Lebenskraft zu schenken. Statt ihre Bedeutung dadurch zu erfassen, daß Sie sie erfühlen, müssen Sie nach einer verschlüsselten oder wörtlichen Bedeutung suchen. Vergessen Sie nicht, daß ein Verstand, dem es an spirituellem Licht fehlt, niemals innere Gefühle haben kann – er kann auf dieser Stufe nur WISSEN. Wirkliche Wahrnehmung gibt es bislang nur außerhalb des Verstandes. Manchmal liegt die verborgene Bedeutung eines Symbols in einem sinnverwandten Wort, das man gedanklich mit dem Symbol in Verbindung bringt. Wenn der Verstand also versucht, Ihnen die Vorstellung einer Komödie zu vermitteln, könnte er Ihnen das Bild einer Person zeigen, die Ihrer Meinung nach komisch ist. Wenn er versucht, Ihnen einen Richtungswechsel anzuzeigen, könnte er Ihnen ein Bild einer Ihnen bekannten Straße zeigen, die eine sehr scharfe Kurve hat. Wenn er versucht, Ihnen Vollendung von etwas zu vermitteln, zeigt er Ihnen vielleicht das Bild eines Grabsteines. Dieses Symbol macht den Menschen meist Angst. Gräber bedeuten normalerweise das Ende von etwas, genauso wie Geburten für einen Neuanfang stehen. Ihr innerer Verstand spricht genauso mit Ihnen, wie Sie mit sich selbst sprechen, also werden Sie auch herausfinden, was er Ihnen sagen will.

Symbole, die weder eine offensichtliche noch eine sinnbildliche Bedeutung haben, werden in der Regel Nebenbedeutungen haben, die sehr wohl Sinn machen. Sie könnten zum Beispiel eine ganze Woche lang Whiskeyflaschen sehen. Vielleicht kommen Sie einfach nicht darauf, welche Bedeutung die Whiskeyflaschen für Sie haben. Es gibt jedoch eine Assoziationskette von Spirituose hin zu spirituell und der eigenen spirituellen Identität. Wenn man gelernt hat, so zu assoziieren, taucht die Whiskeyflasche immer dann wieder auf, wenn der Begriff spirituelles Selbst im Dialog gebraucht wird.

Synonyme und phonetische Assoziationen werden auch dann verwendet, wenn der innere Dialog abstrakte Ideen beschreibt, für die es keine offensichtlichen Symbole gibt. Wenn also eine Ähre in Ihrem Gesichtsfeld erscheint, könnte es einfach nur eine Ähre sein oder für den abstrakten Begriff »Ehre« stehen.

Oder Sie sehen einen großen Wal, der von einem Pfeil getroffen wurde. Weder Pfeil, noch Wal, noch toter Fisch machen in diesem speziellen Dialog einen Sinn, also suchen Sie nach einer phonetischen Abwandlung und kommen auf »Wahl«. Einen Wahl treffen? Ah, eine Wahl treffen! Süß, nicht wahr?

Es gibt Hunderte von Symbolen, die zu lernen sind. Wahrscheinlich haben Sie schon viele Symbole gesehen, ohne zu wissen, was sie bedeuten. Sie lassen sich schnell entziffern, wenn Sie Ihr Denken über die Ebene der wörtlich genommenen oder offensichtlichen Bedeutungen hinaus erweitern, die häufig nicht passen oder keinen Sinn ergeben. Für konkrete Vorstellungen stehen jedoch normalerweise wörtlich zu nehmende Symbole. Der Anblick einer Whiskeyflasche könnte also »spirituelles Selbst« bedeuten. Der Anblick einer Karotte bedeutet aber nicht unbedingt, daß Ihre Karre – also Ihr Auto – verrottet, sondern bedeutet nur das, was auch sichtbar ist: eine Karotte. Ausgehend von einer scheinbar zufälligen Reihe von Symbolen entwickelt sich mit der Zeit eine prägnante Sprache, die Ihnen zeigt, wie Sie Ihre inneren Fähigkeiten und Wahrnehmungen erweitern können, indem Sie Dinge aus seltsamen Perspektiven und auf ungewohnte

Weise wahrnehmen. Wenn Sie sich darin üben, wird Ihnen das in späteren Jahren zugute kommen, da Sie dann in der Lage sein werden, immer komplexere Informationen aufzunehmen, die mit sehr hoher Geschwindigkeit auf Sie zukommen könnten.

Diese frühen Symbole bringen Ihnen auch bei, sich wirklich zu konzentrieren und auf alles zu achten, was an Ihrem inneren Auge vorüberzieht. Sie zwingen Ihren Geist nicht, abzuschweifen, denn wenn Ihr Verstand auch nur für einen kurzen Augenblick abdriftet, hört der Fluß der Symbole auf und fließt erst dann weiter, wenn Sie bereit dazu sind. Manchmal müssen Sie auch aus der Trance kommen und können erst am nächsten Tag weitermachen.

Am Anfang, wenn Ihr inneres Selbst noch seine Sprache lernt, kann es in den inneren Welten weder sehen noch sich orientieren. Eine Zeit lang ähneln Sie einem Wurm unter der Erde. Sie können nichts sehen. Deswegen wissen Sie während des tausendtägigen Aufstieges, der in einem der vorangegangenen Kapitel beschrieben wurde, in der Regel auch nicht, was Sie als nächstes tun sollen. Je mehr Sie aber Ihre innere Sprache beherrschen und lernen, Ihr Ego zu kontrollieren, um so mehr wird Ihr inneres Wesen von Ihrem spirituellen Selbst durchdrungen, wodurch Sie ansatzweise spirituelle Gefühle entwickeln. Obwohl Sie noch immer blind sind, können Sie jetzt Ihren Weg erfühlen. Sobald Ihr inneres Selbst jedoch schneller wird, beginnt es in einem gleichmäßigen Tempo emporzusteigen. Schließlich fließt das spirituelle Selbst fast ungehindert von Intellekt und Ego, und Sie entwickeln neben den inneren Gefühlen auch ein innerliches Sehvermögen.

Wenn das geschieht, tauchen neue Symbole auf, die ganz anders sind als die S-Symbole. Sie kommen direkt auf Sie zu und tauchen direkt in der Mitte Ihres Sehfeldes auf, statt auf bogenförmigen Bahnen langsam vorüberzuziehen. Es gibt ein paar Ausnahmen, doch die meisten kommen zentral auf Sie zu. Lassen Sie uns diese neuen Symbole H-Symbole (himmlische Symbole) nennen. Sie bewegen sich um ein vielfaches schneller als die Ihnen bislang bekannten Symbole und erscheinen auch nicht auf einem dunklen Hintergrund, sondern haben ein eigenes Licht. Manchmal ist es ein strahlend helles Licht wie das der himmlischen Welten, manchmal ist es weniger intensiv. Sie werden den Unterschied deutlich merken.

Als ich anfing, diese Symbole zu sehen, waren es meist goldene Buchstaben aus dem Alphabet. Einer nach dem anderen kam sehr schnell auf mich zu, so daß ich die ersten verpaßte. Ich brauchte ziemlich lange, um mich an ihre Geschwindigkeit zu gewöhnen. Als ich in der Lage war, einen Buchstaben nach dem anderen wahrzunehmen, tauchten zwei oder drei auf einmal auf. Später waren es ganze Wörter. Ich brauchte wieder ziemlich lange, bis ich einfache Sätze aus drei oder vier Wörtern lesen konnte. Das Problem ist, daß die himmlischen Symbole viel schneller schwingen als wir Menschen es gewohnt sind. Die Informationen kommen mit einer solchen Geschwindigkeit auf Sie zu, daß Sie keine Zeit haben, sich zu konzentrieren oder zu überlegen, was das gerade heißen sollte. Daher müssen Sie lernen, Informationen in hoher Geschwindigkeit aufzunehmen und diese Symbole durch die Spur zu verstehen, die sie kurz in Ihrem Geiste hinterlassen – wenn Sie so wollen, aus ihren Nachbildern.

Es ist nicht leicht zu verstehen, aber Sie müssen das Symbol sozusagen sehen, ohne es anzuschauen. Wenn es Sie berührt, haben Sie keine Zeit, sich darauf zu konzentrieren. Damit das möglich ist, muß Ihr Geist passiv sein, während Sie den H-Symbolen erlauben, sachte bei Ihnen anzuklopfen, in der Hoffnung, daß Sie sie aufnehmen. Sie werden anfänglich die meisten von ihnen verpassen, wodurch Sie etwas frustriert sein könnten. In unserer Welt trifft das Licht, das von einem Gegenstand – zum Beispiel von einem Wort auf einer Buchseite – reflektiert wird, auf Ihr Auge und fließt als Impuls in das Gehirn. Das Licht dieses Wortes ist so dauerhaft, daß Sie Zeit haben, es anzustarren und darüber nachzudenken, bis Sie es verstanden haben. Das Licht der H-Symbole ist aber kein dauerhaftes Licht, sondern ein kurzes Aufblitzen. Das Symbol schwebt in diesem Licht. Sie müssen bereit sein, es sehr rasch aufzunehmen. Ihre Wahrnehmung wird dadurch sehr schnell, so daß Sie für die subtilsten Veränderungen von Licht und Energie empfänglich werden. Darum sage ich auch, daß Sie lernen sollten, auf alles zu achten, was Ihnen im Leben begegnet. Damit trainieren Sie Ihren Verstand, immer feinere Details sowohl in der äußeren als auch in der inneren Welt wahrzunehmen.

Die kurzen Sätze, die ich in der Anfangszeit wahrnahm, waren von ihrer Wirkung her nichts Tiefgreifendes. Manchmal blitzte der Name einer Person auf, und ein paar Tage später tauchte diese Person in meinem Leben auf. Es geschah nichts besonders Aufregendes. Oft war es nicht mehr als eine flüchtige Begegnung. Ich plauderte mit irgend jemandem in einem Flugzeug und erkannte dann den Namen der Person wieder, als ich danach fragte. Manchmal handelte es sich um persönliche Botschaften, von denen ich mich leiten lassen konnte, und wieder andere Sätze hatten für mich gar keine Bedeutung. Ich nahm zum Beispiel einen Satz wahr wie: »Weiden beugen sich über den Fluß.« Und ich lag in Trance und dachte: Na und?

Vor ein paar Jahren hatte ich mehrere Tage lang Zugang zu einer Art himmlischer Bibliothek. Die Bücher dort waren die prachtvollsten, die ich je gesehen habe. Jedes Wort auf jeder Seite war von hinten erleuchtet. Durch die Buchstaben hindurch erstrahlte ein Licht aus unzähligen Farbfacetten, die ein Mosaik von Wissen bildeten, das älter und weiser war, als ich es mir jemals vorstellen konnte.

Einige der Bücher waren in technischen Symbolen verfaßt, die keiner bekannten irdischen Wissenschaft ähnelten, wieder andere Bücher waren auf eine Weise geschrieben, die nicht von dieser Erde stammt. Die Bücher waren Aufzeichnungen eines immensen Wissensschatzes. Ich erinnere mich noch genau, daß ich einen wunderschönen Großbuchstaben betrachtete, und mir wurde klar, daß dieser Buchstabe in seiner Ausstrahlung die gesamte Geschichte der Menschheit beinhaltete. Obwohl ich die Sprache des Buches nicht verstehen konnte, erinnere ich mich noch, daß ich dachte, wie bescheiden und einfach das Leben doch ist. Wenn ein einziger Buchstabe die ganze Bandbreite all dessen umfaßt, was jemals war und sein wird, warum machen die Menschen nur so viel Aufhebens darum? Ich weiß noch, daß ich stolz auf unseren Buchstaben war, er kam mir so besonders vor. Sein Platz in dem Buch schien mir richtig und angemessen zu sein. Er befand sich zwischen anderen Buchstaben und war nicht mehr oder weniger als sie. Er war wie wir mit allen Unvollkommenheiten ausgestattet. Ich begriff schnell, daß ich nicht genug verstand, meine Geschwindigkeit und meine Energie nicht hoch genug waren, um weiter dort verweilen zu können, daher zerschlug sich vorübergehend auch meine Hoffnung, die himmlischen Bücher lesen zu können. Ich verließ den Ort mit dem Wunsch, eines Tages zurückzukehren.

Kann man wirklich behaupten, daß dies keine luziden Träume oder Halluzinationen sind? Ich glaube ja. Das himmlische Licht ist kein normales Licht. H-Symbole sind mit einem Licht durchflutet, in dem es Liebe und Gefühl und Tiefe des All-Wissens gibt – man kann sie nicht mit anderen verwechseln. Wenn Sie eine himmlische Szene betrachten, ist die grenzenlose Gegenwart Gottes unverkennbar. Diese heitere Gelassenheit ist nicht von unserer Welt.

Im Traumzustand sehen wir Symbole selten nacheinander. Wir sehen Szenen und kleine Theaterstücke – Ereignissequenzen. Das Licht der Träume ist normales Licht, an das sich der Verstand aus seinem Wachbewußtsein erinnert. Die Traumsequenzen sind unlogisch, der Fluß der Ereignisse scheint irrational und inkonsistent zu sein. Wenn Sie eine himmlische Welt betrachten, kann sich die Realität vorwärts und rückwärts bewegen, wenn Sie sich darauf konzentrieren. Doch das, was Sie sehen, hat in sich eine logische Qualität, das heißt, die Sequenzen folgen logisch aufeinander. In luziden Träumen nehmen Sie auch normales Licht wahr, und in vielen werden Sie über erdähnliche Landschaften fliegen. Am Licht und der Landschaft werden Sie nichts entdekken, was Ihnen den Eindruck vermittelt, etwas anderes zu tun als zu träumen. Das Fliegen, das wir in luziden Träumen oft erleben, ist für mich der starke Wunsch des unterbewußten Verstandes, der rigiden intellektuellen Welt und seiner Schwere zu entkommen. Das Fliegen ist für den unterbewußten Verstand eine Form von Freiheit. Flugträume sind zwar erbauend, doch für den Verstand nicht mehr als eine Achterbahnfahrt.

In den himmlischen Welten und sogar bereits in den Welten, die den himmlischen nahe sind, leuchtet und strahlt alles – zumindest ein wenig. Die Objekte sind nicht leblos, sondern erwachen zum Leben. Die ersten Symbole, die Sie wahrnehmen, einschließlich der S-Symbole, erscheinen in einem trüben Licht, weil sie aus Ihrem Verstand stammen. Die große Ausnahme ist die astrale Welt. Sie befindet sich zwischen der 3-D und dem spiegelverkehrten 4-D Zustand. In der astralen Welt sind die Symbole so trüb und grau, daß Sie sie leicht mit Ihren eigenen Symbolen verwechseln könnten. Wenn Sie genau hinschauen, können Sie den Unterschied jedoch erkennen: die astrale Welt hat eine seltsame Grautönung, und viele der Symbole und sogar die Bewohner dieser Welt haben eine klar umrissene Silhouette, die den Symbolen aus Ihrem eigenen Verstand fremd ist. Wenn Sie Ihre eigenen Symbole in ihrer Entstehung beobachten, werden Sie bemerken, daß die Ränder nicht scharf, sondern eher verschwommen sind. In der astralen Welt haben die meisten Dinge, die Sie wahrnehmen, scharfe Umrisse und einen verräterischen Grauton. Natürlich trifft man in der astralen Welt auf viele satanische und beängstigende Energien, die abgrundtief häßlich und böse sein können. Außerdem scheint sich das meiste astrale Zeug hinter Ihnen zu befinden, da Sie normalerweise immer recht schnell Ihre spirituellen Beine in die Hand nehmen, wenn Sie merken, daß Sie in diese Welten hineingeraten sind.

Während Sie die verschiedenen inneren Ebenen erklimmen, entwickeln Sie langsam rudimentäre Sehfähigkeiten. Richtig sehen können Sie jedoch erst auf der anderen Seite des Nahtodestunnels. Zwischen der Rotation und der anderen Seite des Tunnels habe ich noch nie etwas Hörbares wahrgenommen, bis auf eine Ausnahme: einmal habe ich ein paar Akkorde Engelsmusik gehört. Die ganze Kommunikation findet insofern auf einer internen Ebene statt, als daß Informationen über das himmlische Licht übertragen werden, das alles Wissen enthält, was Sie brauchen. Außerdem findet jegliche Kommunikation von Verstand zu Verstand statt. Es gibt keine Schallwellen, die, wie wir es kennen, durch die Luft übertragen werden. Während Ihres Aufstieges von Ebene zu Ebene ist es sehr schwer zu unterscheiden, ob die Wörter, die Sie in Ihrem Kopf wahrnehmen, wirklich von Ihnen oder von jemand anderem stammen. In den dunklen Bereichen zwischen den einzelnen Plateaus und in der Nähe des Nahtodestunnels sollten Sie sehr vorsichtig mit dem sein, was Ihnen wie ein Dialog mit einem anderen Wesen vorkommen mag. Ich denke, das meiste davon ist hausgemacht, es sei denn, irgend etwas überzeugt mich vom Gegenteil. Deswegen müssen jedoch Gedanken, die durch einen Dialog in Ihren Verstand kommen, nicht wertlos sein – sie können Ihnen sehr weiterhelfen. Aber ich scheue mich davor, anzunehmen, daß es sich dabei um externe Informationen handelt, die von jemand oder von etwas anderem stammen. Bis Sie etwas sehen und feststellen können, woher die Informationen kommen, können Sie das eine vom anderen nicht genau unterscheiden. Ich erwähne es nur kurz, weil ich glaube, daß viele Leute sich einreden, sie seien in Kontakt mit anderen Wesen. Auf dieser Seite des Nahtodestunnels führen nur die Bewohner der astralen Welten mit anderen mentale Dialoge. Haben Sie also die andere Seite des Tunnels noch nicht erreicht, wäre ich an Ihrer Stelle vorsichtig, Informationen als dies und das abzustempeln und ihnen eine Bedeutung beizumessen, die sie möglicherweise nicht haben.

Wenn Sie sich der Einöde und dem Nahtodestunnel nähern, werden Sie beginnen, auf himmlische Art sehen zu lernen. Himmlische Symbole können Ihnen jedoch überall auf Ihrer Reise begegnen und Ihren inneren Dialog bereichern. Inzwischen sollten Sie über eine rudimentäre Sprache verfügen, vorausgesetzt, Sie haben eine Beziehung zu Ihrem inneren Selbst hergestellt. Die Energie, die zwischen Ihrem bewußten und Ihrem inneren Selbst, durch das sich Ihr höheres Selbst immer mehr zum Ausdruck bringt, hin- und herfließt, wird Ihr Leben verändern. Sie bekommen eine Ausstrahlung, die die meisten Menschen nicht haben. Sie werden sie in Ihrem Leben durch erhöhtes Körpergefühl, stärkere Begeisterungsfähigkeit und durch magische Ereignisse wahrnehmen, was das Leben leichter macht.

Wenn Sie die Rotation durchführen, werden Sie diese Ausstrahlung allmählich entwickeln. Es spielt keine große

Rolle, ob Sie jemals himmlische Symbole wahrnehmen oder nicht. Sie können mit den spirituellen Gefühlen und Wahrnehmungen des spirituellen Selbst auskommen. Wichtig ist, daß Sie zwischen Ihrem inneren Wesen und Ihrer Persönlichkeit, die die äußere Welt wahrnimmt, einen Abstand herstellen können. Dadurch festigen Sie Ihre Energie mehr als durch irgend etwas anderes. Die meisten Menschen haben weder Disziplin noch Beharrlichkeit, um es in diesem Leben durch den Nahtodestunnel zu schaffen. Sie sollten sich nicht abwerten, wenn Sie die Reise nicht machen möchten. Es ist auf keinen Fall ein Muß. Der Weg ist nur für Exzentriker, Sonderlinge und Grenzgänger attraktiv.

Einfach indem Sie Ihren Ätherkörper kontrollieren und zur Ruhe kommen, leisten Sie anderen schon einen großen Dienst. Die Ausstrahlung, die Sie entwickeln, heilt Sie und strahlt spürbar auf andere ab, ohne daß Sie überhaupt wirklich wissen, wie sie funktioniert. Es ist überflüssig zu sagen, daß Menschen, um sich zu verändern, auf vielen verschiedenen Ebenen neue Resonanzen erzeugen müssen, unter anderem auf der mentalen, psychologischen Ebene. Wenn Sie friedvoll und ausgeglichen im Leben stehen und einen klarumrissenen Ätherkörper haben, der nicht von der Stammeswelle infiziert ist, unterstützen Sie insgesamt den Zustrom von Licht zu unseren Mitmenschen. Der Prozeß geht zwar langsam vor sich, doch kann jeder einen Beitrag leisten, indem er dem spirituellen Selbst Ausdrucksmöglichkeit gibt und ungewöhnliche Vorstellungen zuläßt.

Das Schöne ist, daß der Prozeß schon in vollem Gange ist und sich mit der Zeit beschleunigen wird. Vergessen Sie nicht, daß wir als Profis im Warten ewig warten können.

12. Kapitel

Und was nun?

Meiner Meinung nach werden die nächsten 20 Jahre davon geprägt sein, daß das Bewußtsein der Menschen sehr stark ansteigt, die gegen das Ego des Status quo Druck machen. Das wird mit der Erkenntnis verbunden sein, daß wir diesen Planeten nur dadurch heilen können, indem wir lernen, unser Ego zu kontrollieren und Verantwortung für unser Leben zu übernehmen. Die Pflaster-Mentalität, die glaubt, daß wir Menschen und Ländern helfen und den Prozeß aufrechterhalten können, indem wir uns Geld borgen, das wir nie zurückzahlen können, wird sich ändern müssen. Wir können den Heilungsprozeß nur herbeiführen, indem wir den Menschen beibringen, ihre Schwingungsebene zu erhöhen, damit sie sich selbst versorgen können. Das wäre der nächste Schritt. Die Bewegung hin zu einer spirituellen Vision wird so viel Dringlichkeit haben und so weit verbreitet sein, daß sich die westliche Welt dem Prozeß ziemlich schnell anschließen wird. Das flackernde Licht der Vernunft ist über uns – es wird stärker werden.

Was das Ganze in meinen Augen so interessant macht, ist die Tatsache, daß den Menschen klar werden wird, daß sie von einem System entmachtet worden sind – wobei sie viele ökonomische Schwierigkeiten werden meistern müssen. Dieses System wurde nur aufrechterhalten, um die Macht von einigen wenigen zu erhalten. Wenn die Menschen geschlossen erkennen, daß unsere Demokratien aus einer unheilvollen Beziehung zwischen ein paar Mächtigen und den machtlosen Massen bestehen, wird die Demokratie die Menschen mit berücksichtigen müssen, für die sie ursprünglich gedacht war. Das wird den Menschen Kraft geben. Wenn sie ihre Angelegenheiten wieder selbst regeln, werden sie lernen, ihr Leben zu steuern. Daß die Wirtschaft zusammenbricht, ist in Wirklichkeit kein Problem, sondern der Ansatz einer Lösung.

Die einzelnen Menschen werden begreifen, daß sie ihre Macht zurückfordern müssen, um in der neuen Welt Erfolg zu haben. Statt außerhalb ihrer selbst an Lösungen zu arbeiten, werden sie erkennen, daß eine wirkliche Lösung nur in ihrem Inneren gefunden werden kann. Auf einer sehr grundlegenden metaphysischen Ebene ist die einzig wirkliche Währung Energie. Indem Sie selbst Energie und Begeisterung hervorbringen, die sich als organisierte Aktivität und Kreativität manifestiert, sichern Sie sich selbst ein erfolgreiches und glückliches Leben.

Auf manche mag die Vorstellung, Verantwortung zu übernehmen und sich selbst zu befreien, beängstigend wirken. Der einzige Schwachpunkt ist der, daß die Menschen die Unterdrückung so lange hingenommen haben, daß sie kein Selbstvertrauen mehr haben. Es ist nicht leicht für einen Gefangenen, zum Gefängniswärter zu gehen und ihm zu sagen: »Sie sind entlassen.« Doch unsere Zeit wird kommen.

Man könnte einwenden, daß eine Zukunft, in der die Gemeinden von ihren eigenen Einwohnern verwaltet werden, nur zu Unordnung und Chaos führen kann. Ich sehe keine Zukunft ohne jede Regierung. Ich bin jedoch der Ansicht, daß weniger Regierung besser ist, und daß wir eine Regierung aus Menschen brauchen, die einen spirituellen Standpunkt vertreten, nicht einen emotionalen, auf Macht fixierten Standpunkt. Das ist der wesentliche Unterschied. Es muß nicht von heute auf morgen geschehen. Der Übergang von einem zum anderen kann langsam und organisch verlaufen. Die Macht kann Stück für Stück wieder in die Hände der Menschen gelegt werden, und sie können anfangen, miteinander an einer neuen Ordnung zu arbeiten, die auf Respekt basiert. Die Idee von kleinen Gruppen von bewußten, liebevollen Menschen, die eine Übereinstimmung unter sich herstellen, gegenseitig ihre Individualität respektieren und zusammenarbeiten, um ihre Gemeinde, ihre Fabrik, ihre Kirche oder was auch immer zu leiten und zu verbessern, ist für die Masse sehr reizvoll und befriedigend. Es ist nur eine Frage der Zeit, bis sie Wirklichkeit wird.

Sie können die Umsetzung dieser Idee bereits jetzt in einigen Handwerksbetrieben beobachten, die sich neuerdings horizontal statt vertikal organisieren. Die Produktionsebene wird von den Arbeitern geleitet, die ihre Arbeitsplätze in kleinen Arbeitsgruppen beaufsichtigen, wobei jeder Arbeiter die anderen respektiert und jeder zum Wohle der ganzen Firma zur Effektivität und zu gerechten Arbeitsbedingungen beiträgt.

Firmen, die noch immer auf die altmodische vertikale Struktur bestehen, in der Macht und Entscheidungsbefugnisse von oben nach unten fließen, werden in 15 Jahren nicht mehr existieren. Außerdem bin ich der Ansicht, daß die Gewerkschaftsbewegung innerhalb einer Generation still und leise ins Grab wandern wird, um durch ein Konsens-Management mit kleinen Gruppen demokratischer Arbeitnehmer ersetzt zu werden, die mit den Firmeneigentümern paritätisch zusammenarbeiten.

Außerdem wird eine Demokratie der Aktienbesitzer wie aus dem Nichts auftauchen. Der Raub der Gelder der Aktienbesitzer von öffentlich gehandelten Firmen am hellichten Tag ist der größte Diebstahl in der ökonomischen Geschichte unseres Planeten, über den nie berichtet wurde.

Die Voraussetzungen für Aktienerwerb müssen überholt werden. Ein Anteil an einer eingetragenen Firma berechtigt Sie theoretisch dazu, einen Teil der Firma zu besitzen, doch können Sie von diesem Recht nie wirklich Gebrauch machen. Was gehört Ihnen also? Nichts. Nur ein Stück Papier, das für Sie genauso wertlos ist wie eine Wahlbenachrichtigung für die Parlamentswahlen. Nachdem sich der Vorstand der Gesellschaft an den Geldern der Firma bereichert und die Regierung den Rest versteuert hat, bekommen Sie für Ihre Investition in der Regel zwischen null und vier Prozent zurück. Wenn Sie tatsächlich eine Dividende ausbezahlt bekommen, müssen Sie sie häufig im Rahmen Ihrer persönlichen Einkommensteuer nochmals versteuern. Der Kleinaktionär bekommt gar nichts, besonders dann nicht, wenn man die Inflation berücksichtigt – die letztlich nichts anderes als eine weitere Regierungssteuer ist. Moderne Börsen sind in Wirklichkeit einfach legalisierte Ponzi-Machenschaften. Sie sind einzig dazu da, Wertpapiere zu immer höheren Preisen zu verkaufen, die eigentlich fast wertlos sind und keinen anständigen Ertrag bringen. Es müssen Gesetze erlassen werden, die Repräsentanten der Kleinaktionäre in jeden Vorstand setzen, um die Vorstandsmitglieder zu kontrollieren und sicherzustellen, daß sie die Vermögenswerte der Firma nicht frisieren. Die Regierungen werden Gesetze erlassen müssen, die die Steuerfreiheit von Dividendenzahlungen an Aktienbesitzer garantieren. Immerhin hat die Regierung ja bereits ihren Teil des Geldes vom Aktienbesitzer kassiert, indem der Gewinn der Firma versteuert wurde. In einigen Ländern, wie zum Beispiel Australien, existieren solche Gesetze bereits. Meiner Meinung nach werden sich steuerfreie Dividendenzahlungen immer mehr durchsetzen. Die Vorstellung, eine Investition zu tätigen und daraus einen wirklichen Ertrag zu erzielen, den man sich auszahlen lassen kann, ist ein weiteres, längst überfälliges Novum.

In den nächsten zehn bis fünfzehn Jahren wird die Wirtschaft eine gewaltige Veränderung durchmachen. Das Bewußtsein der Verbraucher und Arbeitnehmer, das Umweltbewußtsein und das der Aktionäre wird sich rasch ändern. Um des eigenen Überlebens willen wird die Wirtschaft ehrlicher werden müssen. Ethisches Investment ist bereits zu einem Schlagwort geworden, und es werden sich daraus offenere und ehrlichere Standards entwickeln. Wir werden lernen müssen, zusammenzuarbeiten und einander zu respektieren, was wiederum absolute Aufrichtigkeit und Kommunikation erfordert. Die Schwindlermentalität wird durch Fairneß ersetzt werden. Jeder Mensch wird entsprechend seinen Fähigkeiten etwas beitragen und etwas bekommen, und alle Vorgänge werden auf Wahrheit gründen und von Kooperation getragen sein. Ich glaube, daß dieser Prozeß natürlich vor sich gehen wird, ausgehend von den Notwendigkeiten, die durch die vom Weltego geschaffenen ökonomischen Probleme gegeben sind. Die Kapital-Knappheit in der Welt wird sich zum Nachteil der unehrlichen und betrügerischen Kapitalgesellschaften auswirken, deren Spiel dann aus sein wird. Für viele ist es das bereits.

Auch unsere westlichen Institutionen werden zunehmend unter Druck geraten, ihre Methoden zu ändern. Viele von ihnen beruhen noch auf den Überresten des Feudalsystems, in dem normale Leute einfach nur die austauschbaren Rädchen im Getriebe waren. Je mehr Macht die Menschen haben, desto mehr werden sich unsere Institutionen dem neuen Weltbild beugen müssen. Natürlich sind in vielen unserer Institutionen Korruption und Mißwirtschaft so verbreitet, daß sie nicht merken werden, daß Veränderungen auf sie zukommen – sie werden einfach zusammenbrechen.

Die Macht, die von der Regierung ausgeht und auf die lokale Ebene fließt, ist über die Jahre hinweg außer Kontrolle geraten. In Amerika ist es noch nicht so gravierend, aber in Kanada, Europa, Australien und Neuseeland sind die Menschen von den lokalen Verwaltungen abhängig. In Großbritannien kann es zwei bis drei Jahre dauern, bis man eine Baugenehmigung für ein Haus bekommt, und es ist nie sicher, ob man überhaupt eine bekommt. In Australien kann die Genehmigung für den Bau eines Schuppens in Ihrem Garten vier bis sechs Monate auf sich warten lassen.

In Europa sind 150 000 Regierungsangestellte in verschiedenen Landwirtschaftsministerien damit beschäftigt, 300 000 Landwirtschaftsbetriebe zu beaufsichtigen. Auf zwei Landwirte kommt ein Regierungsangestellter! Dieser Unsinn wird aufhören müssen. Es wird sehr interessante Machtkämpfe und anschließend einige Erschütterungen geben, und obwohl ein wirtschaftlicher Zusammenbruch kein Picknick ist, ist er doch Teil des Transformationsprozesses. Ohne diesen Zusammenbruch werden die Menschen ihre Macht nie zurückbekommen. Die Mächtigen werden solange nicht weichen, bis sie dazu gezwungen werden. Doch eines ist sicher: sie werden es letztlich müssen.

Vor zwanzig Jahren wurden die Menschen, die die Welt von einem spirituellen Standpunkt betrachteten, für verrückt gehalten. Die meisten Menschen konnten entweder mit Spiritualität nichts anfangen, oder aber ihre Spiritualität lag unter dem herrschenden Einfluß des religiösen Status quo verborgen. Jetzt liegen die Dinge jedoch anders. Das neue Bewußtsein breitet sich immer mehr aus und mit ihm der Gedanke, daß ein Leben ohne Ehre und Tugend nicht lebenswert ist. Betrachtet man das Leben von einem umfassenderen spirituellen Standpunkt, kann man die Kontrollmechanismen tick-tocks nicht mehr akzeptieren. Demokratische Freiheiten sind vom höheren Selbst aus gesehen gar keine Freiheiten. Die Menschen müssen ihre ausweitende Spiritualität und Bewußtheit unbeeinträchtigt von Denkstrukturen zum Ausdruck bringen können, die auf der Schwingungsebene einer vergangenen Weltepoche liegen.

Durch diese Bewußtseinsveränderung wird das System mit der Zeit aufgelöst werden. Wenn die Menschen nach innen gehen und die Dinge von einem ursprünglicheren und himmlischeren Standpunkt betrachten, wird ihre Macht still und kraftvoll ausstrahlen. Diese Macht wird Veränderungen in ihrer Gemeinde bewirken, ohne daß überhaupt jemand die Ursache erkennt, oder daß überhaupt etwas vor sich geht. Dieser Prozeß, der vielleicht hundert Jahre dauern wird, wird unweigerlich dazu führen, daß das auf Ego beruhende System untergeht. Es hat keine wirkliche Macht und wird nur vom Intellekt, von Emotionen, Angst und Gewohnheit aufrechterhalten. Ich sagte in einem Vortrag vor fünf oder sechs Jahren in Seattle: »Wir sind gekommen, um Cäsar zu begraben, nicht um ihn zu lobpreisen. Wir sind hier, um das System zu verändern, nicht um es zu unterstützen.« Außerdem sagte ich, daß die Bewegung, die eine Erweiterung des menschlichen Bewußtseins anstrebt, nicht dazu da sei, die Menschen besonders und wichtig zu machen, sondern um eine Guillotine zu erbauen, die den Kopf des Egos vom Körper des Planeten abtrennen wird. Einige Zuhörer verstanden, was ich meinte, andere waren verwirrt. Aus meiner Sicht kann man jedoch leicht erkennen, wie die Entwicklung verlaufen wird. Der höhere Plan für die Menschheit wird dem Diktat einer göttlichen Ordnung folgen, die ganz natürlich und langfristig der planetarischen Gruppenseele entspringt. Vielleicht erleben wir die Vollendung dieses Prozesses nicht mehr, aber unsere Kinder oder Kindeskinder werden dabei sein. Sie sollten nie verzweifeln, wenn die menschliche Rasse von Zeit zu Zeit durch Phasen großen Ungleichgewichts gehen muß. Vergessen Sie nicht, daß ein Profi im Warten ewig warten kann. Wenn Sie sich die Evolution der Menschheit über einen Zeitraum von 10 000 Jahren anschauen, werden Sie erkennen, wie sich - im Lichte der Ewigkeit betrachtet - alles langsam aber sicher zum Guten wendet. Mit der Zeit werden die Bewohner unseres Planeten einen spirituellen Standpunkt einnehmen, der im Vergleich zum Standpunkt des Egos grenzenlos ist. Letztlich kann unsere Evolution langfristig keinen anderen Weg einschlagen. Die alten Frauen können ihre Strickarbeiten fertig machen; der Kopf des Egos liegt bereits im Korb. Alles ist vorbei.

Die Tatsache, daß wir noch nicht erwachsen genug und bislang unfähig waren, die Verantwortung für uns selbst zu übernehmen, hat dazu geführt, daß diese Menschen über uns sind. Der Übergang von einem stammesorientierten zu einem national und an den entsprechenden Denkstrukturen orientierten Zustand, bis hin zu einer spirituellen Unabhängigkeit, könnte mehrere Jahrhunderte oder länger dauern. Doch in dem Maße, wie jedes Individuum seine Macht zurückfordert, werden wir bald genug starke Menschen mit genügend Selbstvertrauen haben, deren spirituelle Schwingung hoch genug sein wird, um eine neue Realität herzustellen, die all die guten und spirituellen Ideen und Führer beinhaltet, die wir verdient haben.

In der Zwischenzeit wird sich der Untergang des modernen Systems immer mehr beschleunigen. Die Menschen, die den Status quo als das erkennen, was er ist, werden ihm die Stirn bieten. Unsere Länder werden immer schwerer regierbar. Massenungehorsam wird am Ende dieser Dekade üblich sein. Man kann nicht Hunderte von Millionen von Menschen hinter sich herziehen, wenn sie nicht damit einverstanden sind. Je mehr Versionen des gleichen scheußlichen Systems uns angeboten werden, desto mehr Menschen werden dem System ihre Unterstützung versagen. Letztlich können die Institutionen nur mit unserem Segen regieren. Die Bürger werden diesen Segen jedoch auf keinen Fall EN MASSE geben, wenn ihre Führer nicht mit den Idealen übereinstimmen, die sie ihrer Meinung nach erfüllen müssen. Also werden sich die Bürger einig sein, während die Führer weiterhin betrügen und Rom in Flammen steht.

Mit dem Tod des Weltegos und der abnehmenden Macht der Regierungen wird ein Verfall vieler Währungen einhergehen. Papiergeld ist eine externe Manifestation der Macht des Egos. Unsere Führer schaffen ihre absolute Kontrolle unter anderem dadurch, daß sie Geld in Umlauf bringen, das gar nicht existiert. Moderne Währungen sind - wie Aktien - nicht mehr als hübsches Papier. Die Idee, daß die Herrschenden mittels einer Druckerpresse aus dem Nichts Wohlstand erzeugen können, wird in sich selbst zusammenfallen, wenn die Menschen sich von der unechten Egowelt in die Welt der Wahrheit begeben. Auch dieser Prozeß hat bereits eingesetzt. Die Talfahrt, die viele europäische Währungen erst vor kurzem durchgemacht haben, sind das direkte Ergebnis eines Machtmißbrauches und einer ökonomischen Fehlwirtschaft. Die Regierungen geben den Spekulanten die Schuld, und man spricht über Gesetze zur besseren Kontrolle von Währungsgeschäften. Als es mit den Währungen bergauf ging, erwähnte natürlich niemand die Devisenhändler. Die Herrschenden mögen es überhaupt nicht, wenn der Devisenmarkt Licht in ihre ökonomischen Fehlkalkulationen bringt, indem er ihr Altpapier auf den Nominalwert reduziert. Das europäische Debakel, das sich erst vor kurzem ereignete, ist ein Vorbote dessen, was weltweit geschehen wird, wenn das Papier der Regierungen und der Firmen auf seinen wahren Wert reduziert wird.

Doch das ist nichts Schlechtes. Ohne daß sich die Währungen anpassen, wird sich das Weltego nicht zurücknehmen und anpassen. Obwohl es also vorübergehend in einigen Märkten etwas wilder zugehen wird, werden wir am Ende ein besseres System haben. Ich habe diesbezüglich keine Langzeitängste. Devisenhandel ist sogar eine der Möglichkeiten, mit denen man in den nächsten zehn Jahren eine Menge Geld verdienen kann.

Wenn Sie über ein gewisses Vermögen verfügen, würde ich vorsichtshalber einen Teil des Geldes nach Übersee verfrachten. Wenn die Regierungen in finanzielle Schwierigkeiten kommen, verhängen sie immer irgendwelche Devisen-Kontrollbestimmungen, in der Hoffnung, ihre Bürger an die fallende Landeswährung zu binden. Die vier stabilsten Währungen sind auf lange Sicht gesehen – in der Reihenfolge, wie ich sie bevorzuge – ECU (die europäische Währungseinheit), der japanische Yen, die Deutsche Mark und der Schweizer Franken. Der australische Dollar wird kurzfristig weiter fallen, aber sich in dieser Dekade nochmals erholen (oder stabilisieren). Der US Dollar wird über die nächsten Jahre noch stabil sein. Da er in den letzten Jahren bereits um 30 – 40 Prozent gefallen ist, wird er kurzfristig nicht mehr sinken. Langfristig gesehen wird der US Dollar jedoch von der Unfähigkeit der US Regierung, ihre Schulden in den Griff zu bekommen, beeinträchtigt werden. Einige Hochrechnungen beziffern den Schuldenberg auf bis zu zwölf Billionen Dollar, wenn man die zukünftigen Verpflichtungen Washingtons genauso einbezieht wie die gegenwärtigen, die bereits bei vier Billionen liegen. Gold erfährt ein großes Comeback, da immer mehr Geldanleger erkennen, daß die Währungen doch sehr instabil sind. Obwohl der Goldpreis zur Zeit noch recht niedrig ist, würde ich anfangen, mir hier und da ein paar Klümpchen zuzulegen, falls Ihnen überschüssige Geldsummen zur Verfügung stehen. Mir gefällt die Vorstellung, ein paar Goldklumpen für schlechte Zeiten irgendwo zurückgelegt zu haben. Außerdem können Menschen auf diese Weise ein bißchen Wohlstand außer Sichtweite der Machthaber bringen, die Ihnen am liebsten jede Mark, die sie besitzen, aus der Tasche ziehen würden. Doch ist es noch nicht so weit, daß es sinnvoll ist, Dinge zu kaufen, um sich gegen die Inflation zu schützen.

Ich war noch nie ein großer Liebhaber von Grundbesitz, aber das ist eine persönliche Sache. Ich mag Immobilien nicht, weil man sich um sie kümmern muß und nicht bewegen kann. Das Vermögen vieler Menschen besteht aus einem einzigen Haus oder einer einzigen Grundbesitzinvestition. Das paßt nicht zu einem freien Leben. Für viele ist es nur ein behagliches Gefängnis, in dem sie leben können, während sie ihr ganzes Leben an der Abzahlung der Hypothek arbeiten. Ich denke jedoch, daß eine Zeit kommen wird, wo kleine Eigenheime mit vielleicht fünf bis dreißig Hektar Land in der Nähe von hübschen, friedlichen, ländlichen Städtchen sehr wertvoll sein werden. Die Abwanderung aus den Großstädten wird immer mehr zunehmen und zu einer richtigen Massenflucht werden, weil die Menschen in den Randgebieten Zuflucht vor Umweltverschmutzung, Verbrechen und dem neurotischen Umfeld der Stadt suchen.

Das Aufgebot hochentwickelter Kommunikationssysteme macht es vielen Menschen möglich, von Zuhause aus zu arbeiten. Ein Großteil des Kleinhandels wird in Zukunft von Zuhause aus über Modem, Fax und Satellitenschüsseln abgewickelt werden. Langsam werden wir in die alte Zeit zurückkehren, als die Familien noch zusammen lebten und arbeiteten, und Mütter und Väter in Reichweite waren, um ihre Kinder positiv zu beeinflussen. Es ist großartig, wenn Kinder ihre Eltern zu Hause oder in der Nähe ihrer Gemeinde arbeiten sehen können. Arbeit wird real, und Kinder können oft miteinbezogen werden. Sie können sehen, was geschieht und den Zusammenhang zwischen gut organisierten Aktivitäten am Markt, Kreativität und Geld erkennen. Aus meiner Sicht sind die Entwicklungen in diesem Bereich sehr ermutigend. Wenn man sein Gewerbe von zu Hause aus betreiben kann, führt das zu einem friedvolleren Familienleben, in dem es einen größeren Zusammenhalt gibt. Dadurch steigt auch die Beschäftigung in ländlichen Gebieten wieder an, was zu einem allgemeinen Anstieg der Lebensqualität führt. Hinzu kommt, daß die rasche Verbreitung kleiner Kommunen und ländlicher Kollektive vielen Menschen zusagt. Ich finde es großartig, wenn Menschen in Harmonie mit der Natur leben und einander auf der Basis von Liebe und frei fließenden spirituellen Einstellungen helfen. Ich bin nicht scharf auf die, die um Kultfiguren herum entstanden sind, denn der dort veranstaltete Hokuspokus ehrt das einzelne Wesen nicht mehr. Gemeinschaften, die den Raum des anderen und sein Recht auf Freiheit respektieren, sind heilig und gut, und ich glaube, daß sie in den kommenden Jahren florieren werden. Viele betrachten das einfache Leben als einen Segen, nicht als eine Verleugnung des Egos und seines Bedürfnisses nach aufregenden Erfahrungen.

Politisch gesehen steht uns eine Menge Spaß bevor. Präsidenten, Regierungen und Führer werden in so regelmäßigen Abständen kommen und gehen, wie Sie Ihre Socken wechseln. Jeder wird Pläne haben, die auf Ego beruhen und so gestaltet sind, daß sie die allgemeine Emotion aufrechterhalten. Die Pläne werden nicht funktionieren, und sie werden aus der immer schneller werdenden Spirale wieder hinauskatapultiert werden. Der Wechsel dieser Figuren wird zu einem bewegten Spektakel werden - ein Zirkus mit drei Manegen. Wir werden auf italienische Verhältnisse zusteuern, wo die sogenannte MANI PULITE (Saubere Hände) Untersuchung mit Sitz in Mailand die Mächtigen in Italien im rechten und linken Lager zu Fall bringt. 825 krumme Politiker, kriminelle Geschäftsleute und unbedeutende Mafiosi sind bislang angezeigt worden, und die endgültige Zahl könnte sich auf viele Tausende belaufen. Da viele Menschen ehrliche Machthaber fordern, wird das ganze Parlamentssystem in Italien reformiert.

Italien ist sehr zivilisiert - nur ein bißchen kriminell. In anderen Gebieten unserer Erde stehen die Dinge noch viel schlimmer. Es gibt so viele Machthaber auf der Welt, deren bloße Existenz schon eine Beleidigung des Anstands ist. Mich ärgert, daß sich unsere Regierungen mit diesem Gesindel aus kommerziellen und politischen Interessen zusammentun. Ich habe kein Verständnis dafür, daß das Olympische Komitee eine Bewerbung der chinesischen Regierung für die Ausrichtung der Olympischen Spiele in Beijing im Jahre 2000 angenommen hat. Die Bewerbung stammt von der gleichen kommunistischen Partei, die Millionen Chinesen ermordet hat, seit sie an die Macht gekommen ist. Ich habe keinen besonderen Respekt vor dem Olympischen Komitee, und all das Geschwätz von der Bruderschaft des Menschen hört sich ziemlich aufgesetzt an. Es scheinen eine Menge politischer Interessen damit verbunden zu sein.

Persönlich kann ich es kaum abwarten, bis wir diese modernen unterdrückerischen Regimes zu Fall bringen und die Dinge wieder beim rechten Namen nennen können. Trotzdem bin ich zufrieden, abzuwarten. Ich sehe die Verbesserungen, die ständig stattfinden, und daß Gruppen wie Amnesty International viel tun, um auf die Probleme aufmerksam zu machen. Unglücklicherweise werden unsere Führer, solange sie noch auf ihrem Machttrip sind, niemals den spirituellen Standpunkt einnehmen, den wir von ihnen brauchen. In dem Maße, wie die Macht des höheren Selbst in der planetarischen Gruppenseele wächst, wird es jedoch immer weniger Raum für bösartige Führer geben. Trotzdem bin ich der Ansicht, daß Amerika sich glücklich schätzen kann, einen so jungen Präsidenten wie Clinton zu haben, an dessen Seite eine intelligente Frau arbeitet. Man sagt ihm nach, er sei so ehrlich, wie der Tag lang, und obwohl einige seiner Versprechen nur einen Tag lang gelten, denke ich dennoch, daß er aufrichtig ist und versuchen wird, die Dinge in Ordnung zu bringen. Aber halten Sie jetzt nicht den Atem an. Sein System ist nicht anders als das seiner Vorgänger. Ego, Emotion und Macht - Macht, Emotion und Ego. Das Problem mit dem politischen System Amerikas ist, daß der Präsident keine Gesetze erlassen kann. Die Legislative liegt bei einem korrupten und selbstgefälligen Kongreß, der seit über 40 Jahren in der Hand der gleichen Partei ist. Kommt er nicht zur Vernunft, sehe ich für eine wirkliche Veränderung in Amerika in der nächsten Zeit schwarz. Obwohl ich das gesagt habe, sollten Sie wissen, daß sich beide großen politischen Parteien auf einem absteigenden Ast befinden, deshalb wird sich etwas Neues und Andersartiges ergeben müssen.

Ich habe ganz Amerika bereist, außer die vier Staaten Vermont, Nord- und Süddakota und Alaska. Ich glaube an die Amerikaner, sie haben so viel Energie. Was sie aus meiner Sicht am meisten behindert, sind ihr Konservatismus, Unkenntnis darüber, was außerhalb Amerikas vor sich geht und ihre politische Leichtgläubigkeit. Die ökonomischen Schwierigkeiten und sozialen Probleme werden die Menschen antreiben, etwas zu unternehmen. Die Tatsache, daß Millionen von Amerikanern bei der letzten Wahl für den ökonomischen Rationalismus von Perot gestimmt haben, weist darauf hin, was wir in Zukunft noch zu erwarten haben. Amerika kann auf nationaler Ebene keine Ordnung ins Chaos bringen, weil es sich der Machtbasis in Washington nicht so leicht entledigen kann. Bis es das geschafft hat, wird es seine Probleme auf einer lokalen Ebene angehen müssen, Bundesstaat für Bundesstaat.

Wenn die Probleme zu groß werden, wird man sehen, daß sich die einzelnen Staaten noch weiter von der zentralen Regierung entfernen. Darum glaube ich, daß Amerika mit der Zeit in mehrere Teile zerfallen wird. Die einzige Alternative wäre, einen Putschversuch durchzuführen, um hier und da ein paar Leute zur Besinnung zu bringen und den Kongreß zu vertreiben. Es wäre eine Möglichkeit, aber eine unwahrscheinliche. Wenn die Regierung ihre Methoden nicht ändert, könnte in 15 oder 20 Jahren eine militärische Machtübernahme sehr viel wahrscheinlicher sein. Im Augenblick hört sich das unsinnig an, doch warten wir ab, bis die Schulden wirklich anfangen zu drücken, und der gänzlich auf Ego getrimmte Kongreß immer noch herumspielt, nicht viel dagegen tut und nur irgendwie versucht, seine Macht trotz widriger Umstände aufrechtzuerhalten. Ich weiß, daß die Amerikaner tief in ihrem Herzen vernünftig sind. Durch diese Vernunft wird es eine Heilung geben. Solange Washington das Land regiert, wird die Vernunft noch warten müssen – doch ihre Zeit wird kommen.

Während die Dezentralisierung Amerikas und der Fall des Status quos in Washington – der dem britischen so ähnlich ist – noch eine Weile auf sich wird warten lassen, steht die Dezentralisierung Kanadas direkt vor der Tür. Die großen politischen Parteien Kanadas brechen zusammen, während kleine regionale Parteien florieren. Ich sehe, daß in Kanada eine Zeit kommen wird, in der die einzelnen Staaten eigene Wege gehen. Sie werden höchstens eine Art loser Konföderation kanadischer Staaten bilden. Das wird für die Kanadier positive Auswirkungen haben, da sie schon viel zu lange unter der Fuchtel des House of Windsor und der Britischen Nordamerika Resolution aus dem Jahre 1867 stehen. Warum so eine große und urwüchsige Nation wie Kanada sich mit einer alten Königin aus einem entfernten Land abgibt, verstehe ich nicht. Ich denke, es ist Zeit, daß die Kanadier erwachsen werden und Ottawa und die Königin rauswerfen, samt dem ganzen Demokratiegeschwätz, das für den einzelnen Kanadier sowieso wertlos ist. Sie wollen den Bürgern ja doch nur das Geld aus der Tasche ziehen. Meiner Meinung nach ist es das Beste, wenn die Provinzen und die einheimischen Inuit ihre Angelegenheiten so regeln und abwickeln, wie sie es wollen. Es ist nur eine Frage der Zeit, bis es soweit ist.

Es sieht bestens aus. Es gibt ein paar dunkle Flecken, na und? Ich bin etwas mißtrauisch, weil die gegenwärtige Geschichtsperiode zwischen 1980 und 1993 wie eine exakte Kopie der Zeit zwischen 1920 und 1933 aussieht. Die zwanziger Jahre waren wie die achtziger eine Zeit des Aufschwungs. Es wurde viel spekuliert, die Aktienkurse stiegen, es gab Inflation, einen Run auf Grundbesitz und eine Währungskrise in Europa. Die deutsche Mark brach schließlich im November 1923 zusammen.

Die Zwanziger waren wie die Achtziger eine Zeit, in der die Menschen viel Spaß hatten. Es gab viel moralische und sexuelle Freiheit, aufregende Musik, neue Tänze, kürzere Röcke, und viele Erwartungen lagen in der Luft. Dann brachte der Zusammenbruch im Jahre 1929 die große Depression. Die Exzesse der achtziger Jahre und der Börsensturz im Jahre 1987 liefen nach dem gleichen Schema ab. Sie führten zu Arbeitslosigkeit und wirtschaftlicher Instabilität. Die Nazis kamen im Jahre 1933 an die Macht, und als Eduard VIII. abdankte, um die geschiedene amerikanische Frau Simpson zu heiraten, gab es eine Krise im britischen Herrschaftshaus – genau wie heute. Der Bürgerkrieg in Spanien 1936–1939 könnte mit unserem modernen jugoslawischen Krieg verglichen werden. Es gibt viele Faktoren, die passen, aber auch viele, die nicht passen.

Ich mache mir lediglich darüber Sorgen, daß das Ego des Status quos unsere Wirtschaft so sehr ins Trudeln bringen könnte, daß der einzige Ausweg wäre, einen netten, kleinen Krieg anzuzetteln. Ich glaube aber, daß wir schon ein bißchen sensibler geworden sind. Die meisten Menschen in der westlichen Welt würden sich weigern, zu kämpfen. Die Tage, in denen man die Menschen bewegen konnte, auf Maschinengewehre zuzugehen, nur um die existierenden Machtstrukturen zu verteidigen, ist schon lange vorbei. Es scheint Ansätze eines neuen Systems zur Problemlösung in den Vereinten Nationen zu geben. Obwohl das eine gute Sache ist, befürchte ich, daß die UNO mit der Zeit zu einem Weltparlament erhoben werden könnte, dessen Aufgabe es sein könnte, das Diktat der neuen Weltordnung zu genehmigen. Das kann man zum Teil schon beobachten. UN Resolutionen, die der amerikanischen Regierung gefallen, werden durchgesetzt, während Resolutionen, die ihr widerstreben, ignoriert werden.

Eigentlich ist gar nicht so viel falsch mit unserer westlichen Welt, außer, daß wir ein großes Energiedefizit erzeugt haben. Wenn es in Ihrem Land Millionen von Bürgern gibt, die nicht richtig lesen und schreiben können, und Sie versuchen, in einer technologischen Welt zu existieren, in der Sie mit den asiatischen Ländern in Konkurrenz stehen (die zum Teil mehr als 16 Prozent ihres jährlichen Regierungseinkommens für Bildung ausgeben), haben Sie ein Problem. In unseren Gesellschaften gibt es eine ganze Menge sehr energetischer Männer und Frauen, die viel Gutes und Wohlstand hervorbringen, aber wir haben auch einen hohen Prozentsatz an Bürgern, die nicht in der Lage oder unwillens sind, auf irgendeiner Ebene einen Beitrag zu leisten.

Nun, das würde gar nicht so viel ausmachen, wenn die Unfähigen und Unwilligen bereit wären, ein sehr bescheidenes Leben zu führen und damit zufrieden wären. Doch wenn man die Wichtigkeit aller Menschen hochspielt, muß man für dieses Energiedefizit in harter Währung zahlen.

Man muß die Dinge beim Namen nennen. Zu viele unproduktive Menschen saugen der arbeitenden Bevölkerung das Blut aus. Millionen lassen sich vom System über die Runden bringen und tragen wenig oder nichts zu einer Gesellschaft bei, von der sie fordern, daß sie sie am Leben hält. Die Gewalt und das Verbrechen, die automatisch zutagetreten, wenn das Ego nicht auf rechtmäßige Weise Status und Wichtigkeit erlangen kann, steht in keinem Verhältnis zu dem bißchen an Farbe und Energie, was diese Menschen beitragen. Unser modernes System zeugt vom Wahnsinn eines Egos, das eine Garantie für seinen Teilchenzustand haben will, ohne etwas dafür zu tun. Die Menschen werden lernen müssen, daß es keine Garantien gibt. Es ist unklug, Länder runterzuwirtschaften und die ganze westliche Welt einer großen Gefahr auszusetzen, nur um die Wichtigkeit der Menschen zu bestärken. Menschen sind nicht halb so wichtig, wie sie annehmen. In der Unendlichkeit aller leuchtenden und schönen Dinge sind Menschen nicht besonders bedeutsam. Eines Tages werden wir zu dieser Erkenntnis gelangt sein.

Schauen Sie sich unsere Stadtjugend an. Nur weil ein Jugendlicher einen flotten Tanz in der Gosse hinlegen und ein paar Bälle durch einen Ring schmeißen kann, denken wir, das ist wunderbar. Wenn man es realistisch betrachtet, haben sie doch im Technologiezeitalter nichts zu bieten oder auszutauschen. Wenn wir das Ego unserer Kinder aufplustern und ihnen weder Fähigkeiten und Disziplin beibringen, noch sie lehren, wie man Energie generiert, wird das Gesetz des Dschungels vorherrschen. Es liegt nicht nur an den Kindern, sie reagieren einfach nur auf die Art ihrer Programmierung. Von uns lernen sie die Gesetze des Egos und die Philosophie der gesellschaftlichen Freikarte und übernehmen sie.

Ich übertreibe nicht, wenn ich sage, daß die Stadtjugend in Amerika eine Plage für die Menschen ist. Die jungen Leute, die durch die Straßen ziehen, haben weder moralische Bedenken noch Skrupel, ihre Mitbürger zu berauben oder zu bestehlen, um ihr Überleben zu sichern. Dies ist alles ein Teil der Philosophie der Maßlosigkeit, an der der Westen krankt. Warum sollte man für ein paar schicke Laufschuhe arbeiten, wenn man sie auch stehlen kann?

Unser Bildungssystem trägt seinen Teil dazu bei, da es zu Blödsinn und laxen Einstellungen verführt, statt auf Ergebnisse ausgerichtet zu sein. Natürlich haben wir Universitäten und höhere Bildungseinrichtungen, doch werden sie uns nicht viel nützen, wenn wir diejenigen am unteren Ende der Skala nicht disziplinieren und ausbilden. Sonst können die ganze höhere Bildung und Produktivität die Belastung nicht ausgleichen, die von den Nutzlosen hervorgerufen wird. So viele Kinder werden durch das System geschleust, ohne daß sie lesen und schreiben gelernt haben. Offiziell sind 40 Millionen Amerikaner Analphabeten, aber viele von ihnen tragen Waffen. Im Staate Maryland wohnen 4,7 Millionen Menschen bei 3 Millionen registrierten Waffen. Fügt man noch ein paar unregistrierte hinzu, kann man sagen, daß so ziemlich jeder eine Waffe in der Tasche trägt. Das Ego, der Quälgeist der Städte, der den rechtmäßig Handelnden schwer zu schaffen macht, breitet sich von Amerika via Film und Fernsehen in andere Länder aus. Schauen Sie sich Moss Side in Manchester, England an. Moss Side ist eine unheilvolle Gegend, die von Straßenbanden beherrscht wird, die glauben, dort eine ultrawichtige Sache am Laufen zu haben. Auf die gleiche Weise wie AIDS das Immunsystem angreift, zerstören die Stadtpocken das moralische Gefüge unserer Mitmenschen und erzeugen eine Atmosphäre der Hoffnungslosigkeit. Die Menschen werden ihnen erzählen, daß man die Situation nur dadurch zum Besseren verändern kann, wenn man noch mehr Geld verteilt, doch für das Ego ist das Heroin. Sie bestärken dadurch die Schwäche der Leute. Ausbildung und ein Bewußtseinswandel sind der einzige Weg, auf dem Heilung stattfinden kann.

Wie lange wir das Spiel des Egos noch mitspielen wollen, liegt an uns. Doch glaube ich, daß wir am besten damit anfangen sollten, die Dinge beim Namen zu nennen: das Ganze ist total aufgeblasen und völlig unangemessen für das moderne Wettbewerbsklima. Um unsere Länder wieder in Ordnung zu bringen, müssen wir von unserem hohen Roß herunterkommen und uns der Wirklichkeit anpassen. Die Regierungen werden das gleiche tun müssen. Es gibt keine große nationale Lösung, sondern nur Millionen Einzellösungen. In dem Maße, wie sich spirituelle Ideale gegenüber den egoistischen durchsetzen, werden Menschen erkennen, daß Vernunft dem Materialismus vorzuziehen ist. Eltern, die hart dafür gearbeitet haben, ihren Kindern materielle Vorteile zu bieten, erkennen jetzt, daß ein Großteil ihrer Anstrengungen damit quittiert wird, daß ihre Kinder sich emotional abgelehnt fühlten, auf sich gestellt waren oder anderen überlassen wurden. Wir werden unsere Kinder nie heilen können, wenn wir nicht die elterliche Verantwortung und Fürsorge wieder übernehmen. Das könnte bedeuten, daß die Familien weniger konsumieren und dafür mehr Liebe und Fürsorge füreinander aufbringen – was not tut. Auch dieser Prozeß hat bereits begonnen. Viele Familien erkennen, daß Liebe und starke Familienbande die einzelnen Familienmitglieder mehr stützen als Geld und materielle Vorteile. Außerdem bin ich der Ansicht, daß Männer, die Kinder zeugen und sie dann samt den Müttern dem Staat überlassen, eine soziale Belastung darstellen. Hier muß durch Gesetze und Ausbildung korrigiert werden. Es sollten Gesetze erlassen werden, die von beiden Elternteilen mehr Verantwortung verlangen. Alleinerziehende, die vom Sozialamt leben, sollten angehalten werden, die Schule ihrer Kinder mitzubesuchen und aktiv an der Erziehung ihrer Kinder mitzuwirken.

Verbesserungen sind in Sicht, da verantwortungsbewußte Lehrer versuchen, eine ganze Flut neuer Ideen in die Klassenzimmer zu bringen, doch muß das alte System erst den Weg alles Sterblichen gehen, bevor die Menschen einsehen, daß es nicht funktioniert. Es wird mehrere Generationen dauern, eine ganze Nation umzuerziehen, das geht nicht von heute auf morgen. Der Rationalismus kann nur Stück für Stück integriert werden – zuviel auf einmal, und die Gesellschaft dreht durch. Darum ist es sehr wichtig, daß die Regierungen einen verantwortungsvollen Standpunkt einnehmen. Wenn die Wirtschaft zu schnell den Bach hinuntergeht, befinden wir uns plötzlich Hals über Kopf in der Endstation Realismus, mit dem viele Menschen noch nicht umgehen können. Die Massen müssen sanft zum Realismus geführt werden. Der schnelle Weg zum Realismus ist der Weg bewußter Individuen, die ihr Leben auf die Schnelle in den Griff bekommen wollen. Letztendlich wird jeder durch diesen Prozeß müssen. Es ist der einzige Weg, der uns zurück zur geistigen Gesundheit führt, und obwohl der Rationalismus für die meisten Menschen nicht leicht ist, wirkt er sehr kräftigend – er stellt den Anfang eines Heilungsprozesses dar. Wir müssen den Menschen beibringen, Verantwortung zu übernehmen. Sie müssen sich überlegen, was jeder von ihnen zur Gesellschaft beitragen kann. Indem man die Menschen an ihrem eigenen Heilungsprozeß mitwirken läßt – sowohl Gemeinde für Gemeinde als auch auf individueller Ebene – wird sich das Bewußtsein der Menschen vom egoistischen »Was bringt es mir?« zum umfassenderen, spirituellen Standpunkt »Was kann ich beitragen?« wandeln. Wir müssen den Menschen zeigen, welchen Langzeitwert es hat, wenn sie sich dem Dienste der Heilung unserer Gesellschaften verpflichten.

Dem Westen steht jedoch auf dem Wege zur Erkenntnis eine holprige Reise bevor. Die pazifische Ecke wird die Erde vorübergehend ihr eigen nennen können, zumindest die Teile, die sie noch nicht besitzt. Das kommt nicht daher, daß die Asiaten besondere Talente hätten, die wir nicht auch haben, sondern weil sie nicht das vom Ego produzierte Defizit haben, das wir im Westen aufrechterhalten müssen. Die britische Regierung gibt 47 Prozent ihres jährlichen Budgets in Höhe von 240 Milliarden Pfund für Beihilfen, Renten und Spenden aus, dafür aber fast überhaupt kein Geld für Forschung. Und das Geld, das in die Forschung fließt, bekommt fast ausschließlich das Militär. Was für eine Chance hat Großbritannien gegen die Asiaten, die wenig Geld für Beihilfen ausgeben, dafür aber riesige Beträge in Ausbildung und Forschung stecken? In Asien, wo die Familieneinheit noch stärker ist, wird es als unschicklich betrachtet, die Aufwendungen für die eigenen Verwandten auf die Gesellschaft abzuwälzen, während man selbst in Richtung Konsumhimmel abdüst. Jeder kümmert sich um die Seinen und übernimmt Verantwortung. Das ist deshalb möglich, weil die alten Menschen dort nicht so hohe Erwartungen haben wie in der westlichen Welt. Es ist keine so große Belastung, sich um seine Angehörigen zu kümmern. Im Westen können wir uns unsere Großmütter und Großväter nicht leisten. Beizeiten werden sich die Dinge jedoch ändern, und jeder wird seine Erwartungen herunterschrauben müssen. Dann wird die Idee einer sich selbst erhaltenden Familieneinheit wieder aufleben. So sollte es auch sein. Es ist Zeit, daß wir zu unserer Verantwortung und Liebe zurückkehren, und wir müssen die alten Menschen für ihre Weisheit respektieren. Wir sollten uns um sie kümmern und sie an unserem Leben teilhaben lassen, statt sie in eine Institution zu geben, damit sie aus dem Weg sind. Die Alten müssen jedoch auch mithelfen und weniger verlangen, damit wir in der Lage sind, uns um sie zu kümmern.

Meiner Meinung nach sollten wir freiwillig mit der Heilung beginnen, statt sie uns durch ökonomische Umstände aufzwingen zu lassen. Doch wird man sehen, wie es kommt. Solange Sie verstehen, daß Veränderungen unausweichlich sind, können Sie in Ihrem Leben Veränderungen in einer für Sie angenehmen Geschwindigkeit vornehmen. Wenn Sie Ihr Leben selbst steuern und Disziplin üben, werden Sie niemals Opfer der Umstände oder in Schwierigkeiten sein.

Wenn Sie mehr Geld brauchen, erzeugen Sie mehr Energie. Wenn Sie mit einem einfachen Leben zufrieden sind, dann versuchen Sie mit dem auszukommen, was Sie haben. Genießen Sie die Schönheit dieses wundervollen Planeten, auf dem wir die Unermeßlichkeit des Daseins erfahren können. Letztlich wird jeder seine Ansprüche senken müssen, da unsere Wirtschaft dem Druck nicht standhalten kann. In einem Zustand der Stille und Gelassenheit verlangsamt sich die Zeit. Sie kommen mehr zur Ruhe, nehmen mehr wahr und fühlen sich sicherer. Die hektische Aktivität des modernen Lebens ist es, die Ihnen den Eindruck vermittelt, daß die Zeit nur so rast. Sie zerstört Ihre subtile und wertvolle ätherische Energie, so daß Sie am Ende nur noch an Tod und Zusammenbruch denken.

Die Menschen sagen, daß die Erdbeben in Kalifornien und Japan oder die AIDS-Krise die zentralen Themen der neunziger Jahre sein werden. In Wirklichkeit sind diese Fragen zweitrangig. Das einzige, was sich in den nächsten zehn Jahren vollziehen wird, ist ein massiver Bewußtseinswandel aufgrund des ökonomischen Drucks. Der Tod des Egos und der Aufstieg des spirituellen Selbst in den Herzen der Menschen wird überall zu beobachten sein. Das wird die aufregendste Geschichte dieser Zeit sein, und dadurch werden wir uns mit der Zeit befreien.

Vergessen Sie nicht, daß Sie weder wichtig, noch besonders oder berauschend schön sein müssen. In Wirklichkeit wollen Sie nur, daß das, was Sie im Leben tun möchten, erfolgreich ist und Ihnen Spaß macht. Sie müssen es nicht in den Augen anderer zu etwas bringen, Sie müssen es nur für sich selbst zu etwas bringen. Dieser bescheidenen Einstellung entspringt eine angenehme Gelassenheit, die eine ganz natürliche Folge persönlicher Heilung und spiritueller Aussöhnung ist.

Obwohl die treibende Kraft des neuen Jahrtausends gerechte Machtverteilung ist, wird das nur funktionieren, wenn die Menschen ihre Macht nicht dazu benutzen, mehr Wichtigkeit und größere Energiedefizite zu schaffen. Die Macht sollte gerecht eingesetzt werden, um den einzelnen Menschen zu zeigen, wie sie sich selbst befreien können. Der Geist der Vernunft und der Kooperation verlangt, daß jeder seinen Beitrag leistet und nicht, daß eine Gruppe die andere übervorteilt. Damit die planetarische Gruppenseele unseres Volkes erwachsen werden kann, muß jeder Teil von ihr stärker werden. Jeder Mensch muß lernen, daß er einen Beitrag leisten kann und will.

Metaphysisch gesehen kann man Menschen nicht nach oben bringen, indem man sich zu ihnen herunterbeugt und sie hochzieht. Wenn man das tut, verlieren sie den Boden unter den Füßen und den Kontakt zur Realität. In dem Augenblick, wo man sie losläßt, fallen sie. Die einzige Art, wie wir anderen Menschen erfolgreich helfen können, wäre, unser individuelles Ego unterzuordnen und uns unter andere zu stellen, um sie zu stützen und sie zu lehren und sie dadurch von unten hochzudrücken. Das ist wirkliche Liebe – nicht nur Ego, Emotion und Mildtätigkeit. Wenn wir auf einer metaphysischen Ebene für eine Weile die Rolle ihrer Beine übernehmen, sind sie in der von uns vermittelten Stabilität geerdet, bis sie Vertrauen gefaßt haben, selbständig zu stehen. Menschen bei der Selbsthilfe zu unterstützen und zu ermutigen und gleichzeitig den Standpunkt des Egos gegen den des spirituellen Selbst auszutauschen, ist die einzig langfristige Lösung.

Es ist nicht mehr als eine Veränderung unserer Denkstrukturen, die wir anderen zeigen können, sobald wir sie selbst verstanden haben. Das Schöne ist, daß eine spirituelle Revolution ohne Gewalt vor sich gehen kann, ohne daß jemand dabei verletzt wird. Es ist einfach ein Umschalten im Verstand und eine Veränderung der Einstellung. Nichts weiter. Vielleicht dauert es ein bißchen. Doch sind 25 oder 50 Jahre nichts im Gegensatz zu den Äonen, in denen die Menschheit Zeit hat, mehr über sich selbst zu lernen.

Dieser Wandel ist wirklich schon voll im Gange, obwohl

mir das Ganze persönlich noch etwas naiv vorkommt. Viele Menschen sind den Weg nach Innen gegangen, haben sich neuen Disziplinen zugewandt - manchmal aus spirituellen Gründen, manchmal um ihre Macht zu konsolidieren, um somit mehr Kraft zu haben, den externen Teilchenzustand zu erlangen. Das ist völlig in Ordnung. Ich mag Philosophien, die man in bare Münze umwandeln kann, solange sie echt sind und der Wahrheit entsprechen. Langfristig gesehen - ein Zeitraum von mehreren Jahrzehnten - wird das spirituelle Selbst die scheinbare Bedeutsamkeit des externen Teilchenzustandes zu Fall bringen und den Menschen zeigen, daß es auch die spirituelle und philosophische Alternative des inneren Teilchenzustands gibt. Dieser gründet auf Wahrheit, nicht auf falschen Voraussetzungen.

Ich habe den Eindruck, daß Frauen eine wesentliche Rolle bei diesem Vorgang spielen werden. Als die Frauen in den siebziger und achtziger Jahren begannen, ihre Macht zurückzuerobern, kam nicht viel anderes dabei heraus als beim männlichen Ego mit seinen Machtbedürfnissen. Jetzt, wo die Frauen über ihren ersten Ärger und über ihre Forderungen hinausgewachsen sind, glaube ich, daß sie etwas zum spirituellen Gesamtgefühl beitragen können, was die Männer nicht zu bieten haben. Ich glaube nicht, daß die Emanzipationsbewegung ein Krieg der Geschlechter sein sollte. Meiner Meinung nach können Frauen ihre Macht dazu einsetzen, die spirituellen Qualitäten des Lebens zur Geltung zu bringen. Wir sollten weiter darauf hinarbeiten, die Kooperation von Männern und Frauen auszuweiten. Die Vorstellung, ein männliches Ego durch ein weibliches auszutauschen, scheint mir nicht sehr attraktiv. Dadurch gewinnt man keine neuen Erkenntnisse. Für mich ist das Feminine die Stimme der Vernunft, die das Weltego - sei dies nun männlich oder weiblich - zur Einfachheit der Dinge und Lebensfreude zurückführt. Es gibt eine natürliche Sanftheit und Schönheit, die viele Frauen verloren haben. Das Weibliche ist jedoch lebenswichtig, um das spirituelle Selbst im Herzen der Menschen wiederzuerwecken. In unserer Zeit kann die Frau ihre Gegenwart in allen Bereichen des Lebens zur Geltung bringen, und sie kann die Stimme der planetarischen Gruppenseele sein, wie Jeanne d'Arc die Stimme der Volksseele Frankreichs war. Während Jeanne d'Arc den König von Frankreich krönte, kann die Frau den spirituellen Mann und die spirituelle Frau krönen und den Menschen neue Wege aufzeigen. Keinen Weg, der auf Schwäche und Defiziten beruht, sondern auf Freundlichkeit, Kooperation und Verstehen. Im Gegensatz zu vorher wird jeder Mensch seine eigene Last tragen müssen. Die spirituellen Grenzgänger werden dabei auch eine Rolle spielen. Sie sind oben auf dem Berg gewesen und wieder zurückgekehrt, und sie können anderen Selbstdisziplin und die Schönheit innerer Gelassenheit und persönlicher Aussöhnung zeigen. Sie lehren durch ihr Beispiel und zeigen anderen, wie man Angst überwindet. Durch die Tatsache, daß sich die Kurve der Evolution der Grenzgänger von der abfallenden Kurve von tick-tock gelöst hat, ist eine Kluft entstanden. Dieser Abstand, der oberflächlich gesehen nachteilig aussieht, ist in Wirklichkeit hilfreich, denn durch ihn kann Beobachtung stattfinden. Die Grenzgänger sind da, damit andere sie sehen können. Sie sehen in den Augen eines Otto-Normal-Verbrauchers zwar ein wenig seltsam aus, doch je mehr Menschen sich umstellen und eine spirituelle Weltanschauung entwickeln, die der Realität entspricht und praktisch ist, desto mehr Menschen werden ihnen aus der Masse folgen. Die Masse der Menschen hat Angst davor, sich ihre Macht zurückzuholen und unabhängig zu werden, doch wird diese Angst abnehmen. Immer mehr Menschen werden erkennen, daß Unabhängigkeit mehr wert ist als Materialismus, den man durch langweilige Jobs angeboten bekommt, oder einen Rentenanspruch, wenn man alt ist.

Auf einer persönlichen Ebene werden Sie mit der Zeit durch richtige Selbstbeobachtung und die Geburt Ihres inneren Selbst die energetische Verbindung herstellen, die notwendig ist, um die beiden Teile Ihres Selbst – den inneren und äußeren Teil – miteinander zu verschmelzen. Dann wird die Kraft der spirituellen Einheit – Sie als Ganzheit – sehr schnell zunehmen, und Sie werden vollständig geheilt werden. Sie werden für alle Absichten und Zwecke in dieser Welt vollkommen gerüstet sein und können handeln oder faulenzen. Dann können Sie den Trick auch anderen zeigen.

Der okkulte Historiker Trevor Ravenscroft, Verfasser des Buches »Die heilige Lanze«, sagte mir kurz vor seinem Tod vor einigen Jahren, daß wir Anfang des nächsten Jahrhunderts eine Wiedergeburt der Geheimgesellschaften, zum Beispiel der Tempelritter, erleben würden. Er sagte, daß die Menschen, die ich als Grenzgänger bezeichnete, Vorboten einer inneren Evolution seien, wodurch ein neues Schicksal in der planetarischen Gruppenseele der Menschheit vorbereitet würde. Er war der Ansicht, daß wir am Ende eines Zeitalters angelangt seien, das vor 2000 Jahren im Sternzeichen der Fische begann. Das neue Wassermannzeitalter würde sich aus dem inneren Geist derer materialisieren, die sich vom Schicksal der Massen gelöst haben, und aus den Gedanken und Träumen, die wir vom alten Fischezeitalter und seiner Vision übrigbehalten haben.

Ich erinnere mich, daß ich sehr fasziniert davon war, was mir Trevor 1985 in dem Café in Kalifornien erzählte, doch konnte ich mir nicht vorstellen, wie das vor sich gehen sollte. Trevor war ein brillanter Mann, und er wußte wahrscheinlich mehr über die Legende des Heiligen Grals und über esoterische Geschichte als jeder andere. Er hatte aber auch die Tendenz, über das Ziel hinauszuschießen und zu absoluten Schlußfolgerungen zu kommen, die auf historischen Ähnlichkeiten beruhten, die man höchstens als Spekulationen abtun konnte. Die Geschichte kann uns gewisse Trends zeigen, doch keine Garantie dafür bieten, was als nächstes geschehen wird. Daher erinnere ich mich auch, daß ich mich fragte, ob das, was Ravenscroft über den Gral und die Geheimgesellschaften erzählt hatte, wahrscheinlich oder überhaupt in einem modernen Kontext möglich wäre. Meine Beobachtungen der Entwicklungen lassen darauf schließen, daß Trevor Ravenscroft recht hatte.

Das verwundete Gehirn der Menschheit hat Krämpfe im Vorstellungsvermögen der Welt verursacht. Wenn die Vernunft und das spirituelle Selbst das Ego überfluten, muß es sich zurückziehen. Das Ego nimmt diesen Verlust an Einfluß persönlich. Der Schmerz bleibt und vernebelt das Vorstellungsvermögen der Menschheit. Auch wenn die Masse der Menschen beginnt, ihr Leben in Ordnung zu bringen, wird die Erinnerung an die vom Ego erlittene schändliche Erniedrigung bleiben. Erst die nachkommenden Generationen, die sich kaum oder gar nicht mehr daran erinnern können, oder diejenigen, die jetzt leben, die sich aber aus dem tick-tock Fischezeitalter-Verstand durch Rotation herauskatapultiert haben, sind gelassen, gelöst und spirituell genug, um über die Wunde hinwegzukommen, unter der das Ego leidet.

Vielleicht braucht die Masse der Menschen 100 Jahre, um von den alten Vorstellungen des Fische-Zeitalters zu den neuen der Wassermann-Ära zu gelangen. Im Augenblick ist das Vorstellungsvermögen der Menschen jedoch von Gedanken beeinträchtigt, die Hunderte, wenn nicht gar Tausende von Jahren alt sind. Sie können nicht klar sehen. Das Vorstellungsvermögen der Welt wird vom Ego verdunkelt und von Schmerzen abgestumpft, durch die das Ego geht. Das Schicksal der Menschheit, das ja immerhin aus dem Verstand der Menschen geschaffen wird, ist zur Zeit nur vage umrissen. Die Vision des alten Fische-Zeitalters hat ausgedient, aber die neue Vision ist noch nicht reif. Das bringt die Menschen durcheinander - sie fühlen sich verloren. Also glauben sie nicht mehr an eine Zukunft. Die meisten können höchstens ein oder zwei Jahre in die Zukunft schauen. Junge Leute sehen gar keine Zukunft.

Das Problem läßt sich leicht lösen. Wir müssen nur eine neue Vision schaffen, die an die Stelle der alten tritt. Unsere Technologie stammt bereits aus der zukünftigen Welt, aber viele unserer tiefverwurzelten Glaubenssätze sind noch sehr altmodisch. Viele von ihnen haben in der modernen Zeit keine Gültigkeit mehr.

Die Erinnerungen aus dem Fische-Zeitalter werden im neuen Zeitalter nicht mehr existieren können. Die Zukunft ist eine andere Dimension, in die sie nicht hinübergehen können und an der Schwelle sterben müssen. In der westlichen Welt dominierte die Vision von Christus am Kreuz das ausklingende zwanzigste Jahrhundert. Die Kreuzigung Christi ist in Wirklichkeit ein Symbol für den Tod des Egos und die Geburt des spirituellen Selbst und war als Prophezeiung gemeint. Die Menschen in ihrer liebenswerten Einfachheit deuteten die Botschaft so, daß sie den Tod unter allen Umständen vermeiden sollten. Das physische Wohlergehen und Überleben des Egos wurden zur höchsten Priorität erhoben. Diejenigen, die die Vision interpretierten, sagten, daß wir für unsere eigene Realität keine Verantwortung übernehmen müßten, daß der Heiland, der für uns am Kreuz gestorben war, unser Leiden auf sich nehmen würde.

Die Angst vor dem Tod und die emotionale Wirkung der Vision des Kreuzes ermahnte einfache Menschen, dem Ego niemals das gleiche Schicksal zuzumuten. Als wir uns diese Vorstellung zu eigen gemacht hatten, konnten ein paar Menschen die spirituellen Vorstellungen aller beherrschen, indem sie Regeln und Dogmen einführten, die angeblich das Wohlergehen des Egos garantieren würden. Und wenn das Ego starb, hatte die Persönlichkeit, die im Ego enthalten war und die sie Seele nannten, noch die Aussicht auf Unsterblichkeit im Himmel. Diese Unsterblichkeit wurde in dem Fall garantiert, daß der Mensch bereit war, seine Freiheit aufzugeben, den Regeln zu folgen und das System zu unterstützen. Die geistige Reinheit mußte gewahrt bleiben – der allgemeinen Sicherheit wegen und zum Wohle der Überlebenden. Jegliche Opposition wurde vehement ausgerottet.

Die Krone aus Dornen symbolisierte das verwundete Gehirn und den Schmerz, den das Ego im Angesicht des spirituellen Selbst erleidet. Der Speer, der die eine Seite Christi durchbohrte, stand für das emotionale Leiden, das die Persönlichkeit beim Tod des Egos erleidet. Das Blut Christi, das aus dieser Wunde floß, war die ätherische Energie, die aufgrund des Egotodes und seiner emotionalen Wirkung aus dem Nabel herausfließt. Die Frauen, die unter dem Kreuz stehen, symbolisierten die hingebungsvolle spirituelle YIN-Essenz, die nichts tun kann, um das Ego zu retten. Sie kann nur seinen Körper entgegennehmen.

Auf der tiefsten Ebene ist das Symbol Christi am Kreuz die Geschichte vom Tod des Egos. Oberflächlich betrachtet hat es jedoch die Wichtigkeit des Egos/der Persönlichkeit weiter gefestigt, das zu dieser Zeit ganz und gar männlich war. Dieses männliche Ego wurde sogar zum Gott ausgerufen. Das Symbol des Erlösers am Kreuz bettete die Vision des Fischezeitalters in einen emotionalen Kontext ein. Daraus entwikkelten sich individuelle Rechte und Respekt, also hatte die Vision einen hohen Wert. Die Vision konnte die Menschen jedoch nicht völlig ermächtigen. Sie beinhaltete, daß der Heiland die Verantwortung für die Menschen übernehmen, sie schützen und ihnen Unsterblichkeit im Himmel garantieren würde. Die emotionale Reaktion und die Dankbarkeit, die die Menschen angesichts eines solchen Versprechens empfanden, bewog sie, ihre Macht an den Erlöser abzutreten. Sie übergaben ihr Schicksal vertrauensvoll der Vision, statt darüber nachzudenken, daß sie ihr Leben auch selbst kontrollieren könnten. Daher empfinden die christlichen Fundamentalisten die modernen New Age Philosophien als Widerspruch zu ihrer eigenen Weltanschauung. Die Vorstellung, daß ein Individuum seine eigene Macht akzeptiert und Verantwortung für sein Leben übernimmt, statt es Jesus zu Füßen zu legen, scheint den christlichen Lehren zu widersprechen. In Wirklichkeit existiert jedoch kein Widerspruch. Ein Teil der Vision sagte genau diesen Prozeß voraus. Der Heiland ist nach drei Tagen auferstanden und hat die Welt des Egos verlassen, um in die Welt des spirituellen Selbst einzukehren. Die Auferstehung ist in Wirklichkeit die Geburt des inneren Selbst, die durch spirituellen Individualismus des inneren Teilchenzustandes zum Ausdruck kommt. Ich glaube, daß sich das Christentum ganz dramatisch verändern wird, sobald sich die Vision erfüllt hat und sich all die Emotionen der letzten Geschehnisse erschöpft haben, die vorhergesagt werden. Das könnte ein paar Hundert Jahre dauern, doch wird sich mit der Zeit aus dieser Vision ein neues Schicksal oder ein neues Thema für die Menschheit formieren.

Das, was zur neuen Vision des Wassermann-Zeitalters gehört – die globale Fülle und die Sicherheit für alle – stammt in Wirklichkeit noch teilweise aus dem Nachlaß des Fische-Zeitalters. Das Konzept der Bruder- und Schwesternschaft der Menschen ist zwar gut und richtig, doch beruht es zur Zeit auf der Tatsache, daß jeder Mensch wichtig sein muß, und die Sicherheit aller von einem globalen Sozialstaat garantiert werden muß. Denen, die nichts besitzen, werden wir Fürsorge-Pakete schicken. Status und Wichtigkeit werden noch immer als lebensnotwendig erachtet, und große Anstrengungen werden unternommen, um jeden aufzurichten. Die moderne Vision strebt noch immer nach Einhaltung der uns gegebenen Versprechen – die Figur Jesu Christi wird Verantwortung für unsere Schwächen und Ängste (Sünden) übernehmen, bei Gott ein Wort für uns einlegen, uns ein gutes Leben und als Zugabe Unsterblichkeit schenken.

Die spirituellen Grenzgänger und andere, die sich losgelöst haben, um die Fische-Denkstrukturen hinter sich zu lassen, sind dafür verantwortlich, eine neue Vision hervorzubringen. Unter den jetzt lebenden Menschen sind sie die einzigen, die sich außerhalb und jenseits der Fische-Erinnerungen befinden. Vielleicht wird es noch hundert Jahre oder länger dauern, bis die alten Fische-Ideale langsam verblassen. Auf alle Fälle wird es eine ganze Zeit dauern, bis das Ego die Leiden überwunden hat. Die Erinnerungen dieses Schmerzes werden von Generation zu Generation in Form von Trauer und Gewissensbissen weitergegeben, die Bestandteil der Stammesgeschichte sind. Mit der Zeit wird sich die Menschheit über die Vision des Kreuzes und des Egotodes hinausentwickeln. An ihre Stelle wird eine neue Vision treten, und die Menschheit wird durch sie einem neuen Schicksal entgegensteuern.

Wenn der Rest der Menschheit an diesem Punkt angelangt ist, wird das Bild oder das Zukunftsszenario, das sich in Hunderten von Jahren zum Schicksal der Welt entwickeln wird, bereits in embryonalem Zustand formuliert sein, und die Menschen unseres Planeten werden geschlossen in dieses Schicksalsmuster hineingehen, um es Realität werden zu lassen. Die Bewußtseinserweiterung trägt nicht nur zur Verbesserung der gegenwärtigen Umstände bei, bietet Alternativen und zeigt dem Ego hoffentlich, wie es sich ohne Trauma verändern kann, sondern wird den Völkern der Erde auch noch in zwei, drei oder fünfhundert Jahren helfen.

Die Dimension von Merlin und Camelot, aus der die Legende geboren wurde, existierte, wenn ich mich recht erinnere, bereits 500 Jahre, bevor die Magna Charta von King John, dem Bruder von Richard Löwenherz, im Jahre 1215 n. Chr. unterzeichnet wurde. Diese Deklaration gab den Rechten einfacher Menschen Ausdruck und setzte Gerechtigkeit und das Recht auf eine faire Gerichtsverhandlung durch, woraus sich 1679 die »Habeaskorpus Akte« und die Grundlagen unseres modernen Rechtssystems entwickelten. Als die Sänger in den Tavernen vom Rittertum und der Legende von Camelot sangen, bereiteten diese Ideale in den Herzen und im Verstand der Menschen, die später Briten werden sollten, den Boden. In Camelot wurde der Grundstein für die Magna Charta gelegt. Die Voraussetzungen für eine Veränderung wurden geschaffen, indem die Rechte der Menschen, beruhend auf Ritterlichkeit, Ehre und der Gleichheit aller Menschen, bekräftigt wurden. Natürlich besteht ein großer Unterschied zwischen der auf Nichteinmischung und Respekt beruhenden Gleichheit aller Menschen und der Verantwortung für die Menschheit, die von der emotionalen Vision des Erlösers aus dem Fischezeitalter stammt. Alle Ideale Camelots sind also nicht verwirklicht worden. Ritterlichkeit und Ehre sind bei der Jagd nach dem Teilchenzustand abhanden gekommen, und Emotionen haben die Vernunft kurzzeitig überwältigt. Unsere Vision des Wassermannzeitalters muß noch aufgeklärter werden und sich noch klarer von den Idealen des Fischezeitalters unterscheiden. Vielleicht werden wir durch die neue Vision erkennen können, wie die Welt nach dem Tod des Egos aussehen wird – eine Welt der Gelassenheit, Stille und Bescheidenheit, die Balsam für das spirituelle Selbst sind. Natürlich wird die neue Vision sehr viel weniger Angst machen. Vielleicht werden wir erleben, wie ein neuer Camelot zum Vorschein kommt und Ritterlichkeit und Ehre als Bestandteil der neuen Ordnung einführt werden.

Diese neue Vision wird nicht offenbar werden, bis die gegenwärtige ihren Lauf genommen hat. Zuerst wird das energetische Defizit ausgeglichen werden müssen. Unsere Welt wird nie soweit kommen können, daß sie sich selbst liebt, stabil ist und eine neue Vision hat, wenn wir Menschen ständig im Minus leben. Schwäche schafft Angst, und Angst bringt unheiliges und unvernünftiges Verhalten hervor.

Kaum merklich verändert die Gegenwart des spirituellen Selbst Ihre Realität und läßt Sie für kurze Augenblicke das Neue erkennen. Das spirituelle Selbst weitet Sie, so daß Sie aufhören, sich nur auf Ihre persönlichen Bedürfnisse zu konzentrieren, sondern darüber nachdenken, wie Sie anderen den Weg in die Selbstverantwortung aufzeigen können, indem sie Energie erschaffen. Dann können Sie überlegen, was Sie der Volksseele Ihrer Mitmenschen anbieten können, und könnten Ihre Gedanken weiterwandern lassen, bis Sie schließlich zu ergründen versuchen, was die planetarische Gruppenseele kräftigen könnte. Vielleicht überlegen Sie nicht nur, was im Augenblick nützlich sein könnte, sondern auch, was die Menschen in 300 oder 500 Jahren brauchen könnten. Dabei dürfen Sie nicht vergessen, daß Ihre Hilfe auf einer energetischen Ebene gegeben werden muß und daß Sie niemals die Menschen bestürmen dürfen, ihr Leben zu ändern, wenn Sie nicht darum gebeten werden, denn das wäre eine Einmischung in ihr Leben. Ravenscroft hatte recht. Nur seine Fokussierung auf die nahe Zukunft hatte Zweifel in mir wachgerufen. Wenn man sich die Zukunftsvision und die Bedürfnisse der Menschen in ein paar Hundert Jahren anschaut, kann man erkennen, wie die Wiedergeburt der Geheimgesellschaften und die Ehre der Tempelritter und der Damen an den Höfen von einst eingesetzt werden könnte, den Geist Camelots wieder auferstehen zu lassen, um eine Spiritualität zu stärken.

Diese Dimension Camelots wäre eine innerliche, nicht sichtbare Dimension. Während die Vision Camelots im ewigen Gedächtnis und in den AKASHA Chroniken fixiert ist, liegt sie jenseits der gegenwärtigen Evolution der planetarischen Gruppenseele, um zu späterer Zeit weiterverwendet zu werden. Erwarten Sie nicht, daß man sie demnächst in einer Talkshow bespricht. Ihrer Natur nach kann sie niemals ein Bestandteil von Macht oder Blendwerk sein oder gar vom Intellekt entdeckt werden. Würde man sie noch einmal verwirklichen, würde sie im wesentlichen jenseits des Ereignishorizonts der gegenwärtigen Denkstrukturen liegen. Ihr eigentlich ZUKÜNFTIGER ZUSTAND entzieht sich den Blicken der meisten Menschen, die sie wegen momentaner vernebelter Sicht sowieso nicht wahrnehmen können. In der Zwischenzeit ist es Zeit, daß die bewußten Menschen aufstehen und sich zu erkennen geben. Wir müssen dem Status quo die Stirn bieten und ihm höflich mitteilen, daß jetzt Schluß ist. Wir wollen, daß die Dinge anders laufen. Wir wollen nicht, daß unsere Länder durch finanzielle Exzesse zerstört werden. Wir brauchen ein System, das unseren Mitmenschen beibringt, autark zu sein, statt in gegenseitiger Abhängigkeit zu leben, und wir brauchen eine Politik, die ein stetiges Wachstum in Wirtschaftssystemen aufrechterhalten kann, das nicht zu Lasten der Umwelt geht. Wir brauchen keine Politik der heißen Luft. Wir brauchen eine praktische, einfache Politik, die auf Wahrheit aufgebaut ist. Wenn die Menschen bereit sind, weniger zu konsumieren und bescheidener zu werden – weniger Ego, mehr spirituelles Selbst – und eine heilige Beziehung zwischen dem Intellekt und dem höheren Selbst aufbauen könnten, können wir sich selbst erhaltende, erneuerbare Systeme entwickeln, die ewig bestehen. Ich bin der Ansicht, daß die Welt nicht erst auseinanderbrechen muß, damit wir diese Veränderungen herbeiführen können. Es gibt keine Krise, zumindest keine, die wir nicht meistern könnten.

Wir müssen lernen, die großen Lügen zu entlarven und dem gegenwärtigen System demonstrieren, daß es durchschaut ist. Wenn wir unseren Führern erst einmal gezeigt haben, daß wir nicht bereit sind, die Falschheiten und das aufgeblasene Ego weiter zu akzeptieren, sondern Wahrheit wollen, werden die Menschen aufhören, der Wahrheit mit Angst zu begegnen. Dann werden sie den Heilungsprozeß einleiten, der sehr erfrischend sein und viel Spaß bringen wird. Es gibt nichts Anregenderes, als die Ärmel hochzukrempeln und Probleme zu lösen, statt Opfer der Probleme zu sein.

Nun, vielleicht haben Sie nicht das Zeug dazu, aufzustehen und zu protestieren, aber wenn Sie es nicht können, dann sprechen Sie zumindest heute zu einem anderen Menschen aus der Autorität der planetarischen Gruppenseele heraus oder der Volksseele ihres Volkes, und erzählen Sie diesem Menschen die ganze Wahrheit. Schlagen Sie diesem Menschen vor, daß er Veränderungen vornimmt, die Sie bereits vorgenommen haben. Am Ende muß das spirituelle Selbst gewinnen. Sie, ich und alle Menschen, die wir auf diesem Planeten kennen, mit all unseren Unvollkommenheiten,

Unsicherheiten und Schwächen, werden Mut und Selbstvertrauen aufbringen müssen, das Ideal zum Ausdruck zu bringen. Und wir werden eines Tages irgendwo beim System anklopfen müssen und ihm von dem Traum erzählen, von der Heiligen Mutter und dem Großen Geist in allen Dingen, und wir werden die Wahrheit sagen müssen und furchtlos aus der Autorität des spirituellen Selbst und unseres Herzens sprechen müssen, das da sagt: »Wir wollen unsere Leute zurück – jeden Mann, jede Frau und jedes Kind. Wir wollen sie zurück – und zwar jetzt!«

Anhang

Die Rotation oder der Trick mit dem Spiegel

Voraussetzung für diese Übung ist, daß Sie sich beim Meditieren darin üben, sich in Ihren Körper hineinzuwinden und hinten am Rücken aus dem Körper hinauszugehen. Versuchen Sie dabei, nach etwas zu greifen, was sich im Zimmer hinter Ihnen befindet. Das ist eine kleine Lockerungsübung.

Wenn Sie bereit sind, die Rotation durch Zuhilfenahme eines Spiegels, in dem Sie verschwinden werden, zu versuchen, suchen Sie sich als erstes einen großen Spiegel, zum Beispiel im Badezimmer. Nehmen Sie sich einen Moment Zeit, um sich selbst anzustarren. Machen Sie sich Gedanken zu dem, was Sie da im Spiegel sehen. Sie sollten diesen Menschen wirklich kennen. Finden Sie als nächstes eine bequeme Stelle, wo man Sie nicht stört, und legen Sie sich mit dem Kopf nach Norden und den Füßen nach Süden hin. Verlangsamen Sie nun Ihre Gehirnwellenfrequenz, bis Sie in Trance oder einem tranceähnlichen Zustand sind. Schlafen Sie nicht ein.

Wenn Sie sich auf dieser Ebene befinden, rufen Sie sich das Bild im Spiegel zurück. Gehen Sie vor Ihrem geistigen Auge ins Badezimmer zurück, und rufen Sie das Bild nochmals auf, das im Spiegel zu sehen war. Starren Sie das Spiegelbild eine Weile an, und gehen Sie anschließend im Geiste in den Spiegel hinein. Drehen Sie sich dabei, so daß Sie nun das Spiegelbild sind, das vom Spiegel aus ins Badezimmer hineinschaut.

Als erstes werden Sie feststellen, daß das, was Sie als Ihr wirkliches Ich betrachten – das heißt die Person, die im Badezimmer stand und sich selbst im Spiegel betrachtete – nicht mehr da ist. DAS BADEZIMMER IST LEER.

Jetzt beginnt der lustige Teil der Übung. Sie stehen jetzt an der Stelle des Spiegelbildes und schauen durch den Spiegel nach draußen ins Badezimmer. Beginnen Sie nun RÜCKWÄRTS zu gehen und sich vom Spiegel zu entfernen. Gehen Sie ganz entschlossen rückwärts, machen Sie das Gehen zu einer absichtsvollen Aktion. Sie haben vor, sich von der Rückwand des Spiegels zu lösen, die natürlich in der 3-D Welt existiert. Wenn Sie auf diese Weise versuchen, rückwärts zu gehen, werden Sie eine Distanz herstellen!

Gehen Sie sechs bis zehn Schritte rückwärts, und drehen Sie dann mit hoher Geschwindigkeit die Spiegelbildperson, die die Schritte gemacht hat, um 180 Grad. Jetzt werden Sie nicht mehr ins Badezimmer und in die 3-D Welt blicken, während Sie sich rückwärts gehend von ihr entfernen, sondern Sie werden das innere Selbst gedreht haben, das sich jetzt mit dem Rücken zum Spiegel und zur 3-D Welt befindet. Wenn Sie die Rotation richtig ausgeführt haben und Ihre Trance tief genug ist, daß Sie nicht von Ihrem physischen Körper und der Umgebung, in der er liegt, abgelenkt werden, werden Sie an diesem Punkt – während der Rotation oder kurz danach – das Wissen um Ihre Persönlichkeit verloren haben oder nicht mehr wissen, wo sie sich befindet. Sie werden für einen kurzen Augenblick verschwunden sein!

Sie sind durch einen Spalt zwischen zwei Welten getreten, einem Ort, der sich jenseits der Rotation und jenseits der Wahrnehmung Ihrer normalen 3-D Persönlichkeit befindet.

Als Sie entschlossen rückwärts gingen, dehnten Sie sich kurz aus. Die hergestellte Distanz ist der Abstand zwischen Ihrer Persönlichkeit in dem Körper, der sich in Trance befindet, und der losgelösten Persönlichkeit, die sich vorübergehend in der inneren Person im Spiegel befand, die sich auf der anderen Seite von der Rotation wegbewegt. Das Gefühl, nicht mehr zu wissen, wo sich Ihre Persönlichkeit befindet, ist etwas eigenartig, aber eine sehr mystische Erfahrung. Wenn Sie diese Übung machen, bereiten Sie sich auch auf andere Dinge vor. Ich glaube, daß Sie mit dieser Übung Ihren inneren Weg stärken und sich einer anderen Welt gegenüber öffnen. Wenn Sie, nachdem Sie die Rotation durchgeführt haben, immer noch wissen, wo Sie sind, dann deshalb, weil Ihre Trance nicht intensiv genug war. War sie intensiv genug, und haben Sie sich trotzdem nicht in dem Spalt zwischen den Welten verloren, dann wurde die Rotation nicht richtig durchgeführt. Machen Sie folgendes: Drehen Sie die Spiegelperson wieder zurück, so daß sie wieder zum Badezimmer schaut. Gehen Sie dann ein oder zwei Schritte auf die 3-D Welt zu. Drehen Sie sich anschließend wieder von der 3-D Welt weg und schreiten Sie furchtlos rückwärts, wie Sie es vorher auch getan haben. Manchmal übermannt einen die Angst, und man kann die Rotation nicht korrekt durchführen. Ihre 3-D Persönlichkeit versucht Sie davon abzuhalten, über eine Grenze zu gehen, über die sie nicht hinausschauen kann. Sie kann nicht fassen, daß Sie sie loswerden wollen – nicht einmal für einen kurzen Augenblick.

Wenn beim ersten Versuch alles glattgeht – und das sollte es – ist diese Übung ziemlich leicht für Sie, und Sie werden jedes Mal in das NIRGENDWO eintreten. Sie werden immer wissen, wann Sie sich dort befinden, weil Ihre Persönlichkeit vorübergehend ausgelöscht sein wird – Sie werden sie nicht finden können.

Das innere Selbst, das die Rotation durchführt, ist normalerweise in dieser Phase noch blind. Vielleicht werden Sie etwas fühlen, aber nicht sehen können. Diese Gefühle sind meist sehr schwach, aber Sie werden durch sie erkennen können, daß Sie sich irgendwo befinden, auch wenn Sie nicht wissen, wo. Das wird Ihnen helfen, zur Ruhe zu kommen. Wenn Ihnen das gelingt, sollten Sie der Versuchung widerstehen, sich gleich wiederfinden zu wollen. In dem Spalt zwischen den Welten liegt ein sehr großes und wunderbares Geheimnis verborgen. Wenn Sie Ihre Angst kontrollieren können und bequem im Zustand des NIRGENDWO ruhen, können Sie dieses Geheimnis entdecken und eine Energie entfesseln, von der ich glaube, daß sie in den letzten tausend Jahren nicht mehr richtig angewandt worden ist.

Wenn Sie auch nur für einen kurzen Augenblick zwischen

den inneren und äußeren Welten schweben, nehmen Sie eine Transzendenz wahr, die Sie mit Ehrfurcht erfüllen wird. An diesem Ort wird sich mit der Zeit der innere Teilchenzustand manifestieren. Wenn Sie die Rotation auf die beschriebene Weise durchführen, werden Sie sich auf einer Flugbahn befinden, die durch die innere Welt führt – und Sie werden sich dort manifestieren. Sie werden einen Anker auswerfen und dort einige wunderbare Dinge erleben, die Sic sich noch nicht einmal in Ihren wildesten Träume hätten vorstellen können.

Auf jeden Fall bedeutet die Tatsache, daß Sie diese Übung durchführen und sich selbst in der Rotation verlieren, daß Sie keine Angst haben, ungewöhnliche Übungen auf Ihrer Suche auszuprobieren, um Ihr Wissen zu erweitern.

Inzwischen passiert dort, wo Ihr Körper in Trance liegt, auch etwas Interessantes. Wenn sich jemand anderes Ihrem Körper nähern würde, könnte er Sie jetzt nicht sehen. Natürlich befindet sich Ihr Körper noch in der physischen Welt, doch er wäre für einen anderen Menschen einfach nicht da. Einfach deshalb, weil wir es gewohnt sind, einen anderen Menschen wahrzunehmen, wenn seine Persönlichkeit durch ihn hindurchscheint. Das ist sogar im Schlaf so, wenn sich Ihre Persönlichkeit im Traumzustand zum Ausdruck bringt. Dieser Ausdruck der Persönlichkeit strahlt genauso wie im Wachzustand durch die ätherische Energie hindurch und ermöglicht es uns, andere Menschen, die wir anschauen, wirklich zu sehen und wahrzunehmen. Wenn die Persönlichkeit jedoch vorübergehend verschwunden ist, ist die ätherische Energie sehr still und bewegungslos. Jemand, der durch das Zimmer gehen würde, würde in Ihre Richtung schauen, und selbst wenn dieser Mensch seinen Blick auf Sie richten würde, könnte er Sie nicht SEHEN. Das Zimmer käme ihm leer vor. Diese Illusion, daß Sie nicht da sind, würde nicht auf einen Menschen zutreffen, der von Anfang an bei Ihrer Trance dabei war, denn er hätte Sie bereits gesehen, als Ihre Persönlichkeit noch aktiv war und würde daher wissen, daß Sie da sind. Wenn er Ihren Körper anschaut, würde er ihn sehen.

Der Zustand des NIRGENDWO ist auf der anderen Seite der Rotation zwischen der 3-D Welt und dem Nahtodestunnel. Normalerweise befindet sich Ihr inneres Selbst während der Meditation in dieser Welt. Der Unterschied einer Meditation und dem Zustand nach der Rotation ist der, daß das äußere Ich bei der Meditation nicht verlorengegangen ist und Sie daher wissen, daß Sie meditieren.

Wenn Sie das Gefühl stört, nicht genau zu wissen, wo Sie sich befinden (oder gar nicht wissen, ob Sie überhaupt existieren) und Sie gerne zurückkommen möchten, konzentrieren Sie sich auf Ihre rechte Hand und entwickeln Sie den starken Wunsch, sie zu bewegen. Dadurch wird Ihr externes Bewußtsein – das sich in Trance in Ihrem physischen Körper befindet – allmählich erwachen, und Sie werden die normale Wahrnehmung Ihres Selbst wiedergewinnen. Sie werden sich wieder im gewohnten 3-D Zustand befinden.

Es gibt keine Möglichkeit herauszufinden, wieviele Menschen diesen NIRGENDWO Zustand betreten haben – vielleicht waren es nur wenige. Wenn die Menschen jedoch erkennen, daß sie sich in diesen Zustand hinein- und herausbewegen können, wird ihre Erfahrung mit der Zeit über die Verbindung, die wir alle zueinander haben, zu anderen durchdringen. Die Grenzen der menschlichen Möglichkeiten und der Traum, der diesen Möglichkeiten entspringt, verändern sich. Die Menschen werden von bislang unbekannten Dingen träumen, was zum Vorteil aller sein wird. Die neue, höhere Evolution, die vor uns liegt, rückt in greifbare Nähe. Langsam wird sie sich durch die Gefühle unserer Brüder und Schwestern manifestieren, damit wir sie alle erfahren, lernen und genießen können.

Denken Sie an folgendes: Wenn ein großer Engel zu Ihnen käme und sagen würde: »Träume einen stillen Traum, in dem all das erscheint, was die Menschheit im Jahre 2500 n. Chr. brauchen wird.« Ihre Reaktion wäre wahrscheinlich, sich zu fragen: warum gerade ich? Dafür bin ich gar nicht qualifiziert. Ich habe keine Erfahrung, auf diese Weise zu träumen. Multiplizieren Sie jetzt Ihre Reaktion mit fünf Milliarden Menschen, die sich nur das Heute und das Morgen anschauen und die Zukunft außer acht lassen. Dann wissen Sie, daß die Menschheit keine klar umrissene Zukunft hat.

Wenn Sie in das NIRGENDWO eintreten und beobachten und fühlen, werden Sie leicht sehen, was die Menschheit braucht, wenn die Zeit des Egos abgelaufen ist. Sie können diesen Traum verwirklichen. Sicherlich werden die Menschen den Traum im Jahre 2500 n. Chr. verändern und ihm neue Kraft geben, damit er auf sie paßt – in der Zwischenzeit werden jedoch schon die Grundlagen gelegt. Ein zukünftiger, spirituell wertvoller Zustand wird auf die gleiche Weise wahrgenommen und zum Leben erweckt, wie die Visionen unserer Vorfahren unsere heutige Welt geschaffen haben.

Es könnten also genausogut Sie und ich und ein paar Tausend andere sein, die die Aufgabe übernehmen. Irgend jemand muß es tun, denn wir sind alle gleichermaßen unqualifiziert. Es stehen keine qualifizierten Leute zur Verfügung, woraus folgt, daß die unqualifizierten genügen müssen. Vielleicht sind wir qualifizierter, als wir glauben. Ich glaube nicht, daß wir besonders begabt sein müssen, um den großen Traum zu träumen. Wir müssen uns einfach nur eine kühne, furchtlose und grenzenlose Herangehensweise zu eigen machen. Also, packen wir es an. Was sonst liegt denn für Donnerstag an?

Vielen Dank für Ihre Aufmerksamkeit.

To-da-loo von Skippy, dem Känguruh!

d7a7b39f3b214f5c8f9373a84ee941a1

d7a7b39f3b214f5c8f9373a84ee941a1

s291136 b407497 c677238

d7a7b39f3b214f5c8f9373a84ee941a1